U0836753

深圳证券交易所
SHENZHEN
STOCK EXCHANGE

中小企业之家
HOME FOR SMEs

深圳证券交易所中小企业之家系列读物

上市公司
最新并购案例解析

深圳证券交易所创业企业培训中心 编著

中国财经出版传媒集团
中国财政经济出版社
北京

图书在版编目（CIP）数据

上市公司最新并购案例解析 / 深圳证券交易所创业企业培训中心编著. --北京：中国财政经济出版社，2020.7（2024.1重印）

（深圳证券交易所中小企业之家系列读物）

ISBN 978-7-5095-9830-6

Ⅰ.①上… Ⅱ.①深… Ⅲ.①上市公司-企业兼并-案例-中国 Ⅳ.①F279.246

中国版本图书馆 CIP 数据核字（2020）第 092706 号

责任编辑：蔺红英 贾延平 张 莹 责任校对：李 丽

封面设计：田 晗

上市公司最新并购案例解析

SHANGSHI GONGSI ZUIXIN BINGGOU ANLI JIEXI

中国财政经济出版社出版

URL：http：//www.cfeph.cn

E-mail：cfeph @ cfeph.cn

社址：北京市海淀区阜成路甲 28 号 邮政编码：100142

营销中心电话：010-88191537

中煤（北京）印务有限公司印刷 各地新华书店经销

710×1000 毫米 16 开 35 印张 484 000 字

2020 年 7 月第 1 版 2024 年 1 月北京第 6 次印刷

定价：86.00 元

ISBN 978-7-5095-9830-6

（图书出现印装问题，本社负责调换）

本社质量投诉电话：010-88190744

打击盗版举报热线：010-88191661 QQ：2242791300

前言

并购作为资本市场的核心功能，其重要性无须多言，但在如何并购上，中国资本市场还处于初级阶段，成功的并购案例是我们市场相互学习、相互提高的最好工具。所以，并购案例出版成书非常必要。

一个成功的并购案例是各方博弈的最后结果，包括了监管者与企业之间的博弈、购并双方的博弈、中介机构参与的博弈、其他市场因素的博弈，等等。因此，好的并购是各方都能接受的最好结果。

从监管者来看，案例是规则的测试平台。比如对发行股份购买资产设置审批环节，现金并购成为主流；比如监管规定了发行价格下限，那么合并报表上的高商誉与高资本公积将成为必然。因此，现实中的案例是规则最好的镜子。

当然，本书主要是写给市场的，无论是对收购方还是并购方，无论是对独立财务顾问还是评估与审计机构，都可以从案例中寻找灵感，体会在既定规则下各方如何完成这场博弈大戏，玩味博弈背后充满智慧的妥协，以及参与者对规则的理解和开创性的思路。具体而言，作为编者，我们提出以下几点阅读建议：

一是寻找并购案中的底层逻辑。无论对错，每个并购案例都能读出底层逻辑。一个并购案最终谈成，一定是收购方与被收购方都有各自支撑自己接受最后条件的底层逻辑。从同一角度看，交易是双赢的不太可能，但换个角度看，双赢就是可能的，因此，不同角度下看案例的逻辑，更会给人以启迪。

二是更新观念。学习的最高境界无疑是观念的重构，回到最基本的问题，为什么要并购？以中美并购市场的差距为例，我们发现最大的差距是理念。比如西方认为企业间的并购是企业成长的主要方式，即企业是“买大”的而不是“做大”的，这种“买大”在美式思维中类似企业之间的联邦制。而国内企业更倾向于自己“做大”，如果一定要并购，那也是秦灭六国那种相互吞并，建立中央帝国式的游戏。对于中国企业而言，用价格战比建立同盟甚至并购来得更直接、更简单，也更有效。另外，中外还有一个较大区别，就是中国企业家只会加法不会减法，自己的产业不到山穷水尽就永不言弃，即中国企业家在观念上还没有学会做卖方。在美国通用并购案例中，通用出售处于鼎盛期产业的故事也不少，如早期出售的微波炉产业。

三是拓展对并购策略的认知。并购案是充满智慧与远见的集合，甚至可称其为资本市场运作的皇冠。在现实中，没有任何并购案会长得一模一样，所有的案例都会有所不同，如在并购战略的确立、标的寻找、设计交易结构、谈判与妥协、监管与内幕交易、并购整合、二级市场与投资者声音、新闻媒体应对等方面都会存在不同。但在不同中又有共同点，这需要读者去体会，为自己的企业寻找适合的并购策略。

四是还需突破局限性。局限之一是作者来源单一，撰写者均是一线中介机构的专家，缺乏买卖双方立场的作者。局限之二是缺少失败案例，亲历者一般不会撰写失败案例，旁观者不能身临其境，挖掘不到真正的失败原因，存在隔靴搔痒之嫌。其实，并购风险巨大，并购隐患不易被觉察，从失败案例中追根溯源才是正道。局限之三是缺少时间纬度，并购是否成功，主要是要接受时间的检验。交易环节的成功，不能代表后期整合的成功，后期整合的成功也并不代表实现了最初的并购策略。所以突破局限性是今后的努力方向。

2019 年，中国资本市场一共发生了 10 138 起的并购案例，涉及金额 2.28 万亿元，本书只选择了其中极有代表性的并购案例分享给读者。至于什么是成功的案例，本书并不预设立场，作为市场化程度较高的并购市场，这是一个仁者见仁、智者见智的问题。

从发展的眼光来看，资本市场是产业的助推器，是上市公司做大做强最重要的工具。基于这个共识，我们应该努力学习并运用这一工具，不能因为不会用而将其束之高阁，不能因为并购的高风险而对其退避三舍。促进市场参与者慎用、善用资本市场是市场组织者的重要职责之一。

作为国内交易所最早设立的专业培训机构，深圳证券交易所创业企业培训中心成立以来一直秉承建设多层次资本市场的初心，践行交易所的市场服务战略。从2009年至今，深圳证券交易所创业企业培训中心组织了一系列以并购重组为主题的培训40余场，内容涵盖海外并购、并购后（投后）管理与整合、交易风险与控制、估值与交易结构等多个专题，还举办了环保、文化传媒、生物医药、信息技术等多个行业专场，搭建起市场主体之间的交流平台。编写本案例集，是深圳证券交易所创业企业培训中心促进交流、服务市场的最新举措之一。

我们相信，随着我国资本市场的不断完善，资本市场制度红利的不断释放，并购重组必将成为我国转变发展方式、优化经济结构、转换增长动力的重要着力点，资本市场也将为我国全面建成小康社会贡献自己的力量。

深圳证券交易所创业企业培训中心

2020年5月

目 录

第一章 垂直整合案例 …… 1

案例 1：奋达科技（002681）收购富诚达 …… 3
一、案例简述 …… 3
二、交易背景 …… 3
三、交易方案 …… 5
四、交易节点 …… 9
五、并购影响 …… 9
六、交易特点 …… 10
七、案例亮点 …… 11
案例 2：中矿资源（002738）收购 Tanco、CSF Inc. 及 CSF Limited …… 12
一、案例简述 …… 12
二、交易背景 …… 12
三、交易方案 …… 13
四、交易节点 …… 15
五、并购影响 …… 15
六、交易特点 …… 18
七、案例亮点 …… 19
案例 3：木林森（002745）收购朗德万斯 …… 21
一、案例简述 …… 21
二、交易背景 …… 22

三、交易方案 …… 23
四、交易节点 …… 25
五、并购影响 …… 26
六、交易特点 …… 29
七、案例亮点 …… 33
案例4：启迪设计（300500）收购深圳嘉力达 …… 35
一、案例简述 …… 35
二、交易背景 …… 36
三、交易方案 …… 37
四、交易节点 …… 39
五、并购影响 …… 40
六、交易特点 …… 42
七、案例亮点 …… 44
案例5：闻泰科技（600745）收购安世半导体 …… 45
一、案例简述 …… 45
二、交易背景 …… 46
三、交易方案 …… 47
四、交易节点 …… 49
五、并购影响 …… 50
六、交易特点 …… 51
七、案例亮点 …… 54
案例6：渤海汽车（600960）收购 TRIMET Automotive Holding GmbH …… 56
一、案例简述 …… 56
二、交易背景 …… 57
三、交易方案 …… 60
四、交易节点 …… 62
五、并购影响 …… 63
六、交易特点 …… 65
七、案例亮点 …… 67
案例7：青松股份（300132）收购诺斯贝尔化妆品 ODM …… 68

一、案例简述 …… 68
二、交易背景 …… 69
三、交易方案 …… 71
四、交易节点 …… 78
五、并购影响 …… 79
六、交易特点 …… 80
七、案例亮点 …… 82

第二章 横向整合案例 …… 83

案例 8：海兰信（300065）发行股份购买海兰劳雷 45.62%股权 …… 86
一、案例简述 …… 86
二、交易背景 …… 86
三、交易方案 …… 89
四、交易节点 …… 92
五、并购影响 …… 93
六、交易特点 …… 94
七、案例亮点 …… 97
案例 9：汤臣倍健（300146）子公司收购 Life - Space 100%股权 …… 98
一、案例简述 …… 98
二、交易背景 …… 99
三、交易方案 …… 100
四、交易节点 …… 102
五、并购影响 …… 103
六、交易特点 …… 104
七、案例亮点 …… 106
案例 10：三诺生物（300298）定增收购三诺健康 64.98%股权 …… 107
一、案例简述 …… 107

二、交易背景 …………………………………………………… 108
三、交易方案 …………………………………………………… 111
四、交易节点 …………………………………………………… 112
五、并购影响 …………………………………………………… 112
六、交易特点 …………………………………………………… 114
七、案例亮点 …………………………………………………… 116
案例 11：同有科技（300302）收购鸿秦科技 ………………… 118
一、案例简述 …………………………………………………… 118
二、交易背景 …………………………………………………… 118
三、交易方案 …………………………………………………… 121
四、交易节点 …………………………………………………… 123
五、并购影响 …………………………………………………… 124
六、交易特点 …………………………………………………… 126
七、案例亮点 …………………………………………………… 128
案例 12：东杰智能（300486）发行股份收购常州海登 100% 股权 …………………………………………………… 129
一、案例简述 …………………………………………………… 129
二、交易背景 …………………………………………………… 130
三、交易方案 …………………………………………………… 132
四、交易节点 …………………………………………………… 134
五、并购影响 …………………………………………………… 134
六、交易特点 …………………………………………………… 136
七、案例亮点 …………………………………………………… 138
案例 13：中通国脉（603559）收购上海共创 ………………… 139
一、案例简述 …………………………………………………… 139
二、交易背景 …………………………………………………… 140
三、交易方案 …………………………………………………… 143
四、交易节点 …………………………………………………… 152
五、并购影响 …………………………………………………… 153
六、交易特点 …………………………………………………… 154
七、案例亮点 …………………………………………………… 155

案例 14：蓝黛传动（002765）并购台冠科技 …………… 157
一、案例简述 ………………………………………… 157
二、交易背景 ………………………………………… 158
三、交易方案 ………………………………………… 159
四、交易节点 ………………………………………… 160
五、并购影响 ………………………………………… 161
六、交易特点 ………………………………………… 163
七、案例亮点 ………………………………………… 165
案例 15：超频三（300647）收购炯达能源 ……………… 166
一、案例简述 ………………………………………… 166
二、交易背景 ………………………………………… 166
三、交易方案 ………………………………………… 168
四、交易节点 ………………………………………… 171
五、并购影响 ………………………………………… 171
六、交易特点 ………………………………………… 173
七、案例亮点 ………………………………………… 173
案例 16：科锐国际（300662）收购 Investigo …………… 174
一、案例简述 ………………………………………… 174
二、交易背景 ………………………………………… 174
三、交易方案 ………………………………………… 178
四、交易节点 ………………………………………… 180
五、并购影响 ………………………………………… 181
六、交易特点 ………………………………………… 182
七、案例亮点 ………………………………………… 183
案例 17：朗新科技（300682）定增收购易视腾科技 96%
股权及邦道科技 50% 股权 …………………… 184
一、案例简述 ………………………………………… 184
二、交易背景 ………………………………………… 185
三、交易方案 ………………………………………… 187
四、交易节点 ………………………………………… 191
五、并购影响 ………………………………………… 192

六、交易特点 …… 194
七、案例亮点 …… 196
案例 18：航天机电（600151）收购韩国 erae AMS 热交换业务 …… 197
一、案例简述 …… 197
二、交易背景 …… 197
三、交易方案 …… 198
四、交易节点 …… 200
五、并购影响 …… 202
六、交易特点 …… 203
七、案例亮点 …… 203
案例 19：克劳斯（600579）收购装备卢森堡股份及三明化机、华橡自控资产 …… 205
一、案例简述 …… 205
二、交易背景 …… 206
三、交易方案 …… 209
四、交易节点 …… 212
五、并购影响 …… 213
六、交易特点 …… 214
七、案例亮点 …… 216
案例 20：中嘉博创（000889）收购嘉华信息 …… 218
一、案例简述 …… 218
二、交易背景 …… 219
三、交易方案 …… 222
四、交易节点 …… 223
五、并购影响 …… 223
六、交易特点 …… 225
七、案例亮点 …… 227
案例 21：隆平高科（000998）收购联创种业 …… 228
一、案例简述 …… 228
二、交易背景 …… 228

三、交易方案 …… 230
四、交易节点 …… 231
五、并购影响 …… 232
六、交易特点 …… 234
七、案例亮点 …… 235
案例 22：深赤湾 A（001872）收购招商局港口 …… 236
一、案例简述 …… 236
二、交易背景 …… 237
三、交易方案 …… 239
四、交易节点 …… 241
五、并购影响 …… 242
六、交易特点 …… 243
七、案例亮点 …… 244
案例 23：华东重机（002685）收购润星科技 …… 245
一、案例简述 …… 245
二、交易背景 …… 245
三、交易方案 …… 247
四、交易节点 …… 249
五、并购影响 …… 250
六、交易特点 …… 251
七、案例亮点 …… 252
案例 24：美年健康（002044）收购慈铭体检 …… 254
一、案例简述 …… 254
二、交易背景 …… 255
三、交易方案 …… 256
四、交易节点 …… 259
五、并购影响 …… 260
六、交易特点 …… 262
七、案例亮点 …… 263
案例 25：长川科技（300604）收购新加坡集成电路封测设备公司 STI …… 265

一、案例简述 …… 265
二、交易背景 …… 266
三、交易方案 …… 268
四、交易节点 …… 269
五、并购影响 …… 269
六、交易特点 …… 271
七、案例亮点 …… 272
案例 26：海南橡胶（601118）收购 R1 国际 …… 274
一、案例简述 …… 274
二、交易背景 …… 275
三、交易方案 …… 275
四、交易节点 …… 277
五、并购影响 …… 278
六、交易特点 …… 279
七、案例亮点 …… 279
案例 27：曲美家居（603818）收购挪威 Ekornes …… 281
一、案例简述 …… 281
二、交易背景 …… 281
三、交易方案 …… 283
四、交易节点 …… 284
五、并购影响 …… 286
六、交易特点 …… 288
七、案例亮点 …… 288
案例 28：至纯科技（603690）收购波汇科技 …… 290
一、案例简述 …… 290
二、交易背景 …… 290
三、交易方案 …… 294
四、交易节点 …… 295
五、并购影响 …… 296
六、交易特点 …… 298
七、案例亮点 …… 301

案例 29：司太立（603520）收购海神制药 …………………… 302
一、案例简述 ………………………………………………… 302
二、交易背景 ………………………………………………… 302
三、交易方案 ………………………………………………… 304
四、交易节点 ………………………………………………… 305
五、并购影响 ………………………………………………… 305
六、交易特点 ………………………………………………… 306
七、案例亮点 ………………………………………………… 308
案例 30：思维列控（603508）收购蓝信科技 …………………… 309
一、案例简述 ………………………………………………… 309
二、交易背景 ………………………………………………… 309
三、交易方案 ………………………………………………… 313
四、交易节点 ………………………………………………… 315
五、并购影响 ………………………………………………… 315
六、交易特点 ………………………………………………… 316
七、案例亮点 ………………………………………………… 317
案例 31：上海沪工（603131）收购航天华宇 …………………… 319
一、案例简述 ………………………………………………… 319
二、交易背景 ………………………………………………… 319
三、交易方案 ………………………………………………… 320
四、交易节点 ………………………………………………… 321
五、并购影响 ………………………………………………… 322
六、交易特点 ………………………………………………… 324
七、案例亮点 ………………………………………………… 325
案例 32：益丰药房（603939）定增收购新兴药房 86.31%
股权 …………………………………………………………… 326
一、案例简述 ………………………………………………… 326
二、交易背景 ………………………………………………… 326
三、交易方案 ………………………………………………… 327
四、交易节点 ………………………………………………… 329
五、并购影响 ………………………………………………… 330

六、交易特点 …… 332
七、案例亮点 …… 333
案例 33：金正大（002470）收购农投公司 …… 335
一、案例简述 …… 335
二、交易背景 …… 335
三、交易方案 …… 336
四、交易节点 …… 337
五、并购影响 …… 338
六、交易特点 …… 339
七、案例亮点 …… 340
案例 34：赛腾股份（603283）收购菱欧科技 …… 341
一、案例简述 …… 341
二、交易背景 …… 341
三、交易方案 …… 343
四、交易节点 …… 345
五、并购影响 …… 346
六、交易特点 …… 347
七、案例亮点 …… 350
案例 35：拓尔思（300229）收购科韵大数据 …… 352
一、案例简述 …… 352
二、交易背景 …… 352
三、交易方案 …… 353
四、交易节点 …… 354
五、并购影响 …… 355
六、交易特点 …… 356
七、案例亮点 …… 356

第三章　多元化战略案例 …… 357

案例 36：哈工智能（000584）收购天津福臻 …… 359
一、案例简述 …… 359

二、交易背景 …… 359
三、交易方案 …… 360
四、交易节点 …… 363
五、并购影响 …… 363
六、交易特点 …… 364
七、案例亮点 …… 366
案例 37：西王食品（000639）收购北美食品巨头 Kerr …… 367
一、案例简述 …… 367
二、交易背景 …… 367
三、交易方案 …… 368
四、交易节点 …… 370
五、并购影响 …… 371
六、交易特点 …… 372
七、案例亮点 …… 377
案例 38：盈峰环境（000967）收购中联环境 …… 379
一、案例简述 …… 379
二、交易背景 …… 379
三、交易方案 …… 381
四、交易节点 …… 384
五、并购影响 …… 384
六、交易特点 …… 388
七、案例亮点 …… 389
案例 39：南山控股（002314）换股收购吸收合并深基地 …… 390
一、案例简述 …… 390
二、交易背景 …… 390
三、交易方案 …… 391
四、交易节点 …… 392
五、并购影响 …… 393
六、交易特点 …… 394
七、案例亮点 …… 396
案例 40：华锋股份（002806）收购理工华创 …… 398

一、案例简述 …………………………………………………… 398
二、交易背景 …………………………………………………… 398
三、交易方案 …………………………………………………… 399
四、交易节点 …………………………………………………… 401
五、并购影响 …………………………………………………… 402
六、交易特点 …………………………………………………… 403
七、案例亮点 …………………………………………………… 404
案例 41：量子高科（300149）收购上海睿智化学 ………… 405
一、案例简述 …………………………………………………… 405
二、交易背景 …………………………………………………… 406
三、交易方案 …………………………………………………… 408
四、交易节点 …………………………………………………… 412
五、并购影响 …………………………………………………… 413
六、交易特点 …………………………………………………… 414
七、案例亮点 …………………………………………………… 414

第四章 其他案例 ……………………………………………… 415

案例 42：鼎泰新材（002352）收购顺丰控股 100% 股权 … 417
一、案例简述 …………………………………………………… 417
二、交易背景 …………………………………………………… 418
三、交易方案 …………………………………………………… 422
四、交易节点 …………………………………………………… 428
五、并购影响 …………………………………………………… 428
六、交易特点 …………………………………………………… 430
七、案例亮点 …………………………………………………… 432
案例 43：双汇发展（000895）吸收合并双汇集团 ………… 433
一、案例简述 …………………………………………………… 433
二、交易背景 …………………………………………………… 433
三、交易方案 …………………………………………………… 434
四、交易节点 …………………………………………………… 436

五、并购影响 …… 437
六、交易特点 …… 438
七、案例亮点 …… 438
案例 44：维信诺（002387）重大资产购买及重大资产出售 …… 440
一、案例简述 …… 440
二、交易背景 …… 441
三、交易方案 …… 444
四、交易节点 …… 447
五、并购影响 …… 448
六、交易特点 …… 450
七、案例亮点 …… 451
案例 45：露天煤业（002128）收购霍煤鸿骏 …… 452
一、案例简述 …… 452
二、交易背景 …… 453
三、交易方案 …… 455
四、交易节点 …… 457
五、并购影响 …… 458
六、交易特点 …… 460
七、案例亮点 …… 461
案例 46：隆盛科技（300680）收购微研精密 …… 463
一、案例简述 …… 463
二、交易背景 …… 463
三、交易方案 …… 465
四、交易节点 …… 469
五、并购影响 …… 470
六、交易特点 …… 471
七、案例亮点 …… 474
附件 …… 475
附件 1：奋达科技（002681）收购富诚达参考数据 …… 477

附件 2：中矿资源（002738）收购 Tanco、CSF Inc. 及 CSF Limited 参考数据 …… 478
附件 3：木林森（002745）收购朗德万斯参考数据 …… 479
附件 4：启迪设计（300500）收购深圳嘉力达参考数据 …… 480
附件 5：闻泰科技（600745）收购安世半导体参考数据 …… 482
附件 6：渤海汽车（600960）收购 TRIMET Automotive Holding GmbH 参考数据 …… 483
附件 7：青松股份（300132）收购诺斯贝尔化妆品 ODM 参考数据 …… 484
附件 8：海兰信（300065）发行股份购买海兰劳雷 45.62% 股权参考数据 …… 485
附件 9：汤臣倍健（300146）子公司收购 Life - Space 100% 股权参考数据 …… 487
附件 10：三诺生物（300298）定增收购三诺健康 64.98% 股权参考数据 …… 488
附件 11：同有科技（300302）收购鸿秦科技参考数据 …… 489
附件 12：东杰智能（300486）发行股份收购常州海登 100% 股权参考数据 …… 490
附件 13：中通国脉（603559）收购上海共创参考数据 …… 491
附件 14：蓝黛传动（002765）并购台冠科技参考数据 …… 493
附件 15：超频三（300647）收购炯达能源参考数据 …… 494
附件 16：科锐国际（300662）收购 Investigo 参考数据 …… 495
附件 17：朗新科技（300682）定增收购易视腾科技 96% 股权及邦道科技 50% 股权参考数据 …… 496
附件 18：航天机电（600151）收购韩国 erae AMS 热交换业务参考数据 …… 498
附件 19：克劳斯（600579）收购装备卢森堡股份及三明化机、华橡自控资产参考数据 …… 499
附件 20：中嘉博创（000889）收购嘉华信息参考数据 …… 500
附件 21：隆平高科（000998）收购联创种业参考数据 …… 501
附件 22：深赤湾 A（001872）收购招商局港口参考数据 …… 503

附件 23：华东重机（002685）收购润星科技参考数据 …… 504
附件 24：美年健康（002044）收购慈铭体检参考数据 …… 505
附件 25：长川科技（300604）收购新加坡集成电路封测设备公司 STI 参考数据 …… 507
附件 26：海南橡胶（601118）收购 R1 国际参考数据 …… 508
附件 27：曲美家居（603818）收购挪威 Ekornes 参考数据 …… 509
附件 28：至纯科技（603690）收购波汇科技参考数据 …… 510
附件 29：司太立（603520）收购海神制药参考数据 …… 511
附件 30：思维列控（603508）收购蓝信科技参考数据 …… 512
附件 31：上海沪工（603131）收购航天华宇参考数据 …… 514
附件 32：益丰药房（603939）定增收购新兴药房 86.31% 股权参考数据 …… 515
附件 33：金正大（002470）收购农投公司参考数据 …… 516
附件 34：赛腾股份（603283）收购菱欧科技参考数据 …… 518
附件 35：拓尔思（300229）收购科韵大数据参考数据 …… 519
附件 36：哈工智能（000584）收购天津福臻参考数据 …… 520
附件 37：西王食品（000639）收购北美食品巨头 Kerr 参考数据 …… 522
附件 38：盈峰环境（000967）收购中联环境参考数据 …… 523
附件 39：南山控股（002314）换股收购吸收合并深基地参考数据 …… 524
附件 40：华锋股份（002806）收购理工华创参考数据 …… 525
附件 41：量子高科（300149）收购上海睿智化学参考数据 …… 526
附件 42：鼎泰新材（002352）收购顺丰控股 100% 股权参考数据 …… 528
附件 43：双汇发展（000895）吸收合并双汇集团参考数据 …… 529
附件 44：维信诺（002387）重大资产购买及重大资产出售参考数据 …… 530

附件 45：露天煤业（002128）收购霍煤鸿骏参考数据 …… 531
附件 46：隆盛科技（300680）收购微研精密参考数据 …… 532

后记 ………………………………………………………………… 534

第一章 垂直整合案例

垂直整合，主要是业务的前向或后向的扩展，产业链上下游公司之间发生的并购整合行为，目的是节约交易费用、保障原料供应、打通产业链核心环节等。本章选取7个垂直整合案例，既有境内并购，比如奋达科技（002681）收购富诚达，启迪设计（300500）收购深圳嘉力达，也有跨境并购，比如中矿资源（002738）收购Tanco、CSF Inc. 及 CSF Limited，木林森（002745）收购朗德万斯，闻泰科技（600745）收购安世半导体，渤海汽车（600960）收购TRIMET Automotive Holding GmbH等。在支付方式上，既有"现金+发行股份购买资产"方式，比如奋达科技（002681）收购富诚达等，也有单纯的现金支付方式，比如中矿资源（002738）收购Tanco，渤海汽车（600960）收购TRIMET Automotive Holding GmbH等。

本章收录了一些具有典型意义的跨境并购案例，比如闻泰科技、木林森、中矿资源等跨境交易，是中国企业主动应对国际化浪潮的挑战，开展全球业务布局的积极尝试，尤其令人关注的是，民营企业逐渐走上国际产业并购整合的中心舞台。跨境交易面临的市场环境、法律环境十分复杂，方案的设计和协调难度更大。比如，因为交易对方有现金需求，发行股份对象不符合境外战略投资者规定，交易时间要求紧迫等情况，所以，许多跨境交易倾向于以现金支付为主。但如果短期内通过银行借款实现交易，那么上市公司可能面临较重的资金负担。因此，在设计跨境并购交易方案时就要考虑如何更妥善地解决资金问题，一条有效路径是将上市公司现金收购与非公开发行同步启动，第一时间利用上市公司股权融资优势，形成完整资金闭环，实现各融资环节顺畅衔接，从而减少上市公司的资金成本和财务负担。从本书提及的跨境并购案例可以看出，要实现垂直整合，助力上市公司“走出去”，引入产业上下游的优质境外实体，确保企业长期发展战略的实施等一系列目标，有赖于中介机构扎实的调查和论证，拿出更有统筹性、更加精细化的方案，以便为上市公司行稳致远提供支撑。

值得一提的是，闻泰科技收购安世半导体的案例。闻泰科技通过“两步走”方案成功收购安世半导体控制权。首先，闻泰科技通过组建买方团参与安世半导体上层最大基金股东 LP 份额的公开竞拍，取得交易先机；随后，闻泰科技引入优质战略投资者，通过发行股份购买资产、配套融资、境外银团贷款等方式，最终成功收购安世半导体约 80% 的股权。闻泰科技和安世集团处于行业上下游，在技术、客户和产品上具有协同效应。本次交易完成后，一方面，双方在整合过程中可以实现资源的互相转换，安世集团可加速其业务在中国市场的开展和落地，且可通过闻泰科技的资源进一步拓展其在消费电子领域的市场；另一方面，闻泰科技将向产业链上游延伸，打通产业链核心环节，实现主要元器件的自主可控，有助于其构建全产业链生态平台规划的快速落地。

案例1：奋达科技（002681）收购富诚达[1]

一、案例简述

深圳市奋达科技股份有限公司（以下简称“奋达科技”“上市公司”“公司”）是一家领先的新型智能硬件及一体化解决方案提供商及服务商，是目前少数能提供软、硬、云一体化服务的智能硬件企业。公司主要产品包括电声产品、健康电器、智能可穿戴产品、无线模块、移动智能终端金属外观件五大系列。2015年2月，公司通过收购欧朋达成功将业务拓展至移动电子消费品产业链上游，之后公司收购苹果公司金属结构件供应商深圳市富诚达科技有限公司股权，将产品线由智能手机精密金属外观件拓展至移动智能终端（智能手机、平板电脑、智能穿戴等）的关键精密金属结构件，产品线覆盖了外观件、中框、支架、接口、连接片等。

奋达科技收购富诚达整体方案分为重大资产重组和募集配套资金两部分，具体包括：奋达科技以发行股份及支付现金相结合的方式向文某、张某、董某、富众达购买其合计持有的富诚达100%股权。其中，支付股份对价占比70%，支付现金对价占比30%；向5名其他特定投资者发行股份募集配套资金，配套资金总额91 000万元。

二、交易背景

（一）奋达科技发展目标和发展战略

1. 成为持续领先的消费电子产品垂直整合型科技企业是公司的

---

① 本案例由中信建投证券提供，撰写人：顾京洪。

发展目标

上市公司的战略目标是持续加大移动互联网与智能终端消费类电声产品、可穿戴电子产品、智能家居与娱乐平台、云播放、云服务等应用市场的技术、产品和内容整合的研究开发，持续创新，致力成为持续领先的消费电子产品垂直整合型科技企业。自2012年上市以来，公司密切关注消费电子产品行业的变化趋势，提前布局新技术、新产品，以研发驱动转型，提升综合实力。未来，移动电子消费产品有望继续成为消费电子产品行业发展主流的驱动力，上市公司将继续围绕移动电子消费品上下游进行战略布局，为实现持续领先的消费电子产品垂直整合型科技企业的战略目标奠定坚实基础。

2. 外延式发展战略是上市公司紧抓产业机会的重要举措

为积极推进向持续领先的消费电子产品垂直整合型科技企业发展的长期战略，除依托产品创新和技术研发的内生增长外，上市公司还采取外延式发展举措向这一目标迈进，主要是通过并购，投资具有独特业务优势和竞争实力，并能与公司现有业务产生协同效应的相关公司的方式实现。

自2012年以来，奋达科技一方面往上游垂直整合，在消费类电子产品中芯片、传感器等关键领域卡位，整合精密加工、超精密加工和精密制造。另一方面向下游拓展，布局移动医疗产业，全面整合智能可穿戴业务，布局机器人和智能制造产业。上市公司先后参股奥图科技、光聚通讯、艾普柯等，着手布局增强现实、大健康、传感器等领域。2015年2月，上市公司通过收购欧朋达成功将业务拓展至移动电子消费品产业链上游。

（二）标的资产（富诚达）情况

1. 专注于精密金属结构件的研发生产，为Apple公司、华为等国内外知名智能移动终端企业提供精密金属结构件

富诚达（以下简称“标的公司”）本着“匠心制造、顾客至上”的专业精神，长期致力于精密结构件的研发和创新，通过深度介入客户新产品精密结构件的研发，凭借先进技术、优质产品和专业服务赢得了客户的信任，与全球一流客户建立了良好的战略合作关系。富诚达自2011年开始参与Apple相关产品的开发和生产，2013年就

获得了 Apple 公司的 AVL 供应商资质，与 Apple 公司建立了稳定的合作关系，参与 iPhone 系列多款 Apple 产品精密金属结构件的开发和生产。同时，富诚达还获得了华为、Intel、AVC、FLEXTRONICS、富士康、和硕科技等多家国内外知名客户的供应商资质认证。未来，富诚达核心客户市场份额和终端出货量的不断提升，继续支撑富诚达未来业务规模的不断提高。

2. 大力投入研发，构建规模化的智能生产体系

富诚达长期致力于精密结构件的研发创新与生产实践，拥有一支经验丰富的研发设计团队，经过多年的经验积累，富诚达取得了高新技术企业资质，拥有 19 项专利，其中发明专利 1 项。富诚达从 2012 年以来便在自动化研发方面持续投入，目前已拥有 70 多人的自动化研发团队，富诚达已经获得了自动化设备软件著作权 6 项，自主研发并生产了自动化设备 100 余台，覆盖检测、焊接、包装等环节，显著降低了生产成本，大幅提升了生产效率，提升了产品合格率，形成了大规模智能化生产体系，很好地满足了精密结构件大规模制造的发展趋势。

3. 拥有优秀的管理团队和较强的盈利能力

富诚达管理团队稳定、架构扁平，核心团队成员大多来自国际知名企业，有着丰富的消费电子行业经验，对消费电子终端市场有着深刻的理解，对未来市场发展趋势有着准确的定位。2015 年、2016 年富诚达分别实现营业收入 78 217.33 万元、74 735.16 万元，归属于母公司所有者的净利润 18 004.53 万元、14 479.07 万元。

受益于优秀的管理团队的管理经验及标的公司智能化生产带来的成本优势，标的公司富诚达拥有较强的盈利能力。

三、交易方案

（一）主要内容

1. 发行股份及支付现金购买资产

奋达科技以发行股份及支付现金相结合的方式向文某、张某、董某、富众达购买其合计持有的富诚达 100% 股权，其中，支付股份

对价占比70%，支付现金对价占比30%。

2. 发行股份募集配套资金

本次交易拟向不超过10名其他特定投资者发行股份募集配套资金，配套资金总额不超过91 000万元，不超过本次发行股份购买资产交易对价的100%，募集配套资金发行股票数量不超过本次交易前上市公司总股本的20%，最终发行数量将根据最终发行价格确定。本次募集配套资金拟用于支付本次交易的现金对价和本次交易中介机构费用及相关税费。

（二）估值定价

1. 评估概况

依据中审华会计师事务所（特殊普通合伙）出具的《审计报告》（CAC证审字〔2017〕0255号），截至评估基准日2016年12月31日，富诚达的资产账面价值为73 150.13万元，负债账面价值为48 150.13万元，合并净资产账面价值为25 000.00万元。

依据北京中天华资产评估有限责任公司出具的《评估报告》（中天华资评报字〔2017〕第1036号），评估机构采用资产基础法和收益法两种评估方法对富诚达100%股权进行了评估，最终采用收益法评估结果作为评估结论。

根据资产基础法评估结果，在评估基准日2016年12月31日，富诚达母公司总资产账面价值为65 802.01万元，评估价值为80 965.23万元，增值额为15 127.12万元，增值率为22.99%；负债账面价值为49 106.10万元，评估价值为49 106.10万元，增值额为0.00万元；净资产账面价值为16 695.91万元，净资产评估价值为31 823.03万元，增值额为15 127.12万元，增值率为90.60%。

根据收益法评估结果，富诚达合并口径下归属母公司的所有者权益为25 000.00万元，采用收益法评估后的股东全部权益价值为289 851.35万元，评估增值264 851.35万元，增值率1 059.41%。

2. 评估结果的差异分析及结果的选取

对富诚达100%股权的评估采用了两种方法，得出的评估结果分别为：收益法的评估值为289 851.35万元；资产基础法的评估值为31 823.03万元。两种方法的评估结果差异258 028.32万元。

从评估结论看，资产基础法评估结论低于收益法评估结论。资产基础法从资产重置的角度间接地评价了资产的公平市场价值，在整体资产评估时，资产基础法不能合理体现各项资产综合的获利能力及企业的成长性。

收益法则是从决定资产现行公平市场价值的基本依据——资产的预期综合获利能力的角度评价资产的，符合市场经济条件下的价值观念。从理论上讲，收益法的评估结论能更好地体现股东全部权益价值。

富诚达是一家主要从事消费电子产品精密金属结构件研发、生产和销售的高新技术企业。随着近几年全球智能手机出货量增加，金属结构件渗透率逐步提高，精密金属结构件市场将保持快速增长。富诚达长期致力于精密结构件的研发和创新，技术实力强，产量质量稳定，已成为众多国内外知名消费电子移动终端厂商的精密金属结构件的供应商，强大的市场需求和自身的经验积累为富诚达未来快速增长提供了保证。

综上分析，收益法从企业的未来获利角度考虑，综合考虑了企业的品牌竞争力、客户资源价值、人力资源价值、企业管理价值、技术经验价值等各项资源的价值，因而收益法评估结果更能客观合理地反映本次评估目的所申报的资产和负债价值。因此，本次评估以收益法评估结果为最终评估结论。

（三）对价支付方式

文某、张某、董某、富众达交易对价分别为 12.17 亿元、7.97 亿元、7.83 亿元、0.98 亿元，现金分别为 3.65 亿元、2.39 亿元、2.35 亿元、0.29 亿元，股份分别为 7 004.74 万股、4 589.31 万股、4 508.80 万股、562.45 万股。

（四）盈利补偿安排

1. 2017 年业绩补偿金额的确定与结算

若 2017 年富诚达实现扣非后净利润高于该年度补偿义务人承诺扣非后净利润的 90%，则无须补偿。若 2017 年富诚达实现扣非后净利润未达到 90%，补偿义务人应补偿金额。

补偿金额 =（2017 年补偿义务人承诺扣非后净利润 - 2017 年富

诚达实现扣非后净利润）÷2017 年至 2019 年补偿义务人累计承诺扣非后净利润 ×289 500 万元

补偿义务人须优先以取得的奋达科技股份进行补偿，不足部分由补偿义务人以现金方式补足。

补偿义务人应补偿的股份数量 = 当年补偿金额 ÷ 本次发行股份购买资产的股票发行价格

2. 2018 年业绩补偿金额的确定与结算

若 2017 年至 2018 年富诚达累计实现扣非后净利润总和未达到累计承诺扣非后净利润总和，但高于累计承诺扣非后净利润总和的 90%，补偿义务人应补偿金额。

补偿金额 =2017 年至 2018 年累计承诺扣非后净利润总和 – 2017 年至 2018 年累计实现扣非后净利润总和 – 以前年度已补偿金额

补偿义务人须以现金进行补偿。

若 2017 年至 2018 年富诚达累计实现扣非后净利润未达到累计承诺扣非后净利润总和的 90%，补偿义务人应补偿金额。

补偿金额 = （2017 年至 2018 年补偿义务人累计承诺扣非后净利润总和 – 2017 年至 2018 年富诚达累计实现扣非后净利润总和）÷ 2017 年至 2018 年补偿义务人累计承诺扣非后净利润 ×289 500 万元 – 以前年度已补偿金额

补偿义务人须优先以取得的奋达科技股份进行补偿，不足部分由补偿义务人以现金方式补足。

3. 2019 年业绩补偿金额的确定与结算

若 2017 年至 2019 年三个会计年度，富诚达累计实现扣非后净利润未达到 2017 年至 2019 年三个会计年度补偿义务人累计承诺扣非后净利润总和，补偿义务人应补偿金额。

补偿金额 = （2017 年至 2019 年补偿义务人累计承诺扣非后净利润总和 – 2017 年至 2019 年富诚达累计实现扣非后净利润总和）÷ 2017 年至 2019 年补偿义务人累计承诺扣非后净利润 ×289 500 万元 – 以前年度已补偿金额

补偿方式同上，优先以取得的奋达科技股份进行补偿，不足部分由补偿义务人以现金方式补足。

四、交易节点

2017 年 3 月 28 日，上市公司召开第三届董事会第六次会议审议通过了本次发行股份及支付现金购买资产并募集配套资金的相关议案。

2017 年 4 月 20 日，上市公司与富诚达股东签署了“发行股份及支付现金购买资产协议之补充协议”及“利润补偿协议之补充协议”。

2017 年 5 月 8 日，上市公司召开 2017 年第二次临时股东大会，审议通过了本次发行股份及支付现金购买资产并募集配套资金暨关联交易报告书（草案）等相关议案。

2017 年 7 月 31 日，上市公司收到中国证监会《关于核准深圳市奋达科技股份有限公司向文某等发行股份购买资产并募集配套资金的批复》（证监许可〔2017〕1372 号），本次交易获中国证监会核准。

2017 年 8 月 7 日，交易标的富诚达 100.00% 股权过户至奋达科技名下，相关工商变更登记手续已办理完毕，富诚达取得了深圳市市场监督管理局换发后的企业法人营业执照。奋达科技持有富诚达 100.00% 股权。

2017 年 8 月 29 日，上市公司完成本次发行股份购买资产新增股份登记。

2017 年 9 月 7 日，本次发行股份购买资产新增股份上市。

2017 年 9 月 22 日，本次交易非公开发行股份募集配套资金完成。

2017 年 10 月 9 日，上市公司完成本次交易非公开发行股份登记。

2017 年 10 月 19 日，本次交易非公开发行股份上市。

五、并购影响

（一）对上市公司业务的影响

本次收购富诚达系奋达科技践行消费电子垂直整合战略，向消费电子产品制造上游进一步延伸，产品线已覆盖外观件、中框、支架、接口、连接片等，大幅拓展公司消费电子产品精密金属结构件业务的广度和深度，扩大公司在移动智能终端精密金属结构件领域的优势，促进公司成为国内消费电子产品金属结构件领域的优势企业，便于为客户提供移动智能终端精密金属结构件一站式解决方案，为实现公司战略目标奠定坚实的基础。

本次交易前，上市公司 2016 年智能终端精密金属外观件收入为 67 296.43 万元；本次交易后，上市公司 2016 年智能终端精密金属结构件备考收入为 142 031.60 万元。本次交易前，上市公司 2016 年智能终端精密金属结构件净利润为 16 095.88 万元，占上市公司 2016 年合并报表净利润比重 41.63%；本次交易后，上市公司 2016 年智能终端金属结构件备考净利润为 30 574.95 万元，占上市公司比重 58.78%，上市公司智能终端精密金属结构件业务规模、净利润占比得以提升。

（二）对上市公司财务的影响

根据富诚达 2016 年度经审计的财务数据，富诚达 2016 年实现营业收入 74 735.16 万元，其营业收入相当于同期上市公司营业收入的 35.53%，实现归属于母公司股东净利润为 14 479.07 万元，相当于同期上市公司归属于母公司股东净利润的 37.58%。同时，交易对方承诺富诚达 2017 年、2018 年和 2019 年经审计的扣除非经常性损益的净利润分别不低于人民币 2 亿元、2.6 亿元、3.5 亿元。本次收购完成后，上市公司在业务规模、盈利水平等方面有望得到大幅提升，为公司构建新的业绩增长点。

（三）对股东持股比例的影响

奋达科技董事长肖某的持股比例从交易前的 44.54% 下降到交易后的 39.29%，降低 5.25 个百分点，仍为公司实际控制人。文某、张某、董某交易后持股比例分别为 4.96%、3.25%、3.19%。

六、交易特点

（一）交易难点

一是报告期对 Apple 公司的销售占比均超过 80%，未来预期将继续维持在较高比例，在审核中需充分说明不存在大客户依赖，本次交易有利于增强奋达科技的持续盈利能力。

二是2016年业绩下滑，同时承诺未来几年的业绩呈现较快速度增长，在审核中需充分说明未来几年业绩预测高增长的合理性，以及是否有充足的依据，是否存在评估值过高的问题。

三是配套募集资金9.1亿元，且按发行期首日作为基准日定价，发行压力较大。

（二）交易亮点

本次交易完成后，奋达科技将产品线向上游推进，丰富了产品结构，进一步提升了公司的业务规模，扩大了公司在移动智能终端精密金属结构件领域的优势，有利于公司抓住移动消费终端快速增长的机会，向成为持续领先的消费电子产品垂直整合型科技企业的目标再迈进一步。

七、案例亮点

产业化并购得到了政策支持，审核节奏比较快，审核时间非常短。再融资定价基准日调整至发行期首日后，发行窗口的选择对成功募集资金尤为重要，本次通过投行精准的分析，在股价进入下跌周期前成功完成发行。

案例2：中矿资源（002738）收购Tanco、CSF Inc. 及CSF Limited[①]

一、案例简述

中矿资源集团股份有限公司（以下简称“中矿资源”“上市公司”“公司”）是一家综合地质勘查型矿业公司，主要致力于地质工程技术服务，具体包括固体矿产勘查工程技术服务和地基基础工程施工服务，主要为国有大型矿业公司境外找矿和生产性探矿项目提供地质勘查工程技术服务，业务领域以海外市场为主、国内市场为辅。

中矿资源通过中矿（香港）稀有金属资源有限公司以支付现金方式收购Tanco、CSF Inc. 及CSF Limited的100%股权，交易对手方为Cabot及Cabot G. B.。Cabot是一家全球领先的特种化学品和高性能材料公司，Cabot G. B. 是Cabot的全资子公司，Cabot与Cabot G. B. 共同持有标的公司Tanco、CSF Inc. 及CSF Limited 100%股权。

交易双方在公平合理原则的基础上协商确定本次交易基准收购价格为13 000万美元，并按照股份购买协议约定，在交割资产时，根据标的公司在交割日的净营运资本、铯榴石库存量、甲酸铯库存量等因素做相应调整，最终预估交易金额为13 473万美元。

二、交易背景

（一）铯盐产品应用广泛，市场发展前景广阔

① 本案例由中信建投证券提供，撰写人：章晓钟。

铯盐产品应用广泛，在医疗、石油化工等领域起重要作用，更是社会安全（安检仪显影涂层）和国防（夜视瞄准镜）等领域里必不可少的原料，是发展高科技产业的必备材料。

铯盐产品在环保性上有极大的优势。甲酸铯产品比其他类型完井液更高效，毒性更低，且不腐蚀钻井设备，在提高作业效率的同时也更好地保证了能源生产的环保和安全；碳酸铯是铯盐行业用量最大的基础产品，用于各种催化剂的生产，其作为焊剂，与普通焊剂相比具有无污染、免清洗、无废料等优点；硫酸铯主要用作硫酸催化剂，作为硫酸装置中节能减排的重要环保型材料，能够提高 SO_2 的转化率，减少 SO_2 排放。环境污染已成为全球共同面临的难题，全球范围内对企业经营的环保要求不断提高，作为环保型新材料的铯盐产品的市场发展前景相当广阔。

（二）中矿资源完全拥有成熟的铯盐加工工艺以及充足的铯盐产能

2018 年 8 月，中矿资源收购东鹏新材 100% 股权交割完毕，东鹏新材成为上市公司全资子公司。东鹏新材从事铯铷盐产品的生产及销售业务，是国内铯盐产品的最大供应商，也是世界范围内铯盐产品的主要供应商之一。通过对东鹏新材的收购，上市公司拥有了成熟铯盐加工工艺以及充足的铯盐产能。标的公司和东鹏新材有良好的产业协同效应。

三、交易方案

（一）主要内容

本次交易为中矿资源通过中矿香港以支付现金方式收购 Cabot 及 Cabot G. B. 持有的 Tanco、CSF Inc. 及 CSF Limited（以下简称“标的公司”）100% 股权。本次交易前，中矿资源未持有交易标的公司股份；本次交易完成后，标的公司成为中矿资源全资子公司。

（二）估值定价

1. 交易价格确定

本次交易，中矿资源通过商业谈判的方式确定标的公司股权。

经中矿资源多轮报价，交易双方协商谈判，确定本次交易基准购买价为 13 000 万美元。依照股份购买协议约定，在标的资产交割时，交易价格需根据标的公司在交割日的净营运资本、铯榴石库存量、甲酸铯库存量等因素做相应调整。根据交割日标的公司资产评估，交易双方确定最终预估交易价格 13 473 万美元。

2. 交易标的估值

本次交易的定价不以评估结果为依据。为了便于投资者对本次交易定价水平公允性的判断，公司聘请中联评估作为估值机构出具了《估值报告》。中联评估采用收益法和市场法对交易标的进行了评估。根据《资产评估报告》及其所列假设和限定条件，在评估基准日 2018 年 9 月 30 日，归属于母公司股东权益账面值为 21 081. 3 万美元。采用收益法测算的股东全部权益（净资产）价值为 18 742.59 万美元，估值减值 2 338.71 万美元，减值率为 11.09%。采用市场法测算的股东全部权益（净资产）价值为 21 067. 33 万美元，估值减值 13.97 万美元，减值率为 0. 07%。由于估值对象相对受到其铯资源总量的影响，无法永续经营，而可比上市公司的未来经营年限未知，市场法无法调整这些影响。相对而言，收益法可完整核算估值对象全生命周期的未来收益，因此，评估机构最终选择收益法估值 18 742.59 万美元作为标的公司 100% 股份价值最终的评估结论。

3. 估值结果与交易定价差异解释

根据中联评估出具的资产评估报告，标的公司在估值基准日收益法下测算的股东全部权益（净资产）价值为 18 742.59 万美元。交易对方承诺，将在本次交割前清理所有关联方往来，剥离关联方往来资金净额共计 5 089. 9 万美元。标的资产经调整后的估值为 13 652. 69 万美元。双方商议基准购买价为 13 000 万美元，与调整后估值相比折价 5. 74%，交易对价合理。

（三）对价支付方式及资金来源

本次交易的支付方式为美元现金，资金来源为上市公司自有资金及银行并购贷款。为支付标的公司并购价款，上市公司全资子公司中矿香港申请 3 100 万美元项目融资，贷款期限 6 个月，并由上市公司提供担保；上市公司向招商银行股份有限公司伦敦分行申请

6 600 万美元并购贷款，贷款期限 5 年，并提供担保。截至 2019 年 6 月 17 日，公司及子公司对外担保总额为人民币 96 984. 66 万元（汇率以截至 2019 年 6 月 14 日美元兑人民币汇率 6. 8937 计算），占 2018 年 12 月 31 日公司经审计净资产的比例为 44. 58%。无逾期担保情况。

四、交易节点

2019 年 1 月 30 日，上市公司第四届董事会第二十一次会议审议通过了本次《中矿资源集团股份有限公司重大资产购买预案》等相关议案。

2019 年 1 月 30 日，中矿香港与交易对方签署了股份购买协议。

2019 年 2 月 4 日，上市公司向加拿大创新、科技和经济局投资审查部提交通知备案，并且在 45 日内未收到其提出的异议。根据加拿大投资法关于国家安全审查的规定，上市公司已通过加拿大创新、科技和经济局投资审查部的审查。

2019 年 3 月 11 日，上市公司第四届董事会第二十二次会议审议通过了《关于〈中矿资源集团股份有限公司重大资产购买报告书（草案）〉及其摘要的议案》等相关议案。

2019 年 3 月 29 日，上市公司召开 2019 年第一次临时股东大会，审议通过了《关于〈中矿资源集团股份有限公司重大资产购买报告书（草案）〉及其摘要的议案》等相关议案。

截至 2019 年 6 月 28 日，中矿香港已将本次交易预估交易金额 13 473 万美元汇款至交易对方的银行账户。交易对方亦已根据股份购买协议的约定进行了以下交付：代表各交易标的全部股份的股票证书或经正式签署的股票转让授权书；每位集团董事的书面辞呈；有关交易对方陈述及保证，以及义务履行的证明；其他股份购买协议中约定的文件。

五、并购影响

（一）对上市公司业务的影响

1. 有利于补足原材料供应短板

本次交易前，中矿资源全资子公司东鹏新材的铯铷盐原材料主要来自津巴布韦的Bikita公司。由于目前仅津巴布韦的Bikita公司对外销售铯榴石和透锂长石，矿源较为稀缺，因此上市公司对Bikita公司存在一定的依赖性。如果津巴布韦的政治和经济局势发生重大不利变化，或者针对本国矿石出口制定新的管制政策，东鹏新材重要的原材料将面临供应不足的局面，生产经营存在一定风险。

目前，全球可供规模化开采的铯榴石资源主要集中于三大矿区，分别是津巴布韦的Bikita矿区，加拿大的Tanco矿区和澳大利亚的Sinclair矿区。其中，Bikita矿区向东鹏新材和美国雅宝提供原材料，Tanco矿区由标的公司控制开采并自用，Sinclair矿区的铯榴石已被标的公司全额包销。

通过本次交易，上市公司将拥有自有铯榴石矿区，有效降低了铯铷盐业务的原材料供应风险，其铯盐经营模式将升级为“矿产开采+产品生产+后端销售”的全流程产业链，有效完善了产业链战略布局，提升了可持续发展能力和抗风险能力。

2. 有利于巩固铯铷盐市场领先地位

本次交易前，由于铯榴石资源的稀缺性以及较高的行业技术壁垒，全球范围内可实现铯铷盐量产的公司只有上市公司、标的公司以及美国雅宝。根据中国有色金属工业协会锂业分会的统计数据，上市公司在国内铯铷盐细分市场占有率超过75%，为国内领先的铯铷盐厂商。

标的公司是目前全球主要甲酸铯生产商，从收入层面来看，标的公司收入为上市公司子公司东鹏新材铯铷盐收入的3倍以上。标的公司的客户优质，包括哈里伯顿、斯伦贝谢等全球知名油服企业，壳牌、BP等全球知名油气公司，以及巴斯夫、杜邦等全球知名化工企业，这些客户均与标的公司保持着良好的合作关系。

通过本次交易，上市公司将有效扩大在铯铷盐市场的市场份额，巩固铯铷盐市场的行业领先地位，并获取标的公司优质的客户资源，持续竞争能力将得到显著提升。

3. 有利于拓展全球市场，助力全球化战略目标实现中矿资源作为中国有色金属行业首批成规模“走出去”的商业性综合地质勘查技术服务公司，经过多年发展，逐步在经验、管理、技术、人才、客户、机制等方面形成了较强的综合性竞争优势，尤其是在“走出去”市场经验、品牌、中高端客户资源等方面具有较强的先发优势。

中矿资源海外业务主要集中于亚非地区，而标的公司在美国、加拿大、英国、新加坡等地均设有子公司，业务遍布欧洲、美洲、亚洲、非洲，并在全球范围内具备一定影响力，本次收购将是中矿资源全球化战略的重要补充，有助于其迅速拓展全球市场，为其长远布局奠定基础。

（二）对上市公司财务的影响

根据标的公司提供的财务数据，2017 年以及 2018 年标的公司合并营业收入分别约为 4 092.5 万美元以及 4 558.2 万美元，净利润分别约为 568.1 万美元以及 429.1 万美元，本次交易将在一定程度上提升中矿资源的盈利能力。

本次交易完成后，中矿资源将与标的公司技术和经验共享，实现协同效应，利用上市公司自身的海外项目管理经验、专业人才队伍和资金筹措能力改善标的公司的经营效率和盈利能力，并有效增强上市公司的持续盈利能力。

（三）对上市公司未来发展前景的影响

此次购买股权对于增强行业波动的防守能力具有重要意义。本次交易完成后，整体经营抗风险能力增强，进一步夯实公司持续发展的基础，提高公司在国际铯铷行业中的综合竞争力。在本次交易完成之后，上市公司将进一步深耕铯铷盐业务，上市公司子公司东鹏新材的铯盐业务与标的公司在终端市场、客户群体、渠道资源等方面存在重合，双方预期将形成比较明显的互补效应和协同效应，上市公司将致力于实现与标的公司技术和客户资源的共享，在生产更优质产品的同时，进一步挖掘客户潜在需求，拓展潜在客户资源，并实现销售网络深度和广度的加速覆盖，扩大全球服务覆盖范围，提高服务效率，提升客户满意度。

六、交易特点

（一）剥离关联方往来资金，标的公司企业价值估值调整为股权价值

在对标的公司净资产进行估值的过程中，由于标的公司相对受到其铯资源总量的影响，无法永续经营，而可比上市公司的未来经营年限未知，市场法无法调整这些因素的影响，评估最终选用收益法估值结果 18 742.59 万美元作为标的企业价值最终估值。由于交易双方约定，标的公司将在股权交割前清理所有关联方往来，关联方往来资金净额共计 5 089 万美元，这部分金额将在交易交割前予以剥离，通过减去这一部分待剥离现金的方式，将企业价值调整为标的公司的股权收购价格，更准确地反映了收购标的公司的对价。

（二）中联评估为本次交易标的出具估值报告，分析交易价格合理性

中矿资源聘请中联评估作为估值机构，以 2018 年 9 月 30 日为估值基准日，对交易标的进行估值并出具《中矿资源集团股份有限公司拟购买 Cabot 公司特殊流体事业部业务项目估值报告》。按照跨境并购惯例，本次交易双方通过商业谈判的方式确定标的公司股权价格。经中矿资源多轮报价，交易双方协商谈判，确定本次交易基准购买价为 13 000 万美元。考虑到本次估值是基于交易对方提供的资料进行的，并非完全无保留的资料，国内评估机构部分尽职调查程序受到限制（如无法进行函证、存货盘点限制等），无法出具严格符合相关法律法规的评估报告。为验证本次重大资产交易价格的公平合理性，中联评估出具了对于标的公司的咨询性估值报告，并对财务资料、生产数据的合理性进行了书面分析，满足了中国证监会《重大资产重组管理办法》的规定，保护了公司及中小股东的利益。

（三）通过加拿大国家安全审查

根据加拿大律师出具的法律意见书，标的公司之一 Tanco 所处行业涉及的主要监管机构包括加拿大核能安全委员会、加拿大渔业及海洋部等，涉及的相关法律法规包括加拿大环境保护法、环境法

等。由于标的公司在经营历史中，在环境保护方面遵守了所适用的法律的规定，获得了环境保护相关的政府批准，近年来从未发生与环境许可相关的任何环保事故、纠纷或处罚，本次交易顺利地通过了加拿大的国家安全审查，并经由加拿大投资法项下的加拿大投资审查局的备案，得以顺利实施。

（四）通过内保外贷的方式获得境外银行美元贷款，降低交易成本

为合理简化交易流程，降低交易成本，中矿资源选择以内保外贷的方式开展本次境外投资。中矿资源通过向北京银行北京分行申请开具涉外融资性保函，为境外招商银行伦敦分行提供6 600万美元并购贷款进行担保。同时，中矿资源全资子公司中矿天津、江西东鹏，以及法人代表王平卫就并购贷款向北京银行提供反担保。通过内保外贷，本次收购避免了当前阶段境内资金的跨境流动，中矿资源获得了较低成本的融资，使本次并购顺利完成。

七、案例亮点

海外竞标项目面临激烈的竞争，对于收购方和中介机构效率要求非常高。首先，从并购的角度而言，这是一个竞标式收购，竞标者众多，中矿资源经过激烈角逐最终中标。本次收购同时涉及加拿大、美国、英国三个目标公司，此外还有新加坡、挪威和墨西哥的关联公司，尽职调查涉及6个国家，交易文件复杂。其次，本次收购对于中矿资源构成重大资产重组，本项目牵涉目标公司的资料卷帙浩繁，项目时间要求又紧，对中介机构是一大挑战。中介机构不仅需要独立核查目标公司提供的大量境外尽调资料，还要和境外6个法律顾问、交易对方聘请的中介机构顾问以及目标公司等多方机构进行沟通和协调，以便达到既能兼顾并购项目本身的需求，又能满足中国境内各主管机关、证券交易所的要求。

在中国资源类企业“走出去”的过程中，过往的收购方主要是央企和国企，他们具备较强的资金实力和议价能力，但是随着中国企业收购海外资产的经验越来越丰富，中国民营企业也参与到海外

资源类资产的并购浪潮中，中矿资源海外收购的成功，体现出中国民营企业和中介机构已对海外收购规则日益熟悉，收购经验也越来越丰富，这是中国企业面对国际化浪潮主动应对挑战、开展全球业务布局的积极尝试。

案例3：木林森（002745）收购朗德万斯[①]

一、案例简述

木林森股份有限公司（以下简称“木林森”“上市公司”“公司”）是集LED封装与LED应用产品为一体的综合性光电高新技术企业，专注于LED封装及应用系列产品研发、生产与销售业务。产品广泛应用于家用电子产品、灯饰、景观照明、交通信号、平板显示及亮化工程等领域，主要产品有SMD LED、Lamp LED、LED应用（包括照明产品及其他）三大类。作为全球LED封装行业的主要厂商，木林森在技术工艺、标准化、生产规模及产业链布局等方面具有独特的竞争优势。木林森在LED器件、照明生产制造、品牌运营这三方面齐头并进，同时在上游LED芯片、下游LED照明应用方面深度布局，打造LED产业链生态系统，持续提升盈利能力。木林森通过与上游芯片厂商的战略联盟保障了芯片供应安全，通过自身品牌建设和外延并购向LED下游应用进军，全产业链布局已初步成型。

木林森收购欧司朗通用照明业务是典型的跨境并购交易，交易分为境外和境内两步：境外交易由IDG资本主导，引入木林森、义乌国资等资金方组成财团，以明芯光电作为收购SPV，通过支付现金的方式向欧司朗公司收购其持有的朗德万斯（LEDVANCE）100%股权。境外交易作价4.9045亿欧元。境内交易中，木林森通过发行股份及支付现金的方式购买和谐明芯及卓睿投资持有的明芯光电100%的股权，交易金额为400 000万元。木林森以现金方式支付明

① 本案例由华泰联合证券提供，撰写人：张畅、陈超然。

芯光电交易对价的 31.35%，总计 125 400 万元，以发行股份的方式支付明芯光电交易对价的 68.65%，总计 274 600 万元，总计发行股份数不超过 96 826 516 股。

二、交易背景

（一）“一带一路”倡议及“走出去”战略支持 LED 产业发展

随着“一带一路”建设的稳步开展和“走出去”战略的深入推进，中国作为全球 LED 照明市场最重要的生产和出口基地，对外出口享有的红利正开始显现并逐步释放，这给国内 LED 照明企业开拓国际市场带来了巨大的机遇。“一带一路”沿线大多是新兴经济体和发展中国家，以俄罗斯、东南亚等为代表的新兴市场是我国 LED 产品出口的新蓝海，政策的大力支持为 LED 企业开辟海外市场提供了更多的便利。此外，为了践行中国企业“走出去”战略，推动中国资本市场的国际化进程，国家相关部门也相继出台了各项政策，积极放宽对境外投资的管理，以鼓励和支持境内企业开展海外并购交易。

（二）布局海外市场是木林森“成为全球照明行业领导者”愿景的必由之路

木林森作为全球前十大 LED 器件制造商，成立以来一直专注于 LED 产品的生产及研发，深耕细作，2011 年至 2016 年实现了 34.09% 的复合年增长率。目前，公司的营收规模居中国 LED 企业领先地位，确立了其在中国 LED 产业的领导地位。虽然公司拥有较强的研发、规模及成本等优势，但由于品牌建设相对较晚，在国际市场上，“木林森照明”的品牌知名度及影响力与知名品牌相比还具有一定差距，国际化战略是公司目前发展的重要业务战略之一。此次收购欧司朗通用照明业务，是木林森迈向国际市场的重要一步，借助 LEDVANCE 的渠道、品牌、技术等优势，木林森可以快速提高海外市场占有率，提升品牌形象，将“中国有好灯，首选木林森”升级为“世界有好灯，首选木林森”。

（三）朗德万斯在全球市场具有突出的竞争优势

欧司朗是全球第二大的照明产品及方案提供商，总部位于德国，2015 财年销售额近 56 亿欧元。其产品组合横跨照明产业全价值链，从光源到自定义灯光管理系统，包括通用照明与特种照明。此次剥离出售的朗德万斯主要包括传统光源与 LED 光源两大块业务。从 2016 年开始，朗德万斯陆续推出 OTC 灯具与智能家居业务，并希望通过发展这两块新兴业务驱动未来的增长。目前，欧司朗照明业务在全球绝大多数市场排名均在前三，在欧洲居首位，在品牌影响力、销售渠道、生产能力等方面均处在世界一流水平。

本次交易将成为木林森实现全球化布局的重要举措，通过朗德万斯已有的全球销售团队可以大大加速木林森的海外市场布局。朗德万斯在全球 40 余个国家和地区拥有销售网络、千余名销售人员以及联系紧密的大客户，这些资源将给木林森带来销售上的机遇，可迅速提高其海外市场份额。同时，随着木林森所处的 LED 中上游行业价格的下跌，整合朗德万斯毛利率相对较高的光源及灯具业务有利于提升木林森的盈利能力。

三、交易方案

（一）主要内容

本次交易木林森拟通过发行股份及支付现金的方式购买和谐明芯及卓睿投资持有的明芯光电 100% 股权，交易金额为 400 000 万元。同时，本次交易拟向不超过 10 名特定投资者非公开发行股份募集配套资金不超过 120 500 万元，用于义乌 LED 照明应用产品项目和支付本次重组相关费用。如果募集配套资金出现未能实施或融资金额低于预期的情形，公司将自筹解决。募集配套资金不超过本次拟购买标的资产的交易价格的 100%，且发行股份数量不超过发行前木林森总股本的 20%。本次交易完成后，木林森将持有明芯光电 100% 股权，明芯光电将成为木林森的全资子公司。

1. 发行股份及支付现金购买资产

本次交易木林森以现金方式支付明芯光电交易对价的 31.35%，总计 125 400 万元；以发行股份的方式支付明芯光电交易对价的

68.65%，总计274 600万元，总计发行股份数不超过96 826 516股。

本次发行股份购买资产定价基准日为木林森第三届董事会第八次会议决议公告日，发行价格为定价基准日前120个交易日公司股票均价的90%，并根据木林森2016年度利润分配方案予以调整，发行价格为28.36元/股。

由于木林森作为本次重组交易对方之一和谐明芯的有限合伙人，持有和谐明芯31.242%的份额，为避免本次重组交易导致间接循环持股，经交易各方友好协商，本次交易作价中的现金对价将主要用于木林森退伙，资金来源为上市公司自有资金或自筹资金。现金对价支付完成后，各方应共同安排上市公司从和谐明芯处退伙，并由和谐明芯在木林森进行退伙结算后按照其合伙协议的约定以现金对价退还木林森在和谐明芯的财产份额。退伙手续完成后，上市公司再将和谐明芯所获得的新增股份登记上市。

2. 募集配套资金

本次交易拟向不超过10名特定投资者非公开发行股份募集配套资金，资金不超过120 500万元，用于义乌LED照明应用产品项目和支付本次重组相关费用。

如果募集配套资金出现未能实施或融资金额低于预期的情形，公司将自筹解决。募集配套资金不超过本次拟购买标的资产的交易价格的100%，且发行股份数量不超过发行前木林森总股本的20%。

本次发行股份募集配套资金将根据中国证监会《关于修改〈上市公司非公开发行股票实施细则〉的决定》《发行监管问答——关于引导规范上市公司融资行为的监管要求》的相应规定，以发行期首日作为定价基准日进行询价发行。本次募集配套资金的股份发行价格不低于本次发行股份募集配套资金的定价基准日前20个交易日公司股票交易均价的90%。在前述发行底价基础上，最终发行价格在上市公司取得中国证监会关于本次交易的核准批文后，由上市公司董事会根据股东大会的授权，依据有关法律、行政法规及其他规范性文件的规定及市场情况，并根据发行对象申购报价的情况，遵照价格优先原则，与本次发行的保荐机构（主承销商）协商确定。

定价基准日至发行日期间，上市公司如有派息、送股、资本公积金转增股本等除权除息事项，本次发行价格也将进行相应调整。

木林森向全体交易对方发行股份及支付现金购买资产，不以募集配套资金的成功实施为前提，最终配套融资发行成功与否不影响本次发行股份及支付现金购买资产行为的实施。如果募集配套资金出现未能实施或融资金额低于预期的情形，木林森公司将自筹解决。

（二）估值定价

在本次交易中，评估机构采用资产基础法对明芯光电 100% 股权进行评估，并采用收益法和市场法对下属经营实体朗德万斯 100% 股权进行评估，并最终采用收益法评估结果作为朗德万斯 100% 股权价值的评估依据。根据中通诚评估出具的《资产评估报告》（中通评报字〔2017〕288 号），以 2017 年 6 月 30 日为基准日，明芯光电 100% 股权的评估值为 405 306. 38 万元，并经各方协商后确定明芯光电 100% 股权的交易价格为 400 000 万元。

（三）对价支付方式

木林森以现金方式支付明芯光电交易对价的 31. 35%，总计 125 400 万元；以发行股份的方式支付明芯光电交易对价的 68. 65%，总计 274 600 万元，总计发行股份数不超过 96 826 516 股。

本次发行股份购买资产定价基准日为木林森第三届董事会第八次会议决议公告日，发行价格为定价基准日前 120 个交易日公司股票均价的 90%，并根据木林森 2016 年度利润分配方案予以调整，发行价格为 28. 36 元/股。

四、交易节点

2016 年 7 月，木林森与珠海和谐卓越投资中心、和谐浩数投资管理有限公司、义乌市国有资本运营中心共同发起设立了义乌和谐明芯股权投资合伙企业，投资于 LED 行业的优质企业或优质资产。

2016 年 7 月 26 日，和谐明芯的子公司和谐明芯光电科技有限公司与 OSRAM GmbH、OSRAM SYLVANIA INC. 签署了股份收购协议，向两者收购朗德万斯 GmbH、朗德万斯 LLC（合称为“朗德万斯”，以下简称“标的公司”）的全部股份。

2017年3月3日，和谐明芯的子公司明芯光电与朗德万斯GmbH原股东OSRAM GmbH、朗德万斯LLC原股东OSRAM SYLVANIA INC. 完成了本次交易的股权交割。至此，明芯光电持有了朗德万斯100%股权，已顺利完成本次海外股权收购交易。

2017年3月30日，木林森召开第三届董事会第八次会议，审议通过了木林森与交易对方签署购买资产协议及与本次重组相关的其他议案，木林森股份有限公司拟通过发行股份及支付现金的方式购买和谐明芯及卓睿投资持有的明芯光电100%股权。

2017年10月21日，上市公司股东大会通过。

2017年12月21日，《木林森股份有限公司发行股份及支付现金购买资产并募集配套资金暨关联交易报告书（草案）（修订稿）》中披露了标的资产的评估状况。

2017年10月31日，中国证监会受理。

2017年12月1日，中国证监会第一次反馈意见。

2018年1月5日，中国证监会发审委通过。

2018年2月2日，中国证监会批准。

2018年4月4日，公告标的资产已经过户。

2018年6月19日，发布本次交易实施情况报告，本次交易完成。

五、并购影响

（一）对上市公司业务的影响

本次交易完成后，朗德万斯将成为上市公司的全资子公司，纳入上市公司的管理范围。上市公司将在生产、销售、研发、管理、团队等方面进行整合，使朗德万斯尽快融入上市公司，最大限度地发挥重组的协同效益。

1. 营销渠道的整合

目标公司朗德万斯是全球领先照明集团欧司朗公司分拆出来的通用照明公司，所生产的照明应用产品在海外市场客户方面具有良好的积累。欧司朗公司与全球近150个国家和地区的客户形成长期合作关系，在全球40多个国家已建立直接、完善的零售和贸易渠道。在品牌层面上，有着百年历史及德国企业惯有的良好声誉的欧司朗公司更是世界三大光源制造商之一，其众多著名工程遍布世界各地，品牌影响力较大。

上市公司在全国主要大中城市设有30余家子公司，负责当地及周边市场销售拓展及客户维护工作。在全球化的布局下，木林森销售网络基本全面覆盖中国，海外分支机构覆盖美国、墨西哥、印度，境外销售点分别有中国台湾、泰国、菲律宾、迪拜、伊朗、沙特、卡塔尔、土耳其、埃及、南非、缅甸、德国、法国等国家和地区。

本次交易完成后，上市公司将获得欧司朗公司全球多个分销中心，同时将获得多个大型零售商的销售渠道。依托朗德万斯的营销渠道和品牌效应，木林森高性价比的产品有机会迅速进入全球主要市场。

2. 技术资源的整合

全球LED产业已形成以美国、亚洲、欧洲三大区域为主导的三足鼎立的产业分布与竞争格局。LED上游核心专利技术长期被日本的日亚化学（Nichia）和丰田合成（Toyoda Gosei）、美国科锐（Cree）以及欧洲的飞利浦（Philips）和欧司朗五大国际巨头所掌握。五大国际照明巨头产业链比较完善，在产业链上游拥有强大的技术实力，垄断着高端产品市场，对国内LED厂商形成专利重压。

朗德万斯拥有千余项发明专利，数百项外观新型专利、公司网域以及公司注册商标。而木林森在LED领域也取得了丰硕的技术研发成果，已获得授权专利数百项。2015年、2016年，朗德万斯分别支出约5 043.2万欧元、4 392.1万欧元进行研发投入，2015年、2016年木林森的研发投入分别达到1.51亿元、2.16亿元。本次收购完成之后，双方通过技术交流、联合开发，提高研发效率和投入产出比，最终实现两者技术资源的有效整合、协同发展。

3. 销售及管理体系的整合

本次交易完成后，上市公司将在保持目标公司独立运营、核心团队稳定的基础上将其纳入上市公司经营管理体系。2015年、2016年明芯光电的销售及管理费用分别为37.25亿元、40.08亿元，销售费用和管理费用占当期营收的24.40%和26.39%；同期，上市公司的销售费用和管理费用分别为42 208.75万元和47 833.03万元，占当期营收的12.32%和11.19%。经营费用过高在一定程度上影响了朗德万斯的经营业绩。

朗德万斯中国区与上市公司的管理架构，有一定重合。本次交易完成后，上市公司将整合双方的管理体系及管理团队，避免机构职能重复带来的资源浪费，提高管理效率，降低管理费用，达到成本优化和效益提升。

4. 团队人员的整合

本次交易完成后，目标公司将成为上市公司的全资子公司，其仍将以独立法人主体的形式存在，上市公司将在保持标的公司管理层现有团队基本稳定、给予管理层充分发展空间的基础上，为标的公司的业务发展和运营提供足够的支持。

此外，鉴于上市公司与标的公司在经营管理、企业文化、团队管理等方面存在差异，为保证标的公司保持健康良好的发展，上市公司将在保持标的公司现有管理团队稳定的基础上，视需要向标的公司派驻一定的高级管理人员，根据经营需要进行业务方面的团队整合。

（二）对上市公司财务的影响

假设上市公司已完成本次重组（不考虑配套融资部分），即上市公司已持有明芯光电100%股权，按照上述重组后的资产架构，瑞华会计师事务所出具《备考财务报表审阅报告》（瑞华阅字〔2017〕48510001号）。本次交易完成后，因明芯光电纳入上市公司合并口径，上市公司总资产规模、净资产规模、收入规模将明显增加。同时，由于本次交易完成后归属于上市公司股东的所有者权益增长幅度高于本公司股本增幅，每股净资产有所提升。

2017年1—6月，明芯光电实现营业收入73.58亿元，归属于母公司的净利润-2.51亿元，主要系下属公司朗德万斯目前正处于战略转型重组期间、发生较大与重组相关费用所致。2016年、2017年1—6月，明芯光电发生企业重组费用7.29亿元、3.47亿元。受此影响，朗德万斯在2017年1—6月亏损，从而使备考报表中净利润、每股收益等指标下降较大。

明芯光电报告期内会计报表均按照同一控制下企业合并原则编制，朗德万斯重组相关费用影响明芯光电净利润。截至 2017 年 6 月 30 日，未来重组费用已经被初步识别并计提，已经计提的重组费用将不再影响明芯光电未来年度损益。

（三）对原股东持股比例的影响

本次交易前，孙某除直接持有本公司 355 660 700 股（占总股本比例 67.32%）外，还通过中山市榄芯实业投资有限公司间接持有 2 049 600 股（占总股本比例 0.39%），是上市公司的实际控制人。本次交易完成后，以发行股份 96 826 516 股计算，不考虑配套融资影响，孙某直接持股比例将变更为 56.89%，仍为上市公司的实际控制人。因此，本次交易不会导致上市公司实际控制人的变更。

六、交易特点

（一）交易难点

1. 跨境交易叠加资产剥离、业务重组，方案复杂性急剧提升

本次交易系跨境收购，是由中国企业“出海”参与竞标最终完成收购全球性公司的交易。木林森成立于 1997 年，经过近 20 年的发展于 2015 年登陆中国 A 股市场，主营业务为 LED 的封装及 LED 应用产品的研发、生产和销售。在本次收购前，木林森 90% 的收入均来自国内市场。作为典型的国内制造业企业，木林森具备较强的成本优势、生产管理能力，但海外开拓能力较弱，全球化运营经验不足。标的公司朗德万斯成立于 2016 年，设立后承接了欧司朗公司原通用照明业务，主要经营两大百年品牌“欧司朗”及“喜万年”系列照明产品，总部设立于德国慕尼黑，在全球拥有 800 多名销售和市场营销人员，覆盖 40 余个国家及地区，并在欧洲、美国、亚洲等区域合计拥有 14 家工厂，公司文化、管控体系均与国内公司有较大的不同，在产品品牌塑造、全球运营控制等方面具备较强的实力，但由于主要工厂均在发达国家且总部机构人员较多，运营成本较高，与中国 LED 制造业相比竞争力不足。基于双方较高的协同互补性，

IDG资本牵头，联合木林森、义乌国资设立并购基金，参与本次收购海外交易的全球性竞标，并经历多轮报价后顺利拿下朗德万斯。

朗德万斯系德国欧司朗公司为承接通用照明业务而专门设立的法律主体，成立于2016年7月，但剥离工作已于2015年上半年开始实施，涉及全球数十个法律实体。具体而言，整体剥离分为两步：第一步，确定资产和负债，并转让给独立的法律实体朗德万斯。要转移的资产和负债的确定基于所谓的"本地划分"概念，从法律角度确定朗德万斯经营活动的范围，并根据税务及法律要求，转移归属于朗德万斯的资产和负债至新的法律实体（正向剥离），或转移不归属于朗德万斯经营活动的资产和负债（即剩余欧司朗的经营活动）到新的法律实体（反向剥离）。第二步，确定直接或间接转让给朗德万斯的、与包含朗德万斯资产和负债的法律实体相关的所有投资。而因为本次交易报告期为2015年、2016年及2017年1—6月，所以2015年及2016年1—6月的财务数据均需要采用模拟口径编制，且部分数据资料涉及卖方欧司朗公司，整体审计及财务工作极为繁重。

受照明行业由传统照明技术向LED照明技术转型的大环境影响，朗德万斯也制订了相应的业务重组计划，加大LED光源、OTC灯具等业务的投入力度，并逐步关闭原有传统光源产能，重组计划完成后预计工厂数量由原来的14家减少至最后约6家。重组计划在实施过程中涉及已有人员遣散费用、固定资产减值等支出，因此，重组计划的实施进度和可预测性也会显著影响收益法评估结果。

叠加上述资产剥离、业务重组影响，本次跨境交易的复杂性显著提升，与德国管理团队的沟通、对传统境内交易政策的适用性调整、协调审计及评估钩稽等工作的难度都大幅增加。

2. 全球范围内的财务核查难度较大

朗德万斯报告期内约90%的收入来自美洲区及欧洲、中东、非洲区域，前十大客户遍布美国、英国、法国、德国等地，在德国、法国、美国、中国均建有工厂或仓储中心。由于监管环境不同，境外企业的客户一般对接受访谈、拍照等事项均持较为负面的态度，项目组就相关事项与朗德万斯德国管理层进行了多轮反复沟通后才取得其认可，与客户进行多次沟通游说后，其销售代表才接受了中介机构的访谈，最终完成了相应的走访、盘点等相关工作。

3. 全球反垄断及安全审查

木林森与朗德万斯的主营业务同属于光电半导体领域，且木林森自营的LED应用产品与朗德万斯光源产品存在重叠，因此，本次交易涉及多个国家或地区的反垄断审批。同时，由于本次交易采取两步法实施，需要视各个国家或地区的法规决定是否需要进行两次反垄断审批。

2016年10月，本次交易取得了马其顿反垄断审查机构的批准；2016年11月，本次交易取得了波兰反垄断审查机构的批准；2017年1月，本次交易取得了墨西哥反垄断审查机构的批准；2017年1月，本次交易通过了德国联邦经济部的审查；2017年6月，本次交易取得了德国反垄断审查机构的批准；2017年6月，本次交易取得了俄罗斯联邦反垄断服务处的批准；2017年7月，本次交易取得了土耳其反垄断办公室的批准。2017年7月，美国反垄断审查等待期结束，美国反垄断审查机构在等待期内未提出异议。同时，本次交易也通过了美国的外国投资审查（CFIUS）。

4. 现金支付解决循环持股问题

在境内交易中，由于木林森作为交易对方之一和谐明芯的有限合伙人，持有和谐明芯31.242%的份额，为避免本次重组交易导致间接循环持股，交易作价中的现金对价将主要用于木林森退伙，资金来源为上市公司自有资金或自筹资金。现金对价支付完成后，各方应共同安排木林森从和谐明芯处退伙，并由和谐明芯在木林森进行退伙结算后按照其合伙协议的约定以现金对价退还木林森在和谐明芯的财产份额。退伙手续完成后，上市公司再将和谐明芯所获得的新增股份登记上市。

（二）交易亮点

1. 中国制造企业收购全球百年老店，优势互补发挥协同效应

木林森自2012年开始拓展LED照明市场，投入大量资金和人员进行营销渠道建设，2014—2016年上市公司用于营销建设的费用分别约为15 779.74万元、16 094.95万元、18 320.67万元，其中大部分用于LED应用产品的营销投入，但LED应用产品2015年的销售

额仅达到5.76亿元，由此可见，销售渠道和品牌建设困难。所以，朗德万斯的营销渠道尤其是其海外市场的营销渠道，对木林森而言具有极大价值。如果由上市公司自己投入建设这些渠道，即便投入巨大的资金和庞大的海外人员，也未必能达到预期效果。

欧司朗是全球第二大照明产品及方案提供商，剥离出售的朗德万斯主要包括传统光源与LED光源两大块业务。欧司朗照明业务在全球绝大多数市场排名均在前三名，且居欧洲首位，在品牌影响力、销售渠道、生产能力等方面均处在世界一流水平。1906年欧司朗品牌在德国柏林注册商标，历经百年耕耘，凭借丰富的产品线以及长期以来备受好评的经典照明产品，欧司朗跻身“2014年50个最佳德国品牌”之一。1993年，欧司朗收购喜万年，旗下Sylvania品牌拥有114年历史，在美洲市场拥有良好口碑及影响力，是世界上最受认可的灯具及照明设备品牌之一，剥离通用照明业务初期，朗德万斯被授权可以使用欧司朗及Sylvania品牌，延续百年老店的品牌优势。除此之外，欧司朗还将其他百余项商标授权给朗德万斯使用。全球照明行业经过多年的发展，目前已经高度成熟。行业整体发展平稳，竞争格局基本稳定，GE、欧司朗、飞利浦三大照明厂商占据了接近50%的市场份额，新进入厂商想要切入全球市场存在一定困难。新品牌不仅需要获得消费者的认可，其厂商还需要进行全球化采购、销售，复杂程度较高。由于自身战略转变，欧司朗公司计划将定位从综合照明服务商转变为专业照明服务商，故决定出售旗下通用照明业务，给希望进入全球照明领域的厂商提供了机会。

交易完成后，木林森获得欧司朗公司全球多个分销中心，主要位于美国、墨西哥、法国、德国、俄罗斯、西班牙及韩国；同时将获得沃尔玛、麦德龙等大型零售商的销售渠道。朗德万斯强大的品牌效应将进一步提升木林森LED应用产品在中国国内市场的竞争力和品牌号召力。同时，木林森和朗德万斯目前的营销渠道尤其是在中国国内的营销渠道具有一定的重合性，双方将进行资源的有效整合，渠道互补，避免重复建设，节约营销成本，提升营销效果。

此外，朗德万斯产品定位偏高端，具备较强溢价能力；木林森作为全球产量最大的封装企业，在规模化生产方面具备成本优势。

交易完成后，木林森低成本的封装业务将有效降低朗德万斯产品的采购成本，朗德万斯产品需要的LED灯珠将逐步由木林森进行封装，成本集约效应有利于LED产品利润率的提升。收购完成后，双方将进一步优化供应商结构，进行联合采购，增加采购数量的同时通过共享战略合作伙伴等形式进一步降低采购成本。此外，朗德万斯在全球拥有多家物流集散中心，数十个大型自有仓库，良好的物流基础为木林森产品的全球化布局提供了便利，木林森在中国国内的配送及仓储体系也可为朗德万斯所利用。本次收购后，双方将进一步优化产能布局，关闭部分工厂，通过整合进一步增加产能利用率，提升盈利能力。

2. 跨境收购经典“两步走”案例，资本助力竞标成功

从竞标角度看，木林森利用上市公司地位、联合战略投资者成功脱颖而出。此次欧司朗公司出售通用照明业务采用了全球范围内招标买家的方式，期间历经多轮竞标流程，木林森最终能够胜出与其上市公司地位、IDG资本的助力密不可分。LED产业链全球化程度较高，木林森作为封装领域的龙头上市公司，在欧美部分厂商中亦享有较高的知名度，其领先的市场地位和上市公司身份也是欧司朗公司最终选择木林森的重要考量因素。IDG也是基于对木林森长期看好以及木林森股票的市场流动性，选择与木林森一起参与竞标，其多年积累的资本市场经验优势在交易过程中发挥了重要作用。

七、案例亮点

本次交易采用股份及现金支付的方式收购跨境剥离资产，在A股市场中较为少见。从交易方案上来说，产业资本联合上市公司先行组成财团，在境外直接采用ODI资金出境的方式完成境外交割，期间也涉及外汇政策变动、多个国家或地区反垄断审批等不确定性因素。完成境外交割后，上市公司再采用向其他境内投资者发行股份及支付现金的方式收购标的资产。从标的资产本身的特殊性来说，朗德万斯系剥离资产，报告期内同时涉及模拟报表和实际报表编制，需要对财政年度、会计准则进行一系列的调整，同时，标的资产本

身处于业务转型期，较多的一次性费用、重组费用均会影响资产未来表现，均与其他重组案例存在较大的差异。本次交易的顺利完成，离不开监管机构的大力支持，也离不开上市公司、交易对方、标的资产和中介机构的共同努力。希望本次交易能够为未来其他类似交易提供一定的帮助和参考意义。

案例4：启迪设计（300500）收购深圳嘉力达[①]

一、案例简述

启迪设计集团股份有限公司（以下简称“启迪设计”“上市公司”“公司”）已发展成为以苏州为中心，以北京、深圳、西安、武汉等为支点，辐射全国的建设科技技术服务公司。它从一个改制的中小民营设计院发展成为上市集团公司。公司旗下拥有深圳嘉力达节能科技有限公司、深圳毕路德建筑顾问有限公司、苏州中正工程检测有限公司等多家控股（全资）子公司及分公司。公司提供“策划、规划、设计、EPC（工程总承包）、PPP（政府与社会资本合作）、运维”等一体化集成服务，业务范围覆盖产业园、大健康、生态旅游、城市更新、商办建筑、文化体育、居住、轨道交通综合体、景观园林、室内装饰、地下人防等领域。公司近几年来囊获了多个国家金奖，数百项省部级以上奖项。

启迪设计收购嘉力达（以下简称“标的公司”）100%股权的并购交易，是一宗基于产业延伸战略的垂直整合并购。

上市公司启迪设计主要从事建筑设计业务及相关工程技术服务，系国内知名、江苏省领先的建筑设计服务提供商。标的公司嘉力达则专注于建筑节能服务领域，为客户提供建筑用能系统全生命周期的节能服务。购买方与标的公司分别从建筑设计与建筑节能两方面改善建筑居住环境品质，优化建筑用能结构，推广绿色建筑，在产业上有较好的延伸性与协同性。自2017年4月上市公司股票停牌，至2018年2月标的资产完成过户，共历时10个月。在交易各方及

① 本案例由广发证券提供，撰写人：章睿、齐中斌、黄子强。

中介机构的共同努力下，购买方与标的资产业务整合效果显著，为上市公司实现外延式发展提供了有力支持。

二、交易背景

（一）优化上市公司业务结构，丰富产品结构，提高持续盈利能力与抗风险能力

通过本次收购，上市公司将在建筑设计、工程检测等基础上，增加节能机电工程、能源管理信息化、用能系统合同能源管理业务，其业务结构将得到优化，能够进一步拓展盈利来源，降低经营风险，增强市场竞争力。

未来，上市公司将延续产业延伸的发展战略，紧紧抓住行业和市场发展的重大机遇，充分利用资本市场平台，整合有较强协同性的产品及服务资产，在资金、品牌、管理等方面支持拟收购标的嘉力达的发展，扩大其生产销售规模，增加购买方在节能机电工程、能源管理信息化、用能系统合同能源管理领域的收入及利润贡献。本次交易完成后，购买方整体收入规模有望迅速扩大，有助于进一步提高其抗风险能力，增强盈利能力的持续性和稳定性。

（二）借助资本市场平台，快速获取优质资源，提高产品覆盖能力，加快购买方外延式发展

上市公司的主营业务为建筑设计、工程检测等，在建筑设计行业发展情况长期看好的形势下，经营仍存在一定风险。为此，上市公司积极寻求在技术、资金、管理以及客户资源等方面能为其提供协同价值的企业，通过自主发展和外延并购相结合的战略，优化业务结构和进行产业布局，进一步提升持续经营能力和抗风险能力。本次交易是上市公司外延式发展的重要举措。

三、交易方案

（一）交易背景及交易方案说明

1. 交易背景

（1）建筑设计等工程技术服务行业迎来新的发展机遇。“十三五”期间，随着国家宏观层面供给侧结构性改革的持续深化，以绿色智能、建筑节能、建筑产业化、智慧城市等为代表的新兴市场需求不断涌现，也为建筑设计等工程技术服务企业的服务理念与服务模式创新提出了新的要求：服务理念方面，更加关注生态文明建设、人居环境品质，在绿色智能、节能环保等，应提供更为广泛、深入的技术服务；服务模式方面，更加倾向于在工程技术专项领域具有集成优势，且具备产业链资源整合能力，应提供全方位、一体化的工程技术服务。

在上述背景下，未来建筑设计等工程技术服务行业的发展也将呈现分化趋势：以传统设计业务为主的建筑设计企业将面临更加激烈的同质化竞争，而在专项技术领域（尤其是绿色建筑、建筑节能等领域）拥有技术创新优势、兼具集成与协同能力的全流程化服务企业将迎来更为广阔的发展空间。

（2）并购相关领域内的优质资产已成为行业内企业拓展服务半径、延伸业务链条的有效路径。由于历史、人才、技术、管理、商业模式等诸多因素，包括建筑设计在内的工程技术服务行业，往往具有较为明显的区域化经营特征。行业内企业在跨区域拓展业务时，因对当地政策、文化的理解与认识有限，且缺乏合适的资源与渠道，业务开展效率相对较低。与此同时，建设工程技术服务业务链条涵盖前期策划咨询、规划设计、工程设计、工程管理、工程检测、后期运营维护等多个环节，各个领域业务的开展涉及业务资质、客户资源、人才团队、技术经验的积累，进而形成一定的壁垒。因此，行业内企业拓展服务半径，延伸业务链条，若仅通过企业内生增长来实现，短时期内难以取得可观的成效，且可能会错失来之不易的市场机遇。而并购相关领域内的优质资产，并充分整合重组双方的业务资源，则可以在短时期内突破区域与行业壁垒，释放协同效益，实现经济利益与业务资源的双重收获。

近几年，我国资本市场并购重组非常活跃，不少企业通过市场化的并购重组，实现了跨区域、跨领域的业务发展。启迪设计作为国内知名、江苏省领先的建筑设计等工程技术服务提供商，充分利用上市公司的平台，有针对、有选择地并购相关领域内的优质资产，有利于进一步扩展业务服务半径，延伸业务链条，增强综合竞争能力。

2. 交易方案说明

本次交易为发行股份及支付现金购买资产，本次交易不募集配套资金。启迪设计拟以发行股份及支付现金的方式购买李某、嘉鹏九鼎、涵德基金、华信睿诚、王某某、嘉仁源、远致创业、富源恒业、王某所持嘉力达100%股权，共支付交易对价65 000万元，其中，以现金支付25 562.76万元，启迪设计向李某、嘉仁源支付的对价中现金与股份的比例为3.5∶6.5；向其他交易对方支付的对价中现金与股份的比例为4.5∶5.5。剩余部分39 437.24万元以发行股份的方式支付，发行股份价格为34.84元/股，不低于定价基准日前20个交易日公司股票交易均价的90%，共计发行1 131.9528万股。

（二）估值定价

1. 交易标的的估值及估值基础

本次交易的评估基准日为2017年3月31日，评估机构申威评估采取收益法和资产基础法对标的资产嘉力达进行评估并出具了《评估报告》（沪申威评报字〔2017〕第1246号），其中，采用资产基础法评估的结果为38 657.71万元，收益法评估结果为65 100.00万元，最终采用收益法评估结果作为本次交易标的股权的评估结论。

经评估，嘉力达100%股权评估值为65 100.00万元，较2017年3月31日经审计合并报表归属于母公司所有者权益账面值23 677.00万元，评估增值率约为174.95%。

2. 对价支付方式

本次交易，收购方共需支付交易对价65 000万元，其中，以现金支付25 562.76万元，剩余部分39 437.24万元以发行股份的方式支付，对价支付方式如前文。

3. 盈利补偿安排

根据启迪设计与嘉力达股东签署的盈利预测补偿协议及其补充协议，李某、嘉仁源承诺，嘉力达 2017 年、2018 年、2019 年、2020 年经审计的实际净利润分别不低于 4 200 万元、5 400 万元、6 800 万元、6 800 万元。在嘉力达 2017 年、2018 年、2019 年、2020 年每一年度《专项审核报告》出具后，若嘉力达未能实现承诺净利润的 95%，则李某、嘉仁源向启迪设计进行补偿。如果嘉力达在业绩承诺期经审计的实际净利润数达到当年承诺净利润数，则实际净利润数超出当年承诺净利润数的部分可延续计入以后年度业绩，但四年累计实际净利润合计不得低于 23 200 万元。

四、交易节点

2017 年 4 月 17 日，启迪设计发布《关于筹划重大事项停牌的公告》；

2017 年 6 月 21 日，启迪设计召开第二届董事会第二十次会议，通过《关于本次发行股份及支付现金购买资产并募集配套资金暨关联交易方案的议案》；

2017 年 7 月 27 日，启迪设计召开 2017 年第二次临时股东大会，通过《关于本次发行股份及支付现金购买资产并募集配套资金暨关联交易方案的议案》；

2017 年 9 月 26 日，启迪设计召开第二届董事会第二十四次会议，通过《关于调整公司发行股份及支付现金购买资产并募集配套资金暨关联交易方案的议案》；

2017 年 12 月 13 日，本次重大资产重组经 2017 年第七十次并购重组委工作会议无条件审核通过；

2018 年 1 月 10 日，中国证监会出具了证监许可〔2018〕35 号《关于核准启迪设计集团股份有限公司向李海建等发行股份购买资产的批复》，核准本次交易。

五、并购影响

（一）对上市公司业务的影响

1. 本次交易完成前后上市公司主营业务构成

本次交易完成后，上市公司的主营业务将发生如下变化：

（1）上市公司将增加节能机电工程业务，业务收入从0增加至20 161.70万元，占比从0增加至30.53%，主要为客户的建筑用能系统（主要是机电系统）提供节能解决方案和施工图节能深化，运用工程管理信息系统进行节能工程实施和节能运行调试等服务。

（2）上市公司将增加能源管理信息化业务，业务收入从0增加至3 418.34万元，占比从0增加至5.18%，主要为提供能源管理软件、能耗监测系统建设、设备与能源管理服务。

（3）上市公司将增加用能系统合同能源管理业务，业务收入从0增加至3 226.09万元，占比从0增加至4.89%，主要为客户的建筑用能系统提供节能解决方案、节能建设和能源管理的“一站式”节能服务，包括节能效益分享型、能源费用托管型、指标保证型三种模式。

2. 上市公司未来的业务管理模式

本次交易完成后，上市公司将通过协同管理与发展，在帮助嘉力达构建符合上市公司规范和市场发展要求的内部管理体系的同时，实现整体及各方自身平衡、有序、健康发展。

为保证本次交易完成后嘉力达业务、经营的可持续发展，降低交易整合风险，并确保并购后嘉力达原有团队的稳定性、经营以及市场地位的稳固性及竞争优势的持续性，嘉力达将以独立法人的主体形式运营，在技术研发、生产、采购、销售、售后服务等方面的机构设置将保持相对独立。

本次交易完成后，在董事会确定的经营目标下，上市公司将不对嘉力达核心团队做重大调整（除非因嘉力达重大经营发展的需要），保持嘉力达经营团队的稳定性和独立性，并为其业务拓展提供充分的支持，为嘉力达调动上市公司资源提供充分和顺畅的保障，促进嘉力达与上市公司之间的协同发展。除依据法律法规或公司章程规定须由上市公司审议并披露的与嘉力达日常经营相关的事项外，其他日常经营事项由嘉力达按其内部决策机制决策实施。同时，上市公司将派出董事、监事，参与管理嘉力达的经营计划、投资方案、财务预决算、高级管理人员的任免等重大事项，对嘉力达的财务、会计信息和资料享有知情权和监督权。

本次交易后，嘉力达仍将独立、完整地履行其与员工的劳动合同，现有的除主要骨干人员以外的员工薪酬、福利体系基本维持不变。为了确保经营团队的稳定性，尤其是主要骨干人员的稳定性，上市公司将研究并推行更加有效的、合理的激励政策方式来稳定团队，促进嘉力达内部控制和业绩水平的提升。

在各自独立运营的同时，上市公司将加强“穿透式”管理，促进各方之间互通有无、取长补短，提升相互之间的协同、互助效应。上市公司将充分考虑各自的优势，采取切实可行的措施，界定各方的责任权利，充分调动各方的积极性，发挥各自在区域、客户资源、品牌口碑、技术、资质等方面的优势，携手开拓国际国内市场。上市公司将优化平衡内部资源，整合共享供应商数据，建立健全采购与成本监管体系，促进相关方生产管理水平的进一步提升，提高产能利用率，提高整体资产的运营效率，确保新技术的开发与应用推广速度，提高大项目的实施效益，更好地控制生产及工程成本，从而提升各方的盈利水平和整体竞争力。

（二）对上市公司财务的影响

本次交易完成后，标的公司将成为上市公司的全资子公司，纳入上市公司合并财务报表的范围；因为标的公司的盈利能力较好，所以本次交易完成后，上市公司的资产、负债、营业收入、净利润均会得到一定程度的增加。

（三）对原股东持股比例的影响

本次发行股份及支付现金购买资产向李某、嘉鹏九鼎、涵德基金、华信睿诚、王某某、嘉仁源、远致创业、富源恒业、王某发行 1 131.9528 万股。

六、交易特点

（一）交易难点

1. 交易各方对现金对价支付比例意见不一致

交易各方通过本次交易获取的上市公司股份存在锁定期。在股份锁定期内，交易对方无法通过转让股份的方式获取现金，只能从本次交易中获得部分现金对价。然而，交易各方出于对自身经济条件、资金回笼需求、未来资金规划、纳税等多方面因素的考虑，对现金对价的支付比例难以达成统一意见。

2. 取消配套募集资金

根据调整前的交易方案，购买方拟以询价的方式向不超过5名特定投资者发行股份募集配套资金不超过35 000万元。募集配套资金拟依次用于支付本次交易的现金对价、本次重组的相关费用及嘉力达项目建设。因前次募集资金使用率未达预期，上市公司调整了交易方案，取消了募集配套资金的交易安排。

（二）交易亮点

1. 设置有差异的现金对价支付比例

交易各方基于对标的公司财务状况、盈利能力、未来发展前景以及自身资金需求状况、交易税负情况等因素的综合考量，在进行充分有效沟通的前提下，协商确定了交易方案中股份发行与现金支付对价的比例，即上市公司向李某、嘉仁源支付的对价中现金与股份的比例为3.5∶6.5；向其他交易对方支付的对价中现金与股份的比例为4.5∶5.5。

根据交易方案，若嘉力达在业绩承诺期内任一年度未能实现承诺净利润的95%，则李某、嘉仁源应向上市公司支付补偿。李某、嘉仁源当年需向上市公司支付补偿的，先以李某、嘉仁源通过本次交易取得的股份进行补偿，不足部分由李某、嘉仁源以现金补偿。上市公司向李某、嘉仁源支付现金作为对价的比例为35%，低于其他交易对象的45%。一旦出现嘉力达未能实现盈利预测承诺的情况，李某与嘉仁源较其他交易对象而言，要用更多的股份补偿上市公司，这体现了补偿义务人对嘉力达和上市公司未来发展的信心。

2. 制订全面的整合计划，提升购买方与标的资产的协同效应

作为整体交易方案的一部分，购买方制订了全面的整合计划，以求在本次交易完成后，通过协同管理与发展，在帮助嘉力达构建符合上市公司规范和市场发展要求的内部管理体系的同时，实现整体及各方自身平衡、有序、健康发展。

整合计划的内容主要包括以下几个方面：

（1）业务整合。本次交易完成后，借国家发展装配式建筑与建筑信息化、建筑节能等建筑产业化政策优势，启迪设计利用建筑设计的优势，与嘉力达实现了建筑节能技术共享，全面开展绿色建筑设计、节能工程、能源管理服务全产业链的综合业务，推广建筑全生命周期服务，以此全力提升建筑能源利用效率，优化建筑用能结构，改善建筑居住环境品质，从而提高公司的核心竞争力。

启迪设计的业务主要集中在江苏区域。近年来，嘉力达的业务规模不断扩大，以深圳为总部，业务覆盖华南、华东、华中等多个省市，在行业内建立了较好的品牌美誉度和综合竞争优势。本次交易完成后，启迪设计将在华南等区域形成战略支点，加速上市公司跨区域经营战略的实施，嘉力达亦能凭借上市公司的市场影响力加快对华东尤其是江苏等区域市场的开拓。

（2）资产整合。启迪设计本次收购资产为嘉力达 100% 股权。收购完成后，嘉力达仍将保持资产的独立性，拥有独立的法人财产。

（3）财务整合。本次交易完成后，上市公司将把自身规范、成熟的财务管理体系进一步引入嘉力达的财务工作中，在财务管理系统、财务管理制度等方面对嘉力达进行整合和规范，更加有效地防范嘉力达的财务风险，降低运营成本。

（4）人员整合。嘉力达作为高新技术企业，人力资源是其主要的核心资源之一。上市公司充分认可嘉力达的管理团队及技术团队，鼓励嘉力达保持原有团队的稳定性。公司将在业务层面对嘉力达授予充分的自主性和灵活性，并为其业务开拓和维持提供足够的支持。

（5）机构整合。本次交易完成后，嘉力达仍作为独立的法人主体存在，现有内部组织结构保持稳定。此外，作为上市公司的全资

子公司，嘉力达将严格遵守上市公司内部控制及关于子公司管理的相关制度。

七、案例亮点

（一）精心打磨交易方案

作为独立财务顾问，项目组关注上市公司实现外延式发展的内在需求，在并购标的选择阶段，综合考虑产业链延伸、业务区域扩展等要素，协助上市公司选中嘉力达这一建筑节能服务提供商，进一步丰富和完善上市公司在绿色建筑领域的配套服务能力及整体方案解决能力，以及在华南区域的业务扩展能力。在交易对价磋商阶段，充分尊重不同类型交易对方对股份对价与现金对价的不同需求，确定了差异化的现金对价支付方案。

（二）关注审核期间 PE 型交易对方权益变动等问题

项目审核过程中，监管机构对审核过程中 PE 型交易对方的权益变动问题、交易标的历史上撤回 IPO 申请的原因等问题较为关注，究其实质，是关注交易行为本身以及交易标的经营业绩的真实性。为保证并购项目顺利推进，应当尽量维持交易对方在审核期间的股权稳定，对 PE 型交易对方进行穿透核查。

案例5：闻泰科技（600745）收购安世半导体[①]

一、案例简述

闻泰科技股份有限公司（以下简称“闻泰科技”“上市公司”“公司”）是一家为全球主流品牌提供智能手机、平板电脑、笔记本电脑、智能硬件、IoT模块等产品的研发设计和生产制造服务的高新技术企业。公司业务包括新产品开发、ID设计、结构设计、硬件研发、软件研发、生产制造、供应链管理等。公司拥有浙江嘉兴、江苏无锡工厂和印度、印尼工厂，通过当地化生产实现了国际化布局，满足了客户全球交付的需求，为公司未来持续发展奠定了基础。

安世半导体前身为荷兰恩智浦半导体公司的标准产品事业部，拥有60多年的半导体行业专业经验，是全球最大的IDM标准器件半导体供应商，凭借稳定的供应能力、完整的产品序列、卓越的产品质量，在行业中长期处于领先地位。闻泰科技与安世半导体处于产业链的上下游，在客户、技术和产品等多方面都具有很强的协同效应，在5G时代来临的大背景下，本次收购有着极大的发展潜力和战略意义。

闻泰科技通过“两步走”的方案成功收购安世半导体控制权。首先，闻泰科技通过组建买方团参与安世半导体上层最大基金股东LP份额的公开竞拍，取得交易先机；随后，闻泰科技引入优质战略投资者，通过发行股份购买资产、配套融资、境外银团贷款等方式，最终成功收购安世半导体约80%的股权。

---

① 本案例由华泰联合证券提供，撰写人：张辉。

二、交易背景

（一）半导体行业是国家高度重视、重点支持的行业

半导体行业作为现代信息技术的核心产业，应用场景逐步覆盖5G、人工智能、物联网、车联网等国家战略重点的新兴产业。实现核心半导体技术的自主可控，是半导体行业形成核心竞争力的关键。我国高度重视半导体行业的发展，相继出台了《国家集成电路产业发展推进纲要》《信息产业发展指南》《国家高新技术产业开发区“十三五”发展规划》等多项政策，专门设立了国家集成电路产业投资基金，从政策、资金等多个角度支持该行业的发展。

（二）新兴产业促进了半导体行业的发展，但国内外差距明显

随着技术的发展，5G、人工智能、物联网、车联网等新兴产业，已成为国家战略的重点发展方向，这些新兴领域高度依赖于半导体行业，也成为半导体行业重要的增长点。在政策和资本的双重支持下，我国半导体产业虽然已经取得长足进步，但与国外先进半导体企业比较，仍然存在明显差距，核心部件的进口依赖度高。中国企业在创新自研的同时，积极把握并购机会，吸收国际领先半导体公司的技术积累和研发经验，加速弯道超车，最终实现核心半导体技术的自主可控，形成自身的核心竞争力。

（三）半导体行业优质标的稀缺，跨境并购难度加大

在经历了全球半导体行业的并购重组浪潮后，许多大型厂商的重组基本接近尾声，市场上优质的并购标的极为稀少。加之日益严格的政府审查，半导体行业跨境并购更加困难。据统计，2017 年世界半导体产业并购交易总值为 277 亿美元，相比 2016 年近千亿美元的并购金额已有了大幅下滑。在这种情况下，能够成功收购海外优质的半导体标的公司，更显得难能可贵。

本次并购作为中国 A 股半导体行业最大的跨境并购，交易金额高达 267 亿元，且要面临德国、荷兰、马来西亚、菲律宾、韩国、中国台湾等国家和地区的相关审批，唯有创新的方案设计和高效的执行团队才能够帮助企业最终完成收购，实现跨越式发展。

三、交易方案

（一）主要内容

1. 闻泰科技组织买方团及银行贷款参与合肥国资公开转让安世半导体（以下简称“标的公司”）上层最大单一 LP 份额权益

2018 年 4 月 12 日，安世半导体单一最大 LP 份额——合肥广芯 LP 份额公开转让，由闻泰科技全资子公司牵头组成买方团合肥中闻金泰，最终以 114.35 亿元实现了对合肥芯屏所持有的安世半导体 10 亿美元持股份额中的 7 亿美元份额的收购。

为支付 114.35 亿元对价，上市公司通过下属公司合肥中闻金泰进行融资，其中，股权融资 70.1 亿元，包括国联集成电路 30.00 亿元，格力电器 8.85 亿元，智泽兆纬 0.80 亿元，云南省城投 10.15 亿元，西藏风格 7.00 亿元，西藏富恒 7.00 亿元，鹏欣智鹏 6.30 亿元，股权比例分别为 23.33%、6.88%、0.62%、7.89%、5.44%、5.44%、4.90%；债权融资 45.15 亿元，其中，兴业银行 35 亿元，云南省城投 10.15 亿元。

2. 发行股份购买资产，收购买方团成员以及安世半导体其他股东所持安世半导体股权

合肥中闻金泰支付合肥芯屏 114.35 亿元对价后，将其融资的剩余部分用于支付 GP 对价的前期款项。合肥中闻金泰向参股的 A 公司提供 20.25 亿元借款，用于向建广资产、合肥建广和智路资本支付 GP 对价，其中 12.84 亿元转为对 A 公司的注册资本。转股完成后，合肥中闻金泰和闻泰通讯将合计持有 A 公司 99.61% 的股权，上市公司实现对 GP 权益的控制。

在境内，上市公司通过发行股份及支付现金的方式收购合肥裕芯的 7 只境内基金（即合肥广芯、合肥广讯、合肥广合、宁波广轩、宁波广优、北京中广恒、合肥广腾）的 LP（或上层实际出资人）拥有的全部财产份额。上述收购除股份支付外，现金支付部分一方面来自合肥中闻金泰融资款中剩余的 3.28 亿元，用于支付 LP 要求的预付款；另一方面来自配套资金中的 32.54 亿元。

在境外，上市公司关联方通过支付现金的方式收购境外基金中智路资本作为 GP 拥有的全部财产份额和相关权益。就境外基金的 LP 份额，在上市公司取得对安世集团的控制权后，上市公司境外关联方通过支付现金的方式收购或回购境外基金的 LP 拥有的全部财产份额。所需资金来自境外并购贷款，共 56.32 亿元。

综上所述，上市公司前后两次向参与交易的境内外 GP、LP 合计支付对价 267.13 亿元，交易完成后上市公司穿透持有安世集团 79.98% 的股权。

(二) 估值定价

根据中联评估出具的中联评报字〔2019〕第 168 号《资产评估报告》，以 2018 年 12 月 31 日为基准日，选用市场法评估结果作为评估结论，安世集团 100% 股权的评估值为 338 亿元。

鉴于合肥中闻金泰通过参与公开竞拍受让合肥芯屏持有的合肥广芯 493 664.63 万元财产份额的转让价款为 114.35 亿元，本次交易中，向合肥中闻金泰的股东云南省城投、西藏风格、西藏富恒、鹏欣智澎及国联集成电路、格力电器、智泽兆纬发行股份购买其持有的合肥中闻金泰的股权，从而间接取得合肥广芯 493 664.63 万元人民币财产份额的作价与上述公开竞拍受让成本保持一致。

鉴于其他各境内外 LP 投资人间接持有的安世集团股权比例较小，同时在考虑其投资成本的基础上，经过各方市场化协商，参与本次交易的各境内外 LP 投资人同意将所持有境内、境外基金的 LP 份额对应的作价与合肥广芯的 493 664.63 万元财产份额的作价相比有所折让，按照持股比例对应关系换算出安世集团 100% 股权价值作价约为 264.32 亿元。

考虑到建广资产、智路资本作为前次收购的牵头方，在前次收购及本次交易前后所发挥的相关协调和管理工作，GP 转让方所拥有的合肥广芯、合肥广讯、合肥广合、宁波广轩、宁波广优、北京中广恒、合肥广坤、合肥广腾、北京广汇和 JW Capital 的全部 GP 财产份额（北京广汇、合肥广坤之 GP 财产份额暂不交割）和相关权益作价为 31.18 亿元。

（三）对价支付方式

在第一次交易中，上市公司收购合肥广芯 LP 财产份额中出资金额 58.50 亿元，通过合肥中闻金泰债务融资支付对价 10.15 亿元。

在第二次交易中，上市公司向全体交易对手方以发行股份及支付现金相结合的方式购买其持有的标的资产，交易对价 199.25 亿元。以现金方式支付交易对价 99.69 亿元，包括以募集配套资金向境内外 GP 转让方支付 10.83 亿元，向境内 LP 支付 32.54 亿元、向境外 LP 支付 8.235 亿美元。以发行股份的方式支付交易对价 99.56 亿元，总计发行股份数为 403 400 589 股。

四、交易节点

2018 年 4 月 22 日，闻泰科技的下属公司合肥中闻金泰牵头云南省城投、上海矽胤组成的联合体参与了合肥芯屏产业投资基金委托合肥市产权交易中心发布的安世半导体部分投资份额退出项目的公开竞标，成为该项目的受让方。

2018 年 9 月 14 日，董事会审议通过了关于本次重大资产重组的议案。

2018 年 10 月 25 日，发布发行股份及支付现金购买资产并募集配套资金暨关联交易意向性预案。

2018 年 12 月 1 日，发布发行股份及支付现金购买资产并募集配套资金暨关联交易预案（修订稿）。

2018 年 12 月 24 日，发布关于参股公司签署资产收购协议的补充协议的公告。

2019 年 3 月 22 日，发布发行股份及支付现金购买资产并募集配套资金暨关联交易报告书（草案）。

2019 年 4 月 29 日，发布关于收到“中国证监会行政许可申请受理单”的公告。

2019 年 6 月 6 日，发布关于公司发行股份及支付现金购买资产并募集配套资金暨关联交易事项获得中国证监会并购重组审核委员会审核有条件通过暨复牌公告。

2019 年 10 月 19 日，闻泰科技发布关于公司重大资产重组实施进展情况的公告，完成交易。

五、并购影响

（一）对上市公司主营业务的影响

闻泰科技在下游智能终端的系统设计方面拥有全球领先技术，是全球领先的 4G/5G 智能终端创新研发平台和全球手机 ODM 行业龙头，安世半导体则处于产业链上游，为世界一流的半导体标准器件供应商。通过本次收购，闻泰科技成功获得了安世半导体的控制权，极大提升了闻泰科技的盈利能力和发展潜力，系上市公司把握重大产业投资机遇的重要战略举措。本次收购也是国内半导体行业史上最大的并购交易，有利于推动具备国际竞争力的领先半导体公司在国内产业落地，有效补充了我国半导体行业中高端标准器件领域的短板，迅速完成技术积累，推动标准器件行业的发展。

1. 业务协同效应

在汽车电子化时代，上市公司与安世集团能实现较好的产业协同。安世集团的销售收入主要来自汽车电子领域，闻泰科技在车载通信系统的应用和芯片级系统解决方案领域积累了较丰富的经验，基于安世集团提供的元器件产品和优质的封测技术，可以为车厂提供符合标准的车载电子系统的模组。同时，基于闻泰科技的行业和技术经验，向安世集团反馈应用需求及方向，可以更好地服务于车厂的需求。本次交易完成后，上市公司将深入汽车电子领域，在新能源汽车大规模替代燃油车、自动驾驶、无人驾驶等先进技术成熟前提前布局，实现战略卡位，其增长前景更具想象空间。

2. 销售协同效应

中国已经成为全球最大的半导体消费市场，国内企业在半导体中下游的优势很明显，闻泰科技可以利用自身积累的客户资源、管道优势以及对终端市场的深刻理解，加速安世集团在中国市场业务的开展和落地，帮助安世半导体进一步拓展其在消费电子领域的市场份额。

3. 研发协同效应

国内企业在半导体上游和汽车电子等重量级领域仍有突破的空间。作为全球半导体标准器件领先的供应商，安世半导体的产业链覆盖了半导体产品的设计、制造、封装测试的全部环节，在半导体分立器件、逻辑器件、静电保护器件、MOS 器件等细分领域均处于全球前二，安世半导体可以利用其技术优势帮助闻泰科技打通产业链的核心环节，实现主要元器件的自主可控。

（二）对上市公司财务状况及盈利能力的影响

根据众华会计师事务所出具的众会字（2019）第 3353 号备考审阅报告，本交易完成后，上市公司总资产规模、净资产规模、收入规模、净利润水平、每股收益均将有所提升，上市公司财务状况、盈利能力将得以增强。

（三）对原股东持股比例的影响

本次募集配套资金总额不超过 700 000 万元，募集配套资金金额不超过本次交易中以发行股份方式购买资产的交易价格的 100%。配套融资发行股份数量将不超过本次交易前上市公司总股本的 20%，本次交易前上市公司的总股本为 637 266 387 股，因此，本次配套融资的发行股份数量不超过 127 453 277 股。以合计发行 530 853 866 股计算，本次交易后，张某及其一致行动人闻天下共同控制公司 16.35% 股份，张某仍为公司实际控制人。

六、交易特点

（一）交易难点

本次交易在筹划与实施各阶段遇到诸多挑战，在逐一攻克的过程中积累了相关的经验。

1. 深挖产业价值，在困难环境下完成融资

一是以产业投资者为中流砥柱。产业投资者是大规模并购交易融资的破局者，是深刻理解产业、拥有资金实力的产业投资者，如能协助挖掘其与收购方的产业协同和业务合作机会，将以奠基者的身份增强外界对本次收购的信心，实现多赢。本次交易中，华泰联

合证券帮助闻泰科技大力挖掘与其自身及安世半导体能够产生战略协同效应的产业投资者，深入研判产业投资者的战略诉求和产业布局，重点沟通产业落地执行的后续发展，引入产业投资者参与本次交易，以本次交易为基础共建后续企业成长机会。

二是坚定财务投资者信心，完善融资结构。本项目融资需求巨大，财务投资者极为关注收购方和被收购方的财务数据。闻泰科技由于布局5G，进行了客户的战略调整，致使2018年的业绩出现了波动。此外，2018年国内市场整体融资环境较差，导致财务投资人对本次交易的价值难以给出公允判断。在闻泰科技及华泰联合证券的共同努力下，通过细致的分析和市场行业的审慎研判，打消了财务投资人疑虑，使之积极参与本次交易。

2. 高效完成海外尽调

由于安世半导体管理层驻海外，华泰联合证券以极强的专业素养，结合中外文化、规则差异，向海外管理层详细阐述了境内的监管要求与核查逻辑，合理、准确提出尽调要求与规划，通过便于海外企业认知和执行的方式，与海外管理层进行了高效沟通，组织相关中介机构，顺利推进各项核查程序，有效推动尽调工作，充分保障了上市公司及全体股东的利益。

（二）交易亮点

闻泰科技作为全球最大的智能手机ODM企业，深刻理解并充分认可安世半导体的价值，在本次交易时间紧迫、资金需求大、市场资金紧张、交易对方诉求复杂等背景下，闻泰科技果断决策，与华泰联合证券共同努力，通过“两步走”的方式成功收购安世半导体。

1. “两步走”实现本次并购交易

首先，闻泰科技组建买方团参与安世半导体上层最大基金股东LP份额的公开竞拍，取得交易先机。随后，闻泰科技继续引入优质战略投资者，通过发行股份购买资产、配套融资、境外银团贷款等方式收购安世半导体控制权。

2. 创新的交易结构设计

交易结构的合理设计能使得各方诉求得以平衡。本次交易中，交易结构的设计充分利用了境内外资本市场的多种融资工具，并采用了股权与债券相结合的融资方案，在上市公司和标的层面分别进行融资，从而有效实现了上市公司支付能力与交易对方多元利益诉求的对接，在高效、合规并合理控制风险的框架下，为交易的逐步稳健推进提供了可靠的路径。

3. 合理分担上市公司的资金压力

本次交易中，闻泰科技综合运用组建买方团、引入具有产业背景的战略投资者、发行股份购买资产、现金支付、配套募集资金、境外银团贷款等方案设计及融资手段顺利推进了本次交易，充分利用了其在境内外的融资优势。本次交易总额267亿元，闻泰科技自有及自筹资金58.50亿元，向战略投资者借款10.15亿元，引入战略投资者股权投入95.41亿元在第二步交易中换股，取得境内并购贷款35亿元，拟募集配套资金不超过70亿元（其中43亿元用于对价支付，剩余部分可偿还银行贷款及补流），境外银团贷款8.235亿美元（约56.32亿元）。精巧的方案设计，在满足卖方的资金需求、上市公司的合规运作、A股的发行条件的同时，合理地分担了上市公司的资金压力。

4. 差异化定价方案满足各方诉求

鉴于合肥广芯的LP财产份额系安世集团上层股权结构中各境内、境外基金股东的单一最大财产份额，且通过公开竞拍方式履行了市场化竞价流程，最终确定了成交价格，而与合肥广芯的LP财产份额相比，其他各境内外LP投资人间接持有的安世集团股权比例较小，同时在考虑其投资成本的基础上，经过各方市场化协商，参与本次交易的各境内外LP投资人同意将所持有境内、境外基金股东的LP份额对应的作价与合肥广芯的LP财产份额的作价相比有所折让。

鉴于境内外基金股东的普通合伙人通过境内外的董事会控制安世集团，并享有管理服务费用、业绩奖励等收益权，经交易各方协商，GP份额转让对价最终确定为31.18亿元。根据评估报告，安世半导体的全部股权价值为338亿元，本次收购的安世半导体的股权比例为79.98%，对应的参考价值约为270亿元，而本次交易的总对价约为267亿元，并未超过参考价值，因此，本次交易的差异化作价具备合理性。

七、案例亮点

本次交易是上市公司把握重大产业投资机遇的战略举措。上市公司做出本次收购安世集团的决策促成了国内半导体行业史上最大的收购案，该决策是上市公司充分把握国内半导体行业发展机遇的成果。考虑到安世集团与上市公司均为国内外知名的公司，两者具有较强的协同效应，本次交易将显著增强上市公司的产业整合能力，交易双方实现共赢、共同发展，为上市公司的持续盈利能力和发展潜力提供了坚实保障，进而提升我国在标准器件半导体领域的实力和核心竞争力。

本次交易实现了国际领先半导体企业在国内落地，有效补足了我国半导体行业中标准件业务的短板。半导体行业存在很高的技术壁垒，核心环节一直以来都被外资所主导，国内半导体厂商与国外厂商差距明显。在国外日趋严厉的技术封锁下，通过自研寻求突破显得更加艰难。在这种背景下，国内企业通过并购国外优质半导体公司实现赶超就显得更为弥足珍贵。安世半导体在半导体标准器件的设计、制造、封装测试等方面都处于全球领先地位，通过此次收购，闻泰科技成功获得了安世半导体的控制权，有效弥补了国内企业在上述产品领域的短板，并进一步促使相关技术在国内的产业落地，迅速地完成技术积累，有效推动了整个行业的发展，对我国半导体产业发展影响深远。

上市公司和安世集团处于行业上下游，在技术、客户和产品上具有协同效应。本次交易完成后，一方面，双方在整合过程中可以实现资源的互相转换，加速安世集团在中国市场业务的开展和落地，通过上市公司的资源进一步拓展了其在消费电子领域的市场。另一方面，上市公司将向产业链上游延伸，打通产业链核心环节，实现主要元器件的自主可控，有助于上市公司构建全产业链生态平台规划的快速落地。

本次交易有利于上市公司把握车联网、5G 等新兴市场的发展机遇。安世集团的销售收入主要来自汽车电子领域。闻泰科技在车载通信系统的应用和芯片级系统解决方案领域积累了较丰富的经验，基于安世集团提供的元器件产品和优质的封测技术，可以为车厂提供符合标准的车载电子系统的模组。同时，基于闻泰科技的行业和技术经验，可向安世集团反馈应用需求及方向，也可以更好地服务于车厂。本次交易完成后，上市公司将深入汽车电子领域，在新能源汽车大规模替代燃油车、自动驾驶、无人驾驶等先进技术成熟前提前布局，实现战略卡位，为上市公司提供更具想象空间的增长前景。

案例6：渤海汽车（600960）收购 TRIMET Automotive Holding GmbH[①]

一、案例简述

渤海汽车系统股份有限公司（以下简称“渤海汽车”“上市公司”“公司”）主要从事活塞及组件、专用数控机床、轻量化汽车零部件、汽车轮毂、汽车空调、减震器、排气系统、油箱、启停电池等多个产品的设计、开发、制造及销售，实现了汽车动力总成、底盘总成、热交换系统的产业布局，并试水新能源汽车零部件。

渤海汽车子公司滨州渤海活塞有限公司是国内最大的活塞生产企业，多年来一直保持国内活塞产品产销量第一的位置，是国内极少数具备大批量生产欧Ⅳ、欧Ⅴ标准活塞产品能力的企业之一。

渤海汽车子公司泰安启程是国内主要的铝合金车轮出口生产企业之一，产品主要出口到国际AM市场，并在国际AM市场上享有较高的声誉，在国际汽车铝轮AM细分市场上，处于国内企业前列。

渤海汽车子公司海纳川（滨州）轻量化汽车部件有限公司是轻量化汽车部件研发生产基地，聚焦中高端市场，核心产品及研发方向定位于铝合金车身结构件（减震塔、前后轮罩、前后纵梁、AB柱等）、底盘部件（副车架等）。

渤海汽车子公司博海精机专注于汽车零部件制造的专用设备研发和自动化、智能化工程，拥有50多年的专用设备研制经验以及国内领先的研发制造装备和检测能力，主要产品已出口到东南亚、美洲、俄罗斯等市场。

① 本案例由中信建投证券提供，撰写人：王宇泰。

本次交易渤海汽车计划出资6 150万欧元，收购德国TRIMET所持的汽车零部件公司TRIMET Automotive Holding GmbH公司（以下简称“TAH公司”“标的公司”）75%的股权。

二、交易背景

（一）行业发展概况

1. 汽车行业发展带动汽车零部件行业快速增长

汽车零部件行业是整车制造的配套行业，其行业发展前景与整车制造行业的发展前景密切相关。目前，我国零部件制造行业收入占汽车制造行业总收入的比重在40%左右，远低于发达国家的水平，汽车零部件市场成长空间较大。此外，国际汽车零部件企业看好中国稳定发展的汽车市场以及低成本优势，加快了到中国合资或独资设厂的步伐，使中国融入了汽车产业全球分工体系。我国汽车零部件配套体系也因开放而加速发展，行业总体规模迅速壮大。

2. 汽车零部件产业整合步伐加快

我国汽车零部件企业数量较多，但行业普遍存在投资不足、资金分散、人才缺乏、产品水平不高等问题，导致行业内企业规模普遍较小，整体竞争力不强。近年来，我国汽车零部件企业加快了产业整合步伐，通过兼并重组扩大企业规模，提升制造水平，形成了一些在细分市场具有国际竞争力的企业。

3. 新能源、汽车轻量化成为趋势

根据国务院印发的《“十三五”国家战略性新兴产业发展规划》，我国将推动新能源汽车、新能源和节能环保产业快速壮大，构建可持续发展新模式，推动新能源汽车、新能源和节能环保等绿色低碳产业成为支柱产业，整体技术水平保持与国际同步，形成一批具有国际竞争力的新能源汽车整车和关键零部件企业。

汽车轻量化设计是汽车工业发展的趋势，一方面，轻量化可以有效降低尾气排放量；另一方面，汽车轻量化设计有利于提高整车燃油经济性、车辆控制稳定性、安全性等性能水平。目前，国内外汽车轻量化技术发展迅速，主要的轻量化措施是轻量化的结构与强度设计。公司作为轻量化部件的生产基地，将承担起轻量化部件研发与制造的重任，进一步提升公司的技术开发实力和产品研发水平，有效拓宽业务范围及产品种类，为我国汽车行业发展提供产业支撑和有力保障。

（二）渤海汽车发展目标

1. 推进公司轻量化战略落地，提升核心竞争力

目前，国内外汽车轻量化技术发展迅速，上市公司作为汽车轻量化部件的生产基地，将承担起轻量化部件研发与制造的重任，轻量化战略的实施需要强有力的技术和市场支持。标的公司在驱动、底盘及结构部件等方面拥有先进技术和制造工艺，并具备较强的模具设计开发能力，其技术和产品路线符合节能减排、轻量化的战略发展和研发方向，与公司轻量化战略相契合。此外，标的公司拥有完善的销售网络和稳定的客户关系，与戴姆勒、宝马、大众（含保时捷、奥迪等）和麦格纳等世界知名整车制造商和一级供应商保持长期的合作关系，是欧洲汽车铝合金铸造行业的领导品牌，可以推进公司中高端产品研发制造，快速进入客户配套体系，加速推动公司轻量化战略落地，全面提升公司核心竞争力。

2. 依托新能源汽车市场，实现快速发展

我国政府部门出台的《节能与新能源汽车产业发展规划(2012—2020年)》《节能与新能源汽车产业发展规划》等政策性文件将促进我国新能源汽车行业的快速发展。车身轻量化是新能源汽车未来的发展趋势，轻量化铝合金部件将广泛应用于新能源汽车，未来市场空间较大。公司通过整合标的公司先进的技术研发能力及模具设计开发能力，能够为新能源汽车发展提供有力的轻量化零部件保障，并依托新能源汽车市场实现快速发展。

3. 为产品及市场拓展提供坚实基础

标的公司在轻量化汽车零部件领域拥有先进的制造技术及研发能力，目前，产品主要包括驱动、发动机、底盘及结构部件。结合公司在轻量化汽车零部件领域的生产制造经验，标的公司有能力将产品线扩展到更多轻量化零部件领域，有利于公司拓展产品线及细分市场，并为自主品牌整车在轻量化高性能方面的发展提供助力。

此外，公司将推进国产化项目落地，实现与标的公司优势互补，并借助其品牌优势，进一步拓展戴姆勒等高端客户市场。

（三）标的资产情况

1. 具有系统性的研发能力

TAH 公司通过在汽车零部件领域的多年发展，能够为客户提供产品开发、合金化、铸造方面的专业服务，配合下游汽车厂商完成汽车零部件、控制系统、发动机和传动部件组装，具备丰富的行业经验。此外，TAH 公司具有出色的创新和研发能力，包括合金及制造工艺方面的研发技能，并能与客户共同开发制造相关汽车零部件，以满足客户个性化的生产需求。

2. 交通便利、设施先进的生产基地

TAH 公司目前拥有两座总投资超过 2 亿欧元的生产工厂，具有先进的生产设施和综合性的生产能力。两座工厂每年能以 530 ~ 4 100 吨的高压锻造生产 1 200 万个零件。此外，TAH 公司的两座工厂地理位置便利，充分接近各大汽车厂商，在物流方面具有优势。

3. 先进的生产技术

汽车铝合金压铸涉及产品方案设计、模具设计与制造、材料开发与制备、压铸工艺控制等多个环节，每一环节对压铸件成品的性能都起着至关重要的作用。汽车铝合金压铸企业的技术竞争力体现的是各个环节的整体竞争力，技术含量较高的新产品开发和生产需要各个环节整体技术水平的提高和协同一致。标的公司旗下工厂拥有百年历史的专业金属加工经验，标的公司在车身结构件领域处于全球领先地位，具备从全系列高性能铝镁合金研发试制、快速样件原型设计制造验证、自主模具/夹具/检具设计制造、产品高压铸造、重力铸造、热处理、精密数控加工、表面处理到组件装配全过程的研发制造能力，可以实现与客户同步开发生产复杂的铝合金轻量化车身结构件、多档位自动变速器壳体/阀体、发动机缸体、悬挂支架等产品（包括初始产品概念设计、模拟仿真分析、结构优化、样件制造、过程工艺设计等），生产技术水平先进。

4. 稳定的客户关系

标的公司经过多年业务发展，与戴姆勒、宝马、大众（含保时捷、奥迪等）和麦格纳等大型汽车制造商和一级供应商建立了稳定的客户关系。同时，由于标的公司供应的大量零部件均为独家供应，TAH公司成为客户的关键战略供应商。受汽车轻量化发展趋势的影响，公司在传动部件和结构部件方面与客户的关系将更加紧密。

5. 经验丰富的管理团队

标的公司拥有一支经验丰富的管理团队及技术人员团队，团队成员拥有多年在TRIMET、TAH公司以及同行业的工作经验，保证了公司各业务环节的有序开展和有效控制。

三、交易方案

（一）主要内容

2017年12月13日，上市公司与TRIMET、TAH公司签署了股份购买协议及相关附属文件，拟以现金方式向TRIMET购买其所持的TAH公司75%的股份。上市公司通过新设立的特殊目的公司滨州特迈出资，于2018年1月24日在德国法兰克福设立境外特殊目的公司渤海国际进行本次收购。

本次交易为现金收购，上市公司通过银行贷款等法律法规允许的方式筹集交易价款，并根据相应的支付条款进行支付，以保证交易成功。在本次交易中，上市公司通过银团贷款的形式先行筹集收购资金，贷款行包括浦发银行伦敦分行、法国外贸银行香港分行、招商银行卢森堡分行、第一商业银行国际金融业务分行、兆丰国际商业银行国际金融业务分行、招商银行香港分行等8家银行。该笔银团贷款的总贷款金额为10 000.00万欧元（其中6 150.00万欧元用于支付本次交易对价，其余资金用于偿还原股东借款、标的公司日常运营、支付中介机构费用及贷款利息等），贷款期限为3年，贷款利率为2.0%，担保方式为渤海汽车对于渤海国际的跨境信用担保，以及渤海国际以所持有的75%的TAH公司的股份质押担保。

上市公司第六届董事会第二十四次会议、第六届董事会第二十五次会议审议分别通过了非公开发行A股股票预案及其修订稿，拟募集资金总额预计不超过168 034.09万元（含发行费用），扣除发行及相关费用后的募集资金净额中 47 834.09 万元将用于收购 TAH 公司 75% 的股份。在募集资金到位前，公司将根据项目进度的实际需要以自筹资金先行投入，并在募集资金到位之后按照相关法规规定的程序予以置换。

（二）估值定价

采用收益法对标的资产进行评估，在评估基准日 2017 年 12 月 31 日，TAH 公司股东全部权益的评估值为 8 455.30 万欧元。按评估基准日 2017 年 12 月 31 日欧元兑人民币汇率 7.8023 折算，经收益法评估，德国 TAH 公司股东全部权益的市场价值为 65 970.79 万元，较评估基准日归属于母公司股东权益 54 364.42 万元评估增值 11 606.37 万元，评估增值率 21.35%。本次拟现金收购的 TAH 公司 75% 的股份对应的价值为 6 341.48 万欧元。

采用市场法对标的资产进行评估，在评估基准日 2017 年 12 月 31 日，TAH 公司股东全部权益的评估值为 8 712.27 万欧元。按评估基准日 2017 年 12 月 31 日欧元兑人民币汇率 7.8023 折算，经市场法评估，德国 TAH 公司股东全部权益的市场价值为 67 975.74 万元，较评估基准日归属于母公司股东权益 54 364.42 万元评估增值 13 611.32 万元，评估增值率 25.04%。本次拟现金收购的 TAH 公司 75% 的股权对应的价值为 6 534.20 万欧元。

本次收益法评估中综合分析了 TAH 公司的历史经营业绩、自身经营能力、宏观经济情况和行业发展趋势等因素，对 TAH 公司提供的未来收益预测数据进行了分析和核实，并以此为基础以现金流折现模型计算得到了收益法评估结果。该结果能够体现企业自身以及所处行业未来的成长性，充分体现了 TAH 公司的综合获利能力和综合价值效应，合理反映了 TAH 公司的股权价值。因此，就本次评估而言，收益法评估结果更能合理体现被评估单位的市场价值。基于上述原因，采用收益法估值 8 455.30 万欧元作为本次 TAH 公司股东全部权益价值的估值结论。

（三）对价支付方式

作为出售和转让股份的对价，购买方应以现金支付，基础交易对价为 6 150 万欧元。购买价款应当自 2017 年 7 月 1 日 00：00（欧洲中部时间 CET）时起计息（包括锁箱日），直至交割日（包括交割日），年利率为5%。购买价款和其利息应于交割日到期支付。

四、交易节点

2017 年 12 月 8 日，渤海汽车召开第六届董事会第二十次会议，审议通过了《关于审议上市公司与境外公司签署〈股份购买协议〉的议案》《关于审议公司与 BHAP HK Investment Limited 签订〈开具保函委托协议书〉的议案》《关于审议公司设立特殊目的公司的议案》。

2017 年 12 月 13 日，上市公司与 TRIMET、TAH 公司签署了股份购买协议及相关附属文件，拟以现金方式向 TRIMET 购买其所持的 TAH 公司 75% 的股份。

2018 年 2 月 24 日，山东省发展与改革委员会下发《关于滨州特迈汽车部件有限公司收购德国特锐迈特汽车控股有限公司部分股权项目备案的通知》（鲁发改外资〔2018〕254 号），对滨州特迈以现金方式向 TRIMET 购买其所持的 TAH 公司 75% 的股份予以备案。

2018 年 3 月 12 日，本次交易通过德国反垄断审查。

2018 年 3 月 28 日，上市公司召开第六届董事会第二十四次会议，审议通过了《关于〈渤海汽车系统股份有限公司重大资产购买预案〉及其摘要的议案》及其相关议案，非公开发行相关议案。

2018 年 4 月 16 日，山东省商务厅完成对公司本次境外投资事项的备案，并下发企业境外投资证书。

2018 年 4 月 18 日，本次交易通过斯洛伐克反垄断审查。

2018 年 4 月 27 日，上市公司召开第六届董事会第二十五次会议，审议通过了《关于〈渤海汽车系统股份有限公司重大资产购买报告书（草案）〉及其摘要的议案》及其相关议案。

2018 年 5 月 15 日，根据中国工商银行股份有限公司滨州分行出具的业务登记凭证，本次收购项目涉及的对外出资已于国家外汇管理局滨州市中心支局办理完毕外汇登记。

2018 年 5 月 21 日，上市公司召开 2017 年度股东大会，审议通过了《关于〈渤海汽车系统股份有限公司重大资产购买报告书（草案）〉及其摘要的议案》及其相关议案，非公开发行相关议案。

2018 年 7 月 17 日，通过德国经济和能源部关于境外投资者的审查。

2018 年 8 月 2 日，交易交割的前提条件均已达成，向交易对方支付交易对价，TAH 公司 75% 的股份正式交割。渤海汽车、渤海国际、TRIMET 及 TAH 公司共同签署了交割备忘录，本次交易交割的前提条件均已达成。

2018 年 8 月 6 日，渤海汽车在德国法兰克福举行交割仪式，正式收购德国 TRIMET 集团旗下 TAH 公司 75% 的股权。

2019 年 4 月 29 日，渤海汽车召开第七届董事会第十次会议，同意延长非公开发行股票股东大会决议有效期及股东大会授权董事会全权办理本次非公开发行股票相关事项有效期。

2019 年 5 月 24 日，召开 2018 年度股东大会，同意延长非公开发行股票股东大会决议有效期及股东大会授权董事会全权办理本次非公开发行股票相关事项有效期。

2019 年 10 月 14 日，非公开发行股票的申请获得审核通过。

五、并购影响

（一）对上市公司业务的影响

1. 业务整合

TAH 公司拥有领先的轻量化和铸造技术，有独立的模具设计和开发能力，是全球领先的轻量化汽车铝合金铸造件供应商，与戴姆勒、宝马、大众（含保时捷、奥迪等）和麦格纳等世界知名整车制造商和一级供应商保持长期的合作关系，在行业内拥有较高的声誉。

本次交易完成后，上市公司可以充分利用标的公司在国际市场特别是欧洲市场的渠道、品牌等优势，快速加强公司对海外市场的布局，从而为上市公司产品线及客户拓展打下坚实基础。同时，上市公司将借此推进国产化项目落地，实现优势互补，并结合其品牌优势，拓展国内市场。

2. 文化整合

通过制订和实施有效的企业文化整合计划，实现企业内的无缝融合。在此过程中，公司将帮助不同国家的员工识别文化的差异性，提倡相互尊重、理解各自的文化背景，促进团队成员在交流、组织、决策时具备全球化思维和视角，进而形成相互包容、相互信任的企业文化基础。另外，公司将谨慎地制定公司层面的沟通机制和有针对性的培训计划，确保降低误解风险，提高各级员工相互理解的能力，并保证在组织中各类信息的顺畅沟通和传达。

3. 人员整合

在跨国并购中，稳定的组织结构和管理团队是保证顺利度过并购适应期的关键。上市公司原则上仍沿用原有的管理机构和管理人员，且采取各种措施稳定标的公司核心管理层、技术、运营、销售等团队，在 TAH 公司保持自身经营稳定的情况下，加强与上市公司的合作，通过对人力资源进行一定整合，提升公司的整合绩效。

（二）对上市公司财务的影响

1. 本次交易完成后，上市公司的资产负债构成及资产负债率情况

本次交易完成后，截至 2017 年 12 月 31 日，模拟计算的上市公司备考的资产总额将从交易前的 678 133.84 万元增加至交易完成后的 791 465.56 万元，增长 16.71%，资产规模将大幅上升；资产负债率将从模拟前的 30.55% 上升至 38.78%。

2. 支付交易对价对上市公司财务安全性的影响测算

本次交易计划以银行贷款等法律法规允许的方式筹集交易价款。假设基础交易对价为 6 150 万欧元，境外贷款年利率约 3.00%。本次交易后上市公司持有标的公司 75% 的股权，因此，归属于上市公司的净利润为标的公司年度净利润的 75%，2017 年度标的公司实现净利润 4 722.21 万元，75% 的净利润就是 3 541.66 万元，标的公司的盈利足以覆盖本次交易的财务费用。在考虑财务费用的影响后，标的公司依然可以增强上市公司的盈利能力，因此，本次交易有利于上市公司经营业绩的改善，不会对上市公司当前的财务安全性产生较大的负面影响。

六、交易特点

（一）交易难点

1. 资金筹措

对于本次重大资产购买涉及的对价，上市公司通过银行贷款等法律法规允许的方式筹集。因为本次交易涉及金额较大，若在交易过程中贷款金融机构无法及时、足额为公司提供信贷支持，则本次交易可能因交易支付款项不能及时、足额到位而失败。

本次交易上市公司通过银团贷款的形式先行筹集收购资金，贷款行包括浦发银行伦敦分行、法国外贸银行香港分行、招商银行卢森堡分行、第一商业银行国际金融业务分行、兆丰国际商业银行国际金融业务分行、招商银行香港分行等 8 家银行。该笔银团贷款的总贷款金额为 10 000.00 万欧元（其中 6 150.00 万欧元用于支付本次交易对价，其余资金用于偿还原股东借款、标的公司日常运营、支付中介机构费用及贷款利息等），贷款期限为 3 年，贷款利率为 2.0%，担保方式为渤海汽车对于渤海国际的跨境信用担保以及渤海国际以所持有的 75% TAH 公司的股份质押担保。

2018 年 8 月 2 日，渤海汽车向交易对方支付了包括基础交易对价、相应的利息费用及用于偿还集团内负债的资金在内的合计 88 841 167.57 欧元。同日，交易双方完成标的资产的交割。

2. 海外审查

本次重大资产购买需要履行山东省发改委及山东省商务厅的备案程序，通过德国反垄断审查、德国经济和能源部审批、斯洛伐克反垄断审查，并办理国家外汇管理局的外汇业务登记。

3. 未来业务整合

TAH 公司及下属各分支机构形成了行业及业务经验丰富的管理和业务团队，这些专业的管理和业务人才是交易标的未来发展的重要保障。由于标的公司的生产经营地位于德国，与境内上市公司之间存在一定的文化差异，与上市公司在法律法规、会计税收制度、商业惯例、企业文化等经营管理环境方面存在较大差异。为发挥本次交易的协同效应，从上市公司经营和资源配置等角度出发，上市公司和标的公司需在财务管理、人员管理、资源管理、业务拓展、成本控制、企业文化等方面进行充分的融合。虽然上市公司在收购后将会尽力实现平稳整合，保证管理团队和生产员工的稳定性，但上述专业人才仍可能在整合过程中发生流失，不利于标的公司业务长期稳定发展。

（二）交易亮点

1. 重大资产购买与非公开发行同步进行

本次交易上市公司将通过非公开发行股票的方式募集资金，扣除发行及相关费用后的部分募集资金用于收购 TAH 公司 75% 的股份、公司建设项目及补充流动资金。在募集资金到位前，上市公司将根据项目进度的实际需要以自筹资金先行投入，并在募集资金到位之后按照相关法规规定的程序予以置换。

在交易架构及融资方案设计上，渤海汽车同时公告重大资产购买预案及非公开预案，本次基础交易对价为 6 150 万欧元，约合人民币 47 984.15 万元。本次非公开发行募集资金总额预计不超过人民币 168 034.09 万元，并将本次跨境并购作为非公开募投项目之一，拟投入募集资金人民币 47 834.09 万元；本次交易与上述非公开发行 A 股股票方案独立实施，本次交易不以非公开发行 A 股股票申请获得中国证监会核准为前提。非公开发行方案充分利用上市公司主体的融资途径，减轻财务负担，为本次交易形成资金闭环。

2. 有利于践行“一带一路”相关产业政策

2017 年 8 月，国家发改委、商务部、人民银行及外交部发布的指导意见明确提出，支持有能力、有条件的企业积极稳妥开展境外投资活动，推进“一带一路”建设，深化国际产能合作，带动国内优势产能、优质装备、适用技术输出，提升我国技术研发和生产制造能力，弥补我国能源资源短缺，推动我国相关产业提质升级，并明确将有利于“一带一路”建设、与境外高新技术和先进制造业的投资合作等列为鼓励开展的境外投资。

本次交易的 TAH 公司的主营业务是轻量化汽车铝合金铸造件的开发、制造、销售，主要产品包括驱动部件、发动机部件、底盘部件及车身结构部件，拥有领先的轻量化和铸造技术，有独立的模具设计和开发能力，是全球领先的轻量化汽车铝合金铸造件供应商。目前，TAH 公司拥有两座总投资超过 2 亿欧元的生产工厂，拥有先进的生产设施和综合性的生产能力。

本次交易有利于整合“一带一路”沿线轻量化零部件领域的产能资源，上市公司将推进国产化项目落地，实现与标的公司优势互补，并借助 TAH 公司的品牌优势，进一步拓展戴姆勒等高端客户市场，打通“一带一路”沿线核心商圈，促进中国制造沿着“一带一路”“走出去”，并以此为契机推动产业发展，带动实体经济前行。

七、案例亮点

截至 2019 年 10 月 16 日，本次非公开发行股票的申请已获得中国证监会发审委审核通过。除渤海汽车采取现金重组与非公开发行股票方式同步启动外，市场上还有其他如利亚德等方案采取同步启动的方式。

这样的设计更适用于跨境并购的资金解决，在短期内通过银行借款进行交易后，上市公司可能会存在较重的资金负担。依托股权融资优势，上市公司同步启动了非公开发行股票方式，协助减轻了上市公司的财务负担，同时，本次交易形成了资金闭环，助力上市公司“出海”，引进境外优质同行业实体，从而实现了产业转型升级。

案例7：青松股份（300132）收购诺斯贝尔化妆品ODM[①]

一、案例简述

福建青松股份有限公司（以下简称“青松股份”“上市公司”“公司”）主要从事松节油深加工系列产品的研发、生产与销售，即以松节油为主要原料，通过化学加工方法生产合成樟脑系列产品、冰片系列产品、香精香料等精细化工产品。青松股份产品广泛应用于日化、医药、农药、饲料、纺织、皮革、塑料等化工行业，特别是作为医药及医药中间体、香精香料原料、部分农药中间体、工业功能材料，具有难以替代的作用。

青松股份是我国最大的松节油深加工企业及全球最大的合成樟脑生产企业，其合成樟脑系列产品在国内市场的占有率在60%～70%，在国际市场的占有率在40%左右。

诺斯贝尔成立于2004年4月，是一家专注于面膜、护肤品和湿巾的设计、研发和制造于一体的综合型化妆品ODM企业，致力于成为国际一流的化妆品研发、制造商。

诺斯贝尔已发展为全球第四大、中国本土第一大的化妆品ODM企业，同时也是全球最大的面膜ODM企业。诺斯贝尔作为中国龙头企业，在面膜研发方面打破了欧美及日韩的垄断格局，赢得了国际认可。诺斯贝尔是全国唯一一家拥有专业面膜无纺布生产线的公司，同时也是国内唯一一家生产天丝面膜的公司，是面膜行业发展的先驱以及风向标。

---

① 本案例由民生证券提供，撰写人：高强、苏永法、扶林、陈子和连銮光。

本次交易青松股份以发行股份和支付现金相结合的方式购买香港诺斯贝尔等 19 名交易对方合计持有的诺斯贝尔 90% 股份，交易价格为 243 000 万元，其中，以发行股份的方式支付 151 044 万元，以现金方式支付 91 956 万元。同时，募集配套资金不超过 70 000 万元。配套募集资金用于支付部分现金对价和本次交易中介费用。

二、交易背景

（一）青松股份寻求新的业务发展机会

青松股份合成樟脑系列产品包括合成樟脑、乙酸异龙脑酯等可以直接用于唇膏、面膜等化妆品；香精香料作为香精公司的原料，间接供应于化妆品等日化行业，间接作为诺斯贝尔面膜、护肤品和湿巾等化妆品原料。因此，此次交易的目的是青松股份顺沿松节油深加工产业链向下游寻求新的业务发展机会。

本次交易完成后，青松股份将进一步优化和提升公司现有的业务结构和盈利能力，降低公司单一业务对经济环境、市场环境、行业周期波动的风险，增强公司可持续盈利能力和发展潜力。

（二）化妆品行业市场空间广阔，发展潜力巨大

伴随着我国经济的不断发展、居民收入水平的不断提高以及社会的不断进步，消费升级已成为新趋势。在欧美及日韩等大牌化妆品公司对中国市场的开拓下，国内消费者的化妆品消费理念逐步增强。大众对化妆品的认知水平已经逐渐提高，化妆品逐步成为人们日常生活的必需品。在此背景下，国内化妆品市场规模迅速扩大，年轻消费群体成为这个市场中的主流受众，同时伴随这部分群体收入的不断提升，消费能力也同步加强。国内化妆品行业发展迅速，且市场仍有较大潜力，未来前景十分广阔。

Euromonitor 数据显示，2017 年中国化妆品和个人洗护行业市场规模为 3 616 亿元，同比增长 9.6%，预计到 2022 年这一市场规模将达到 5 352 亿元，年均复合增长率接近 10%。中国整体化妆品及个人洗护行业增速高于美国、英国和日本等发达国家，是全球增长最快的化妆品市场之一。

（三）外延式并购有助于青松股份快速提升业绩规模

诺斯贝尔在近年取得了较快发展，主营业务收入及净利润均获得较快增长。在化妆品市场快速增长的大环境下，诺斯贝尔面临广阔的发展前景，具有较大的发展潜力。2016 年、2017 年、2018 年诺斯贝尔分别实现归属于母公司所有者净利润 17 337.65 万元、18 185.80 万元和 20 573.83 万元。同时，业绩补偿方承诺：诺斯贝尔在 2018 年度实现的净利润不低于 2.0 亿元；诺斯贝尔 2018 年度和 2019 年度合计实现的净利润不低于 4.4 亿元；诺斯贝尔 2018 年度、2019 年度和 2020 年度合计实现的净利润不低于 7.28 亿元。

本次交易完成后，青松股份的业绩规模将得到大幅提升，未来盈利能力将得到进一步增强，将有利于青松股份可持续发展能力的提升，同时也有利于保障中小投资者的利益。

（四）发挥双方在战略、业务、财务等方面的协同效应，提高双方的抗风险能力和可持续发展能力

1. 战略协同

青松股份确立了“在巩固现有主营业务基础上，充分利用上市公司平台，择机布局新兴产业，积极探索新的利润增长点”的发展战略，推进贯彻行业深耕与行业贯通是青松股份重要的战略规划。本次交易完成后，诺斯贝尔将成为青松股份的控股子公司，纳入合并报表范围，青松股份的业务规模与盈利水平将进一步提升，有利于实现青松股份发展战略，增强青松股份的抗风险能力。

与此同时，青松股份在公司治理、内部控制、人力资源、规范管理方面具备一定的优势，重组完成后，诺斯贝尔可以借助资本市场平台，进一步规范公司治理，提升管理绩效。同时，诺斯贝尔在面膜、护肤品、湿巾等化妆品的设计、研发与制造行业的先进业务和管理经验，也可为青松股份业务的延伸拓展提供有力的支持，实现战略协同效应。

2. 业务协同

青松股份的系列产品间接供应于化妆品等日化行业，间接作为诺斯贝尔面膜、护肤品和湿巾等化妆品原料，同时受益于诺斯贝尔与屈臣氏、妮维雅、资生堂、滴露（Dettol）、御泥坊、膜法世家、

自然堂、韩后和高姿等众多国内外知名化妆品品牌的良好合作关系，所以，未来青松股份主业（松节油深加工系列产品）的日化销售渠道有望得到进一步拓展，青松股份长期风险对抗能力将进一步增强。因此，诺斯贝尔与青松股份现有主营业务具有协同性。

3. 财务协同

诺斯贝尔在业务扩张过程中，需要一定资金支持。本次交易完成后，诺斯贝尔成为青松股份的控股子公司，青松股份可凭借上市平台的股权融资、债权融资等多种融资渠道，为诺斯贝尔的业务发展及战略实施提供充分的资金支持，助力诺斯贝尔抢占行业快速发展期的先机。借助青松股份平台，诺斯贝尔可充分利用资本市场的有利条件，提高诺斯贝尔的抗风险能力和可持续发展能力，进一步深耕化妆品的研发制造领域以及推进产业内的整合升级。

三、交易方案

（一）方案说明

本次交易青松股份以发行股份和支付现金相结合的方式购买香港诺斯贝尔等 19 个交易对方合计持有的诺斯贝尔 90% 股份，交易价格为 243 000 万元，同时募集配套资金不超过 70 000 万元。募集配套资金发行股份数量不超过本次交易前青松股份总股本的 20%。募集配套资金金额不超过本次交易中以发行股份方式购买资产的交易价格的 100%。

本次交易完成后，青松股份将持有诺斯贝尔 90% 股份，诺斯贝尔成为青松股份的控股子公司。

本次交易分为发行股份及支付现金购买资产与募集配套资金两个部分。

1. 发行股份及支付现金购买资产

经交易各方协商，本次交易青松股份拟以发行股份及支付现金相结合的方式购买诺斯贝尔 90% 的股份，交易价格为 243 000 万元，其中，以发行股份的方式支付 151 044 万元，以现金方式支付 91 956 万元。

本次发行股份购买资产的定价基准日为青松股份第三届董事会

第三十次会议决议公告日。本次交易市场参考价为定价基准日前120个交易日的股票交易均价，剔除公司2017年权益实施情况的影响，为12.17元/股，经交易各方协商确定，本次交易股票发行价格为11.66元/股，不低于市场参考价的90%，符合《上市公司重大资产重组管理办法》的相关规定。

青松股份2018年利润分配预案已获2019年3月20日召开的公司2018年度股东大会审议通过，利润分配方案的具体内容为：以公司总股本385 920 000股为基数，向全体股东每10股派发现金红利人民币1元（含税），不送红股，不以资本公积金转增股本，剩余未分配利润结转以后年度分配。

根据青松股份2019年3月22日公告的《福建青松股份有限公司2018年度权益分派实施公告》，青松股份2018年度权益分派股权登记日为2019年3月28日，除权除息日为2019年3月29日。

根据上述权益分派方案，本次交易股票发行价格调整为11.56元/股。青松股份向香港诺斯贝尔等17名交易对方合计发行股份为130 660 886股。

2. 非公开发行股份募集配套资金

青松股份拟以询价方式向不超过5名（含5名）符合条件的特定投资者非公开发行不超过发行前总股本20%的股份募集配套资金，募集配套资金总额不超过70 000万元，且不超过本次交易中以发行股份方式购买资产的交易价格的100%，用于支付本次交易的现金对价及交易中介费用。

本次募集配套资金的定价基准日为发行期首日。本次募集配套资金的发行价格，按照以下方式之一进行询价确定：

（1）不低于发行期首日前1个交易日上市公司股票均价；

（2）不低于发行期首日前20个交易日上市公司股票均价的90%，或者不低于发行期首日前1个交易日公司股票均价的90%。

实际募集配套资金不足部分，由青松股份自筹资金解决。如本次募集资金到位时间与项目实施进度不一致，青松股份根据实际情况以自筹资金先行投入，待募集资金到位后再予以置换。

本次发行股份及支付现金购买资产与募集配套资金互为条件，

共同构成本次交易不可分割的组成部分。如中国证监会未能同时核准本次发行股份及支付现金购买资产与募集配套资金，则本次交易不予实施。若本次交易实施过程中，募集配套资金未能成功实施或融资金额低于预期，则不影响本次发行股份及支付现金购买资产行为的实施。

（二）估值定价

1. 交易标的的估值及估值基础

本次交易中，资产评估机构对标的资产采用资产基础法及收益法两种方法进行估值，并采用收益法评估值作为评估结果。截至评估基准日2018年7月31日，诺斯贝尔经审计的净资产账面价值为97 679.25万元，经中广信评估（中广信评报字〔2018〕第386号），诺斯贝尔100%股份的评估值为270 420.77万元，评估增值率为176.85%。

本次交易中，青松股份与交易对方参考前述评估价值，并经交易各方友好协商，最终确定诺斯贝尔100%股份的交易价格为270 000万元，本次股权转让的诺斯贝尔90%股份交易价格定为243 000万元。结合承担利润补偿责任、服务期限和竞业禁止、股份锁定、支付对价方式等因素，交易对方出售股份采取差异化定价，但交易对方出售股份的交易作价合计仍为243 000万元。

（1）本次交易中，香港诺斯贝尔及其关联方腾逸源远一号私募基金两名交易对方所出售股份的作价对应诺斯贝尔100%股份估值为368 781.14万元。该估值高于诺斯贝尔的整体估值270 000万元，该估值确定主要考虑如下因素：①林某作为公司实际控制人，对诺斯贝尔的发展贡献最大；②香港诺斯贝尔、腾逸源远一号私募基金的委托人参与业绩承诺；③香港诺斯贝尔获得股份对价按4年分期解禁；④香港诺斯贝尔的实际控制人林某与青松股份及诺斯贝尔签订不少于5年服务期限和离职后2年竞业禁止的“服务期和竞业禁止合同”。

（2）本次交易中，合富盈泰、协诚通、中山瑞兰3个交易对方所出售股份的作价对应诺斯贝尔100%股份估值为240 000万元，低于诺斯贝尔的整体估值270 000万元，但高于除香港诺斯贝尔及其关联方腾逸源远一号私募基金之外其他交易对方的作价估值，该估值确定主要考虑如下因素：①合富盈泰、协诚通、中山瑞兰参与业绩对赌；②合富盈泰、协诚通获得股份对价按4年分期解禁；③合富盈泰、协诚通、中山瑞兰作为高管持股平台公司，其股东与青松股份及诺斯贝尔签订不少于5年服务期限和离职后2年竞业禁止的“服务期和竞业禁止合同”。

（3）本次交易中，刘某所出售股份的作价对应诺斯贝尔100%股份估值为230 000万元，低于上述管理层持股平台公司的对应估值240 000万元，但仍高于中山维雅等其他交易对方的对应估值207 000万元，主要系刘某参与本次交易业绩对赌，且预计其获得的青松股份锁定期为36个月。

（4）本次交易中，中山维雅等13个交易对方出售股份的作价对应诺斯贝尔100%股份估值为207 000万元，主要是因为中山维雅等13名交易对方不参与公司经营，不参与公司业绩对赌，没有服务期限和竞业禁止期限要求，也没有特殊股份锁定期安排。

本次交易的差异化定价系本次交易各方通过自主协商确定的，不会损害青松股份及中小股东的利益，符合《上市公司重大资产重组管理办法》等相关法律法规的规定。

2. 同类交易案例的估值比较

数据显示，A股上市公司收购从事化妆品制造或运营销售公司的主要可比交易案例的平均静态市盈率为21.34倍，动态市盈率为16.13倍，市净率为8.71倍；本次交易对价对应的静态市盈率为14.85倍，动态市盈率为13.50倍，市净率为2.76倍，低于行业市盈率平均值。因此，从市场可比交易角度而言，本次交易的交易价格合理。

（三）本次交易的支付方式

经交易各方协商，本次交易青松股份以发行股份及支付现金相结合的方式购买诺斯贝尔90%的股份，交易金额为243 000万元，其中，以发行股份的方式支付151 044万元，以现金方式支付91 956万元。

根据青松股份2018年度权益分派方案，因本次交易发行价格将由11.66元/股调整至11.56元/股，青松股份向香港诺斯贝尔等17名交易对方合计发行股份调整为130 660 886股。

（四）盈利补偿安排

1. 利润补偿期及利润承诺金额

利润补偿期的确定：本次交易的利润补偿期确定为2018年度、2019年度及2020年度。

香港诺斯贝尔等6个业绩补偿方向青松股份承诺，诺斯贝尔2018年度实现的净利润不低于2.0亿元；诺斯贝尔2018年度和2019年度合计实现的净利润不低于4.4亿元；诺斯贝尔2018年度、2019年度和2020年度合计实现的净利润不低于7.28亿元。

2. 补偿金额的确定及担保责任

（1）补偿金额的确定。如果诺斯贝尔截至当期期末累计实现的净利润低于截至当期期末累计承诺的净利润，但不低于累计承诺的净利润的90%，则：

当期应补偿金额=（截至当期期末累计承诺的净利润－截至当期期末累计已实现的净利润）×90%－已补偿金额

如果诺斯贝尔截至当期期末累计实现净利润数低于截至当期期末累计承诺净利润数的90%，则：

当期应补偿金额=截至当期期末累计承诺的净利润×90%×10%+［（截至当期期末累计承诺的净利润×90%－截至当期期末累计实现的净利润）÷利润补偿期内各年承诺净利润总和×标的资产交易价格］－已补偿金额

在各年计算的当期应补偿金额少于或等于0时，按0取值，即已经补偿的金额不冲回。

（2）担保责任。香港诺斯贝尔、张某、林某就各自在本协议项下的责任与义务相互承担连带保证责任。

3. 补偿方式和实施

在利润补偿期内，如果诺斯贝尔截至当期期末累计实现净利润数低于截至当期期末累计承诺净利润数，业绩补偿方应优先以现金方式对上市公司进行补偿，现金方式不足以补偿的部分由业绩补偿方通过本次交易取得的上市公司股份进行补偿。

（1）现金补偿。上市公司在合格审计机构出具《专项审核报告》后5个工作日内，完成计算当期应补偿的现金金额，并将审计意见及应补偿的现金金额书面通知业绩补偿方。业绩补偿方应在收到上市公司要求支付现金补偿的书面通知之后30日内将所需补偿的现金支付至上市公司的银行账户内。若业绩补偿方未按前述约定期限进行支付或未足额支付，差额部分应由业绩补偿方通过本次交易取得的上市公司股份进行补偿。

（2）股份补偿。

当期股份补偿数＝（当期应补偿金额－当期已补偿的现金金额）/发行价格

在补偿期限内，如上市公司实施送股、转增或股票股利分配的，则补偿股份数量相应调整：

当期股份补偿数（调整后）＝当期股份补偿数×（1＋转增或送股比例）

如上市公司在补偿期限内实施现金分红，业绩补偿方应将当期股份补偿数在补偿实施时累计获得的现金分红（以税前金额为准）返还至上市公司。

（3）补偿实施。上市公司董事会应在业绩补偿方收到上市公司要求支付现金补偿的书面通知之后第31日，按照当期应补偿金额和当期已补偿的现金金额确定当期应补偿的股份数、补偿方案，并发出股份回购、注销事宜的股东大会通知，上市公司股东大会审议业绩补偿事项时，持有上市公司股份的业绩补偿方须回避表决。

上市公司股东大会通过上述议案后10个工作日内，业绩补偿方应向登记结算公司发出将其当期应补偿的股份划转至上市公司董事会设立的专门账户并对这些股份进行锁定的指令，同时需明确说明仅上市公司有权做出解除该锁定的指令。由上市公司董事会负责办理上市公司以总价1.00元的价格向业绩补偿方定向回购并注销当年应补偿的股份的具体手续。

如股份回购事宜未获得上市公司股东大会审议通过，上市公司将在股东大会决议公告后10个交易日内书面通知业绩补偿方。业绩补偿方应在接到该通知后30个交易日内按照约定的公式计算确定的应补偿股份无偿赠送给上市公司除业绩补偿方之外的其他股东，其他股东按其持有股份数量占上市公司就股份回购事宜召开的股东大会股份登记日股份数量的比例享有获赠股份。

自应补偿股份数量确定之日（指2018年、2019年、2020年年度报告披露之日）起至这些股份注销前或被赠予股东前，业绩补偿方就这些股份不拥有表决权且不享有这些股份的收益权。

4. 减值测试

在利润补偿期限届满时，上市公司应委托合格审计机构对利润补偿期期末标的资产进行减值测试，并出具《减值测试报告》。

根据减值测试的结果，如果标的资产的减值额大于“利润补偿期内已补偿现金金额+利润补偿期内已补偿股份数额×发行价格”，则业绩补偿方还需另行向上市公司进行补偿。

标的资产资产减值应补偿金额=标的资产利润补偿期末减值额-在利润补偿期内因实际净利润不足承诺净利润已支付的现金及股份补偿金额

业绩补偿方按上述约定承担各自应补偿金额的比例及担保责任。业绩补偿方应优先对上市公司进行现金补偿，现金方式不足以补偿的部分再以业绩补偿方通过本次交易取得的上市公司股份进行补偿。

上市公司在合格审计机构出具《减值测试报告》后5个工作日内，完成计算资产减值应补偿的现金金额，并将资产减值应补偿的现金金额书面通知业绩补偿方。业绩补偿方应在收到上市公司要求支付资产减值现金补偿的书面通知之后30日内将所需补偿的现金支付至上市公司的银行账户内。若业绩补偿方未按前述约定期限进行支付或未足额支付，差额部分应由业绩补偿方通过本次交易取得的上市公司股份进行补偿。

资产减值应补偿的股份数=（资产减值应补偿金额-资产减值已补偿的现金金额）÷发行价格

如果上市公司实施送股、转增或股票股利分配的，则资产减值应补偿股份数相应调整。

资产减值应补偿的股份数（调整后）=资产减值应补偿股份数×（1+转增送股比例）

如上市公司在利润补偿期内实施现金分红，业绩补偿方则应将资产减值应补偿股份数在补偿实施时累计获得的现金分红（以税前金额为准）返还至上市公司。

上市公司董事会应在业绩补偿方收到上市公司要求支付资产减值现金补偿的书面通知之后第 31 日，按照资产减值应补偿金额和已补偿的现金金额确定资产减值应补偿的股份数、补偿方案，并发出股份回购、注销事宜的股东大会通知，上市公司股东大会审议业绩补偿事项时，持有上市公司股份的业绩补偿方须回避表决。

上市公司股东大会通过上述议案后 10 个工作日内，业绩补偿方应向登记结算公司发出将资产减值应补偿的股份数划转至上市公司董事会设立的专门账户并对这些股份发出锁定的指令，还需明确说明仅上市公司有权做出解除这些锁定的指令。由上市公司董事会负责办理上市公司以总价 1.00 元的价格向业绩补偿方定向回购并注销资产减值应补偿的股份的具体手续。

如股份回购事宜未获得公司股东大会审议通过，则公司将在股东大会决议公告后 10 个交易日内书面通知业绩补偿方。业绩补偿方应在接到该通知后 30 个交易日内按照上述约定的公式计算资产减值应补偿股份数，并无偿赠送给公司除业绩补偿方以外的其他股东，其他股东按其持有股份数量占上市公司就股份回购事宜召开的股东大会股份登记日的股份数量的比例享有获赠股份。

自资产减值应补偿股份数确定之日（指合格审计机构出具《减值测试报告》之日）起至该股份注销前或被赠予股东前，业绩补偿方就该股份不拥有表决权且不享有该股份的收益权。

无论是利润补偿还是资产减值补偿，业绩补偿方向上市公司做出的股份补偿数不超过业绩补偿方从本次交易中获得的上市公司股份数。业绩补偿方向上市公司支付的现金补偿与股份补偿总计不超过业绩补偿方从本次交易中直接或间接获得的总对价。

四、交易节点

2018 年 9 月 14 日，青松股份发布《关于拟收购资产的提示性公告》。

2018 年 11 月 8 日，青松股份召开董事会审议通过本次交易方案。

2019 年 1 月 3 日，青松股份召开股东大会审议通过本次交易方案。

2019 年 2 月 28 日，本次交易获得中国证监会重组委审核通过。

2019 年 4 月 16 日，青松股份取得中国证监会关于本次交易的核准批复。

2019 年 4 月 24 日，诺斯贝尔 90% 股份过户至青松股份名下，完成资产交割。

2019 年 5 月 28 日，发行股份购买资产新增股份登记上市。

五、并购影响

（一）对上市公司业务的影响

本次交易的目的是上市公司在松节油深加工产业链上寻求新的业务发展机会，实现业务协同。本次交易完成后，青松股份将在松节油深加工系列产品的研发、生产与销售主营业务的基础上增加面膜、护肤品、湿巾等化妆品的设计、研发与制造业务，有利于优化和提升公司现有的业务结构和盈利能力，降低公司单一业务对经济环境、市场环境、行业周期波动的风险，增强公司可持续盈利能力和发展潜力。

（二）对上市公司财务的影响

根据经审计的青松股份 2017 年度、2018 年度合并财务报告及经福建华兴审阅的备考合并财务报表，本次交易完成后，青松股份的总资产、净资产规模将进一步扩大，青松股份的营业收入、净利润将大幅提高，并进一步提升青松股份的盈利能力，增强青松股份核心竞争力。

（三）对原股东持股比例的影响

本次交易完成前，青松股份的控股股东、实际控制人为杨某。杨某及其一致行动人山西广佳汇持有青松股份 88 954 672 股股票，同时通过表决权委托支配柯维龙持有青松股份 26 049 488 股股票的表决权，因此杨某在青松股份中可支配表决权的股份数量合计为 115 004 160 股，可支配表决权比例为 29.80%。

本次交易完成后，在不考虑募集配套资金的情况下，交易对方香港诺斯贝尔持有青松股份47 392 045股股票，持股比例为9.17%；杨某在青松股份中可支配表决权的股份数量合计为115 004 160股，可支配表决权比例为22.26%，仍为青松股份的实际控制人。

在考虑募集配套资金的情况下，交易对方香港诺斯贝尔持有青松股份47 392 045股股票，持股比例为8.21%；杨某在青松股份中可支配表决权的股份数量合计为115 004 160股，可支配表决权比例为19.93%，仍为青松股份的实际控制人。

综上，本次交易完成后，杨某仍为青松股份控股股东和实际控制人。杨某支配青松股份表决权比例与香港诺斯贝尔支配青松股份表决权比例差距较大，本次交易不会导致青松股份控制权的变更。

六、交易特点

(一) 交易难点

本次交易完成后，交易对方合计持有青松股份的股份比例高于青松股份现有实际控制人持股比例，且标的公司的营业收入规模高于青松股份的营业收入规模，容易触及创业板上市公司不能重组上市的政策红线。

本次交易完成后，青松股份实际控制人杨某可支配青松股份表决权的股份比例与诺斯贝尔实际控制人林某可支配青松股份表决权比例差距尽管仍在10%以上，但是如果诺斯贝尔实际控制人林某与诺斯贝尔其他股东形成一致行动关系，则诺斯贝尔实际控制人林某的可支配青松股份表决权的股份比例将超过青松股份实际控制人杨某的可支配青松股份表决权的股份比例，构成重组上市，进而将触及创业板青松股份不能重组上市的政策红线。

通过对本次交易后青松股份董事会席位安排、香港诺斯贝尔及其实际控制人林某出具不谋求青松股份控制权的承诺、第二大交易对方中山维雅做出放弃本次交易完成后其持有青松股份的表决权的承诺、青松股份实际控制人及其一致行动人就控制权问题出具相关承诺、本次交易前后青松股份的其他股东与香港诺斯贝尔均不存在一致行动关系或长远利益安排、香港诺斯贝尔实际控制人承诺不参与认购配套募集资金、诺斯贝尔剩余10%股份收购采用现金方式、本次交易中获得股份对价的交易对方出具关于不存在一致行动的承诺等一系列措施，维持青松股份实际控制人杨某对青松股份控制权的稳定。

（二）交易亮点

1. 青松股份通过本次交易进入市场空间更为广阔的下游化妆品行业，实现资产规模和盈利水平的大幅提升

本次交易有助于青松股份快速突破业务发展瓶颈，快速提升业绩规模。青松股份是全球最大的合成樟脑供应商，松节油深加工系列产品市场占有率稳居国际和国内市场第一位，业务继续突破发展面临一定的瓶颈，因此，公司需要在产业链上寻求新的业务发展机会。诺斯贝尔已发展成为全球第四大、国内本土第一的化妆品ODM企业，面膜产能稳居全球第一。化妆品行业市场空间广阔，需求稳步增长，本次交易有助于提升青松股份盈利能力，为未来的可持续发展创造条件。

本次交易完成后，青松股份将进一步优化和提升公司现有的业务结构和盈利能力，降低公司单一业务对经济环境、市场环境、行业周期波动的风险，增强公司可持续盈利能力和发展潜力。

同时，青松股份和诺斯贝尔可以利用各自与其日化客户的稳定合作关系，共享客户资源，发挥协同效应。一方面，青松股份松节油深加工系列产品的日化销售渠道有望借助诺斯贝尔客户资源得到进一步拓展；另一方面，诺斯贝尔也可借助青松股份与现有日化公司的合作关系，为化妆品ODM业务打开新的市场空间。

2. 差异化定价，兼顾各类交易对方的权利和义务，有利于快速促进本次交易的达成

本次交易的对方多达19个，其中既有标的公司实际控制人联合体，又有管理层团队持股平台公司，还有外部财务投资者等专业PE投资机构和个人投资者。由于各类交易对方在标的公司的成长中所做贡献和经营参与度存在显著差异，且对标的公司未来业绩是否愿意承担对赌责任等也存在不同诉求。为兼顾各类交易对方的权利和

义务，有力促进本次交易的快速达成，经充分协商，在本次交易谈判中青松股份采用差异化定价的策略，对标的公司实际控制人联合体给予较高的估值倍数，而对外部专业 PE 机构及个人投资者则给予较低的估值倍数。

本次交易中，青松股份与交易对方参考评估价值，本次股权转让的诺斯贝尔 90% 股份交易价格定为 243 000 万元。结合承担利润补偿责任、服务期限和竞业禁止、股份锁定、支付对价方式等因素，交易对方出售股份采取差异化定价，但交易对方出售股份的交易作价合计仍为 243 000 万元。

本次交易的差异化定价系本次交易各方通过自主协商确定，不会损害青松股份及中小股东的利益，符合《上市公司重大资产重组管理办法》等相关法律法规的规定，有力快速地促成了本次交易的达成。

七、案例亮点

由于本次交易标的营业收入规模高于青松股份，且净利润水平也高于青松股份 2018 年以前的净利润规模，同时，本次交易完成后交易对方合计持股比例将高于青松股份现有实际控制人的可支配表决权比例，容易被认为存在重组上市的嫌疑。本次交易实施过程中，当时生效的《上市公司重大资产重组管理办法》是禁止创业板公司实施重组上市的。因此，本次交易方案经历过交易所两次重点问询，并成为中国证监会重组委有条件通过的关注问题。青松股份、标的公司、交易对方及中介机构按实质重于形式，有利于青松股份发展壮大的原则，针对本次交易目的和背景、本次交易后各主要股东的可支配表决权比例差距、交易前后青松股份原有业务安排、交易前后青松股份董事会席位安排、主要交易对方出具不谋求青松股份控制权和不存在一致行动安排等措施，充分论证了本次交易不会导致青松股份实际控制人发生变更，这才打消了监管部门的疑虑，最终使本次强强联合的交易顺利通过审核，为青松股份注入了业绩成长性较好的化妆品 ODM 业务。因此，本次交易最终的顺利达成，需要靠监管部门对青松股份做大做强愿望的深刻理解和大力支持。

第二章 横向整合案例

横向整合，主要是在生产或经营相同或相似产品的企业之间发生的并购行为，目的是快速占领市场，扩大市场份额，增强竞争力，提升技术管理水平，实现规模效应或垄断收益等。因为买卖双方处于相类似的行业，对行业布局、竞争情况以及标的估值都较有把握，所以相对于其他并购方式，上市公司横向收购的谈判更容易达成共识，整合成功率较高，是产业并购的主流。本章选取了28个横向整合案例，这些案例的突出特色是创新和变化，在支付方式、交易架构、监管审核方面都令人耳目一新。

第一，支付方式创新。比如，2018年赛腾股份（603283）收购菱欧科技，是市场上首单以发行定向可转债作为并购支付工具的案例。虽然2015年中国证监会等四部委已联合发布了《关于鼓励上市公司兼并重组、现金分红及回购股份的通知》，允许发行定向可转债作为并购支付方式，但是直到2018年赛腾股份（603283）项目的实施，这一支付工具才实现落地。到2019年底，已有十余起并购重组委审核通过的案例使用了定向可转债作为支付工具，足以证明定向可转债具有很强的市场接受度。定向可转债方式能够包容更加灵活的条款设计，有利于平衡交易双方的利益，有效缓解了上市公司现金压力及大股东股权稀释的风险，有助于最终促成交易。在科创板试点注册制中，这一新的支付工具得到吸纳和推广。在《科创板上市公司重大资产重组特别规定》中已确认，可以使用优先股、非公开发行可转债、定向权证、存托凭证作为重组支付工具。

第二，交易方案创新。比如，美年健康（002044）收购慈铭体检项目将“分步走”策略进行了创新性发挥，通过引入并购基金过桥收购方式快速完成第一步收购慈铭体检参股权交易，而后在收购剩余股权中将美年健康实控人引进作为过桥收购参与者，既保障了交易对方的现金退出需求，又满足了美年健康实控人的增持需求，还保证了美年健康对本次交易完成的掌控能力，实现一举三得的效果。此外，交易方案创新在跨境并购中体现得尤为突出，比如，汤臣倍健（300146）收购 Life - Space100% 股权，不仅是首单一次停牌同时公告重大现金购买及发行股份购买资产方案的交易，而且不同于 A 股市场常见的反向对赌（即业绩补偿），而是采取了“或有对价支付”的正向对赌方案，更加灵活地发挥了对赌机制的约束和激励作用。再如，深赤湾 A（001872）收购招商局港口项目，是市场上首例红筹上市公司控股权注入 A 股上市公司，且主体不退市的交易案例。另外，克劳斯（600579）收购装备卢森堡股份项目，是近年来比较罕见的“跨境换股”交易，虽然形式上不符合《关于外国投资者并购境内企业的规定》，但由于属于中国化工内部资产重组，能够达到商务部有关风险控制等监管要求，最终获得了商务部的批准。

第三，监管方式革新。比如，2018 年中国证监会推出“小额快速”并购重组审核机制后，拓尔思（300229）发行股份购买资产作为首单并购重组“小额快速”案例，直接由上市公司并购重组审核委员会审议，并获得无条件过会。该项目从中国证监会受理到无条件过会，仅用了不到 15 个工作日，审核周期大大缩短，充分体现了“小额快速”分道审核机制的便捷高效，也足见监管部门对市场化并购重组的有力支持。

第四，上市公司收购上市公司或新三板公司的案例增多。比如曲美家居（603818）收购挪威 Ekornes 案例中收购标的为挪威上市公司，中通国脉（603559）收购上海共创案例中收购标的为新三板挂牌公司，深赤湾 A（001872）收购招商局港口案例中收购标的为港股上市公司。这一趋势说明，市场机制作用得到更充分发挥，产业整合在向纵深推进。但是，在收购过程中涉及收购方与被收购方同步信息披露，还要兼顾不同的市场规则和监管要求，对上市公司和相关中介机构的协调能力、工作效率等提出更高要求。

案例8：海兰信（300065）发行股份购买海兰劳雷45.62%股权[①]

一、案例简述

北京海兰信数据科技股份有限公司（以下简称“海兰信”“上市公司”“公司”）聚焦海洋，致力于成为全球智能航海的引领者、中国智慧海洋的建设者，公司形成了智能航海业务体系与智慧海洋业务体系。智能航海产品系列包括船舶综合导航系统、智能信息平台和系列导航单品，智慧海洋产品系列包括海洋观（监）测系统、相应的传感器、无人智能化平台以及海洋信息系统。公司“海事+海洋”的综合对海业务模式，可以在为客户提供船舶通导智能化系统解决方案、岸基和船载/舰载对海监控管理服务的同时，构建起“近岸+近海+中远海”与“水面+水下”相结合的“海空天一体化”海洋监测网和海洋信息化数据平台，为海域使用管理、海洋环境保护、海洋资源勘探和开发利用、海洋执法监察等工作提供有效的数据决策信息。本次交易为海兰信拟向智海创信、珠海劳雷、永鑫源、上海梦元、杭州兴富、杭州宣富、上海丰煜、王某非公开发行股份购买其持有的海兰劳雷45.62%股权。

二、交易背景

（一）顺应维护海洋权益、建设海洋强国的方针

我国拥有1.8万公里的大陆海岸线、6 900多个面积在500平方

---

① 本案例由中信证券提供，撰写人：蒋文翔。

米以上的海岛以及38万平方公里的内水和领海，是发展中的海洋大国。我国在海洋拥有广泛的战略利益。

从周边环境看，我国面临从南部一直到东北沿海处于被亚太海洋大国环伺包围的地缘政治形势。由于历史原因，我国在20世纪对海权重视不足，导致我国部分海域岛礁被侵占，海洋战略利益严重受损。因此，近年来我国更加强调提高海洋资源开发能力、维护国家海洋权益和建设海洋强国的方针。

2016年以来，我国对“十三五”期间海洋强国战略提出了新的期待和要求。“十三五”规划中明确提出拓展“蓝色经济空间”，要求坚持陆海统筹，发展海洋经济，科学开发海洋资源，保护海洋生态环境，维护海洋权益，建设海洋强国。2016年2月，工业和信息化部与国家海洋局签署“工业和信息化部 国家海洋局促进海洋经济发展战略合作协议”，重点围绕海洋矿产资源开发、海水综合利用、海洋可再生能源开发、海洋综合观测监测装备、海洋生物医药、海洋信息化等领域，在资源配置、政策制定和行业管理上紧密合作，共同致力于提高我国船舶和海洋工程装备供给的质量和水平，着力培育新的经济增长点。因此，关心海洋、认识海洋和经略海洋将成为我国未来长期发展战略，海洋相关产业将获得国家政策的持续关注与支持。

（二）海洋信息领域发展空间巨大

海洋信息化水平直接影响国家海洋资源利用能力和海洋强国战略的实施与执行。21世纪以来，各海洋强国在已积累的大量海洋环境数据和信息的基础上，广泛应用计算机控制、数据处理和卫星远程通信等高科技手段，开展了连续的、大尺度的数据采集、处理和利用，实现从空中、海面、海中直至海底的全方位海洋监测。从行业发展路径看来，海洋信息监测技术发展呈现了从单点监测向多平台综合监测迈进的趋势，从而实现长期、实时、连续地获取海洋信息，为认识海洋变化规律和预测海洋环境、气候变化提供更有效的数据支撑。因此，多平台组成的自适应海洋监测网是未来海洋发展的趋势。

2014年底，国家海洋局印发的《全国海洋观测网规划（2014—

2020 年)》指出，我国海洋观测网的发展现状已不适应国家海洋经济发展新形势的需求，并计划到 2020 年，建成以国家基本观测网为骨干、地方基本观测网和其他行业专业观测网为补充的海洋综合观测网络，覆盖范围由近岸向近海和中远海拓展，由水面向水下和海底延伸，实现岸基观测、离岸观测、大洋和极地观测的有机结合，初步形成海洋环境立体观测能力。2016 年 2 月，国家发改委、中国气象局、国家海洋局联合印发《海洋气象发展规划（2016—2025 年)》，目标是：到 2025 年，我国要实现近海预报责任区服务能力基本接近内陆水平；远海责任区预报预警能力达到全球海上遇险安全系统要求；远洋气象专项服务取得突破；科学认知水平显著提升；基本满足海洋气象灾害防御、海洋经济发展、海洋权益维护、应对气候变化和海洋生态环境保护对气象保障服务的需求。

我国在海洋信息技术研发方面起步较晚，与发达国家仍存在较大的差距。尤其是核心传感器方面，如重、磁、电、震、声等仪器设备，几乎全部依赖进口。海洋信息市场领域的市场容量和发展空间巨大。

（三）海兰信聚焦智能航海和智慧海洋

近年来，海兰信聚焦智能航海和智慧海洋业务，积极开展生产经营工作。公司智能航海产品系列包括智慧桥 · 综合导航系统（INS)、雷达（RADAR)、船舶操舵仪（SCS)、电子海图显示与信息系统（ECDIS)、罗经（GYRO)、船载航行数据记录仪（VDR)、船舶远程监控管理系统（VMS)、全球海上遇险与安全系统（GMDSS）等；智慧海洋产品系列包括智能雷达监控系统、溢油探测雷达、海浪探测雷达、物理海洋仪器设备、海洋物探仪器设备、海洋测绘仪器设备、水下工程仪器设备、无人智能监测平台等。

公司所有产品同时面向军、政府公务体系（警)、民领域。公司一直是中国救捞、海事、渔政、海监以及中国海警的供应商，为该类客户提供综合导航系统以及基于岸/船基对海的监控管理系统。在民用领域，公司服务于远洋运输、海洋工程、海洋科学考察、海洋环境以及海洋渔业等领域，为客户提供综合导航、海洋信息、监控管理等产品及服务。

未来，海兰信将继续围绕智能航海和智慧海洋开展生产经营活动，并根据国家海洋强国战略积极进行产业布局和调整，积极响应国家军民融合战略，努力实现成为智能航海与智慧海洋领域“中国创造”的典范。

（四）上市公司自2015年收购劳雷产业55%股权后，为进一步加强对劳雷产业的控制而拟收购剩余45%股权

劳雷产业业务涵盖物理海洋、海洋测绘和水下工程，是中国市场上实力雄厚的勘探调查科技先驱企业和优秀的海洋信息解决方案提供商。

2015年，海兰信实际控制人申万秋及其一致行动人上海言盛通过现金新设海兰劳雷完成对劳雷产业55%股权的现金收购，然后由海兰信向申某和上海言盛发行股份购买海兰劳雷100%股权，进而实现间接控股劳雷产业55%股权。

2015年交易完成后，海兰劳雷和劳雷产业的经营状况良好，实现了稳定的增长。为进一步加强对劳雷产业的控制，海兰信拟通过海兰劳雷收购劳雷产业剩余45%股权，实现对劳雷产业的100%控制。

三、交易方案

（一）交易方案说明

本次交易前，海兰信引入智海创信、珠海劳雷、永鑫源、上海梦元、杭州兴富、杭州宣富、上海丰煜、王某对海兰劳雷进行现金增资，成为海兰劳雷股东。增资完成后，海兰劳雷向劳雷产业少数股东方某、杨某支付现金，购买其持有的劳雷产业45%股权。

本次交易中，海兰信通过向智海创信、珠海劳雷、永鑫源、上海梦元、杭州兴富、杭州宣富、上海丰煜、王某非公开发行股份的方式购买其持有的海兰劳雷45.62%股权。

本次交易前，海兰信已持有海兰劳雷54.38%的股权。本次交易完成后，上市公司将取得海兰劳雷100%的股权。

（二）估值定价

1. 交易标的的估值及估值基础

根据东洲评估出具的《海兰劳雷评估报告》，以 2017 年 9 月 30 日为评估基准日，采用收益法对标的公司进行评估，截至 2017 年 9 月 30 日，海兰劳雷母公司报表账面净资产为125 848.14 万元，评估价值为 145 360.00 万元，增值 19 511.86 万元，增值率为 15.50%。

2. 对价支付方式

智海创信、珠海劳雷、永鑫源、上海梦元、杭州兴富、杭州宣富、上海丰煜、王某交易对价分别为 1.03 万元、1.91 万元、1.03 万元、0.51 万元、0.72 万元、0.31 万元、0.62 万元、0.51 万元，拟发行股份数分别为 609.23 万股、1 133.17 万股、609.23 万股、304.62 万股、426.46 万股、182.77 万股、365.54 万股、304.62 万股。

（三）盈利补偿安排

基于对海兰劳雷及上市公司未来业绩的信心，智海创信作为上市公司关联方，对本次重组做出如下业绩承诺及补偿安排。

1. 承诺净利润及计算标准

智海创信承诺，海兰劳雷（以下简称“标的公司”）在 2018 年度、2019 年度及 2020 年度合并报表中扣除非经常损益后归属于母公司所有者的净利润分别不低于 8 929.91 万元、10 163.27 万元、11 072.00 万元。

本次交易完成后，在承诺期间内的每个会计年度结束以后，上市公司将聘请具有证券业务资格的会计师事务所对海兰劳雷实现的实际扣除非经常性损益后的归属于母公司所有者的净利润出具专项审核报告，以确定海兰劳雷实现的实际净利润。

2. 补偿金额

本次交易完成后，如果海兰劳雷在承诺期间内未能实现承诺净利润，则上市公司应在承诺期间内各年度专项审核报告公开披露后向智海创信发出书面通知（书面通知应当包含补偿金额和补偿方式），智海创信在收到上市公司的书面通知后 10 个工作日内，向上市公司进行补偿。当期应补偿金额计算公式如下：

当期应补偿金额 =（截至当期期末累积承诺净利润 - 截至当期期末累积实现净利润）/业绩承诺期间内各年度承诺净利润数总和 × 智海创信取得的交易对价 - 累积已补偿金额

3. 补偿方式

智海创信的补偿方式为股份补偿，应按如下公式计算：

当期应补偿股份数量 = 当期应补偿金额/本次交易的股份发行价格

当按上述公式计算，智海创信当期应补偿的股份数量大于智海创信因本次交易取得届时持有的上市公司股份数量时，差额部分由智海创信以股份或现金形式向上市公司补偿。

在各期计算的应补偿金额少于或等于 0 时，按 0 取值，即已经补偿的金额不冲回。

以上所补偿的股份由上市公司以人民币 1.00 元总价回购，上市公司应在其专项审计报告披露后的 60 日内就应补偿股份对应的股份回购事宜召开股东大会。智海创信届时应配合上市公司办理股份回购手续，并促成上市公司股东大会审议通过前述股份回购事宜相关的议案，且上市公司届时应在股东大会审议通过前述议案之后以总价人民币 1.00 元的价格定向回购这些应补偿股份，并在其后 10 日内注销。

4. 减值测试及补偿

在承诺期间届满且智海创信已履行了补偿义务（如有）后，上市公司与智海创信应共同协商聘请具有证券业务资格的会计师事务所对海兰劳雷进行减值测试，并在公告前一年度专项审计报告后 30 日内出具减值测试结果。如海兰劳雷期末减值额大于“承诺期限内已补偿股份总数 × 本次交易发行价格 + 承诺期内已经补偿的现金总额”，则智海创信应向上市公司另行补偿。上市公司应在减值测试报告公开披露后向智海创信发出书面通知（书面通知应当包含补偿金额和补偿方式），智海创信在收到上市公司的书面通知后 10 个工作日内，向上市公司进行补偿。

减值测试补偿金额 = 海兰劳雷期末减值额 × 本次交易前智海创信持有的海兰劳雷股权比例 -（承诺期间内已补偿股份总数 × 发行

价格 + 承诺期间内已经补偿的现金总额)

智海创信进行补偿时应首先以其认购的上市公司股份进行补偿，股份补偿金额计算公式如下：

需补偿的股份数量 = 减值测试补偿金额 ÷ 发行价格

如果智海创信当期应补偿的股份数量大于智海创信因本次交易取得的上市公司股份数量，则差额部分由智海创信以股份或现金形式向上市公司补偿。

若基于减值测试智海创信应向上市公司另需补偿股份的，上市公司应在 60 日内就应补偿股份对应的股份回购事宜召开股东大会。智海创信届时应促成上市公司股东大会审议通过前述股份回购事宜相关的议案，且上市公司届时应在股东大会审议通过前述议案之后以总价人民币 1.00 元的价格定向回购这些应补偿股份，并在其后 10 日内注销。

5. 送股、转增股本或股利分配情况下的调整

上市公告在承诺期间内实施送股、转增或股票股利分配的，则补偿股份数量相应调整为：

应补偿股份数量(调整后) = 应补偿股份数(调整前) ×(1 + 转增或送股比例)

就补偿股份数已分配的现金股利应对上市公司进行相应返还，计算公式为：

返还金额 = 截至补偿前每股已获得的现金股利（以税后金额为准）× 应补偿股份数量 - 以前年度已补偿金额

补偿方式同上。

四、交易节点

2017 年 6 月 7 日，上市公司召开第三届董事会第三十一次会议、第三届监事会第二十四次会议，审议通过了本次发行股份购买资产暨关联交易的相关议案，并与交易对方签署了发行股份购买资产协议。

2017 年 7 月 5 日，上市公司召开第三届董事会第三十三次会议，

审议通过了关于签署发行股份购买资产协议的相关议案，并与交易对方签署了“补充协议”。

2017 年 12 月 6 日，上市公司召开第四届董事会第四次会议、第四届监事会第三次会议，审议通过了本次发行股份购买资产暨关联交易的正式方案，并与交易对方签署了“补充协议之二”。

2017 年 12 月 22 日，上市公司召开 2017 年第五次临时股东大会，审议通过本次交易的正式方案。

2017 年 12 月 24 日，上市公司召开第四届董事会第五次会议、第四届监事会第四次会议，审议通过了关于调整本次发行股份购买资产暨关联交易股票发行价格的议案，并与交易对方签署了“补充协议之三”。

2018 年 3 月 6 日，上市公司召开第四届董事会第八次会议，审议通过“关于签署业绩承诺及补偿协议的议案”，并与智海创信签署了“业绩承诺及补偿协议”。

2018 年 10 月 15 日，本次交易获得中国证监会的核准。

2018 年 10 月 19 日，标的公司完成了工商变更登记，并取得中国（上海）自由贸易试验区市场监督管理局核发的营业执照。

2018 年 10 月 24 日，中国证券登记结算有限责任公司深圳分公司受理海兰信的非公开发行新股登记申请材料。

五、并购影响

（一）对上市公司业务的影响（业务、销售、研发）

本次交易完成后，上市公司将完成对子公司海兰劳雷少数股东股权的收购，海兰劳雷将成为上市公司全资子公司。通过本次交易，上市公司将完成对海兰劳雷下属企业劳雷香港和 Summerview 的 100% 控制。上述少数股东股权收购，有利于强化上市公司对子公司的决策权，提高了经营效率，同时提升了上市公司业绩。

（二）对上市公司财务的影响

根据天职国际出具的上市公司 2017 年度审计报告、2017 年度和 2018 年 1—6 月备考审阅报告，以及 2018 年半年度报告，本次交易完成后，上市公司业务规模和盈利能力均得到提升，不存在每股收益被摊薄的情形。

（三）对原股东持股比例的影响

本次交易前，上市公司控股股东、实际控制人申某、魏某及上海言盛共持有上市公司38.64%的股权；本次交易完成后，申某、魏某及上海言盛将持有上市公司34.82%的股权，仍为公司控股股东、实际控制人。智海创信、珠海劳雷、永鑫源、上海梦元、杭州兴富、杭州宣富、上海丰煜、王某投资交易后持股比例合计为9.90%。

六、交易特点

（一）交易难点

1. 劳雷产业原少数股东为境外自然人，海兰信不能直接向其发行股份

在海兰劳雷收购劳雷产业剩余45%股权前，劳雷产业为境外公司，原股东杨某（中国香港籍）及方某（美国籍）是境外自然人身份，海兰信无法根据《外国投资者对上市公司战略投资管理办法》的规定向其直接发行股份购买劳雷产业的股权。同时，在收购劳雷产业剩余45%股权的谈判过程中，杨某及方某对收购资金需求较为紧迫，要求尽快取得收购现金对价。因此，海兰信无法直接通过向杨某及方某发行股份的方式收购劳雷产业45%股权。

2. 海兰劳雷及劳雷产业在最近三年内进行过多次评估

2015年至本次交易，基于股权转让、上市公司前次重组、引入投资者增资、上市公司本次收购等目的，对海兰劳雷进行了4次评估；基于收购原股东持有的劳雷产业55%股权、收购原股东持有的劳雷产业45%股权等目的，对劳雷产业进行了2次评估。上述评估虽然时间间隔较短，但海兰劳雷、劳雷产业生产经营、资产构成情况均发生了一定变化，评估结果也有所不同。

项目组结合历次评估的目的、被评估对象发生的变化、所处行业的发展态势等方面对评估结果的差异进行了充分说明，解释了评估结果存在差异的合理性。

3. 实际控制人发生变化对海兰信的影响

海兰信自成立至本次重组，实际控制人曾发生变化。从2001年海兰信成立至2014年7月，根据双方签署的协议，海兰信股东申某、魏某为一致行动人，均为海兰信的实际控制人。2014年7月，申某与魏某不再续签一致行动协议，由于申某持股比例较低，海兰信无实际控制人。2016年1月，随着前次重组的完成，申某及其一致行动人上海言盛合计持有上市公司股份比例达29.76%，申某成为上市公司控股股东和实际控制人。

作为一个民营创业板上市公司，控制权的稳定对于企业经营有着重要意义。项目组结合海兰信历史沿革、持股及股东大会实际表决、公司治理等多方面情况综合分析认为：申某作为海兰信的创始人及董事长、第一大股东，自海兰信2010年上市以来，申某始终为第一大股东且未减持；从海兰信上市以来股东大会的实际表决情况看，申某通过其直接持有的股份表决权足以对公司股东大会的决议产生重大影响；海兰信上市以来的股权结构、经营管理层、主营业务均未发生重大变化且不影响公司治理有效性。因此，申某实质拥有海兰信的控制权。

（二）交易亮点

1. 利用并购手段实现海洋相关产业的横向协同

劳雷产业是优秀的海洋信息解决方案提供商，业务涵盖物理海洋、海洋测绘和水下工程，致力于海洋调查仪器的应用研究、系统集成、软硬件新产品开发、市场营销，售后技术服务以及工程技术咨询服务。劳雷产业长期活跃在科学调查、资源勘探、工程检测和环境保护领域，是中国市场上实力雄厚的勘探调查科技先驱企业。一直以来，劳雷产业与国外最优秀的海洋探测传感器供应商保持着紧密的合作关系。

海兰信基于自身多年积累的智能航海、船岸高效系统解决方案的丰富经验，将利用公司在我国海洋信息领域先期研发和市场开拓的先发优势，并依托劳雷产业在海洋监测和勘测方面的全球一流的专业系统集成能力和工程实施能力以及其对中国海洋信息市场的充分理解、洞察力和影响力，充分发挥并购协同效应。

通过本次交易的实施，海兰信将进一步突出和强化智慧海洋主业，完善现有的智慧海洋战略布局，巩固和强化作为智慧海洋领域领先的设备供应商以及系统解决方案提供商地位，加快建立海兰信拥有自主知识产权的立体海洋监测网和海洋基础数据平台，加快实现公司向海洋大数据运营服务商的转型升级。

2. 利用交易结构设计满足各方诉求，实现整体目标

本次交易的发行股份购买资产环节是较为典型的操作方式，但基于本次交易更实质的目的，通过对交易架构的整体设计，满足了各方的诉求。

对于海兰信而言，在本次交易前，其已经通过全资子公司海兰劳雷控制了劳雷产业55%股权，希望能够取得劳雷产业剩余45%股权进而实现100%控制。但是，海兰信一方面面临货币资金不足的情况，另一方面也由于受法规的限制，无法直接向劳雷产业的境外自然人股东直接发行股份购买资产。因此，通过先引入外部资金的方式，使海兰劳雷具备收购劳雷产业45%股权的能力与可行性。

对于劳雷产业原境外自然人股东，其一方面希望通过转让股权实现退出，另一方面也希望能够较快地获得现金对价。因此，通过对境外自然人股东的现金支付，使其有意愿参与本次整体交易，实现对其持有的劳雷产业45%股权的转让。

对于本次交易的交易对方，其看好我国海洋强国战略带来的投资机会，认可海兰信、劳雷产业所处的实力及行业地位，并对本次交易整体方案进行判断后，认为存在投资价值，愿意积极参与本次交易。

3. 引入高管团队实现员工持股

本次交易过程中，海兰信及劳雷产业部分高级管理人员亦出资对海兰劳雷进行增资，通过重组成为海兰信的股东。引入海兰信及劳雷产业高级管理人员参与本次重组持有海兰信股份，一方面可以绑定高级管理人员利益与上市公司全体股东利益一致，有利于公司价值的提升；另一方面可以实现对公司高级管理人员的激励，有利于高级管理人员的稳定和工作积极性的进一步提高，促进公司继续良好发展。

七、案例亮点

本次交易整体实现了向境外自然人收购境外资产的目的，并且上市公司仅将发行股份作为支付对价。在现有法规下，本次交易的目的并不能一步实现。围绕交易各方的不同诉求、法规要求，财务顾问与交易各方进行了详细论证、探讨，并且发挥了较强的推介、引资能力，选取了合适的投资者作为海兰劳雷的增资方、本次交易的交易对方，体现了财务顾问在项目过程中更深层次的价值及较强的项目整体把控能力。

本次交易最终的顺利实施离不开上市公司、交易对方、标的资产和中介机构的共同努力，更离不开监管机构的大力支持与指导。希望本次交易能够为未来其他类似交易提供一定的帮助和参考。

案例9：汤臣倍健（300146）子公司收购 Life－Space 100%股权[①]

一、案例简述

汤臣倍健股份有限公司（以下简称“汤臣倍健”“上市公司”“公司”）致力于从单一产品提供商逐步升级至健康干预的综合解决方案提供商，成为膳食补充剂行业的领导企业，为消费者的健康创造更大价值。多年来，公司一直执行“三步走”的差异化全球品质战略，从全球原料采购到全球原料专供基地的建立，再到全球自有有机农场的建立。迄今为止，公司原料产地遍及23个国家，并在巴西、澳大利亚等地建立了五个原料专供基地，自有有机农场也在筹建中。在全球范围内不懈甄选优质原料，汇聚世界各地的营养精粹，构筑起优中选优的营养品联合国。公司建立了全面、科学的膳食补充体系，包括蛋白质、维生素、矿物质、天然动植物提取物及其他功能性膳食补充食品。公司致力于为用户健康创造价值，坚持“一路向C”的核心战略，正在实施从产品营销向价值营销的战略升级。

本次交易为汤臣倍健持股53.33%的子公司广州汤臣栢盛有限公司（以下简称“汤臣佰盛”）通过境外平台公司Australia By Saint Pty Ltd（以下简称“澳洲佰盛”）以现金方式为支付对价，收购Irene Messer女士、Alan Messer先生及Craig Silbery先生合计持有的Life－Space Group Pty Ltd（以下简称“LSG”或“标的公司”）100%股权。本次交易前，汤臣佰盛及其子公司未持有LSG的股份，本次交易完成后，汤臣倍健通过控股子公司汤臣佰盛持有LSG 100%股权。

---

① 本案例由中信证券提供，撰写人：周嘉成。

二、交易背景

（一）国内外健康食品行业规模提升空间较大

伴随着国家人均可支配收入的提升以及群众健康意识的提高，国内消费群体更加关注自身健康，由此衍生了巨大的健康市场需求。消费观念转型、老龄化困境、政策趋于规范等多重因素助力健康食品行业整体规模提升。

健康食品是食品的一个种类，具有一般食品的共性，其原材料主要取自天然的动植物，经先进生产工艺，将其所含丰富的功效成分作用发挥到极致，从而调节人体机能。汤臣倍健和 LSG 的产品均属于健康食品中的膳食营养补充剂（VDS）产品。作为健康食品的主导子行业之一，VDS 正在国内外市场迅速发展壮大。根据欧睿国际的研究，2011 年到 2016 年，全球健康食品销量增长 510 亿美元，其中近半数增长来自 VDS 产品销量的激增。2016 年，全球 VDS 市场销量达到 710 亿美元。其中，亚太和北美地区的 VDS 销售额占全球的 78%。

（二）健康食品线上销售渠道快速崛起

随着互联网的发展普及以及网购消费的盛行，海外健康食品厂商能够通过海外购等方式接触中国的消费者。一方面，消费者逐步认识到健康食品在国外的价格并不高，只是大众消费品；另一方面，普通大众对健康食品的接受度和需求也随着健康食品消费者教育的深入和保健知识的普及而提升。

目前，国内整体健康食品市场仍然呈现直销为主的销售格局，但线上销售途径增长抢眼。以与健康食品类似的保健食品行业为例，根据欧睿国际的研究，2011 年线上销售渠道占比仅为 4%，至 2016 年已增长至 24%，年均复合增速约为 57%，显示了健康食品行业在互联网大背景下电商崛起的趋势。随着线下渠道推力的重要性逐渐下降，健康食品和保健食品也由“高档消费品”转变为“大众消费品”，认知差被消灭。观念改变后，消费者对线上价格极具竞争力的海外优质保健品需求爆发，海外健康食品在线上渠道崛起。

（三）国内细分市场中益生菌增速最快

从产品结构看，根据欧睿国际的研究，2016 年中国益生菌补充剂市场为 7.83 亿澳元，历史增长率为 7%，预计未来年化复合增长率为 7%，其中，线上历史增长率为 16.3%，预测未来年复合增长率为 13.6%，而线下历史增长率为 2.5%，预计未来增长保持稳定。

根据中国保健协会公布的数据，益生菌普通食品，如乳酸菌饮品、益生菌发酵功能食品等，2016 年中国市场达 558 亿元（约合 114 亿澳元），2020 年将达到 850 亿元的规模。我国的益生菌产品市场存在巨大的市场空间。

（四）作为在国内电商平台很受欢迎澳大利亚益生菌品牌，标的公司能与上市公司业务形成显著业务协同

标的公司的 Life - Space 是澳大利亚领先零售药店 Chemist Warehouse 中受欢迎的益生菌品牌之一，且在中国电商平台阿里巴巴（包括天猫和淘宝）上占据领先地位。

随着全球消费者健康意识和市场的日趋成熟，消费需求也在不断升级，膳食补充剂市场呈现出细分化、个性化趋势。此次收购标的公司，是上市公司在全球细分领域市场布局的重要步骤，也是上市公司继“大单品”模式、电商品牌化市场战略之后的又一重大举措。

作为中国膳食补充剂的标杆企业，上市公司通过收购标的公司将补足在益生菌产品线的布局，丰富上市公司现有产品线。同时，收购完成后，通过已有的营销渠道，可以帮助 Life - Space 快速进入实体店面渠道，扩大知名度和销售量。LSG 整合到上市公司体系后，将提高交易双方的品牌知名度，增加交叉销售机会，促进业绩增长。另外，本次收购将增加上市公司的海外立足点，借此契机，进行全球业务拓展和更多海外并购。

三、交易方案

（一）方案背景及交易方案说明

本次交易上市公司持股由 53.33% 的子公司汤臣佰盛通过境外平台公司以现金对价方式向卖方购买 LSG 100% 股权。其中，向 Irene

Messer 支付现金购买其所持 LSG 40% 股权，向 Alan Messer 支付现金购买其所持 LSG 40% 股权，向 Craig Silbery 支付现金购买其所持 LSG 20% 股权。本次交易完成后，汤臣倍健将通过控股子公司汤臣佰盛持有 LSG 100% 股权。

（二）估值定价

1. 交易标的估值及估值基础

本次交易标的资产 LSG 100% 股权的交易作价由上市公司通过竞价后，再由交易双方协商确定。同时，上市公司聘请具有从事证券期货业务资格的评估（估值）机构中联评估对标的资产的价值进行了评估。该次评估采用两种评估方法，其中，采用市场法进行评估，LSG 100% 股权在评估基准日 2017 年 12 月 31 日的评估值为 356 248.84 万元，评估增值 346 101.47 万元，评估增值 34.11 倍；采用收益法进行评估，LSG 100% 股权在评估基准日 2017 年 12 月 31 日的评估值为 386 209.93 万元，评估增值 376 062.56 万元，评估增值 37.06 倍。本次交易选取市场法结果作为本次评估的最终结论，LSG 100% 股权价值为 356 248.84 万元。

根据 2018 年 1 月 31 日澳洲佰盛与 Irene Messer、Alan Messer 及 Craig Silbery 签署的股份出售协议，本次交易总对价将不超过 69 000.00 万澳元，上市公司于交割日将向卖方支付交割金额 58 650.00 万澳元，并根据标的公司截至 2018 年 6 月 30 日经审计后的 2018 会计年度（2017 年 7 月 1 日至 2018 年 6 月 30 日）EBITDA 情况支付不超过 10 350.00 万澳元的尾款。采用 2017 年 12 月 31 日折算汇率 5.0928，本次交易总对价将不超过 35.14 亿元人民币，最终实际支付金额将根据购买价格调整条款及实际汇率确定。

2. 对价支付方式

本次交易对价将由汤臣佰盛的境外平台公司澳洲佰盛以现金支付，具体步骤安排如下：

（1）由汤臣佰盛各股东对汤臣佰盛进行实缴出资，其中，上市公司以自有或自筹资金对汤臣佰盛出资（包括前次非公开发行募集资金用途变更的自有资金 5.5 亿元），联合投资人以其 GP、LP 缴纳出资的自有资金对汤臣佰盛出资；

（2）由汤臣佰盛于境内获得上市公司及联合投资人认缴出资款后，通过银行换汇；

（3）汤臣佰盛利用所换得的外汇对其设立于中国香港的平台公司香港佰盛进行现金增资；

（4）香港佰盛再向设立于澳大利亚的平台公司澳洲佰盛现金增资；

（5）澳洲佰盛使用所获得的增资款，同时在澳洲向银行进行部分借款，向交易对方支付现金对价。

本次交易总对价主要包括固定交割金额 58 650.00 万澳元，以及根据 LSG 盈利能力浮动金额，上限为 10 350.00 万澳元，上述两项总对价合计不超过 69 000.00 万澳元。根据股份出售协议约定，若在约定的交割期内交割，澳洲佰盛于交割日将向卖方支付交割金额 58 650.00 万澳元，同时将盈利能力浮动金额的上限 10 350.00 万澳元暂时支付给相关托管机构进行托管。

（三）盈利补偿安排

在盈利能力支付日，澳洲佰盛将根据标的公司截至 2018 年 6 月 30 日经审计后的 2018 会计年度（澳洲会计年度为 2017 年 7 月 1 日至 2018 年 6 月 30 日）EBITDA[①] 情况支付不超过 10 350.00 万澳元的浮动金额。如果 LSG 2018 会计年度（2017 年 7 月 1 日至 2018 年 6 月 30 日）EBITDA 低于 3 087.00 万澳元，则不需要额外支付对价，托管账户中 10 350.00 万澳元将全部退还至澳洲佰盛；如果 LSG 2018 会计年度（2017 年 7 月 1 日至 2018 年 6 月 30 日）EBITDA 大于 3 087.00 万澳元，则：

盈利能力支付的浮动金额 =（2018 年 EBITDA − 3 087.00 万澳元）×19.00

该笔尾款支付完毕后，于托管账户托管的剩余款项将退还至澳洲佰盛。

四、交易节点

2018 年 1 月 31 日，汤臣倍健召开第四届董事会第四次会议，审

① EBITDA，即税息折旧及摊销前利润。

议通过《关于签署〈股份出售协议〉的议案》,《关于授权公司董事、总经理林志成先生签署〈股份出售协议〉及其附属协议的议案》以及《关于委托银行开具履约保函的议案》等与本次交易有关的议案。

2018 年 5 月 4 日,收购 LSG 100% 股权事宜已经获得国家发改委境外投资备案(发改办外资备〔2018〕305 号)。

2018 年 6 月 5 日,收购 LSG 100% 股权事宜已经获得广东省商务厅境外投资项目备案(境外投资证第 N4400201800298 号)。

2018 年 6 月 14 日,收购 LSG 100% 股权事宜已经获得澳大利亚外国投资审查委员会(FIRB)审查通过(File: FI2018/00269)。

2018 年 6 月 19 日,取得国家外汇管理局广东省分局出具的中方股东对外义务出资的业务登记凭证。

2018 年 7 月 12 日,汤臣倍健召开第四届董事会第十三次会议,审议通过《关于公司符合进行重大资产购买条件的议案》《关于公司重大资产购买方案的议案》《关于〈汤臣倍健股份有限公司重大资产购买报告书(草案)〉及其摘要的议案》及相关议案。

2018 年 7 月 20 日,汤臣倍健收到深圳证券交易所创业板公司管理部下发的《关于对汤臣倍健股份有限公司的重组问询函》(创业板许可类重组问询函〔2018〕第 30 号)。

2018 年 8 月 1 日,汤臣倍健召开第四届董事会第十六次会议,审议通过《关于〈汤臣倍健股份有限公司重大资产购买报告书(草案)(修订稿)〉及其摘要的议案》及相关议案。

2018 年 8 月 17 日,汤臣倍健召开 2018 年第四次临时股东大会,审议通过本次重大资产购买方案。

2018 年 8 月 30 日,本次重大资产购买完成交易对价支付及资产交割,汤臣倍健披露了《重大资产购买实施情况报告》《中信证券股份有限公司关于公司重大资产购买实施情况之独立财务顾问核查意见》等文件。

五、并购影响

(一)对上市公司业务的影响

本次交易前,上市公司主营业务为膳食补充剂的生产和销售,产品涵盖蛋白质、维生素、矿物质、天然动植物提取物及其他功能性膳食补充食品。本次交易收购的标的LSG主要从事益生菌产品（Probiotics）的研发、生产和销售，其旗下最主要的品牌为Life－Space（即“益倍适”），约26个益生菌产品，剂型以益生菌粉和胶囊为主，针对从孕妇、婴儿、儿童、青少年、成年人到老年人的人群，促进营养素的消化和吸收。

上市公司作为中国膳食补充剂的标杆企业，收购标的公司将补足在益生菌产品线的布局，丰富上市公司现有产品线。收购完成后，通过上市公司已有的营销渠道，可以帮助Life－Space品牌快速进入实体店面渠道，扩大知名度和销售量。LSG被整合到上市公司体系后，将提高标的公司及上市公司的品牌知名度，增加交叉销售机会，促进业绩增长。另外，本次收购将增加上市公司的海外立足点，借此契机，进行全球业务拓展和实施更多海外并购，也将为上市公司及股东创造更高的价值。

（二）对上市公司财务的影响

本次交易完成后，上市公司总资产规模、收入规模、利润水平均有所增加，本次收购的标的公司具有较强的盈利能力，将对上市公司的营业收入、净利润产生直接贡献，但本次交易中确认商誉存在的减值风险值得关注。

（三）对原股东持股比例的影响

本次交易为支付现金购买资产，不会对上市公司股权结构及控制权造成影响。

六、交易特点

（一）高效的执行效率

本次交易上市公司及中介团队在项目前期谈判、价值判断、方案设计以及监管沟通中无缝衔接，在交易前期谈判过程中即考虑到后续境内重大资产重组监管要求，确保整体方案的合规性和执行效率。

本次交易从谈判沟通至最终完成资产的现金购买及交割，历时仅10个月，是A股上市公司积极响应国家“一带一路”建设的号召，联合投资者搭建SPV收购境外优质资产的经典案例，是上市公司通过并购重组实现产业整合、技术进步及市场扩展的有力实践。

（二）估值定价

本次重大资产购买采用了市场法和收益法对LSG及下属各子公司的全部权益价值进行估值，最终采用了市场法估值结论。

由于无法在澳洲找到单一生产益生菌可比上市公司，根据评估行业惯例在澳洲快消类健康食品行业进行搜索、筛选，寻找和标的公司在业务、经营、市场等方面近似的可比公司。根据LSG的特点，查找了澳洲当地药房销售、在中国线上销售以及“澳洲代购”的澳洲主要品牌，结合当地机构访谈、投行研报、彭博数据、网上查询等方式，查找和Life-Space经常同时出现且可比性较好的品牌和企业，并最终挑选出在销售市场、销售模式、经营模式上相对最具可比性的3家澳大利亚上市公司Blackmores、A2 Milk、Bellamy。

本项目选取的可比上市公司虽然在产品细分类别上和标的公司存在差异，但所选公司在经营模式、产品市场、销售模式上相似，可比性较好。同时，可比公司在不同细分产品类别上的差异，可以通过财务指标差异调整予以考虑。根据财务指标对可比公司的价值比率进行修正，能够合理反映本次交易的估值水平。

（三）“两步走”的收购方案

本项目采用“两步走”的收购方案。第一步，上市公司与中平国璟、嘉兴仲平等投资者联合成立并购基金，设立SPV用于收购LSG。第二步，上市公司向中平国璟、嘉兴仲平等投资者发行股份收购其持有的汤臣佰盛少数股权，从而实现对汤臣佰盛的全资控股及100%并表。

本项目是市场上首单一次停牌同时公告重大现金购买及发行股份购买资产方案的交易，充分确保上市公司在跨境并购中对交易速度的要求的同时最大化地利用杠杆，同时保证财务投资者在后续换股时可以获得较为确定的交易价格。

七、案例亮点

汤臣倍健作为中国膳食补充剂的标杆企业，收购 LSG 将补足在益生菌产品线的布局，丰富上市公司现有产品线。收购完成后，通过汤臣倍健已有的营销渠道，可以帮助 Life - Space 品牌快速进入实体店面渠道，扩大知名度和销售量。LSG 被整合到汤臣倍健体系后，将提高自身及上市公司的品牌知名度，增加交叉销售机会，促进业绩增长。另外，本次收购将增加上市公司海外立足点，借此契机，进行全球业务拓展和更多海外并购，也将为上市公司及股东创造更高的价值。

案例10：三诺生物（300298）定增收购三诺健康64.98%股权①

一、案例简述

三诺生物传感股份有限公司（以下简称"三诺生物""上市公司""公司"）是国内最早的生产血糖监测系统产品的厂商之一，也是国家生物医学工程高技术产业化示范项目的承担单位。主营业务是利用生物传感技术研发、生产、销售即时检测（POCT）产品，主要产品为微量血快速血糖测试仪及配套血糖检测试条。公司通过了德国技术集团质量体系认证与欧盟CE认证，同时公司作为国家生物医学工程高技术产业化示范项目，多次获得国家创新基金支持，并率先通过了ISO13485质量管理体系认证及欧盟CE认证。公司生产的三诺系列血糖仪及配套试纸，以其"准确、简单、经济"的特点，获得广大消费者的认可。

本次交易为三诺生物向建投嘉孚、长城国融、建投华文发行股份购买其合计所持三诺健康64.98%股权，其中，向建投嘉孚发行股份购买其所持三诺健康26.49%股权，向长城国融发行股份购买其所持三诺健康26.49%股权，向建投华文发行股份购买其所持三诺健康12.00%股权。由于建投嘉孚和建投华文属于一致行动人，本次交易向建投嘉孚和建投华文合计发行股份购买其持有三诺健康38.49%股权。

本次交易标的资产三诺健康的交易作价将以具有证券期货相关业务资格的资产评估机构天健兴业出具的评估报告确定的三诺健康

① 本案例由中信证券提供，撰写人：郭卓然。

100%股权评估值81 244.36万元为基础，经交易各方协商，三诺健康64.98%股权作价为52 792.58万元。

同时，三诺生物采用询价方式向不超过5名其他符合条件的特定投资者非公开发行股票募集配套资金，募集配套资金总金额上限为50 265.00万元。

二、交易背景

（一）国家产业政策利好促进医疗健康行业快速发展

医药工业是关系国计民生的重要产业，是培育发展战略性新兴产业的重点领域。2010年10月，国务院颁布《关于加快培育和发展战略性新兴产业的决定》，将包括先进医疗设备在内的生物产业列入战略性新兴产业，明确指出加快先进医疗设备、医用材料等生物医学工程产品的研发和产业化，促进规模化发展。2010年10月，工业和信息化部、卫生部、国家食品药品监督管理局联合印发《关于加快医药行业结构调整的指导意见》，提出在医疗器械领域，针对临床需求大、应用面广的医学影像、放射治疗、微创介入、外科植入、体外诊断试剂等产品，要推进核心部件、关键技术的国产化，培育200个以上拥有自主知识产权、掌握核心技术、达到国际先进水平、销售收入超过1 000万元的先进医疗设备。

国家工业和信息化部《医药工业"十二五"发展规划》提出，鼓励优势企业实施兼并重组，支持有条件的企业"走出去"，支持企业在境外投资设厂。国家科技部《医疗器械科技产业"十二五"专项规划》提出：重点支持10～15家大型医疗器械企业集团，扶持40～50家创新型高技术企业，建立8～10个医疗器械科技产业基地和10个国家级创新医疗器械产品示范应用基地，完善产业链条，优化产业结构，提高市场占有率，显著提升医疗器械产业的国际竞争力；统筹国内国际两种资源、两个市场，加强国际科技合作和开放创新，在全球范围内配置研发资源，积极开拓国际市场，促进医疗器械产品的国际化发展。

（二）以血脂和糖化血红蛋白监测系统为代表的即时检测行业发展前景广阔

POCT① 产业作为医疗器械的重要细分行业，整体受益于国内医疗设备行业的发展机遇。POCT 产品广泛应用于血糖、血气和电解质分析、快速血凝检测、心脏标志物快速诊断、药物滥用筛检、尿液分析、干式生化检测、怀孕测试、粪便潜血血液分析、食品病原体筛查、血红蛋白检测、传染病检测、甘油三酯和胆固醇等项目。POCT 产品可以使原本烦琐的生化测试过程以十分简单而且低廉的方式实现，方便非专业人员使用，促使临床分析手段走出医院实验室，走近病人，步入家庭，为慢性疾病患者提供方便携带、使用简单、成本低廉的监测工具，顺应了目前高效快节奏的工作和生活方式，满足了人们在时间和健康上的需要。根据 Rncos 咨询机构于 2014 年发布的市场研究报告“Global Point of Care Diagnostic Market Outlook (2018)”显示，2010—2014 年我国 POCT 市场规模增速保持在 20% ~30%，远高于全球 6% ~8% 的增速水平。

近年来，世界范围内老龄化现象的加剧以及现代人类的饮酒、吸烟等不良生活习惯，以及人口肥胖水平增加等因素使得各类心血管疾病（其中血脂水平的提升可能导致如动脉粥样硬化、冠心病、胰腺炎等疾病）、糖尿病（预计 2030 年时，糖尿病将成为世界第七大主要致死原因）的患病风险迅速提升。一方面，在患病风险提升的背景下，出于疾病预防以及对疾病早发现早治疗的考虑，针对血脂监测和定期血糖监控的需求将会不断上升。因此，在未来一段时间内，血脂和糖化血红蛋白测试会迎来显著的使用增长。另一方面，在中国和印度等新兴地区，随着医疗改革的推进以及出于降低居民的医疗支出的考虑，部分地区的政府积极倡导减少住院等传统治疗监测方式，努力推动家庭医疗等即时医疗模式的发展，有效地促进了 POC 血脂、糖化血红蛋白监测行业的进步。同时，随着 POC 血脂监测技术的进步和糖化血红蛋白测试以其无创伤和无痛、测试效率更高、结果反馈可靠等特点迅速实现临床推广，带动了整个行业的发展。

① POCT，即时检验。

（三）国家政策鼓励中国企业通过海外收购“走出去”，开拓新的发展机会

近年来，国家频繁出台政策支持鼓励国内企业通过多种形式参与国际合作与竞争，发展开放型经济，中国企业“走出去”迎来了历史性的良好机遇。党的十八大报告中明确提出：应加快“走出去”步伐，增强企业国际化经营能力，培育一批世界水平的跨国公司。同时，政府部门逐步简化对外投资审批流程，下放审批权限，助力中国企业更有效率地进行海外投资。从联合国贸易和发展会议（United Nations Conference on Trade and Development）公布的企业跨国指数数据来看，中国企业的跨国化程度不断提高。越来越多的中国企业正抓住新一轮国际产业结构调整的机会，通过海外并购等方式将产业链和市场延伸扩展到海外，在全球范围内进行产业布局。公司本次重组交易符合国家的发展方针和相关产业政策，有助于公司更快速有效地融入国际市场。

（四）符合公司成为“全球血糖监测行业领导者”及“糖尿病管理服务专家”的发展战略

公司作为国内血糖监测系统行业的龙头企业，一直专注于基于生物传感技术的POCT产品的研发和产业化，并致力于成为“全球血糖监测行业领导者”及“糖尿病管理服务专家”，引领糖尿病、心血管疾病等慢性疾病POCT产品的规模化和市场化，提升公司价值，实现投资者利益和客户价值最大化。为了实现公司的发展目标，公司一方面继续深耕国内市场，开拓医院渠道，保持公司在国内血糖监测系统行业的领先地位；另一方面，积极通过兼并收购寻求海外布局，开拓海外市场，以及拓展完善现有产品组合，把产品线延伸至更多的用于血糖监测以外领域的POCT新产品。

PTS[①]主要从事POCT产品的研发、生产及销售，其主要产品为CardioChek系列血脂、血糖监测系统和A1CNow系列糖化血红蛋白（HbA1c）监测系统等，其血脂即时检测业务处于行业领先水平。PTS的血脂和糖化血红蛋白监测系统可使得上市公司POCT产业链得

① PTS，是一家专注于血液即时检测的公司。

到延伸，将使其产品由单一的血糖检测产品向慢性病检测全线产品发展。

三、交易方案

（一）交易方案说明

为进一步推进公司全球化战略，加快公司全球化进程，延伸公司 POCT 产业链，拓展公司产品系列及产品线，打造慢病管理生态圈，三诺生物发行股份购买三诺健康 64.98% 股权并募集配套资金。本次交易前，三诺生物持有三诺健康 35.02% 股权。三诺健康为实施境外收购的持股型公司，未开展其他经营业务，三诺健康主要资产为 PTS100% 股权。

本次交易后，三诺健康将成为上市公司的全资子公司，上市公司的控股股东和实际控制人未发生变更。

（二）估值定价

1. 交易标的的估值及估值基础

本次重组的标的资产为三诺健康 64.98% 股权，评估基准日为 2017 年 3 月 31 日，本次交易标的资产的价格以具有证券期货相关业务资格的资产评估机构确定的三诺健康 100% 股权的评估值为作价参考依据，最终由交易各方协商确定。

根据天健兴业出具的标的资产评估报告，截至 2017 年 3 月 31 日，经资产基础法评估，三诺健康总资产账面价值为 74 313.20 万元，评估价值为 82 746.35 万元，评估增值 8 433.16 万元，增值率 11.35%；总负债账面价值为 1 501.99 万元，评估价值为 1 501.99 万元，无评估增减值；净资产账面价值为 72 811.21 万元，评估价值为 81 244.36 万元，评估增值 8 433.16 万元，增值率 11.58%。本次评估相关结果未考虑前述三诺健康未来可能将向 PTS 原全体股东支付不超过 9 000 万美元款项计划对于标的资产估值的影响。

三诺健康本次重组交易作价以天健兴业出具的评估报告中确定的三诺健康 100% 股权评估值为基础，经交易各方协商，三诺健康 64.98% 股权作价为 52 792.58 万元，其中，建投嘉孚所持三诺健康

26.49%股权作价为21 521.63万元，长城国融所持三诺健康26.49%股权作价为21 521.63万元，建投华文所持三诺健康12.00%股权作价为9 749.32万元。

2. 对价支付方式

本次交易上市公司拟通过发行股份的方式购买交易对方建投嘉孚、长城国融、建投华文持有的标的公司三诺健康64.98%股权。

（三）盈利补偿安排

本次交易不涉及业绩承诺与补偿事项。

四、交易节点

2017年11月16日，经中国证监会上市公司并购重组审核委员会召开的2017年第63次工作会议审核，三诺生物本次发行股份购买资产并募集配套资金事项获得有条件通过。

2018年1月10日，三诺生物取得中国证监会《关于核准三诺生物传感股份有限公司向建投嘉孚（上海）投资有限责任公司等发行股份购买资产的批复》，本次交易方案获得中国证监会核准。

2018年1月11日，长沙市工商行政管理局核发了营业执照。

2018年1月23日，中国证券登记结算有限责任公司深圳分公司出具了股份登记申请受理确认书、上市公司股份未到账结构表及证券持有人名册。

五、并购影响

（一）对上市公司业务的影响（业务、销售、研发）

本次交易前，上市公司主营业务是以生物传感技术为基础的相关慢性疾病即时检测（POCT）产品的研发、设计、生产和销售，目前主要产品为微量血快速血糖测试仪及配套血糖检测试条组成的血糖监测系统。本次交易最终收购标的PTS主要从事慢性疾病即时检测产品的研发、生产及销售，其主要产品为血脂和糖化血红蛋白监测系统等，在全球130多个国家销售，国际渠道较为广泛。一方面，三诺生物可利用其国内渠道帮助 PTS 在中国进行销售拓展，PTS 的血脂和糖化血红蛋白监测系统将延伸三诺生物的 POCT 产业链。三诺生物的产品将由单一的血糖监测产品向慢性病检测全线产品发展，在国内快速发展的血脂、糖化血红蛋白即时检测市场建立先发优势。另一方面，三诺生物可在现有的电化学检测技术基础上，融合 PTS 先进的光化学检测技术，进行生物传感领域的创新，将血糖、血脂、血酮、尿酸、糖化血红蛋白及其他各种标志物的测试进行整合，最终实现成为慢性疾病即时检测行业领导者的战略目标。

通过本次交易，三诺生物将 PTS 的产品和技术引进中国市场，通过研发、采购、生产、销售中的协同整合提升研发效率，完善产品组合，提高产品性能；共享成熟的可满足不同国家和地区要求的质量体系、自动化生产经验和全球供应链资源；完善覆盖发达国家和新兴市场尤其是"一带一路"国家的销售和用户服务网络。拓展三诺生物产品系列，可以实现慢性疾病即时检测产品的产业链延伸，实现三诺生物跨越式发展，加速国际化进程，深度参与全球市场合作与竞争，更好地为全球患者提供安全有效的产品，也将为上市公司及股东创造更高的价值。

(二) 对上市公司财务的影响

1. 资产、负债构成分析

根据信永中和出具的上市公司 2016 年审计报告（XYZH/2017CSA20389）、2017 年 1—6 月财务报表，以及三诺生物 2016 年度及 2017 年 1—6 月备考审阅报告（XYZH/2017CSA20643），由于资产规模提升比例与负债规模增长比例基本一致，重组完成后上市公司资产负债率不存在显著变化。随着 PTS 未来盈利的增长及上市公司对标的公司的逐步整合，上市公司和 PTS 在业务体系、营销网络、技术研发等方面的协同效应将充分体现。上市公司资产使用效率逐步提升，本次交易完成后上市公司的资产、负债情况有望得到进一步改善。

2. 对公司盈利能力的影响

根据立信会计师事务所出具的审阅报告，假设本次交易于 2016 年 1 月 1 日完成，本次交易完成后，上市公司营业收入将得到大幅提高，净利润有所上升。因此，通过本次交易，上市公司将进一步提升对优质医药流通资产的控制力，增强持续盈利能力和发展潜力，有利于实现上市公司股东利益最大化。

（三）对原股东持股比例的影响

本次交易完成后，三诺生物将持有三诺健康100%股权，进而100%控制PTS，上市公司控股股东、实际控制人仍为李某、车某，不会导致上市公司控股股东和实际控制人发生变化，也不会导致公司股权分布不符合交易所上市条件。

六、交易特点

（一）交易难点

1. 跨境交易涉及多个监管机构审批以及境内外交易结构搭建

2016年4月，三诺生物通过与Polymer Technology Systems，Inc.（以下简称“PTS”“标的公司”）接触，了解到对方原股东存在股份出让意愿，遂启动一对一谈判，在达成初步一致意见后双方签署附条件生效的框架协议。上市公司随即启动了政府境外投资项目管理部门、境外投资商务管理部门、外汇管理部门等相关部门关于审批的前期沟通工作，并在境内设立成立合资公司（境内SPV），积极寻找并引入战略合作伙伴，在标的公司所在地设立用于收购的SPV（境外SPV）作为本次交易的过渡公司，用于后续实施收购行为，准备完成跨境交易结构搭建。

因为标的公司股东人数较多且股权分散，共有226名法人及自然人股东，所以标的公司通过股东授权设立Shareholder Representative Services LLC（以下简称“股东代表公司”），就标的公司并购事宜与上市公司进行谈判并一同签署相关协议。

2016年4月底，经与股东代表公司谈判，三诺生物、Abbey、PTS以及股东代表公司四方就本次PTS股权交易共同签署并购协议与计划，即Abbey与PTS吸收合并。

2. 设计方案为分步实施，联合战略投资人筹措资金

2016年5月，三诺生物与战略投资人共同设立三诺健康；2016

年6月，三诺生物将持有的Abbey的全部股权以及相关权利与义务全部转让给三诺健康。2016年7月，三诺健康向PTS支付本次交易的对价，Abbey吸收合并PTS，PTS为存续后的公司，Abbey的股东三诺健康成为PTS的股东。

2017年6月，三诺生物拟向建投嘉孚、长城国融、建投华文发行股份购买其合计所持三诺健康64.98%股权。本次重组完成后，三诺生物将持有三诺健康100%的股权。

3. 境外标的历史沿革久远，现场深入财务、法律尽调核查

本次交易最终目标公司PTS是James M. Connolly于1992年在美国设立的，后续经过多次股权变动，最终形成226名法人及自然人股东、股权极其分散的股权结构。在本次交易的尽职调查工作中，涉及大量的境外访谈与核查工作。

项目组根据PTS历年登记的股东名册及其持股情况，在境外律师见证下对PTS创始人及其他主要股东进行现场/电话访谈、收集访谈问卷和身份证明文件等资料相关工作，以核实相关主体身份、权属证明、出资资金来源以及合法合规性；通过现场走访、电话访谈、调查问卷并书面公证、检查与销售相关的原始单据（如销售合同、销售发票、客户的回款单据等）、访谈PTS管理层等核查手段，对PTS报告期内主要经销商进行核查，查验标的公司业务、收入的真实性。

（二）交易亮点

1. 扩展POCT产品线，进入血脂、糖化血红蛋白等新兴领域

本次交易前，上市公司主营业务为以生物传感技术为基础的相关慢性疾病即时检测（POCT）产品的研发、设计、生产和销售，目前主要产品为微量血快速血糖测试仪及配套血糖检测试条组成的血糖监测系统。本次交易最终收购标的PTS主要从事慢性疾病即时检测产品的研发、生产及销售，其主要产品为血脂和糖化血红蛋白监测系统等。三诺生物可在现有的电化学检测技术基础上，融合PTS先进的光化学检测技术，进行生物传感领域的创新，将血糖、血脂、血酮、尿酸、糖化血红蛋白及其他各种标志物的测试进行整合。

通过本次交易，三诺生物可以拓展自身POCT产品系列，实现

慢性疾病即时检测产品的产业链延伸，最终实现成为慢性疾病即时检测行业领导者的战略目标。

2. 经营管理协同发展，整合全球市场资源

本次交易完成后，三诺生物将利用其国内渠道帮助 PTS 在中国进行销售拓展，PTS 的血脂和糖化血红蛋白监测系统将延伸三诺生物的 POCT 产业链，三诺生物的产品将由单一的血糖监测产品向慢性病检测全线产品发展，在国内快速发展的血脂、糖化血红蛋白即时检测市场建立先发优势。

PTS 的销售网络遍布全球 130 多个国家和地区，国际渠道较为畅通。本次重组完成后，上市公司将协同 PTS 管理层：在经营管理层面，上市公司将给予 PTS 管理团队充分授权，保持 PTS 生产经营的稳定性和自主性；在业务运营层面，充分利用上市公司和 PTS 在全球市场的各自优势，整合双方销售网络，共享客户信息，合理布局全球业务；在产品研发层面，上市公司拟与 PTS 进行联合开发，将 PTS 光化学技术、试条制造工艺技术融入三诺生物新产品的研究和开发中。

通过本次交易，三诺生物将 PTS 的产品和技术引进中国市场，通过研发、采购、生产、销售中的协同整合提升研发效率，完善产品组合，提高产品性能；共享成熟的可满足不同国家和地区要求的质量体系、自动化生产经验和全球供应链资源；完善覆盖发达国家和新兴市场尤其是“一带一路”国家的销售和用户服务网络。

本次交易可以协助三诺生物实现跨越式发展，加速其国际化进程，使其深度参与全球市场的合作与竞争，更好地为全球患者提供安全有效的产品，也为上市公司及股东创造更高的价值。

七、案例亮点

通过本次交易，三诺生物将与 PTS 在产品、研发、生产和市场开拓等方面寻求更多协同，实现优势互补，将“美国品牌”对接“中国成本”，实现跨越式发展，加速国际化进程。

本次交易完成后，三诺生物将成为全球领先的血糖监测产品供

应商，有力地提升公司在全球血糖监测产品的市场占有率及品牌影响力。本次收购将显著提升三诺生物的管理水平，迅速开拓国际视野，对于国际化人才培养、跨境资源整合均具有积极意义，将有助于加速其国际化进程。

案例11：同有科技（300302）收购鸿秦科技[①]

一、案例简述

北京同有飞骥科技股份有限公司（以下简称“同有科技”“上市公司”“公司”）是国内A股上市的专业存储产品和大数据基础架构提供商，是国内存储市场占有率始终保持领先的专业存储厂商。公司持续为政府、金融、特殊行业、科研院所、能源、交通、制造业、医疗和教育等多个行业用户按需定制贴近应用的存储、备份、容灾产品和解决方案。

本次交易为同有科技以发行股份及支付现金的方式收购杨建利、合肥红宝石创投股份有限公司、珠海汉虎纳兰德股权投资基金合伙企业（有限合伙）、北京华创瑞驰科技中心（有限合伙）、宓达贤及田爱华合计持有的鸿秦科技100%股权。本次交易前，同有科技未持有鸿秦科技股份，本次交易完成后，鸿秦科技将成为同有科技的全资子公司。

二、交易背景

（一）闪存技术迅速发展，存储介质变革加速推进，闪存市场前景广阔，国产存储厂商有望弯道超车

随着信息网络技术的飞速进步，移动互联网、云计算、大数据、物联网、人工智能正在逐渐渗透到各个行业，并变得越来越普及，这意味着对存储的需求已呈现出几何级数的增长。

① 本案例由中信建投证券提供，撰写人：王志宇。

当前，庞大的数据生产量不仅对存储容量提出了更高要求，对存储性能也提出了更加苛刻的要求，比如云计算、虚拟化对存储高性能的要求，移动互联对存储低延时的要求，大数据应用对存储带宽的要求等，这给数据的存储、管理、使用、保护都带来了极大的挑战，传统存储系统已经无法承载这种规模数据，必须通过存储架构及存储介质的改变来解决问题。而闪存可以很容易地解决存储性能过低的问题。随着技术的不断发展，闪存技术已成为应对新兴应用发展的技术趋势，是 IT 系统发展的重要方向之一，也是存储产业持续发展的重要增长点。

企业数据存储市场正在快速增长，闪存等高速存储介质的技术创新、存储网络的高速发展、新应用与新负载的出现都推动着企业级存储创新，闪存正变得越来越不可或缺。闪存市场前景广阔，而闪存技术发展迅速的机遇正是国产存储厂商实现弯道超车的良机。

（二）自主可控是保障国家信息安全的根本途径，国产存储厂商迎接巨大历史发展机遇

在数字化趋势席卷全球、国家大力推进网络强国的进程中，自主可控是保障国家信息安全的根本途径，也是存储行业的必由之路。从“棱镜门”事件开始，到中兴制裁事件、中美贸易战事件的发展，自主可控战略上升到了前所未有的高度。IT 核心技术及关键部件国产化已然迫在眉睫。长期以来，我国信息技术产业基础领域能力较弱，在存储介质、CPU（中央处理器）等关键产品方面落后于国际先进水平，特别是存储介质受制于人，严重制约了国产自主可控存储的发展。近些年，飞腾、申威、龙芯等民族芯片企业发展迅速，国产 CPU（中央处理器）的处理能力有了较大幅度的提升，从主频到核数完全可以满足存储系统的需求。同时，由于闪存技术的成熟打破了机械硬盘由国外企业垄断的格局，国内企业已经可以进行闪存控制器、闪存核心算法自行研发、生产，而且随着国家对集成电路产业的大力投入，以长江存储为代表的存储芯片企业已经开始生产 3D NAND Flash，在不久的将来即可量产。这为存储系统的完全自主可控提供了基础。

为此，国产存储厂商通过布局基于 NVMe 领域闪存技术，既可

以充分发挥闪存介质的高性能，也弥补了国产厂商在存储介质领域的短板，从而提升国产存储系统的整体表现和核心竞争力。消费级市场更关心速度、容量、价格和可靠性，而企业级市场对自主可控、国产化替代的需求很大，在可靠性与安全方面也有更高要求。在政策、资本和市场需求的推动下，中国已开启了信息技术创新驱动的新时代，通过整合国家资源，国产存储厂商将迎来巨大的发展机遇。

（三）公司围绕闪存、自主可控战略方向，内生外延，不断完善存储生态链

随着人工智能、虚拟现实、5G 等新一代信息技术的蓬勃发展，正在加速酝酿新的增长点或者为传统产业赋能，数据已经渗透到各行各业，IT 技术迎来以存储为核心之一的大数据时代。闪存技术、云计算等新技术极大地提高了 IT 基础设施的资源利用效率，成为 IT 系统发展的重要方向之一，也是存储产业持续发展的重要增长点。国产化、自主可控将是解决国家安全的根本途径，是实现网络强国的核心。随着政府信息安全投入加大、企业安全意识增强，云计算、智能终端等新兴市场打开，信息安全国产化替代将加速推进。作为专业且专注的大数据存储基础架构提供商，公司紧跟大数据领域变革，响应国家自主可控层面的号召，精准判断市场发展趋势，制定实施“自主可控、闪存、云计算”三大战略。

同有科技作为国内 A 股上市的专业存储厂商，一向以自主可控和信息安全为己任，坚持走自主创新、全国产自主可控之路。公司 2019 年推出了国内首款成熟的商用自主可控存储系统——自主星 ACS 5000A，并与天津飞腾、天津麒麟建立战略合作伙伴关系，加速推动自主可控技术、产品、方案和生态圈的建设。面向闪存领域，同有科技依托自身在闪存技术方面的成功经验，不断研发推出闪存新产品和解决方案，同时借助产业链上下游快速发展的契机，对国内领先的 NVMe SSD 厂商忆恒创源进行了战略投资，有机整合优势行业内上下游产业链优质资源。公司将持续加强内生外延能力，全面布局闪存控制器、底层算法、闪存系统和闪存应用，打造存储全产业链生态圈。

（四）鸿秦科技作为军品配套产品供应商，在固态存储领域研发

实力突出，产品竞争优势显著，契合公司的发展战略

本次交易标的为鸿秦科技（以下简称“标的公司”）100% 股权。鸿秦科技作为国内较早进入特殊行业 SSD 领域的公司之一，自成立以来已研制开发出多款满足特殊行业要求的高可靠性 SSD 产品，客户覆盖各大军工企业、军工科研院所，为各类高科技武器装备提供配套。

鸿秦科技拥有多项专利技术与软件著作权，系三级保密资格单位、北京市高新技术企业、中关村高新技术企业。

（五）资本市场为同有科技外延式发展创造了有利条件

2012 年 3 月，公司成功上市登陆资本市场，公司的资本实力和管理水平等都得到了进一步的增强和提升。公司在不断开拓创新、深入发展的基础上，已具备在所处行业的外延领域尝试新的发展的实力。2017 年 4 月，同有科技投资忆恒创源，积累了并购整合的经验。按照企业发展的一般规律，仅凭借企业自身力量向新业务拓展，通常周期较长，投入较大，且有拓展失败的风险。借助资本市场的力量，选择外延式发展，通过并购具有较强经营实力、盈利能力、优秀管理团队、稳健发展的企业，是现阶段公司实现快速成长更为有效的方式。

三、交易方案

（一）交易方案背景及交易方案说明

同有科技以发行股份及支付现金的方式收购杨某、合肥红宝石创投股份有限公司、珠海汉虎纳兰德股权投资基金合伙企业（有限合伙）、北京华创瑞驰科技中心（有限合伙）、宓某及田某合计持有的鸿秦科技 100% 股权。本次交易前，同有科技未持有鸿秦科技股份，本次交易完成后，鸿秦科技将成为同有科技全资子公司。

（二）估值定价

1. 交易标的估值及估值基础

本次交易标的资产为鸿秦科技 100% 的股权，以 2018 年 6 月 30 日为评估基准日。2018 年 6 月 30 日，鸿秦科技经审计的净资产账面

值为6 812.11万元（母公司），根据东洲评估公司出具的《资产评估报告》（东洲评报字〔2018〕第1105号），采用资产基础法确定的鸿秦科技100.00%的股权评估价值11 166.38万元，评估增值4 354.27万元，增值率63.92%。采用收益法确定的鸿秦科技100.00%的股权评估价值为58 000.00万元，评估增值51 187.89万元，增值率751.42%。评估机构最终选用收益法评估结果作为评估结论。经交易双方协商，本次交易鸿秦科技100%股权的交易作价确定为58 000.00万元。

2. 对价支付方式

本次重组中，上市公司拟向杨某、合肥红宝石、珠海汉虎纳兰德、华创瑞驰、宓某和田某发行股份及支付现金购买其持有的鸿秦科技100.00%股权。其中，上市公司以发行股份支付的对价金额为34 800.00万元，占本次交易对价总额的60%；以现金支付的对价金额为23 200.00万元，占本次交易对价总额的40%。

（三）盈利补偿安排

本次重组的补偿义务人为杨某、合肥红宝石、珠海汉虎纳兰德、华创瑞驰、宓某和田某，每一补偿义务人各自需补偿的金额按本次交易前各自在鸿秦科技中的相对持股比例分别予以承担。根据上市公司与补偿义务人签订的盈利预测补偿协议，补偿义务人承诺鸿秦科技2018年度、2019年度和2020年度合并报表中扣除非经常性损益、本次募集资金及当期业绩奖励的影响数（如有）后归属于上市公司所有者的净利润分别不低于2 900.00万元、4 600.00万元和5 900.00万元。

若鸿秦科技在盈利承诺期内第一年度或第二年度当期实现净利润数已达到盈利预测补偿协议约定的相应年度当期承诺净利润数的90%（含本数）但未达到100%（不含本数），则不触发补偿义务人当期的业绩补偿义务。

若鸿秦科技在盈利承诺期内第一年度或第二年度当期实现净利润数未达到盈利预测补偿协议约定的相应年度当期承诺净利润数的90%（不含本数），或在盈利承诺期内第三年度截至当期期末累积实现净利润数未达到截至当期期末累积承诺净利润数，则当期触发补偿义务人的业绩补偿义务。补偿义务人应先以其在本次交易中获得的股份就未实现利润部分进行补偿，股份补偿不足时，以现金补偿。补偿义务人业绩补偿总额以其在本次交易中取得的交易对价为限。

当期补偿金额 =（截至当期期末累积承诺净利润数 - 截至当期期末累积实现净利润数）÷盈利承诺期内各年度承诺净利润数总和 × 本次交易价格 - 累积已补偿金额

当期应补偿股份数量 = 当期补偿金额/本次股份的发行价格

当期应补偿现金金额 = 当期补偿金额 - 当期已补偿股份数量 × 本次股份的发行价格

在计算盈利承诺期第三年度当期应补偿股份数量及当期应补偿现金金额时，仍需依盈利预测补偿协议约定，另行计算因期末减值而使补偿义务人应另行补偿的金额。

在计算盈利承诺期当期应补偿股份数量及当期应补偿现金金额时，若当期应补偿股份数量及当期应补偿现金金额小于零时，则按零取值，已经补偿的股份及现金不冲回。

如在盈利承诺期内，上市公司有派息、配股、送股、资本公积金转增股本等除权、除息事项的，上述公式中的“本次股份的发行价格”应进行相应调整。

四、交易节点

2018 年 7 月 30 日，上市公司召开董事会审议通过了《关于〈北京同有飞骥科技股份有限公司发行股份及支付现金购买资产并募集配套资金预案〉及其摘要的议案》等与本次交易相关的议案。

2018 年 7 月 30 日，上市公司与交易对方签署“关于发行股份及支付现金购买资产的协议书”。

2018 年 8 月 17 日，上市公司召开董事会审议通过了《关于调整公司发行股份及支付现金购买资产并募集配套资金方案的议案》《关于公司发行股份及支付现金购买资产并募集配套资金方案的议案》等与本次交易相关的议案。

2018 年 8 月 17 日，由于方案调整，上市公司与交易对方重新签署“关于发行股份及支付现金购买资产的协议书”。

2018 年 11 月 5 日，上市公司召开董事会，审议通过了《关于调整公司发行股份及支付现金购买资产并募集配套资金方案的议案》《关于〈北京同有飞骥科技股份有限公司公司发行股份及支付现金购买资产并募集配套资金报告书（草案）〉及其摘要的议案》等与本次交易相关的议案。

2018 年 11 月 5 日，基于本次交易审计、评估结果，上市公司与交易对方签署了《发行股份及支付现金购买资产协议之补充协议》。

2018 年 11 月 21 日，上市公司召开股东大会，逐项审议并通过了与本次交易的重组报告书（草案）相关的议案。

2019 年 1 月 16 日，经中国证监会上市公司并购重组审核委员会召开的 2019 年第一次工作会议审核，公司本次重组事项获得无条件通过。

2019 年 2 月 1 日，上市公司收到中国证监会《关于核准北京同有飞骥科技股份有限公司向杨建利等发行股份购买资产并募集配套资金的批复》。

2019 年 3 月 11 日，鸿秦科技就本次交易资产过户事宜办理完成工商变更登记手续。

2019 年 3 月 22 日，上市公司已办理完毕本次发行股份购买资产的新增股份登记。

2019 年 4 月 12 日，本次定向发行新增股份上市。

五、并购影响

（一）对上市公司业务的影响

同有科技作为中国企业级存储领先企业，凭借多年行业经验，坚持自主可控、自主创新，力争突破关键核心技术，围绕“自主可控、闪存、云计算”三大战略方向不断发力。

鸿秦科技是进入该领域较早的国内专业存储厂商，其研制开发的多款高可靠性固态存储产品，广泛应用于数据采集、计算及存储等环节，覆盖军工信息化装备、工业控制等行业应用。通过本次交易，同有科技“自主可控、闪存”战略将持续落地，有利于同有科技加快闪存底层核心技术突破。

本次交易后，上市公司能够取得对标的公司的控制权，归属于母公司股东的盈利能力和抗风险能力将得到提升，综合竞争力将得到增强。

同有科技致力于存储系统的研发、设计、生产，分别针对存储管理软件、存储高级功能、基于国产 CPU 存储系统、基于 NVMe 的分布式全闪存等关键技术研发创新，为客户量身打造符合自主可控需求的解决方案及顾问式服务，加速 IT 国产化进程。标的公司在闪存底层核心技术的多年积累，有利于同有科技加快闪存颗粒和主控制器层级的核心技术突破。标的公司作为覆盖闪存颗粒特性研究、主控制器架构及固件算法研究、固态存储扩展功能研究的专业厂商，在闪存底层核心技术层面有坚实基础。通过本次并购，有利于同有科技加快闪存颗粒和主控制器层级的核心技术突破，增强了对闪存颗粒特性、数据保持、误码率、全寿命周期性能和高低温恶劣环境可靠性方面的研究，还有利于同有科技进一步提高多种协议接口主控制器及固件的开发能力，形成规模化、多种层次闪存产品线，有效提升产品性能，延长产品寿命，提高恶劣环境下的可靠性，促进闪存战略进一步落地。

同时，标的资产与上市公司具有较强的产业关联度，在核心技术、产品及市场、内部管理及资本运作等方面具有较强的协同效应。一方面，上市公司通过整合采购、生产、研发及销售等资源，完成与鸿秦科技在技术经验、渠道资源等方面的融合；另一方面，鸿秦科技在上市公司的统一领导下，可以其原有的管理模式及既定的发展目标开展业务，同时借助同有科技 A 股平台优势、资金优势、品牌优势及规范化管理运营经验，实现管理提升、融资成本降低以及市场范围的拓展，以提高上市公司整体的市场份额。上市公司在促进现有业务与标的公司各项业务协同效应的基础上，将保持各项业务运营时的相对独立性，以充分发挥原有管理团队在不同业务领域的经营管理水平，提升各自业务板块的经营业绩，共同实现上市公司股东价值最大化。

（二）对上市公司财务的影响

本次交易完成后，上市公司的销售毛利率、销售净利率均有所下降，负债规模、资产负债率的增幅均较高，主要是因为标的公司业绩处于净亏损状态，负债规模较大，资产负债率高于上市公司同期数据。

（三）对上市公司股权结构的影响

本次重组前，上市公司股权结构较为分散，不存在实际控制人，第一大股东为周某，持股比例为19.81%。本次交易完成后，不考虑配套募集资金的影响，上市公司第一大股东仍是周某，持有上市公司5%以上股份的股东也未发生重大变化，上市公司股权结构不会发生明显变化，仍然较为分散，任何单一股东不能控制股东大会或对股东大会产生重大影响，上市公司不存在实际控制人的情形不会因本次交易而改变。因此，本次重组不会导致公司控制权的变化。

六、交易特点

（一）交易难点

1. 本次交易预案披露后，上市公司股价与发股价存在倒挂情形

本次交易于2018年7月30日披露预案，预案确定的支付对价部分发股价为9.86元/股。交易双方在签署发股协议时，彼此对对方的认可度较高，因此，未在发股协议中约定调价条款，预案中也不涉及调价条款的设定。

预案披露后，受大盘整体下跌的影响，同有科技股价一度跌至6.32元/股，较发股价下跌36%，倒挂程度非常大。也正因为发股价与市价的倒挂，交易对方内部出现较大分歧，部分交易对方甚至拒绝进行本次交易。

最后，通过独立财务顾问不断撮合，以及交易双方彼此的认可，谈判历时2个月左右，最后交易对方同意继续按照原发股价进行相关交易。

2. 报告期内，标的公司由于股权激励事项致使净利润为负

2017年度以及2018年1—6月，鸿秦科技通过员工持股平台华

创瑞驰实施了两次股权激励，因此，导致标的公司 2017 年确认股份支付费用 1 363.20 万元（股权公允价格参考股权授予时临近的外部投资者增资价格），2018 年上半年确认股份支付费用 948.07 万元（股权公允价格参考本次交易价格 5.8 亿元人民币）。上述事项形成的非经常性损益对鸿秦科技 2017 年及 2018 年 1—6 月净利润影响较大，致使报告期内标的公司净利润为负。

通常而言，上市公司收购亏损标的资产难度较大。但是本次交易标的资产的亏损是由非经常性损益产生的，相关净利润并不能反映标的资产正常的经营成果。剔除报告期内股权支付费用后，标的公司 2017 年及 2018 年 1—6 月净利润分别为 907.38 万元和 729.25 万元。

3. 本次交易未停牌即公告预案

本次交易前的重组案例，基本上都会停牌尽调后再公告预案。本次交易发生时，交易所对于重组停牌态度收紧。在上市公司股票未停牌情况下，为了避免内幕信息泄露，项目组在交易初步达成意向后一周内就公告了预案，对项目组专业能力以及工作协调的挑战较大。

（二）交易亮点

1. 本次交易发生时，上市公司无控股股东业务实际控制人

2010 年 11 月，周某、杨某和佟某签署了一致行动人协议，上市公司控股股东和实际控制人为周某、杨某与佟某。

上述一致行动协议已于 2015 年 3 月到期终止，到期后原 3 名实际控制人未再续签一致行动协议，之后上市公司处于无控股股东亦无实际控制人状态。本次交易前周某、杨某与佟某持有上市公司的股权比例分别为 19.81%、16.04% 和 15.11%。本次交易后，上市公司仍处于无控股股东和无实际控制人的状态。

虽然本次交易前，上市公司不存在控股股东和实际控制人，但周某、杨某与佟某均参照《公开发行证券的公司信息披露内容与格式准则第 26 号——上市公司重大资产重组》的规定，对本次交易出具了原则性意见以及减持计划，并出具了相关承诺，有效地推动了本次交易的顺利进行。

2. 本次交易评估中，预测期收入增长幅度大

本次交易评估中，标的资产 2018—2020 年预测的收入增长率分

别是 138. 75%、30. 36%和 25. 36%，较历史期增长幅度大。较高的预测收入会产生较高的预测净利润，从而推高本次交易标的资产的评估值。因此，本次交易中标的公司预测期收入的高增长率成为市场各界关注的重点。

标的资产预测期内如此大的增长率，与标的公司在基准评估日的在手订单息息相关。截至评估报告出具日，鸿秦科技未完成的合同情况及备产协议合计金额为 11 426. 08 万元，未完成的合同情况及备产协议的金额（不含税）可完全覆盖 2018 年下半年预测收入，约可覆盖 2018 年下半年和 2019 年合计预测营业收入的 50%。因此，虽然标的公司 2018 年收入增长率高达 138. 75%，但是实际上都是有相关订单支撑的。

而从事后角度来看，标的公司 2018 年实现净利润 2 961. 69 万元，完成了 2018 年的业绩承诺。值得说明的是，上市公司 2018 年实现的净利润（不含标的公司）为 2 021. 94 万元，标的公司 2018 年实现的净利润高于上市公司，本次收购对于上市公司增强营利性意义重大。

七、案例亮点

同有科技作为中国存储第一股，是国内领先的、拥有自主知识产权的大数据基础架构提供商，通过收购国内专业军工存储厂商鸿秦科技，完善闪存产业链布局，全力打造全自主可控存储平台，加速建设存储自主可控生态圈。本次产业并购有利于同有科技和鸿秦科技在特殊行业系统级和产品级的深度融合，共同为多领域客户提供全方位存储产品及解决方案。

本次交易进行过程中，存在未停牌情形下披露预案情况，预案披露后出现发股价倒挂等诸多不利情形，背后涉及上市公司与监管机构的沟通、上市公司与交易对方利益博弈等诸多方面的挑战，对于独立财务顾问的专业能力、沟通能力以及撮合成交能力都是很大的考验。

案例 12：东杰智能（300486）发行股份收购常州海登 100%股权[①]

一、案例简述

山西东杰智能物流装备股份有限公司（以下简称“东杰智能”“上市公司”“公司”）主营业务为智能物流输送系统和智能物流仓储系统的研发设计、生产制造、销售、安装调试与技术服务。公司拥有雄厚的研究开发实力，研发手段先进，有多年计算机应用基础。公司自成立以来，就确立了“科技立企，以高品质、高科技产品服务于社会”的经营发展战略。注重企业技术创新，并成立了 OMH 企业技术中心，中心每年都有多项新产品和新技术问世，其中 YIJ 宽推杆型反向积放式输送机、YDX 铝合金轨道型电动自行小车输送机、YHQ 雪橇式柔性自动化生产线、智能仓储及物流配送系统等多种新产品获得了国家级优秀新产品的称号，许多新产品和科技成果的研究达到了国际先进水平。2018 年公司收购常州海登 100%股权，使公司主营业务拓展至汽车智能涂装生产线领域，向产业链下游延伸。

本次交易为东杰智能通过发行股份购买梁某等 6 人合计持有的常州海登（以下简称“标的公司”）100%股权。同时，上市公司向不超过 5 名（含 5 名）符合条件的特定对象发行股份募集配套资金，募集配套资金主要用于支付本次交易相关的费用、标的公司高效节能汽车涂装线项目和研发中心建设项目的建设投资，募集配套资金总额不超过 22 500.00 万元，且发行股份数量不超过本次交易前公司股份总数的 20%。

① 本案例由中信证券提供，撰写人：马峥、苏翔瑜。

本次交易中，资产评估机构开元资产评估有限公司以 2017 年 3 月 31 日为评估基准日，采用资产基础法和收益法对常州海登进行了评估，并出具了评估报告（开元评报字〔2017〕1－057 号）。最终本次交易采用了收益法评估结果。

本次交易中，标的资产交易价格以具有证券期货业务资格的资产评估机构出具的资产评估报告的评估结果作为定价依据。本次交易中，评估机构采用收益法和资产基础法对嘉华信息截至评估基准日 2017 年 7 月 31 日及 2018 年 3 月 31 日的全部股东权益进行了评估，最终采用了收益法的评估结果。选取收益法的评估结果作为本次评估的最终评估结论，即评估对象于评估基准日的市场价值的最终评估结论为 50 375.68 万元。在参考上述资产评估结果的基础上，上市公司与交易对方经协商确定本次交易的交易价格为 50 000 万元。

二、交易背景

（一）智能制造迎来新的发展机遇

新一代信息技术与制造业深度融合，正在引发影响深远的产业变革，各国都在加大科技创新力度。基于信息物理系统的智能装备、智能工厂等智能制造正在引领制造方式变革，我国制造业转型升级、创新发展迎来重大机遇。新型工业化、信息化同步推进，为我国制造业发展提供了广阔空间。各行业新的装备需求要求装备制造业在重大技术装备创新等方面迅速提升水平和能力，促进制造业转型升级。

随着各国以“智能制造”为核心的国家战略的不断推进，工业机器人及智能制造装备在各行业的应用逐步增加。根据工业和信息化部、财政部《关于印发智能制造发展规划（2016—2020 年）的通知》（工信部联规〔2016〕349 号），到 2020 年传统制造业重点领域基本实现数字化制造，有条件、有基础的重点产业智能转型取得明显进展；到 2025 年，智能制造支撑体系基本建立，重点产业初步实现智能转型。

（二）我国制造强国战略要求加快智能制造业发展

《中国制造2025》是我国实施制造强国战略第一个十年纲领，该文件明确提出推进信息化与工业化深度融合，加快发展智能制造装备和产品，组织研发具有深度感知、智慧决策、自动执行功能的高档数控机床、工业机器人、增材制造装备等智能制造装备以及智能化生产线；推进制造过程智能化，在重点领域试点建设智能工厂/数字化车间，加快人机智能交互、工业机器人、智能物流管理、增材制造等技术和装备在生产过程中的应用，促进制造工艺的仿真优化、数字化控制、状态信息实时监测和自适应控制。

标的公司海登处于《战略性新兴产业重点产品和服务指导目录（2016版）》所鼓励的智能加工装备领域，其所生产的智能涂装生产线可实现数字化、智能化和无人化的生产，是人机智能交互技术、工业机器人技术和智能物流管理技术在智能制造中的集中应用，具有深度感知、智慧决策、自动执行的全部功能。海登的主要下游客户处于汽车行业，该行业系生产智能化程度最高的行业之一，而在汽车行业生产的冲压、焊装、涂装、总装四大工艺中，涂装工艺的智能化程度最高。

（三）全面推行绿色制造是我国制造强国战略的重点任务

《中国制造2025》把全面推行绿色制造作为战略任务和重点之一，要求加大先进节能环保技术、工艺和装备的研发力度，加快制造业绿色改造升级；推进资源高效循环利用，支持企业强化技术创新和管理，增强绿色精益制造能力，大幅降低能耗、物耗和水耗水平；积极构建绿色制造体系，建设绿色工厂，实现厂房集约化、原料无害化、生产洁净化、废物资源化、能源低碳化。

常州海登一直以“绿色涂装”作为公司的发展战略，在节能环保技术、工艺和设备上不断加大投入，为客户设计绿色涂装的整体方案，实现汽车涂装过程中的绿色环保。在绿色技术产品创新中，常州海登已研发出新型高效的干式喷漆室，其干式漆雾捕集装置完全杜绝了水和化学药品的使用，实现了“绿色涂装”的要求。

（四）全面推行绿色制造是我国制造强国战略的重点任务

智能输送业务是上市公司的主营业务之一，也是上市公司自成立以来的支柱业务，该业务的用户主要集中在汽车领域。上市公司的智能输送系统是汽车焊装、涂装、总装自动化生产线中的一个功能单元，主要实现汽车焊装、涂装、总装等生产环节中的自动化输送的功能。而标的公司常州海登则是智能涂装生产线的整体解决方案供应商，因此本次交易属于上市公司向产业链下游的纵向整合。

随着上市公司在汽车行业内项目积累的提升，从事汽车总装生产线规划设计能力逐步增强，近年来，在继续保持智能输送业务发展的基础上，上市公司业务已向汽车智能总装生产线进行延伸，已签署了晋中吉利、川汽绵阳、汉腾汽车等总装生产线销售合同，业务延伸有利于其深入了解最终用户需求，提升取得大额订单的能力。上市公司拟通过本次交易进一步向涂装领域延伸，因此本次交易又具有一定的横向产业整合的特征。

三、交易方案

（一）方案背景及交易方案说明

东杰智能拟通过发行股份购买梁某等6人合计持有的常州海登100%股权，同时，上市公司拟向不超过5名（含5名）符合条件的特定对象发行股份募集配套资金，募集配套资金主要用于支付本次交易相关的费用、标的资产高效节能汽车涂装线项目和研发中心建设项目的建设投资。募集配套资金总额不超过22 500.00万元，且发行股份数量不超过本次交易前公司股份总数的20%。

本次交易分为发行股份购买资产与募集配套资金两个部分。

1. 发行股份购买资产

本次交易中，东杰智能拟向梁某、祝某、田某、杜某、梁某、寇某发行股份购买其合计持有的常州海登100%的股权。根据上市公司与梁某等6人签署的附生效条件的发行股份购买资产协议，拟通过发行股份的方式购买梁某等6人分别持有的常州海登86.3688%、5.5625%、3.0563%、2.2000%、1.4063%、1.4063%的股权。交易完成后，常州海登将成为上市公司的全资子公司。标的公司的交易价格参照开元出具的《资产评估报告》的评估结果，由交易各方协商确定常州海登100%股权作价为50 000.00万元。本次收购常州海登的对价全部由上市公司以发行股份方式支付，发行股份的价格为21.97元/股，共计发行22 758 304股。

2. 发行股份募集配套资金

上市公司向不超过5名（含5名）符合条件的特定对象发行股份募集配套资金，募集配套资金主要用于支付本次交易相关的费用、标的公司高效节能汽车涂装线项目和研发中心建设项目的建设投资，募集配套资金总额不超过22 500.00万元，且发行股份数量不超过本次交易前上市公司股份总数的20%。

（二）估值定价

1. 交易标的估值及估值基础

本次交易中，资产评估机构开元资产评估有限公司以2017年3月31日为评估基准日，采用资产基础法和收益法对海登进行了评估，并出具了评估报告（开元评报字〔2017〕1-057号）。

截至评估基准日2017年3月31日，常州海登审计后合并资产总额账面价值为39 642.93万元，负债总额为35 741.45万元，归属于母公司所有者权益为3 901.48万元。经资产基础法评估后的股东全部权益价值为6 504.44万元，与合并后归属于母公司所有者权益相比，评估增值2 558.80万元，增值率64.85%。采用收益法评估所得的评估值为50 375.68万元，与合并后归属于母公司所有者权益相比，评估增值额46 474.20万元，增值率1 191.19%。常州海登属于通用设备制造业，长期致力于汽车智能化柔性涂装生产线的设计、研发、生产和销售。凭借其专业高效的团队、先进科学经营策略和营销资源，以及市场占有率的进一步扩大，其销售收入稳步增长，资产规模和盈利水平呈逐步上升趋势。考虑到被评估单位的经营模式以及其所处行业的特点，结合本次评估目的，收益法的评估结果反映了全部影响评估对象价值因素的影响，其评估结果更为合理，故选取收益法的评估结果作为本次评估的最终评估结论，即评估对象于评估基准日的市场价值的最终评估结论为50 375.68万元。

2. 对价支付方式

本次交易上市公司拟通过发行股份及支付现金的方式购买交易对方持有的标的公司100%股权。其中，以现金方式购买嘉华信息

51%的股权，在公司股东大会审议通过后实施；以发行股份方式购买嘉华信息49%的股权，在获得公司股东大会审议通过及中国证监会核准后实施。现金收购是后续发行股份收购剩余股份的基础，后续发行股份是否获得监管部门核准不作为现金收购的前提条件。

具体支付方式如下：上市公司分别向刘英魁、嘉语春华及嘉惠秋实支付现金购买嘉华信息6%、35%及10%股权；向刘英魁发行股份购买其持有的标的公司49%股权。

四、交易节点

2017年7月21日，东杰智能召开第六届董事会第十六次会议，审议通过了东杰智能发行股份购买资产并募集配套资金暨关联交易的相关议案。

2017年8月28日，东杰智能召开2017年度第五次临时股东大会，审议通过了发行股份购买资产并募集配套资金暨关联交易的相关议案。

2018年1月24日，本次交易经中国证监会上市公司并购重组审核委员会2018年第五次工作会议审核通过。

2018年2月26日，本次重大资产重组获得中国证监会核准批复。

2018年3月7日，本次重大资产重组完成资产过户。

五、并购影响

(一) 对上市公司业务的影响

1. 主营业务构成的变化

上市公司与标的公司均处于智能制造领域，且主要业务均为汽车智能制造装备业务，下游客户均主要为汽车生产厂商，双方在技术研发、产品设计、市场开拓、产品生产等方面具有较强的相似性和互补性，预期协同效应较为明显。通过本次交易后的技术、市场及人才整合，可有效促进上市公司智能制造装备业务的进一步发展，完善其在装备制造领域的产业布局，提升市场竞争力。本次交易前，智能制造装备业务收入是上市公司的主要收入来源；本次交易后，上市公司智能制造装备业务将得到进一步的提升。

2. 未来经营发展战略和业务管理模式

本次交易正是利用资本市场适度进行产业链整合的有效举措。本次交易完成后，通过扩展现有产业覆盖，将加快上市公司的产业布局，有效丰富公司业务种类，上市公司将积极融合标的公司的项目管理经验，提升业务协同能力。未来，上市公司将进一步改善资产结构，实现现有主营业务的升级，提高综合竞争力，为公司的长远发展奠定基础。未来，上市公司在做大做强智能制造装备的同时，还将继续提升公司在智能仓储、工业机器人等智能装备领域的技术研发及生产能力，丰富产品类别，拓展应用范围，为下游用户提供智能工厂的整体解决方案，有效提升公司的综合竞争实力。

本次交易完成后，标的公司将被纳入上市公司体系内管理，在保持其经营相对独立及现有经营管理团队稳定的基础上，在资产、财务、人员机构、技术等诸方面与上市公司深度整合，并与上市公司在智能制造装备业务领域充分融合协作，充分发挥双方的比较优势，增强上市公司的整体竞争力。上市公司还将结合标的公司既有经营特点，提升标的公司的规范化运作水平，适应重组后上市公司发展新要求，为上市公司未来高效管理和快速发展提供制度保障。

（二）对上市公司财务的影响

1. 盈利能力

本次收购的标的公司具有较强的盈利能力，交易对方也对标的公司2017年、2018年、2019年的净利润做出了业绩承诺，本次重组完成后将对上市公司的营业收入、净利润产生直接贡献，上市公司盈利能力将明显增强，抗风险能力将大幅增加。

2. 资产负债率水平及财务安全性

本次交易完成后，上市公司的资产总额和负债总额均有所增长，但总体来看，公司资产负债率基本保持稳定，处于合理水平。在国内汽车智能涂装装备需求稳步增长的行业背景下，标的公司主营业务和盈利能力预计将得到逐年提升，这将从中长期促进上市公司经营的稳健性和财务的安全性。同时，上市公司当前营运资金较为充实，未来可通过债权或股权融资等方式进一步补充业务发展所需资金，因此本次交易不会对上市公司的财务状况产生重大不利影响。

（三）对原股东持股比例的影响

截至2017年9月30日，上市公司的总股本为141 380 881股，按照本次交易方案，公司拟向梁某等6人发行普通股22 758 304股购买常州海登100%股权。同时，拟非公开发行股票募集配套资金不超过22 500.00万元，由于募集配套资金发行股份的定价基准日为发行期首日，最终发行价格、发行数量均无法确定，暂不考虑募集配套资金对上市公司股权结构的影响。

截至2017年9月30日，姚某持有上市公司35.00%的股份，为上市公司控股股东；根据测算，若不考虑募集配套资金的影响，本次重组完成后姚某持有上市公司股份比例为30.15%，仍为上市公司的控股股东。本次交易不会导致上市公司控制权发生变化，且本次交易完成后，社会公众股持股比例超过25%，上市公司的股权分布仍符合上市条件。

六、交易特点

（一）交易难点

1. 标的资产交易前需进行重组，交易复杂度提高

本次交易前，交易对方梁某控制了常州海登和北京海登两家公司，且两家公司的股权结构不完全一致。两家公司从业务职能上各自有所侧重，从上市公司交易角度看，需要先对两家公司进行整合，以便进行后续交易。

本次整合最终方案为参考两个主体的净资产，以各股东在两个主体各自的实缴出资比例所对应份额的净资产数值为依据，计算出股权整合后两个公司各个自然人股东的权益综合体现在常州海登的最终出资比例。由常州海登以现金方式收购北京海登100%股权，然后根据计算出的股权整合后的最终出资比例进行股权调整，即通过转让出资权（转让常州海登原股东未实缴的部分）先进行第一步调

整，再通过特定股东增资的方式完成出资比例的最终确定。本次股权整合完成后，北京海登成为常州海登的全资子公司，各自然人股东均已在常州海登层面持有相应的股权，并反映其各自之间的最终权益比例。

2. 上市公司业绩波动是否对重组构成影响

上市公司上市后受宏观经济下行、行业波动及订单执行周期延长等因素的影响，收入利润水平出现了一定程度的波动，2015 年、2016 年分别实现营业收入 36 565.23 万元、19 893.97 万元，归属于上市公司股东的净利润分别为 3 632.88 万元、-4 904.94 万元。中介机构对于上市公司是否存在《证券发行上市保荐业务管理办法》第七十二条所列情形以及根据中国证监会《关于上市公司重大资产重组前发生业绩“变脸”或本次重组存在拟置出资产情形的相关问题与解答》的相关要求，对上市公司进行专项核查，确认其业绩波动情况符合行业特点及公司业务实际，并再次确认上市公司已经在首次公开发行并在创业板上市招股说明书中对相关风险进行了充分提示。

2017 年，上市公司业务经营情况已逐渐转好，同时本次交易以上市公司向产业链下游延伸以优化业务布局、做大做强主业为主要目标，通过行业整合进行产业升级，所以本次重组还是具有较为积极的意义的。

（二）交易亮点

上市公司向产业链下游延伸，发挥协同效应，优化业务布局、做大做强主业。标的公司海登主要从事智能涂装生产线的设计、生产及销售，而上市公司的智能输送系统则是智能涂装生产线的一个不可或缺的部分，实现汽车涂装生产所需的自动化输送功能。上市公司与海登主要业务均为汽车智能制造装备业务，下游客户均主要为汽车生产厂商，双方在技术研发、产品设计、研发方向、目标市场等方面具有较强的相似性和互补性，在下游市场、技术研发、材料采购、财务管理等方面存在较大的整合空间。本次交易属于产业链上下游的整合，系上市公司为促进行业的整合、转型升级，向产业链下游的延伸，而且，双方存在着多年的稳定合作关系，具有一定的整合基础和条件。本次重组完成后，借助海登在汽车智能生产线领域的优势，可以加速推进上市公司的产品线扩展、业务延伸和市场覆盖，可以有效地提升上市公司的经营效率，提升市场竞争力和行业地位。

七、案例亮点

本次交易采用发行股份购买资产并募集配套资金，从交易模式看属于较为典型的操作方式，但交易标的在与上市公司的重组操作进行之前先进行自身的资产重组，以实现其内部业务和股权结构的整合，这对财务顾问的项目掌控能力以及交易架构设计能力提出了一定的挑战。同时也说明推进上市公司资产重组过程中对交易标的股权结构梳理和重构的必要性和可行性，如处理得当，既有利于交易标的自身发展，也有利于整个交易方案的顺利推进。

另外，上市公司的业绩波动会对重组方案的顺利推进产生影响，财务顾问必须重点关注并进行相应核查工作，以判断重组实施的必要性、合理性和后续经营的可持续性。

案例13：中通国脉（603559）收购上海共创[①]

一、案例简述

中通国脉通信股份有限公司（以下简称“中通国脉”“上市公司”“公司”）作为国内专业的通信技术服务商，自设立以来始终专注于通信技术服务主业，致力于为基础电信运营商和通信设备商提供涵盖核心网、传输网和接入网等全网络层次的通信网络工程和维护综合技术服务。

随着我国通信行业的快速发展和基础电信运营商对通信网络技术服务需求的日益提升，公司不断提高服务能力，加大技术投入，加强人才培养，经过多年不懈努力，公司已经具备了专业的综合技术服务能力。同时，公司还是吉林省内领先的通信技术服务企业。

公司提供的通信技术服务主要包括通信网络工程服务和通信网络维护服务两大类型。其中，通信网络工程服务是指核心网、传输网和接入网等全网络层次的通信线路、通信管道等的建设，以及通信设备的安装与调测等服务，是目前公司的业务重心。公司具备住建部颁发的通信工程施工总承包一级资质、电信工程专业承包一级资质和工信部颁发的通信信息网络系统集成甲级资质，可在全国范围内承担各类通信信息网络工程的施工，承担各种规模的通信信息网络建设工程总体方案策划、设计、设备配置与选择、软件开发、工程实施、工程后期的运行保障等业务。

公司在着力提升通信网络工程服务技术水平和服务质量的同时，也在努力拓展通信网络维护服务业务。通信网络维护服务主要包括

① 本案例由民生证券提供，撰写人：吴茜茜、陶欣。

通信信息网络的运行管理、故障维修及日常保养等服务。

中通国脉拟通过发行股份及支付现金相结合的方式购买周某、李某、徐某所持有的上海共创（以下简称“标的公司”）100%股权，交易作价为41 360万元。同时，上市公司拟向不超过10名特定投资者非公开发行股份募集配套资金22 000万元，用于支付本次交易的现金对价、中介费用以及相关交易税费，本次募集配套资金总额占本次以发行股份方式购买资产交易价格的比例不超过100%。

二、交易背景

（一）通信行业受到国家产业政策的大力支持

包括通信网络技术服务行业在内的通信行业是我国实现工业化和信息化战略的重点发展行业之一。国家相关各部门为支持行业发展制定了一系列鼓励发展的产业政策，极大地拉动了通信技术服务业的发展。《信息通信行业发展规划（2016—2020年）》提出，到2020年，信息通信业整体规模进一步壮大，综合发展水平大幅提升，“宽带中国”战略各项目标全面实现，基本建成高速、移动、安全、泛在的新一代信息基础设施，初步形成网络化、智能化、服务化、协同化的现代互联网产业体系，自主创新能力显著增强，新兴业态和融合应用蓬勃发展，提速降费取得实效，信息通信业支撑经济社会发展的能力全面提升，在推动经济提质增效和社会进步中的作用更为突出，为建设网络强国奠定了坚实基础。

《“宽带中国”战略及实施方案》《关于加快高速宽带网络建设推进网络提速降费的指导意见》等政策进一步确立了“宽带中国”在我国的战略地位，并对未来的发展进行了规划。《关于向民间资本开放宽带接入市场的通告》《宽带接入网业务开放试点方案》等政策将促进引入民间资本，开放宽带市场，扩大试点城市，有利于进一步增强通信市场活力，刺激基础运营商加快转型与创新，促进行业的蓬勃发展。

（二）“互联网+”计划的实施及5G技术的迅速发展使通信网络技术服务行业具有良好的发展前景

当前我国经济发展进入新常态，党中央、国务院相继做出了实施网络强国战略、国家大数据战略、“互联网+”行动计划和国家信息化发展战略等一系列重大战略部署，明确提出了以信息化为支撑，深化电子政务，服务党的建设，创新社会治理，推进善治高效的国家治理体系等重要任务。

随着信息技术的发展以及工业4.0、工业互联网等概念的迅速兴起，数字化、信息化、智能化成为现代产业发展的必然趋势。“互联网+”行动计划的提出，也将促进云计算、大数据、物联网等信息技术在传统产业中的应用与推广。“互联网+传统行业”的发展模式，必然成为未来各行业重点探索的发展重心。

以互联网为代表的信息技术正在加速与诸多行业的深度融合，无论是推进创新驱动发展战略、“互联网+”行动计划、“中国制造2025”以及“一带一路”建设，还是共同推进高速互联网基础设施建设，提升“互联网+”在现代农业、智能制造、商贸流通、政务服务、惠民服务、创业创新等领域的应用水平，都需要基础通信产业加速产业升级，为此中国三大运营商已达成构建新一代网络的共识，下一代5G技术的迅速发展为更加广泛的移动互联构建了基础，通信技术服务行业具有良好的发展前景。

（三）标的公司业务发展处于重要的机遇期

随着国家对战略性新兴产业的重视，对云计算、5G网络的积极推进，国内互联网数据中心（IDC）市场迎来了前所未有的发展机遇。一方面，基于云计算的数据中心建设进一步推进，成为不少政府园区关注引进的重点；另一方面，基于移动互联网的应用发展迅速，SNS、电子商务、视频等业务的大规模增加给IDC市场带来了持续的需求。

在IDC建设投入上面，首先，三大运营商持续加大对新机房的投入，并将一部分原来由各省控制的资源划归集团统一管理，以提升大客户的销售能力。其次，第三方IDC公司大量新建机房，新建投产的数据中心总规模达到前三年的总量。再加上IDC牌照放开后，阿里云、腾讯云、华为等巨头进入市场，以基础资源出租的公有云市场增长迅速，直接拉动 IDC 市场快速增长。目前，全国最活跃、最体系化的 IDC 公司和运营商主要集中在北京、上海、广东三地。IDC 行业经历了转型、整合、多元化发展阶段后，逐渐变得规范、有序。

同时，随着智慧城市建设、物联网和第三平台技术应用的持续深化，未来云计算、大数据技术将有良好的发展环境。另外，中国电子政务已进入以云计算促进资源整合、业务协同和集成应用的新阶段，广阔的市场空间将进一步吸引大量资本注入云计算、大数据领域，IDC 行业已经进入重要的战略机遇期，未来发展持续向好。

（四）优化业务结构，推动业务转型升级

中通国脉作为国内专业的通信技术服务商，自设立以来始终专注于通信技术服务主业，致力于为基础电信运营商和通信设备商提供涵盖核心网、传输网和接入网等全网络层次的通信网络工程和维护综合技术服务。公司提供的通信技术服务主要包括通信网络工程服务和通信网络维护服务两大类型。其中，通信网络工程服务是指核心网、传输网和接入网等全网络层次的通信线路、通信管道等的建设，以及通信设备的安装与调测等服务，是目前公司的业务重心。公司具备住建部颁发的通信工程施工总承包一级资质、电信工程专业承包一级资质和工信部颁发的通信信息网络系统集成甲级资质，可在全国范围内承担各类通信信息网络工程的施工，各种规模的通信信息网络建设工程总体方案策划、设计、设备配置与选择、软件开发、工程实施、工程后期的运行保障等业务。

上海共创是一家专业从事 IDC 运营维护、IDC 增值服务和软件及系统集成服务的公司，上海共创拥有一支较高水平的人员队伍。其中，主要管理人员来自华为等通信行业领先企业，和上海电信、信息网络等核心客户建立了长期良好的合作关系，承接代理了电信网络相关的前端和后端业务，优质的服务赢得了客户的高度评价。

本次交易完成后，上海共创的 IDC 运营维护、IDC 增值服务和软件及系统集成服务业务将对上市公司的主营业务形成良性补充，上市公司的通信技术服务主业结构更加完整。本次交易将优化上市公司的收入结构，开拓新的业务增长点，增强公司整体抗风险能力。同时，本次交易完成后，上海共创将成为上市公司子公司，可以利用上市公司平台，积极扩大品牌宣传、开拓全国市场，缓解资金瓶颈对企业发展的制约，抓住“互联网+”行动计划的实施及5G技术迅速发展的战略机遇，实现和巩固行业领先地位。

（五）发挥协同效应，促进公司业务拓展

上市公司的销售渠道主要集中于东北、华北、华南地区，上海共创的销售渠道主要集中于华东地区。上市公司与上海共创两家公司的业务区域基本互补，收购完成后，可共同覆盖全国的大部分经济发达省份，特别是长三角、珠三角、京津冀地区。

本次交易完成后，上市公司和上海共创可以共享双方的客户资源、销售渠道，在双方原有的客户基础上实现交叉销售，在更好地服务客户的同时，促进双方的业绩增长。上市公司和上海共创可以通过营销区域的互相渗透，实现销售业绩的增长，还可以共同开拓新客户，为客户提供多元化、综合化以及更有竞争力的服务。

（六）收购优质资产，提升盈利能力

本次交易完成后，上市公司在发展通信网络工程建设和维护业务的同时，将在原有业务基础上进一步拓展IDC运营维护、IDC增值服务和软件及系统集成服务领域，围绕通信技术服务产业提供全方位的产品和服务，形成多轮驱动、布局完整的发展格局，能够有效规避依赖单一业务的经营风险，保障公司整体业绩的持续增长。

本次交易完成后，上海共创将成为上市公司的全资子公司，纳入公司合并报表范围，公司资产规模、收入利润规模都将得到提升。本次交易将为上市公司培育新的业绩增长点，进一步增强公司未来整体盈利能力，进而提升上市公司价值，更好地回报股东。

三、交易方案

（一）本次交易方案概述

上市公司拟通过发行股份及支付现金相结合的方式购买周某、

李某、徐某所持有的上海共创100%股权，交易作价为41 360万元。同时，上市公司拟向不超过10名特定投资者非公开发行股份募集配套资金22 000万元，用于支付本次交易的现金对价、中介费用以及相关交易税费，本次募集配套资金总额占本次以发行股份方式购买资产交易价格比例不超过100%。

本次发行股份及支付现金购买资产不以配套募集资金的成功实施为前提，最终配套融资发行成功与否不影响本次发行股份及支付现金购买资产的实施。

（二）标的资产评估值及作价

本次交易的评估基准日为2016年12月31日，国融兴华采用收益法和资产基础法对标的资产进行评估，并选取收益法评估结果作为本次评估结果。在持续经营前提下，经收益法评估，上海共创信息技术股份有限公司股东全部权益价值的评估结果为41 407.41万元，增值38 576.24万元，增值率1 362.55%。

（三）发行股份及支付现金购买资产情况

1. 交易对方

本次交易中，发行股份及支付现金购买资产的交易对方为周某、李某及徐某。

2. 发行股票的种类和面值

本次发行股份及支付现金购买资产发行股票的种类为境内上市人民币普通股（A股），每股面值为人民币1.00元。

3. 发行价格、定价基准日和定价依据

根据《上市公司重大资产重组管理办法》第四十五条规定："上市公司发行股份的价格不得低于市场参考价的90%。市场参考价为本次发行股份及支付现金购买资产的董事会决议公告日前20个交易日、60个交易日或者120个交易日的公司股票交易均价之一。本次发行股份及支付现金购买资产的董事会决议应当说明市场参考价的选择依据。"

本次发行股份及支付现金购买资产的定价基准日为第三届董事会第二十次会议决议公告日。

经交易各方协商，本次发行股份购买资产的股份发行价格为

33.33 元/股（权益分派方案实施前的价格为 50.10 元/股），不低于定价基准日前 60 个交易日股票交易均价的 90%。

4. 支付方式

本次交易中，上市公司收购上海共创 100% 股权所需支付的对价为 41 360 万元，其中，54.06% 的对价以发行股份的方式支付，45.94% 的对价以现金方式支付，公司拟向交易对方发行股份支付对价 223 600 004.43 元，支付现金对价 189 999 995.57 元。

5. 滚存未分配利润安排

本次发行股份购买资产完成前，上海共创不进行利润分配，本次发行股份购买资产完成后，上海共创的滚存未分配利润由本次发行股份购买资产完成后的上海共创股东享有。

6. 损益归属期间的损益归属

交易双方确认，在损益归属期间，上海共创不得实施利润分配。标的公司在损益归属期间运营所产生的盈利由上市公司享有，运营所产生的亏损或因其他原因而导致上海共创净资产减少，则由交易对方中每一方按照其所持上海共创的股权的比例以现金方式分别承担。

交易双方同意在交割日后 30 个工作日内，上市公司可聘请具有证券期货从业资格的会计师事务所对损益归属期间的损益及数额进行审计，并出具相关报告予以确认，在亏损数额经审计确定后的 10 个工作日内，交易对方向上市公司支付到位。

7. 锁定期安排

根据《上市公司重大资产重组管理办法》规定，以资产认购而取得的上市公司股份，自股份发行结束之日起 12 个月内不得转让。如取得本次发行的股份时，交易对方对其用于认购股份的资产持续拥有权益的时间不足 12 个月，其所认购的上市公司股份自股份发行结束之日起 36 个月内不得转让。

根据上市公司与交易对方协商，交易对方获得股份的锁定安排如下：

(1) 交易对方承诺，截至本次交易的业绩承诺方取得本次发行的股份时，其持有标的股权的时间未满 12 个月的，则这些标的股权对价所对应的股份自本次非公开发行结束之日起36个月内不得转让；若其持有标的股权的时间超过12个月的，则这些标的股权对价所对应的股份自本次非公开发行结束之日起12个月内不得转让。

（2）若业绩承诺方因本次交易所取得的中通国脉的股份的限售期为36个月，则业绩承诺方持有的这些股份应在利润承诺期届满且确认业绩承诺方已履行完毕全部利润补偿义务后方可解除限售；若业绩承诺方因本次交易所取得的中通国脉的股份的限售期为12个月，则在前述限售期满后，业绩承诺方因本次交易所获得的中通国脉股份分三期解锁，未解锁的股份不得转让。

①上海共创2017年度业绩经中通国脉聘请的具有证券从业资格的会计师事务所审计并出具专项审核报告且在指定媒体披露后，如果上海共创2017年业绩达到业绩承诺方的承诺业绩，业绩承诺方可解锁的股份为其自本次交易获得的全部股份的40%；如果2017年业绩未达到业绩承诺方的承诺业绩，则业绩承诺方可转让的股份为其自本次交易获得的全部股份的40%扣除当年应进行股份补偿后的差额，即：

第一期业绩承诺方可转让的股份数额＝业绩承诺方自本次交易获得全部股份的40%－业绩承诺方应就2017年业绩向中通国脉补偿的股份额（可解锁股份数量小于0时按0计算）

本款的解锁条件应同时满足自股份发行完成之日起12个月的限售期。

②上海共创2018年度业绩经中通国脉聘请的具有证券从业资格的会计师事务所审计并出具专项审核报告且在指定媒体披露后，如果上海共创2017年度及2018年度业绩均达到业绩承诺方的承诺业绩，业绩承诺方可转让的股份为其自本次交易获得的中通国脉全部股份的30%；如果2017年度或2018年度业绩未达到业绩承诺方的承诺业绩，则：

第二期业绩承诺方可转让的股份数额＝业绩承诺方自本次交易获得全部股份的70%－第一期业绩承诺方可转让的股份数额－业绩承诺方应就2017年及2018年度业绩向中通国脉补偿的股份总额（可解锁股份数量小于0时按0计算）

③上海共创2019年度业绩经中通国脉聘请的具有证券从业资格的会计师事务所审计并出具专项审核报告且在指定媒体披露后，业绩承诺方在履行完毕资产购买协议约定的全部补偿义务后，其自本次交易取得的股份中仍未解锁的部分可一次性解除锁定，并可自由转让。

本次发行结束后，业绩承诺方如果由于上市公司送红股、转增股本等原因增持股份，亦应遵守上述锁定期的约定。

业绩承诺方中每一方可解锁的股份数额以其自本次交易获得股份数额为基数，按照本款前述的计算公式计算得出。

8. 业绩承诺及补偿

（1）业绩承诺。周某、李某、徐某承诺，上海共创2017年度、2018年度、2019年度实现的合并报表净利润不低于2 800万元、3 600万元、4 600万元。

资产购买协议所称实现的合并报表净利润均以经中通国脉股东大会决议聘请的具有证券期货从业资格的会计师事务所审计的以扣除非经常性损益后归属于母公司所有者的净利润口径为准。

（2）业绩承诺补偿。如在利润承诺期内，上海共创任一年度累计实现的实际净利润低于累计承诺净利润，则上海共创业绩承诺方应向中通国脉进行利润补偿。上海共创业绩承诺方应首先以其持有的中通国脉股份进行补偿。

①股份补偿的计算公式为：

当期补偿金额 =（截至当期期末累积承诺净利润 - 截至当期期末累积实际净利润）÷ 利润承诺期内各年的承诺净利润总和 × 本次交易的交易对价 - 累计已补偿金额

当期应当补偿股份数量 = 当期补偿金额/本次中通国脉向交易对方发行股份购买资产的发行价格

②如中通国脉在本次交易定价基准日后的利润承诺期实施转增或送股分配的，则补偿股份数相应调整为：

补偿股份数调整 = 按照第①项所述公式计算的补偿股份数量 ×（1 + 转增或送股比例）

③如中通国脉在本次交易定价基准日后的利润承诺期内实施现

金分配，上海共创业绩承诺方所获得的需要补偿的股份的现金股利应相应返还至中通国脉指定账户内。计算公式为：

返还的股息金额＝每股已分配现金股利（以税后金额为准）×按照第①项所述公式计算的补偿股份数量

④在各年计算的应补偿股份数小于或等于0时，按0取值，即已经补偿的股份不冲回。

在利润承诺期内，若上海共创业绩承诺方持有的截至当年剩余的中通国脉股份数不足以用于补偿或由于设置了质押等权利限制而无法用于补偿的，则当年应补偿的股份数为上海共创业绩承诺方剩余的可用于补偿的中通国脉股份数，当年应补偿金额的差额部分由上海共创业绩承诺方以现金方式进行补偿。

A. 现金补偿金额的计算方式为：

现金补偿金额＝（应补偿股份数额－已补偿股份数额）×本次发行的发行价格－已补偿现金数额

B. 如中通国脉在利润承诺期内实施派息、送股、资本公积转增股本等除权、除息事项的，则前项所述“本次发行价格”应进行相应的除权、除息处理。

C. 各年计算的应补偿现金数小于或等于0时，按0计算，即已补偿的金额不冲回。

各业绩承诺方按照其向中通国脉转让的股权数额占上海共创业绩承诺方向中通国脉转让总的股权数额的比例同比例承担补偿义务。

（3）减值测试及补偿。在利润承诺期届满时，中通国脉应当对上海共创做减值测试，并由具有证券期货从业资格的会计师事务所在中通国脉依法公布2019年度审计报告后60个工作日内对该减值测试结果出具专项审核意见。如果利润承诺期届满时上海共创的减值额大于“利润承诺期内已补偿股份数额×本次发行价格＋已补偿现金数额”，则上海共创业绩承诺方还需另行向中通国脉补偿差额部分

减值测试应补偿金额＝期末减值额－在利润承诺期内因实际净利润不足承诺净利润已支付的补偿额

上海共创业绩承诺方应首先以股份方式向中通国脉补偿期末减

值额与已补偿金额之间的差额部分。

减值测试股份补偿数=减值测试应补偿金额/本次股份发行价格

如果中通国脉在利润承诺期内实施派息、送股、资本公积转增股本等除权、除息事项的，则前项所述“本次发行价格”应进行相应的除权、除息处理。

若其持有的中通国脉股份不足以用于补偿的，应补偿金额的差额部分由上海共创业绩承诺方以现金进行补偿。

（4）利润补偿的实施。

①中通国脉在审计机构出具《关于上海共创每年度实际实现的净利润数的专项审核意见及减值测试报告》（如触发减值测试条款）后10日内，完成计算应补偿的股份数量和应补偿的现金金额，并将专项审核意见及应补偿的股份数量和现金金额书面通知上海共创业绩承诺方。无论如何，上海共创业绩承诺方向中通国脉支付的补偿总额合计不超过中通国脉向上海共创业绩承诺方实际支付的本次交易的交易总对价。

②上海共创业绩承诺方应在收到中通国脉的上述书面通知10个工作日内，将其所持中通国脉股份的权利状况（包括但不限于股份锁定、股权质押、司法冻结等情形）及最终可以补偿给中通国脉的股份数量和股份不足补偿部分的现金金额书面回复给中通国脉。

③中通国脉在收到上海共创业绩承诺方的上述书面回复后，应在3个工作日内最终确定上海共创业绩承诺方应补偿的股份数量及现金金额，并在10个工作日内召开董事会审议相关事宜。中通国脉就上海共创业绩承诺方补偿的股份，应采用股份回购注销方案，具体如下：

中通国脉股东大会审议通过股份回购注销方案后，中通国脉以1元的总价回购并注销上海共创业绩承诺方当年补偿的股份，并于股东大会决议公告后5个工作日内将股份回购数量及应补偿的现金金额书面通知上海共创业绩承诺方。上海共创业绩承诺方应在收到通知的10个工作日内，向登记结算公司发出将其当年需补偿的股份过户至上市公司董事会设立的专门账户的指令，并将应补偿的现金支付至上市公司的指定账户。

如股份回购事宜未获回购股东大会审议通过，中通国脉将在回购股东大会决议公告后10个交易日内书面通知上海共创业绩承诺方。上海共创业绩承诺方应在接到该通知后30日内取得所需批准（如需），并在符合相关证券监管法规、规则和监管部门要求的前提下，于接到上述通知后30日内将应补偿股份无偿赠送给回购股东大会股权登记日登记在册的除上海共创业绩承诺方以外的全体股东，这些股东按照其持有的A股股份数量占股权登记日扣除上海共创业绩承诺方所持股份总数外的中通国脉总股份数的比例获赠股份。

（5）在股份锁定期内，业绩承诺方不得对中通国脉因本次交易向其发行的中通国脉股份设置任何他项权利，包括但不限于质押。但对于业绩承诺方所持中通国脉股份扣除当期及未来可能因承诺业绩未完成而需予以股份补偿的股份数后，业绩承诺方所持中通国脉股份数仍有剩余且属于已解锁股份的，业绩承诺方可设置质押。

（6）上海共创2019年末的应收账款，应在2020年12月31日前完成收款，如未完成收款的，上海共创业绩承诺方应当对此部分应收账款承担连带付款责任。

（7）利润承诺期内，若上海共创不触发减值补偿的情况下，利润承诺期累计实际净利润超过承诺净利润总和，则中通国脉承诺将部分超额利润奖励给上海共创管理层，奖励数额以上海共创实际净利润（含非经常性收益部分）超出承诺净利润总和部分的40%和交易对价的20%中的较低者为准。具体奖励方案由上海共创总经理提案并由上海共创董事会批准。该奖励于利润承诺期的第三个会计年度的审计报告出具后40个工作日内，由上海共创一次性以现金方式向管理层支付。

（8）股份补偿和现金补偿在各交易对方之间的分配方式。根据资产购买协议第11.6条款约定：周某、李某、徐某对其他方的利润补偿义务及违约责任按照各自向中通国脉转让的上海共创的股权比例承担责任，其中，周某、李某承担连带责任。周某、李某、徐某所持的上海共创股权比例为60%、20%、20%，周某与李某为夫妻关系。

当出现股份补偿时，李某承担的股份补偿责任将由周某承担，即周某股份补偿数量为当期应当补偿股份数量的80%；徐某股份补偿数量为当期应当补偿股份数量的20%。

当出现现金补偿时，周某现金补偿金额为当期应当补偿现金金额的60%，李某现金补偿金额为当期应当补偿现金金额的20%，周某、李某承担连带责任；徐某现金补偿金额为当期应当补偿现金金额的20%。

（9）交易对方未来进行股份质押，是否可能影响其股份补偿的实施及应对措施。根据资产购买协议第2.8.5款约定：在股份锁定期内，业绩承诺方不得对中通国脉因本次交易向其发行的中通国脉股份设置任何他项权利，包括但不限于质押。但对于业绩承诺方所持中通国脉股份扣除当期及未来可能因承诺业绩未完成而需予以股份补偿的股份数后，业绩承诺方所持中通国脉股份数仍有剩余且属于已解锁股份的，业绩承诺方可设置质押。

交易对方未来进行股份质押的条件是：交易对方所持中通国脉股份扣除当期及未来可能因承诺业绩未完成而需予以股份补偿的股份数后仍有剩余且属于已解锁股份，故交易对方未来进行股份质押不会影响其股份补偿。

（10）李某就其业绩承诺补偿提供的保障措施。根据资产购买协议第11.6条款约定：周某、李某、徐某对其他方的利润补偿义务及违约责任按照各自向中通国脉转让的上海共创的股权比例承担责任，其中，周某、李某承担连带责任。

本次交易中，虽然李某获取的对价均为现金，但其与周某为夫妻关系，两人为业绩补偿承担连带责任：首先以周某获得的上市公司股票对二人合计承担的股份补偿数量进行补偿，股份数不足以用于补偿的，当年应补偿金额的差额部分由周某和李某以现金进行补偿。

（四）募集配套资金情况

本次拟采取询价方式向不超过10名符合条件的特定投资者募集配套资金总额不超过22 000万元。本次募集配套资金总额不超过本次交易拟购买资产交易价格（指本次交易中以发行股份方式购买资产的交易价格，但不包括交易对方在本次交易停牌前六个月内及停牌期间以现金增资入股标的资产部分对应的交易价格）的100%，且本次募集配套资金最终发行股份数量不超过本次发行前上市公司总股本的20%。

四、交易节点

2017年6月2日，中通国脉与上海共创股东签订了附生效条件的“中通国脉通信股份有限公司与周某、李某、徐某签署之资产购买协议”。

2017年6月2日，中通国脉召开第三届董事会第二十次会议，审议《关于〈中通国脉通信股份有限公司发行股份及支付现金购买资产并募集配套资金报告书（草案）〉及其摘要的议案》及相关议案。

2017年6月19日，中通国脉召开2017年第一次临时股东大会通过了本次发行股份及支付现金购买资产并募集配套资金的相关议案。

2017年10月24日，中通国脉召开第三届董事会第二十四次会议，审议通过了继续推进公司重大资产重组事项的相关议案。

2017年11月2日，中通国脉召开第三届董事会第二十六次会议，审议通过了《关于〈中通国脉通信股份有限公司发行股份及支付现金购买资产并募集配套资金报告书（草案）〉（修订稿）及其摘要的议案》等与本次交易相关的议案。

2018年1月29日，中国证监会核发《关于核准中通国脉通信股份有限公司向周才华等发行股份购买资产并募集配套资金的批复》（证监许可〔2018〕219号）核准中通国脉通信股份有限公司发行股份购买资产并募集配套资金。

2018年3月23日，上海市金山区市场监督管理局向上海共创换发了新的营业执照。周某、徐某、李某3名交易对方所持上海共创100%股权已全部过户至公司名下，上海共创变更成为公司的全资子公司。

2018年3月29日，本次发行股份的新增股份已在中国证券登记结算有限责任公司上海分公司办理完毕股份登记手续。本次新增股份将视交易对方业绩完成情况分三期解除限售。

2018 年 11 月 7 日，本次交易非公开发行股份募集配套资金完成。

2018 年 11 月 15 日，本次交易配套募集资金的新增股份在中国证券登记结算有限责任公司上海分公司办理股份登记。

2019 年 11 月 18 日，本次交易配套募集资金非公开发行股份上市。

五、并购影响

公司的盈利能力得到进一步增强，未来持续稳定的现金流入亦将加强公司财务稳健性，提升公司抗风险能力，从根本上符合公司及全体股东的利益。

（一）本次重组对上市公司主营业务的影响

中通国脉作为国内专业的通信技术服务商，自设立以来始终专注于通信技术服务主业，致力于为基础电信运营商和通信设备商提供涵盖核心网、传输网和接入网等全网络层次的通信网络工程和维护综合技术服务。本次交易完成后，上海共创的 IDC 运营维护、IDC 增值服务和软件及系统集成服务业务将对上市公司的主营业务形成良性补充，上市公司的通信技术服务主业结构更加完整。

本次交易将优化上市公司的收入结构，开拓新的业务增长点，增强公司整体抗风险能力；同时，本次交易完成后，上海共创将成为上市公司子公司，可以利用上市公司平台，积极扩大品牌宣传，开拓全国市场，缓解资金瓶颈对企业发展的制约，抓住“互联网 +”行动计划的实施及 5G 技术迅速发展的战略机遇，实现和巩固行业领先地位。

（二）本次交易对上市公司盈利能力的影响

周某、李某及徐某作为业绩承诺方承诺，上海共创 2017 年、2018 年及 2019 年三个会计年度实现的经审计合并报表扣除非经常性损益后归属于母公司所有者的净利润分别不低于人民币 2 800 万元、3 600 万元、4 600 万元，合计 11 000 万元。

本次交易完成后，将提高上市公司的资产和利润规模，上市公司的盈利能力将进一步增强，未来持续稳定的现金流入亦将加强公司财务稳健性，提升公司抗风险能力，从根本上符合公司及全体股东的利益。

（三）本次重组对上市公司股权结构的影响

2016年度利润分配及资本公积转增股本实施完成后，上市公司的总股本变为132 000 000股，按照本次交易方案，公司本次拟发行普通股不超过6 708 671股并支付189 999 995.57元现金用于购买资产。同时，上市公司拟向不超过10名特定投资者发行股份募集配套资金不超过22 000万元。如本次发行价格因上市公司出现派息、送股、资本公积金转增股本等除权除息事项做相应调整时，发行数量将进行相应调整。

（四）本次重组对上市公司主要财务指标的影响

本次交易完成后，上市公司总资产规模、归属上市公司股东的所有者权益、收入规模、利润水平、基本每股收益均有所增加，不存在因本次交易而导致即期每股收益被摊薄的情况。

六、交易特点

（一）交易难点

该交易的难点集中在对公司业务的描述，及其财务数据与评估预测相印证的逻辑。该项目首次申报时，2017年8月被并购重组委否决，重组委意见为，标的公司未来年度预测毛利率的合理性披露得不充分，不符合《上市公司重大资产重组管理办法》第四条的规定。实际上，该意见的本质是认为标的公司并没有说清楚自己的业务实质和商业逻辑。

标的公司的主要业务分为三种，一是为IDC机房本身提供运营管理服务，二是为机房中的服务器及其使用、数据安全提供增值服务，三是提供软件及系统集成业务。第三种业务比较好理解，但是前两种业务并没有类似的上市公司，也没有上市公司收购过类似的标的公司，所以对于前两种业务的描述以及如何让投资者及监管部门理解成为问题的关键。

对于该问题的解决，首先，对IDC的产业链及产业链中各环节企业的业务模式进行分析，在IDC运营商中，对于不同类IDC运营商（自建机房及租用机房两类）的业务模式与财务指标的不同，分析出内涵逻辑，并且与标的公司这种服务商的不同进行比对说明。其次，在分析逻辑思路上，对于IDC产业链，可以简单地认为IDC机房运营商类比地产商，业务为出租地产，标的公司此类服务商类比物业管理公司，业务是为地产提供物业管理服务（标的公司第一种业务）以及为地产租户提供安保搬家等服务（标的公司第二种业务）。本着这一思路，对于标的公司业务进行简单明了的描述，并在描述中结合标的公司业务的技术要点。

对于IDC机房运营公司、标的公司此类服务公司的业务描述清晰后，对于两类公司财务指标异同中的内在逻辑，以及对于评估预测合理性的说明就迎刃而解。该项目在第二次申报时顺利过会。

（二）交易亮点

首先，上市公司与标的公司均为通信行业中的企业，由于业务、地域不同，具备互补性。

其次，此交易为东北上市公司收购上海挂牌公司，在支持东北上市公司提高质量方面起到了较好的作用。

最后，对于标的公司业务逻辑、评估预测合理性更加清晰的描述，使第一次被否的项目第二次申报时，在交易方案无变化的情况下可以顺利过会，为从业人员提供了一个案例，说明即使一个较好的交易，在不能让投资者及监管部门良好理解的情况下，也无法实现其价值。

七、案例亮点

本次交易为上市公司收购新三板上市公司的成功案例。在程序履行方面，需要进行上交所和新三板的同步信息披露工作，增加了工作量。

在审计过程中，涉及标的公司新三板审计机构瑞华会计师事务所与上市公司聘请的本次并购审计事务所致同会计师事务所的配合与资料比对工作。经过致同所审计后的财务数据与原标的公司披露的财务数据差异不大，显示该新三板公司具备相对较好的财务基础。新三板挂牌公司的财务核算基础通常比非挂牌企业的财务核算基础更加完备。

对于收购标的公司业务的描述非常重要。准确的、让投资者与监管机构易懂的阐释标的公司业务实质、商业逻辑，并与财务、业务数据能够互相印证，且能够支持评估报告对于企业估值的预测逻辑，是该项目第一次被否决后第二次能够成功过会的关键。

案例 14：蓝黛传动（002765）并购台冠科技[①]

一、案例简述

重庆蓝黛动力传动机械股份有限公司（以下简称“蓝黛传动”“上市公司”“公司”）是从事动力传动总成、传动零部件及压铸产品的研发、设计、制造与销售的高新技术企业。公司主要产品为汽车手动变速器总成，自动变速器总成，新能源减速器，纺织机械传动总成和汽车变速器齿轮、轴、同步器等零部件，汽车发动机齿轮及轴等零部件，纺织机械关键零部件，汽车发动机缸体，变速器壳体，汽车转向器壳体以及机械压铸零部件等。经过多年发展，公司在动力传动业务方面拥有较强的核心竞争力，公司是吉利汽车、丰田汽车、小康股份、众泰汽车、赛帕汽车、南京邦奇、万里扬、东安动力、云内动力、卓郎纺织等多家国内外知名企业动力传动部件供应商，部分产品出口到中东地区，形成了内外销同步发展的业务格局。为顺应汽车智能化发展趋势，公司逐步布局汽车智能电子相关业务，延长产业链布局，提升公司可持续发展能力。

蓝黛传动以发行股份及支付现金的方式向浙江晟方投资有限公司、深圳市中远智投控股有限公司等 33 名交易对方购买台冠科技 89.6765% 的股权（8 316.3158 万元出资额），交易金额 71 472.17 万元。蓝黛传动以现金支付 28 106.4263 万元；以发行股份的方式支付 43 365.7474 万元，发行股份数量为 60 230 197 股。

① 本案例由民生证券提供，撰写人：张宣扬、李伟、岑岳。

二、交易背景

（一）中国汽车行业发展迅速，汽车产品面临智能化的转型升级

汽车工业是我国国民经济的支柱产业之一。伴随着汽车工业的蓬勃发展、国民收入水平的不断增长，我国已经成为全球第一大汽车销售市场。在汽车销量增速下滑，汽车消费升级的背景下，汽车产品逐渐向功能多样化和操作智能化方向转型。关于智能车载设备，应用中大尺寸触控显示屏作为人机交互的关键设备的比例越来越高。中大尺寸触摸屏已逐渐成为高端车型的标配，并有向中低端车型传导的趋势。

2017 年中国智能车载设备市场规模增长 67.70%，达 265 亿元，乘用车市场需求增长较快，乘用车使用者对驾驶及乘车体验智能化、交互式体验需求增强，推动了智能车载设备市场的快速发展。

（二）蓝黛传动战略布局触控显示模组业务

根据发展战略，蓝黛传动在立足动力传动业务的同时，顺应乘用车智能化发展趋势，主动开拓显示模组、触控模组相关业务。一是把握触控屏市场快速发展契机，进入中大尺寸显示模组市场；二是以显示模组为依托，开拓车载触控屏业务，实现显示模组、触摸屏及触控显示一体化模组的全产品链生产模式。

（三）台冠科技在中大尺寸触控屏业务具有竞争优势，具有良好的发展前景

台冠科技（以下简称“标的公司”）主要从事触摸屏及触控显示一体化产品的研发、生产和销售，产品规格为中大尺寸，主要应用于平板电脑、笔记本电脑、工控终端、车载电子、物联网智能设备等领域。台冠科技凭借先进的技术水平、规模化的生产能力、可靠的产品品质、优秀的管理能力通过了行业知名电子企业的供应商认证，客户群体包括广达电脑、仁宝工业、华勤通讯、京东方、GIS、群创光电、精英电脑等一批行业内知名企业。台冠科技车载产品已开始应用于汽车整车，通过与上市公司的合作，车载业务将会迅速发展。

蓝黛传动收购台冠科技，与自身开拓显示模组、触控模组业务的发展战略相契合。此次收购后，有利于拓展触控显示业务上下游产业链，有利于深入挖掘客户需求，共享下游客户资源，服务汽车装备升级和汽车消费电子市场，提升上市公司在汽车行业的核心竞争力和可持续经营能力。上市公司将顺应乘用车智能化发展方向，走软硬件一体化的发展道路。

三、交易方案

（一）主要内容

1. 发行股份及支付现金购买资产

蓝黛传动以发行股份及支付现金的方式向浙江晟方投资有限公司、深圳市中远智投控股有限公司等 33 名交易对方购买台冠科技 89.6765% 的股权（8 316.3158 万元出资额），交易金额 71 472.17 万元。蓝黛传动以现金支付 28 106.4263 万元；以发行股份的方式支付 43 365.7474 万元，发行股份数量 60 230 197 股。

在本次交易中，综合考虑股东身份、业绩补偿责任、股份锁定、支付方式等因素后，交易对方出售股份采取差异化定价。11 名交易对方为业绩承诺方，合计获得交易对价 57 848.77 万元，对应台冠科技 100% 股权估值为 81 841.53 万元。22 名交易对方为非业绩承诺方，合计获得交易对价 13 623.41 万元，对应台冠科技 100% 股权估值为 71 730.00 万元。

本次发行股份购买资产的股票发行价格为 7.20 元/股，以第三届董事会第十七次会议决议公告日前 120 个交易日交易均价为市场参考价，不低于市场参考价的 90%。

2. 发行股份募集配套资金

本次交易拟向不超过 10 名特定投资者非公开发行股份募集配套资金不超过 4.00 亿元，主要用于支付本次交易现金对价、支付交易费用及中介机构费用，以及补充标的公司流动资金。

配套募集资金发行股份数量不超过发行前公司总股本的 20%，且募集资金总额不超过本次交易中以发行股份方式购买资产的交易价格的100%。发行股份的定价基准日为这些股份的发行期首日，发行价格不低于发行期首日前20个交易日公司股票均价的90%。最终发行价格将在上市公司取得中国证监会关于本次交易的核准批文后，根据询价结果由上市公司董事会根据股东大会的授权与本次交易的独立财务顾问协商确定。

本次发行股份及支付现金购买资产不以募集配套资金的成功实施为前提，最终配套融资成功与否不影响本次发行股份及支付现金购买资产行为的实施。

（二）估值定价

1. 评估方法及评估值

本次交易，资产评估机构对标的资产采用资产基础法及收益法两种方法进行评估，并采用收益法评估值作为台冠科技股东权益的评估结果。

台冠科技以收益法评估的评估值为79 788.51万元，台冠科技评估基准日合并报表归属于母公司股东权益为22 203.26万元，评估增值57 585.25万元，增值率为259.35%。

参照资产评估机构评估值，经交易双方协商确定，台冠科技100%股权交易作价7.97亿元，本次转让的标的公司89.6765%的股权对应的交易价格为71 472.17万元。

2. 同类交易案例的估值比较

从近年完成的上市公司收购案例中，选取标的公司为电子元件行业的收购案例作为可比交易进行分析，选取的案例包括麦捷科技并购星源电子，凯盛科技并购国显科技，江粉磁材并购帝晶光电，正业科技并购集银科技，经纬电材并购新辉开，江粉磁材领益科技。可比交易案例相关标的资产平均PE（标的公司100%股权估值/业绩承诺期平均年承诺净利润）为10.30倍，本次交易对应的PE为9.38倍，略低于行业内可比交易案例的整体估值水平，上市公司购买台冠科技股权的交易作价具有合理性。

四、交易节点

2018年9月25日，交易各方对交易意向进行初步协调、讨论。

2018 年 10 月 31 日，台冠科技召开股东会，审议通过了本次交易；上市公司召开第三届董事会第十七次会议，审议通过了本次交易的预案及相关议案。交易各方签署了附生效条件的购买资产协议及盈利补偿协议。

2018 年 12 月 22 日，上市公司召开第三届董事会第十九次会议，审议通过了本次交易的报告书及相关议案。

2019 年 1 月 11 日，上市公司召开 2019 年第一次临时股东大会，审议通过了本次交易的报告书及相关议案。

2019 年 4 月 23 日，中国证监会核发《关于核准重庆蓝黛动力传动机械股份有限公司向深圳市中远智投控股有限公司等发行股份购买资产并募集配套资金的批复》，本次交易获得中国证监会核准。

2019 年 5 月 20 日，台冠科技 89.6765% 的股权过户至蓝黛传动名下。

2019 年 6 月 10 日，发行股份购买资产的新增股份上市。

五、并购影响

（一）对上市公司业务的影响

本次交易完成后，台冠科技将成为蓝黛传动的控股子公司，上市公司将在业务、资产和人员等方面加强对台冠科技的协同、整合。相关的整合措施具体有：

1. 业务整合

本次交易完成后，标的公司成为上市公司的控股子公司，标的公司构建符合上市公司规范要求的内部管理体系，为业务发展奠定坚实基础。上市公司凭借平台优势，为标的公司技术研发、产品结构改善、市场开拓等提供融资渠道；标的公司进入上市公司体系后将提升产品市场影响力和企业形象，在与供应商和客户的商务谈判中将获得更多话语权。标的公司的业务纳入上市公司的整体业务布局中，二者在生产流程、技术研发、市场营销、客户资源管理等方面进行优化整合，实现资源优化配置。作为不同行业的精密加工企业，上市公司和标的公司相互学习，借鉴彼此先进的生产管理、质量控制经验和有效的市场开拓经验，充分发挥汽车应用领域的协同效应，积极布局车载触摸屏市场。

上市公司经过多年的努力，已经成为国内外多家整车（整机）厂核心器件的合格供应商、一级供应商。本次并购后，上市公司将充分利用其客户资源优势，积极引导和推动标的公司产品的渗透，实现在同一客户资源平台上多种产品营销的格局，降低和缩短标的公司触摸屏产品进入车载市场的费用和时间。此外，本次并购后，标的公司与上市公司子公司黛信科技加强了业务合作，形成触控显示模组的完整产业链。

2. 资产整合

并购完成后，标的公司作为上市公司控股子公司持续经营，继续保持资产的独立性，拥有独立的法人财产。上市公司根据标的公司现有的财务管理制度，结合上市公司的内控管理的要求和经验，对标的公司资产管理进行优化，根据需要委派相关人员对标的公司的资产进行协助管理，使标的公司在遵守上市公司关于子公司的资产管理制度的同时，提高资产管理效率。

3. 人员整合

触摸屏行业具有明显的技术密集和产品定制化特征。触摸屏产品的研发和设计，需要几何光学、物理光学、薄膜光学、色度学、热力学、光源技术、微显示技术等学科的高度集成，产品的生产与装备和工艺技术水平的先进性紧密相关；产品的研发、试产、上生产线、调试量产等阶段需要与下游客户保持较高频率的专业沟通，以确保适用。因此，并购完成后，标的公司现有经营管理团队的相对稳定，并拥有较高的经营自主权，有利于充分发挥其多年的行业经验及业务能力，继而保证标的公司经营的持续性和稳定性。同时，上市公司加强标的公司的人力资源管理，对业务人员开展企业文化交流和以上市公司规范运营管理为核心内容的培训，建立和完善长期培训机制，以增强员工文化认同感和规范运营意识。另外，上市公司把标的公司的员工纳入体系内部统一进行考核，利用上市公司成熟的人力资源管理经验，提高标的公司管理团队和业务团队的工作效率。

（二）对上市公司财务的影响

根据经审计的蓝黛传动2017年度、2018年度财务报告，以及经审阅的《备考审阅报告》，2017年以及2018年上市公司合并营业收入分别约为16.94亿元以及17.48亿元，净利润分别约为1.54亿元以及0.80亿元。本次交易后，上市公司的总资产、净资产规模将扩大，公司的营业收入、净利润将大幅提高，有利于提升上市公司的盈利能力，增强上市公司的核心竞争力。

（三）对原股东持股比例的影响

本次交易前，朱某持有上市公司52.30%的股份，为上市公司的控股股东；本次交易后，在不考虑配套融资的情况下，朱某持有上市公司45.76%的股份，仍为上市公司的控股股东。

本次交易前，上市公司实际控制人为朱某、熊某夫妇及其子，合计控制上市公司59.25%股份的表决权；本次交易后，在不考虑配套融资的情况下，朱某、熊某夫妇及其子合计控制上市公司51.84%股份的表决权，仍为上市公司的实际控制人。

六、交易特点

（一）交易难点

1. 标的资产的估值确定、交易双方谈判难度大

标的资产在过去三年内业绩快速增长，主要受益于其差异化的产品定位和先发优势、投资惠州生产基地后的产能释放、与下游知名品牌厂商建立的稳定供应链关系。另外，标的公司股东数量较多，既有创始人股东，也有挂牌新三板期间新进财务性投资者。交易对方对台冠科技未来增长、交易估值均有较高的期望，交易双方谈判难度较大。经过充分尽调，根据行业发展趋势、标的公司经营特征、项目研发及排产计划，标的公司谨慎地预测了未来的销售规模和经营效益。经过交易双方多轮谈判后对交易估值达成一致意见。在2018年已经实现利润8 186.67万元的情况下，预测未来三年可分别实现净利润8 000万元、9 000万元及10 000万元，预测未来收入增长放缓，保持了足够的谨慎性，降低了交易和估值风险。

标的资产盈利预测需有充分依据，兼顾合理性和谨慎性，能够保障承诺业绩的可实现，保障估值的合理性，降低了交易风险，是交易难点之一。

2. 如何争取较大比例的股份支付，促进合作双方进一步共同发展

在交易方案中，上市公司对交易对方，特别是业绩承诺方，通过多轮谈判争取了较大比例的股份支付。一是业绩承诺方也是标的公司未来管理层，通过股份支付可以使业绩承诺方持有上市公司股票，与上市公司原股东拥有一致利益，在交易完成后会努力创造标的公司的经营业绩。二是通过沟通，交易对方对上市公司的长期发展比较认可，愿意以合理价格持有上市公司股票。股份支付的股票价格能够更多地参考上市公司的长期价值，而未受二级市场短期股价波动的影响。

3. 配套募集资金

在目前上市公司业绩处于周期性低谷，同时资本市场资金面总体趋紧，股市低迷，投资者缺乏信心的情况下，通过非公开发行募集配套资金存在较大困难。

（二）交易亮点

1. 传统汽车零部件企业并购电子企业，走软硬件一体化发展道路，逐步向行业内国际化企业靠拢

国际上具有竞争力的汽车变速箱制造企业，以德国采埃孚股份公司为例，其不仅是重要的汽车传动制造企业，更是将汽车数字网络和自动化为发展重点，致力于让汽车实现观察、思考和行动，走软硬件一体化的发展路径。

近年来，下游汽车市场竞争日益激烈，国内汽车市场进入消费升级阶段、汽车朝功能多样化和操作智能化的方向发展。在此背景下，上市公司确立了“内生成长”和“外延扩张”的发展思路。其中，外延扩张主要是通过借助资本工具并购具有一定核心竞争力、与公司现有业务产生协同效应的相关标的的方式实现，促进上市公司整体业务实现跨越式发展。本次收购是上市公司外延式发展的重要举措，是上市公司向软硬件一体化发展迈出的坚实一步。

2. 项目推进效率较高

标的公司为新三板挂牌公司，经营和财务方面具有规范的基础，而且交易对方初步具有资本市场运作的常识。在交易双方相互建立信任和合作意向后，能够快速地推进各项尽调和审批工作，保障了本次交易能够顺利完成。

3. 股份支付的股票价格合理

受汽车行业市场低迷、上市公司业绩处于低谷的影响，本次交易推进时上市公司股票价格处于较低水平，估值较低。但是，交易各方在合作前能够建立充分信任，交易对方认可上市公司的业务布局和发展规划，对收购完成后上市公司未来的业绩充满信心，愿意接受一个高于目前市价的股票价格，体现了大家未来共同作为上市公司股东谋发展的信心。

七、案例亮点

本次交易属于跨行业并购，上市公司从事机械制造业，而标的公司从事电子行业，但深入分析上市公司和标的公司的发展战略，则两者具有共同的战略发展方向。由于汽车“电动化、互联化、共享化、智能化”的发展，汽车电子部件在汽车价值中占比上升，而传统机械部件在汽车价值中占比下降，上市公司希望利用主机厂资源发展车载触控屏业务；标的公司触控屏产品包含消费类、工控类和车载触控类，在消费类、工控类产品已经进入国际一线客户配套体系的前提下，由于缺乏主机厂资源，标的公司希望借力实现车载类产品的跨越。正是基于战略上的互相需求，最终才能克服二级市场股票价格与换股价格倒挂等技术性困难，最终完成了本次交易。本案例属于跨行业的战略协同，与普通的跨行业并购存在明显差异。本次交易最终的顺利完成离不开上市公司、交易对方、标的资产和中介机构的共同努力，更离不开监管机构的大力支持。希望本次交易能够为未来其他类似交易提供一定的帮助和参考意义。

案例15：超频三（300647）收购炯达能源[①]

一、案例简述

深圳市超频三科技股份有限公司（以下简称“超频三”“上市公司”“公司”）是一家集LED灯具套件和PC散热件研发、生产、销售于一体的国家级高新技术企业，致力为全球客户提供最佳照明及系统散热解决方案。公司主营业务为电子产品新型散热器件的研发、生产和销售，公司目前主要产品包括LED照明散热组件及PC散热配件。

超频三以发行股份的方式购买黄某、陈某、杭州赢海投资管理合伙企业（有限合伙）（以下简称“赢海投资”）所持浙江炯达能源科技有限公司49%股权，共支付交易对价17 150.00万元。本次发行股份购买资产的发行价格为11.00元/股，共计发行15 590 908股。

本次交易完成前，超频三持有炯达能源51%股权，炯达能源为超频三控股子公司；本次交易完成后，炯达能源将成为上市公司的全资子公司。

二、交易背景

（一）外延式并购是实现公司整体发展战略的重要举措

为了实现上市公司的战略发展规划，上市公司采取内涵式发展和外延式并购双管齐下策略。一方面，上市公司从技术创新出发，定位于差异化竞争战略，驱动企业内涵式发展模式。未来，超频三

① 本案例由广发证券提供，撰写人：汪柯、张新星。

将进一步优化企业管理制度和流程，基于市场需求，不断加大研发投入，提升研发实力及产品的竞争力，将新型散热器件应用于更多的领域，加大对外宣传的力度，提升公司品牌知名度和产品的认可度，保持公司经营业绩稳定增长。另一方面，超频三将充分利用资本市场，通过外延式并购实现公司战略发展目标，以资本换时间，快速扩大销售规模，建立成熟团队，扩大与公司主业相关的业务范围。

超频三产品所属行业为 LED 照明行业、消费电子散热配件行业，主要产品包括 LED 照明散热组件、LED 照明灯具、消费电子散热配件，其中，LED 照明相关产品是公司未来业务增长的重点产品之一。

本次交易是公司外延式并购策略的重要体现。通过本次交易，公司可以加快发展 LED 照明业务，提高公司 LED 照明业务的市场占有率，拓宽公司在市政、工程照明领域的业务，从而推动公司业务的跨越式发展。

（二）炯达能源所处节能服务行业迎来市场发展机遇

2010 年 4 月，国务院办公厅转发国家发改委、财政部、人民银行、税务总局《关于加快推行合同能源管理促进节能服务产业发展的意见》（国办发〔2010〕25 号），对采取合同能源管理模式的节能项目在资金支持力度、税收扶持政策、相关会计制度、改善金融服务等方面提出了具体的支持政策。2016 年 7 月，为推动全社会节约能源，提高能源利用效率，保护和改善环境，又进一步修订了《中华人民共和国节约能源法》。

随着合同能源管理模式的优势凸显，其越来越受到节能服务行业的重视。目前，合同能源管理已成为节能服务行业的主导商业模式。合同能源管理模式的推广，有利于促进投资，搞活内需，加速企业的技术改造，充分发挥节能服务公司的专业化功能，提高企业的节能减排意识。据中国节能协会节能服务产业委员会（EMCA）发布的《2016 年节能服务产业发展报告》，预计到 2020 年，节能服务产业总产值将达到 6 000 亿元，节能服务行业市场空间巨大。

随着中央和地方政府各项政策的推出，政府将持续加大节能减排的力度和对节能环保行业的扶持，节能服务行业的产业化及合同能源管理机制的推广受到了政府高度重视，节能环保类公司作为节约能源和环境保护的重要参与者，正受到国家产业政策的鼓励和支持，处于新的发展机遇期。

（三）炯达能源具备优秀的节能服务技术和项目运作经验

炯达能源（以下简称“标的公司”）于2013年5月成为发改委、财政部第五批备案节能服务公司，并已取得合同能源管理服务认证证书（认证级别：AAAAA），通过合同能源管理模式，为用能单位实现节能目标，以分享节能效益的方式回收前期投入及获取合理利润。

炯达能源具备城市公共照明工程方案设计及管理的综合服务能力，已完成浙江区域十余个城市的公共照明改造及多个商业中心、大中型企业的照明改造工程，通过节能项目的运作经验，在节能服务技术、项目经验、渠道资源、客户资源方面具有突出的竞争优势。

三、交易方案

（一）交易方案说明

本次交易，上市公司拟向黄某、陈某、赢海投资发行股份购买其持有的炯达能源49%股权。本次交易完成后，上市公司将持有炯达能源100%股权，炯达能源成为上市公司的全资子公司。本次交易不安排募集配套资金。

1. 发行价格和定价原则

超频三本次发行股份购买资产的定价基准日为首次审议本次重组的董事会（即第二届董事会第六次会议）决议公告日。

根据《上市公司重大资产重组管理办法》相关规定，上市公司发行股份的价格不得低于市场参考价的90%；市场参考价为本次发行股份购买资产的董事会决议公告日前20个交易日、60个交易日或者120个交易日的公司股票交易均价之一。

经交易各方协商一致，本次发行价格为定价基准日前120个交易日上市公司股票的交易均价的90%，即19.90元/股。

定价基准日前120个交易日上市公司股票交易均价 = 定价基准日前120个交易日公司股票交易总额 ÷ 定价基准日前120个交易日公司股票交易总量

在本次发行的定价基准日至发行日期间，如上市公司实施现金分红、送股、资本公积金转增股本等除息、除权事项，将根据深交所的相关规定对发行价格进行相应调整。

根据公司2017年度权益分派方案，公司以2017年12月31日总股本12 295.50万股为基数，向全体股东每10股派发现金股利1元（含税），以资本公积金每10股转增8股。该次权益分派方案已于2018年6月1日实施完毕。因此，本次发行股份购买资产的发行价格相应调整为11.00元/股。

2. 发行数量

本次交易的标的资产为黄某、陈某、赢海投资共计3个股东合计持有的炯达能源49%股权。本次交易标的资产作价依据具有证券期货业务资格的评估机构出具的评估报告，经交易各方协商确定。根据亚超资产评估出具的《资产评估报告》（北京亚超评报字〔2018〕第A124号），以2017年12月31日为评估基准日，炯达能源100%股权的评估值为35 496.14万元。经交易各方协商同意，炯达能源的股东全部权益作价35 000.00万元，本次交易标的资产炯达能源49%股权的交易作价为17 150.00万元。

根据本次交易对价和因权益分派调整后的发行价格计算，上市公司向交易对方共发行股份15 590 908股，其中，黄某10 445 909股，陈某2 026 818股，赢海投资3 118 181股。

（二）交易标的的估值及估值基础

本次交易委托的评估机构为亚超资产评估，评估基准日为2017年12月31日。本次评估分别采用收益法和资产基础法两种方法对炯达能源全部股东权益价值进行评估，并出具了《资产评估报告》（北京亚超评报字〔2018〕第A124号）。

本次评估最终选取收益法评估结果作为评估结论，炯达能源的全部股东权益评估价值为35 496.14万元。

（三）对价支付方式

公司拟向交易对方发行股份支付全部交易对价 17 150.00 万元，其中，黄某 11 490.50 万元，陈某 2 229.50 万元，赢海投资 3 430.00 万元。

（四）盈利补偿安排

1. 业绩承诺

交易对方承诺，标的公司 2018 年、2019 年和 2020 年经具有证券期货业务资格的会计师事务所审计确认的合并报表范围内扣除非经常性损益后归属于母公司的净利润（因实行股权激励构成股份支付，就此所做的会计处理对净利润指标的影响需排除在外）将分别不低于 3 500 万元、4 000 万元、4 500 万元。

2. 补偿条件及方式

根据《专项审核报告》所确认的结果，若标的公司实现净利润低于承诺净利润的，交易对方将对实现净利润与承诺净利润之间的差额进行补偿。交易对方应优先以本次交易取得的股份进行补偿，不足部分以现金补偿。上市公司应依据下述公式计算并确定交易对方当期应补偿的股份数额（以下简称"应补偿股份数"）和当期应补偿的现金金额（以下简称"应补偿现金金额"）。

业绩承诺期内，当期应补偿股份数的计算公式如下：

当期应补偿股份数 =（截至当期期末累积承诺净利润数 - 截至当期期末累积实现净利润数）÷ 业绩承诺期内各年的承诺净利润数总和 × 标的资产交易价格 ÷ 本次发行股份购买资产的股份发行价格 - 累积已补偿股份数

如果交易对方持有的股份数量不足以补偿时，则差额部分由交易对方以现金方式补偿，具体补偿金额的计算公式如下：

当期应补偿现金金额 =（当期应补偿股份数 - 当期已补偿股份数）× 本次发行股份购买资产的股份发行价格

3. 减值安排

若出现如下情形：标的资产期末减值额大于"业绩承诺期内已补偿股份总数 × 本次发行股份购买资产的股份发行价格 + 业绩承诺期内已补偿现金总金额"，则就前二者的差额部分，交易对方将另行进行股份补偿；若持有的股份数不足以补偿的，差额部分由交易对方进行现金补偿。具体计算公式如下：

应补偿股份数 =（标的资产期末减值额 − 业绩承诺期内已补偿股份数 × 本次发行股份购买资产的股份发行价格 − 已补偿现金总额）÷本次发行股份购买资产的股份发行价格

如交易对方在本次发行中取得的股份数不足以补偿的，差额部分以现金补偿，具体计算公式如下：

应补偿现金金额 =（标的资产期末减值额 − 业绩承诺期内已补偿股份数 × 本次发行股份购买资产的股份发行价格 − 已补偿现金总额）− 可补偿股份数 × 本次发行股份购买资产的股份发行价格

四、交易节点

2018 年 4 月 13 日，超频三股票停牌，筹划重大资产重组。

2018 年 5 月 20 日，超频三第二届董事会第六次会议通过重组方案。

2018 年 6 月 15 日，超频三 2018 年第二次临时股东大会通过本次重组方案。

2018 年 8 月 29 日，重组委审核通过本次交易。

2018 年10 月15 日，中国证监会核准本次交易。

五、并购影响

（一）对上市公司业务的影响

上市公司是研发驱动型企业，尤其在 LED 照明散热组件、LED 照明产品的研发能力和产品实力等方面具备行业领先的优势，炯达能源具备城市公共照明工程方案设计及管理的综合服务能力，在项目经验、渠道资源、客户资源方面具有突出的竞争优势。因此，上市公司与炯达能源在业务结构上具有互补性。本次交易完成后，上市公司可以通过整合自身的技术研发优势、产品资源优势和炯达能源在项目、客户方面的优势资源，实现技术融合及优势互补，增强上市公司在LED照明业务领域一体化方案提供能力，实现业务协同发展。

此外，炯达能源的发展立足于华东区域，与上市公司主要下游客户的地域分布具有一定的差异性，本次交易完成后，上市公司可以与炯达能源一起建设研发、营销及客户服务网络资源共享平台，实现双方品牌的协同发展。

根据中审众环出具的《备考审阅报告》（众环阅字〔2018〕110004号），假设本次交易于2017年1月1日完成。本次交易前，上市公司2017年度营业收入、净利润、归属于母公司所有者的净利润分别为41 113.53万元、3 969.85万元、3 353.06万元；本次交易完成后，上市公司2017年度备考营业收入、备考净利润、备考归属于母公司所有者的净利润分别为46 158.58万元、5 167.80万元、4 985.58万元，2017年度营业利润、利润总额、净利润和归属于母公司所有者的净利润指标都呈现增长趋势。本次交易前，上市公司2018年1—5月归属于母公司所有者的净利润为372.38万元；本次交易完成后，上市公司2018年1—5月备考归属于母公司所有者的净利润为1 062.30万元，归属于母公司所有者的净利润大幅上升，上市公司盈利能力明显增强。本次交易完成后，炯达能源将成为上市公司的全资子公司，上市公司能够全方位借助炯达能源的项目经验、渠道资源和客户资源提升自身在LED照明业务领域的竞争力和影响力，整体抗风险能力将进一步增强。

（二）对上市公司财务的影响

根据中审众环出具的《备考审阅报告》（众环阅字〔2018〕110004号），本次交易前后，上市公司流动比率和速动比率未发生变化。根据备考财务数据，上市公司2017年应收账款周转率和存货周转率分别为5.41%和3.87%，均保持相对稳定。另外，本次交易完成后，上市公司每股收益增加。随着标的公司的业务发展，以及上市公司对标的公司整合、协同作用的逐步显现，预计上市公司的盈利能力将进一步提高。

（三）对原股东持股比例的影响

本次交易前，上市公司控股股东、实际控制人杜某、刘某夫妇及张某共持有上市公司46.85%的股权；本次交易完成后，杜某、刘某夫妇及张某将持有上市公司43.76%的股权，仍为公司控股股东、实际控制人。黄某、陈某、赢海投资交易后持股比例分别为4.41%、0.86%、1.32%。

六、交易特点

（一）交易难点

1. 标的公司股权代持问题

标的公司历史上长期存在股权代持，并多次转让，中介机构需对代持形成原因、转让的合理性，解除代持的情况进行核查和梳理。

2. 关于两次评估的差异及业绩承诺安排

标的公司2017年9月被收购51%股权时，估值为2.5亿元；本次被收购49%股权，估值为3.5亿元，由于两次交易作价的价格存在差异，本次交易管理层的业绩承诺也显著高于前次交易。

（二）交易亮点

上市公司收购资产主要分为“两步走”，前次收购上市公司以现金收购控股标的企业，达到上市公司控制标的公司的目的，本次交易中，超频三发行股份购买少数股东权益，并未产生商誉；本次交易全部以发股形式收购，减少了上市公司的现金支出压力。

七、案例亮点

重组交易过程中审核节奏比较快，审核时间非常短，项目推进过程中涉及的细节多，项目组需要严谨地筹划和推进交易，时刻保持一颗敬畏之心，踏踏实实做事！

案例16：科锐国际（300662）收购Investigo[①]

一、案例简述

北京科锐国际人力资源股份有限公司（以下简称“科锐国际”“上市公司”“公司”）是领先的以技术驱动的整体人才解决方案提供商，以及中国首家登陆A股的人力资源服务企业，目前在中国境内、中国香港、印度、新加坡、马来西亚、美国、英国等全球市场拥有多家分支机构、众多专业招聘顾问，在众多行业及领域为客户提供中高端人才访寻、招聘流程外包、灵活用工、招聘培训、智库专家等服务与解决方案。同时，公司还提供在线猎头、互联网+灵活用工、SaaS简历及薪酬管理等技术平台。公司已与千余家跨国集团、国内上市公司、快速成长性企业、国有企业、政府以及非营利组织建立了长期合作关系。

科锐国际通过其全资子公司香港AP以现金方式向Fulfill（2）购买其所持有的Investigo 52.5%股权。

二、交易背景

（一）本次交易的背景

1. 国家政策鼓励企业通过并购重组，实现公司快速发展

伴随着中国经济的快速发展以及资本市场环境、监管体系的日益完善，中国企业的并购需求逐渐上升，开展并购的次数也在逐步增多。近年来，国家相关部门相继颁布政策性文件，鼓励企业进行

---

① 本案例由中信建投证券提供，撰写人：龚元庆。

并购，帮助企业做大做强。

2014 年 3 月 24 日，国务院发布《关于进一步优化企业兼并重组市场环境的意见》，从行政审批、交易机制等方面进行梳理，发挥市场机制作用，全面推进并购重组市场化改革。2014 年 5 月 9 日，国务院发布了《进一步促进资本市场健康发展的若干意见》，提出发展多层次股票市场，鼓励市场化并购重组，充分发挥资本市场在企业并购重组过程中的作用。2015 年 8 月 31 日，中国证监会、财政部、国资委、原中国银监会等四部委联合发布《关于鼓励上市公司兼并重组、现金分红及回购股份的通知》。上述通知指出，为大力推进上市公司并购重组市场化改革，相关部门将全面梳理上市公司兼并重组涉及的审批事项，进一步简政放权，扩大取消审批的范围；优化兼并重组市场化定价机制，增强并购交易的灵活性；同时也将进一步简化行政审批程序，优化审核流程；完善上市公司兼并重组分类审核制度，对市场化、规范化程度高的并购交易实施快速审核，提高并购效率。

同时，国家鼓励具备实力的企业开展跨国的海外并购业务，贯彻“走出去”战略，进一步参与国际合作和竞争，促进企业国际化转型，拓宽国际市场机遇。

2. 政策扶持有力推动人力资源服务行业快速发展

党的十九大报告指出，人才是实现民族振兴、赢得国际竞争主动的战略资源，要实行更加积极、更加开放、更加有效的人才政策。人力资源服务业是生产性服务业和现代服务业的重要组成部分，对推动经济发展，促进就业创业和优化人才配置有重要作用。

随着 2007 年国务院在《关于加快服务业的若干意见》中首次将人力资源服务业写入国务院文件后，各类促进人力资源服务业发展的政策规范相继出台。2014 年 12 月 25 日，人社部与国家发改委、财政部联合下发《关于加快发展人力资源服务业的意见》（人社部发〔2014〕104 号），其中明确提到，到 2020 年从业人员达到 50 万人，产业规模超过 2 万亿元，形成 20 家左右的龙头企业和行业领军企业等目标。为了达到以上目标，相关扶持政策将陆续出台。根据人社部主管的《中国组织人事报》的数据，2016 年我国人力资源市场规模为1.18万亿元，保持了20%以上的高增长率。如果2020年达到2万亿元的目标，则年复合增长率将达到14%以上，人力资源服务业的发展前景非常乐观。

3. 全球人力资源行业蓬勃发展，国际化步伐加快

根据World Employment Confederation最新发布的“Economic Report”，2016年全球人力资源服务市场创造的营业收入约4 910亿欧元，为5 650万人实现了就业。在全球人力资源服务各模块中，71%来自灵活用工业务，达到3 500亿欧元。美国、日本、中国、德国和英国5个国家占据了全球灵活用工服务75%的市场份额，其中，英国以4.1%的灵活用工渗透率位列全球之首。全球经济一体化和贸易自由化，人才流动的全球化和人力资源配置的国际化趋势日益明显，特别是中英两国互为重要投资来源地。2017年，超过500家中国企业落户英国，投资项目从贸易、金融、电信等传统领域向新能源、高端制造、研发中心等新兴领域延伸，所以英国企业迫切需要了解中国企业文化，同时需要在当地具有分支机构的专业人力资源公司提供人才获取支持。

另外，伴随着全球经济环境变化及中国经济的快速发展，以及中国政府对外资人力资源服务机构准入政策的放松，中国人力资源服务市场国际化的进程逐步加快，大量跨国的人力资源服务企业通过并购、投资、入股等方式进入中国人力资源市场。国际人力资源服务机构的本土化，不仅使中国人力资源服务企业在国内市场竞争能力增强，而且使国内企业面临的竞争压力也逐渐增大，中国人力资源服务业国际化进程将成为必然趋势。

（二）标的资产情况

Investigo（以下简称“标的公司”）成立于2003年，总部位于英国伦敦，是一家专注于财务、金融、银行、战略、房地产、人力等领域招聘工作的人力资源企业，主要为英国、欧洲的蓝筹企业以及中小企业提供中高端人才访寻和灵活用工服务。目前，Investigo拥有超过140名专业的招聘顾问，为超过1 000家企业提供中高端岗位及专业性岗位的人才招聘服务，在财务、金融等多个岗位细分招聘领域具备较强的竞争实力。Investigo在英国本土设有5间办公室，分

别位于伦敦、米尔顿凯恩斯、吉尔福德、圣奥尔本斯和牛津，在海外设有1家子公司，位于美国纽约，其中英国本土为 Investigo 的主要业务市场。

（三）本次交易的目的

1. 通过外延式发展拓展公司全球市场，助力进一步实现战略目标

科锐国际作为技术驱动下国内领先的人力资源整体解决方案提供商，致力于实现全球化战略目标，即通过外延式并购在全球范围内布局人力资源服务网络，同时提升品牌的国际知名度。目前，除国内业务外，科锐国际重点布局东南亚和北美地区。公司在中国境内、中国香港、新加坡、印度、马来西亚和美国等地相继设立了83家分支机构。本次收购的标的公司作为英国的中高端人力资源市场行业领先者，业务遍布英国和欧洲部分地区，并在美国设有子公司。通过本次收购，有助于上市公司打开英国及欧洲市场，进一步拓宽美国市场业务，同时整合全球市场业务资源，打造全球的人力资源体系，提升公司整体竞争力。

2. 激发上市公司与标的公司协同效应，提高上市公司市场竞争力

本次交易完成后，Investigo 将成为科锐国际的控股子公司，科锐国际将致力于充分发挥自身与标的公司之间的战略合作协同效应。科锐国际与 Investigo 合作将获得更高的国际品牌知名度，有利于进一步拓宽国内外客户渠道。科锐国际的国内客户多为中国“一带一路”建设企业，具有“走出去”的现实需求，投资合作后可以充分利用 Investigo 的海外网络平台提供有效支持和高效服务。双方还将利用彼此的客户和人才数据库，获得更大的客户群体和人才资源，并增加匹配效率，提升国际市场交付能力。同时，科锐国际业务主要覆盖区域为亚洲地区，优势行业主要为医疗服务、消费品、房地产及高科技；Investigo 的业务主要覆盖英国，侧重的招聘岗位为金融、审计、咨询等行业。因此，科锐国际与 Investigo 在地域和优势领域重合度较低，交易后可通过有效整合充分发挥各自优势，拓宽彼此在地域和行业上的客户覆盖范围，并提升产品服务质量。另外，

作为英国的中高端人力资源市场行业领先者，Investigo 始终保持领先的运营理念，拥有先进的 IT 软件系统和优秀的顾问人才。本次交易后，科锐国际可以通过交流学习 Investigo 领先的运营理念，实现 IT 运营水平上的提升，也可以通过与 Investigo 的经验交流进一步提升科锐国际中高管理层的管理理念和基层顾问的业务水平。此外，在未来的业务整合及运营实践中，公司致力于将技术驱动下“一体两翼三合”的创新理念充分融入标的公司的企业管理模式，激发上市公司与标的公司协同效应，扎实推进企业融合，满足上市公司中长期发展规划。

3. 提升上市公司的整体规模和盈利能力

Investigo 作为一家主要服务于英国和欧洲市场的中高端人力资源市场行业领先者，在英国和欧洲市场具有较高的品牌知名度。本次交易完成后，双方将在客户资源、客户服务能力、产品研发、管理模式、品牌等方面形成优势互补。具体来看，根据科锐国际 2017 年年报、2017 年度财务报表和信永中和出具的《备考审阅报告》，本次交易对上市公司每股收益有所增厚。另外，通过进一步资源整合，发挥协同效应，本次收购可以使公司快速完善其国际化布局，增强其国际竞争力，进一步巩固和加强其行业地位，为其带来新的业绩增长点。如此，科锐国际的可持续发展能力将得以提升，其业绩稳健增长目标的实现将得到更好的保障，从而有助于实现股东价值最大化。

三、交易方案

（一）方案背景及交易方案说明

1. 交易方案概述

本次交易中，科锐国际通过其全资子公司香港 AP 以现金方式向 Fulfil（2）购买其所持有的 Investigo 52.5% 股权。在本次交易前，Fulfil（2）持有 Investigo 全部已发行的 15 000 000 股普通股。在本次交易中，香港 AP 将向 Fulfil（2）购买其所持有的 Investigo 7 875 000 股普通股。根据股份购买协议及 Investigo 于 2018 年 4 月 19 日做出的股东会议决议，在交割时，香港 AP 所购买的 7 875 000 股普通股将更名为 A 类股，由 Fulfil（2）继续持有的 7 125 000 股普通股将更名为 B 类股。在本次交易后，香港 AP 持有的标的公司的股份数量占标的公司总股本的 52.5%。

2. 交易的定价原则及交易价格

本次重大资产购买为市场化收购，在综合考虑标的公司的品牌影响力、管理能力等影响标的公司股权价值的多种因素，且经过交易各方基于公平合理的原则多次协商后，本次交易价格确定为 2 200 万英镑。

3. 对价支付方式

本次交易将以英镑现金的方式支付，资金来源为科锐国际和香港 AP 的自有资金及通过法律法规允许的其他方式筹集的资金。

（二）估值定价

1. 估值对象与估值范围

本次估值对象是 Investigo 的股东全部权益价值；估值范围为 Investigo 于估值基准日 2017 年 12 月 31 日全部资产及负债。截至 2017 年 12 月 31 日，Investigo 资产、负债及股东权益的账面价值分别为 22 295.84 万元、12 136.15 万元和 10 159.69 万元。

2. 估值方法与结果

道衡美评根据本次估值对象、价值类型、资料收集情况等相关条件，分别采用收益法和市场法对本次标的公司的全部股权益价值进行分析估值，并以收益法得出的计算结果作为本次估值结论。根据道衡美评《北京科锐国际人力资源股份有限公司拟进行收购所涉及的 Investigo Limited 股东全部权益价值估值报告》（咨评报字〔2018〕第 004 号），在估值基准日 2017 年 12 月 31 日，标的 Investigo 于估值基准日 2017 年 12 月 31 日的全部股权价值为 4 060.55 万英镑，按估值基准日当天的中国人民银行英镑兑人民币的汇率 8.7792 折算后为人民币 35 648.38 万元，增值率为 251%。

3. 估值结果与交易定价差异分析

经上市公司与交易对方协商一致，确定上市公司取得 Investigo 52.5% 股权的交易价格为 2 200 万英镑。在估值基准日后，标的公司于2018年4月17日召开董事会，审议通过利润分配方案，同意用未分配利润对Fulfil（2）分红821.67万英镑。因此，在扣减上述分红金额后，标的公司的估值调整为3 238.88万英镑，标的资产的估值相应调整为1 700.41万英镑。同时，根据交易双方签署的股东协议，香港AP在交割后拥有940万英镑的优先分红权，即Fulfil（2）将放弃的未来股利分红权金额为446.50万英镑，折现金额为346.10万英镑。考虑到上述因素后，标的资产经调整后的估值与香港AP优先分红权的影响的合计结果较交易价格不存在较大差异。

四、交易节点

2018年4月20日，Fulfil（2）召开董事会会议，审议通过了Fulfil（2）向香港AP转让其所持Investigo股份的相关事宜。

2018年4月26日，上市公司第二届董事会第五次会议审议通过了本次《北京科锐国际人力资源股份有限公司重大资产重组报告书（草案）》等相关议案，上市公司全资子公司香港AP与Fulfil（2）及担保人签署了股份购买协议和股东协议。

2018年5月14日，上市公司取得了北京市商务委员会下发的企业境外投资证书（境外投资证第N1100201800210号）。

2018年5月21日，北京市发展和改革委员会下发项目备案通知书（京发改〔2018〕976号），对本次交易予以备案。

2018年6月1日，上市公司2018年第三次临时股东大会审议通过了《关于公司符合进行重大资产购买条件的议案》《关于公司重大资产购买方案的议案》等与本次重大资产重组相关的议案。

2018年6月20日，上市公司取得了中国光大银行股份有限公司北京分行出具的业务登记凭证（业务编号：35110000201310255160），上市公司已办理“ODI中方股东对外义务出资”的登记手续，境外主体为香港AP，经办外汇局为国家外汇管理局北京外汇管理部。

2018年6月29日，香港AP已根据股份购买协议向交易对方支付交易对价2 200万英镑，根据《交割法律备忘录》及标的股份的权属证书，香港AP已于2018年6月29日收到Fulfil（2）交付的标的股份的权属证书，香港 AP 合法持有标的公司 7 875 000 股 A 类股。6 月 29 日为本次交易的交割日。

五、并购影响

（一）对上市公司业务的影响

在全球约 3.8 万亿元人民币规模的人力资源服务市场中，英国人力资源市场具有重要的影响力和战略价值。英国是全球第五大经济体，英国以 325 亿英镑位居欧洲第一人力资源服务市场份额，约占欧洲整体份额的 30%，这得益于英国高效的劳动力就业和服务市场，以及友好的劳动法规负担。英国作为中国企业进入欧洲市场的“桥头堡”，三分之二的中国企业在欧洲的总部设在伦敦，旨在通过英国市场，大力拓展欧洲市场以及全球市场。2017 年，超过 500 家中国企业落户英国，投资项目从贸易、金融、电信等传统领域向新能源、高端制造、研发中心等新兴领域延伸，投资总额约 189 亿美元，预计将带来巨大的就业潜力与人才需求。科锐国际本次收购 Investigo，聚焦于通过伦敦，大力拓展英国及欧洲市场，从而服务新时代的“一带一路”倡议，为中国的人力资本打造全球的人力资源服务体系。

经过多年发展，Investigo 在英国的人力资源招聘市场奠定了良好的市场声誉与行业地位，在战略咨询、金融财务等多个细分领域里处于市场前列。报告期内每年服务的客户数量均超过 1 000 家，并围绕“Investigo”的整体品牌形象，建立了人力资源整体解决方案提供商的综合品牌影响力。本次交易完成后，Investigo 将成为上市公司的控股子公司。一方面，上市公司能够依托资本市场，在资金、人才、管理等方面支持 Investigo 的发展，整合各类资源，进一步提高其业务能力和商业运营能力，扩大其服务销售规模。另一方面，科锐国际可以快速进入英国和欧洲市场，进一步打开美国市场，实现海外市场的进一步扩展，助力公司的国际化布局，增强公司国际竞争力，进一步巩固和加强公司的行业地位，为公司带来新的业绩增长点。通过本次交易，上市公司的可持续发展能力将得以提升，其竞争实力和盈利能力将进一步增强，将为股东创造更多的价值。

（二）对上市公司财务的影响

本次交易完成后，上市公司的盈利能力得到大幅提升，2017 年的收入规模由 113 507.05 万元提升至 204 927.60 万元，归属于母公司的净利润由 7 433.87 万元提高到 8 964.83 万元，扣除非经常性损益后归属于母公司所有者的净利润由 6 985.22 万元提高到 8 533.62 万元。同时，标的公司招聘顾问报告期内的人均年净服务费产出约为人民币 140 万元，上市公司在近两年的招聘顾问人均年净服务费产出接近人民币 50 万元，标的公司的招聘顾问人均产出水平远高于上市公司。因此，本次交易对于提升上市公司盈利能力，为股东带来投资回报具有积极意义。

（三）对原股东持股比例的影响

本次交易为支付现金购买资产，不涉及上市公司股权结构的变化，不存在对上市公司控制权的影响。

六、交易特点

（一）交易审批

本次重大资产购买需要履行北京市发改委及北京市商委的备案程序，并要办理国家外汇管理局的外汇业务登记。

2018 年 5 月 14 日，科锐国际取得北京市商委就本次交易下发的企业境外投资证书（第 N1100201800210 号）。

2018 年 5 月 21 日，北京市发改委下发项目备案通知书（京发改〔2018〕976 号），对本次交易予以备案，有效期为 2 年。

2018 年 6 月 20 日，科锐国际取得中国光大银行股份有限公司北京分行出具的业务登记凭证（业务编号：35110000201310255160），科锐国际已办理“中方股东对外义务出资”的登记手续，境外主体为香港 AP，经办外汇局为国家外汇管理局北京外汇管理部。

（二）交易亮点

第一，通过本次收购，公司成功拓展英国及欧洲市场，为实现新时代的“一带一路”倡议迈出了坚实一步，进一步巩固和加强了公司的行业地位，助力公司全球化布局。

第二，本次交易推进迅速，在两个月左右的时间内即实现从合同签订—草案披露—交易所审核—资产交割的全流程，同时满足中英两国的审批和监管要求。

第三，财务顾问在尽调中发现，交易对方存在对标的公司的资金占用行为，在财务顾问建议下，通过标的公司以向股东分红的方式解决了该问题。同时，为进一步保障上市公司利益，上市公司通过谈判方式要求交易对方放弃未来的优先分红权，保护了收购方的利益。

第四，在本次交易中，根据股份购买协议及 Investigo 做出的股东会议决议，交割时香港 AP 所购买的 7 875 000 股普通股更名为 A 类股，由 Fulfil（2）继续持有的 7 125 000 股普通股更名为 B 类股。本次交易 A、B 股的分类设计，有助于收购方在交易后保持对控制权的掌控，获得优先分红的权利，以及在股份转让时受到较少限制及获得更大的权利，实现了交易目的。

七、案例亮点

本次交易完成后，上市公司的盈利能力得到大幅提升，同时上市公司将在多方面与标的公司产生协同效应，从而增强上市公司的核心竞争力。作为一例跨境收购案例，本次交易推进迅速，在两个月左右的时间内实现了收购全流程，同时满足了中英两国的审批和监管要求，也凸显了财务顾问在收购各环节中对重难点的把控及协调能力的重要性，还响应了国家鼓励具备实力的企业开展跨国海外并购业务的号召，贯彻“走出去”战略，进一步参与国际合作和竞争，促进企业国际化转型，拓宽国际市场机遇。

案例17：朗新科技（300682）定增收购易视腾科技96%股权及邦道科技50%股权①

一、案例简述

朗新科技股份有限公司（以下简称“朗新科技”“上市公司”“公司”）是一家专注于公用事业领域业务信息化系统技术与服务的提供商。公司业务主要集中于电力信息化行业的用电领域，产品主要包括用电信息采集、远程实时费控、营销业务应用、客户服务管理、服务品质评价、计量生产调度、电能服务管理、营销稽查监控、农电生产管理等，纵向上覆盖输电、配电及电力调度智能化业务领域；横向上已进入燃气、水务及其他公用事业领域。此外，公司通过与支付宝等第三方支付平台合作，建设基于互联网的公用事业电子账单处理与支付（EBPP）平台，为消费者提供便捷的能源及其他公用事业缴费服务、消费信息服务，致力于成为能源互联网及其他公用事业服务提供商。

本次交易中朗新科技拟通过发行股份的方式购买徐某、罗某、杜某等合计持有的易视腾科技96%的股权以及上海云钜创业投资有限公司、无锡朴元投资合伙企业（有限合伙）持有的邦道科技50%的股权。

根据上市公司与易视腾科技和邦道科技签署的发行股份购买资产协议及相关补充协议，本次交易标的资产为易视腾科技96%的股权和邦道科技50%的股权，交易价格为37.53亿元，均采用发行股份的方式进行支付，合计发行股份248 211 629股，占本次交易对价

① 本案例由中信证券提供，撰写人：赵亮、苏翔瑜。

总额的100%。

二、交易背景

（一）购买方发展目标

上市公司专注于为公共事业机构、企业客户和政府单位提供信息技术服务，业务领域包括信息系统的咨询规划、设计开发、建设运维，也包括应用云计算、大数据、物联网、人工智能等新技术，以“互联网+”的形式推进公共服务和产业升级的产业互联网业务。公司客户涵盖国家电网、南方电网、华润燃气、区域燃气及水务公司、海关口岸、企业及政府单位。

通过本次重组，将对上市公司产生深远影响：

第一，上市公司业务规模迅速提升。重组完成后，易视腾科技和邦道科技将成为上市公司的子公司，对上市公司的营业收入、净利润将产生直接贡献。

第二，有利于上市公司技术积累。易视腾科技所积累的云计算、大数据、人工智能等新技术研究和应用能力可以提升上市公司的技术水平，增强上市公司创造性应用新技术提供产业互联网服务的能力。邦道科技有利于强化上市公司对公共事业行业专业化 EBPP 技术与运营服务的能力，进一步开拓公共事业网络缴费市场，并在公共事业云服务、大数据方面实现更大发展。

第三，有利于上市公司提升平台业务运营能力，实现产业互联网业务与家庭互联网业务有机互动。易视腾科技对千万级互联网电视用户、OTT 终端的技术服务能力和经验，再加上邦道科技拥有的上亿用户的公共服务互联网平台运营经验，将为上市公司在工业互联网平台、新外贸服务平台、智慧社区平台等相关平台的运营服务提供助力。

第四，有助于拓展上市公司客户资源，丰富上市公司相关生态网络。易视腾科技在互联网电视技术服务业务中建立起来的与电信运营商、新媒体运营和服务商以及众多内容生产和服务商良好的生态与合作关系，将有助于上市公司构建更加丰富的合作伙伴与生态网络，从而促进业务的拓展与创新。

第五，上海云鑫和上海云钜成为上市公司重要股东，将有助于进一步促进公司产业互联网和家庭互联网两个领域同蚂蚁金服的深入合作，为公司业务拓展带来更多发展机遇。

本次交易符合上市公司及标的公司以“云、大、物、智”（云计算、大数据、物联网、人工智能）助力产业升级的发展战略，可以实现各方在技术、资源与能力等方面的高度复用，并推动产业互联网和家庭互联网的进一步融合。同时，合并完成后，蚂蚁金服等战略投资者在上市公司股东地位的加强，将进一步为公司未来的发展带来更加丰富的产业生态资源和更广阔的空间。

（二）标的资产情况

1. 标的资产一——易视腾科技

易视腾科技定位于“互联网电视技术服务商”，坚持“平台支撑、硬件入口、应用聚合、通道致胜”的公司战略，与电信运营商、广电运营商紧密合作，共同为全国家庭用户提供具有电信级服务品质保障的新电视服务。在整体产业链中，易视腾科技以其OTT技术、产品、服务参与到互联网电视的业务提供，纵贯产业链的各环节。

具体来说，易视腾科技产品与服务包括四大板块：互联网电视OTT终端、用户服务、增值业务以及技术服务。易视腾科技四大业务板块紧密围绕互联网电视产业链，以OTT终端为硬件入口，通过用户服务及技术服务来保障用户的互联网电视服务体验，并向用户提供各类增值服务。

报告期内，易视腾科技主营业务未发生重大变化。受益于互联网电视行业的迅速发展，易视腾科技主营业务收入持续增长，2016年、2017年和2018年度营业收入分别为80 786.86万元、123 936.31万元和165 620.45万元，保持持续增长的趋势。

2. 标的资产二——邦道科技

邦道科技是一家专注于公共服务领域的互联网服务平台技术与运营服务的创新型公司，致力于为水、电、燃气、有线电视、通信运营商、公共交通、城市服务及高校教育等行业提供创新型“互联网+”整体解决方案与服务。

邦道科技公司主要营业收入来自移动支付云平台建设及运营所收取的服务费、互联网运营业务服务费以及软件定制化开发产生的收入。主要客户是支付宝及公共服务机构，供应商主要包括集分宝、IT 设备供应商等。

报告期内，邦道科技的主营业务未发生重大变化。2016 年、2017 年和 2018 年，邦道科技的营业收入分别为 4 823.77 万元、12 831.50 万元和 25 920.82 万元，增长速度较快。

三、交易方案

（一）交易方案说明

本次交易中上市公司拟通过发行股份的方式购买徐某、罗某、杜某、吴某、无锡杰华投资合伙企业（有限合伙）、无锡曦杰智诚投资合伙企业（有限合伙）、无锡易朴投资合伙企业（有限合伙）、无锡易杰投资合伙企业（有限合伙）、上海云鑫创业投资有限公司、恒信东方文化股份有限公司、厦门网元通信技术有限公司、江苏紫金文化产业二期创业投资基金（有限合伙）、无锡融云投资合伙企业（有限合伙）、无锡润圆投资合伙企业（有限合伙）、上海腾辉创业投资合伙企业（有限合伙）、江苏省现代服务业发展创业投资基金（有限合伙）、苏宁润东股权投资管理有限公司、无锡田华亚灏投资合伙企业（有限合伙）、无锡金瑞海投资合伙企业（有限合伙）、上海列王投资中心（有限合伙）持有的易视腾科技 96% 的股权以及上海云钜创业投资有限公司、无锡朴元投资合伙企业（有限合伙）持有的邦道科技 50% 的股权。

根据上市公司与易视腾科技和邦道科技签署的发行股份购买资产协议及相关补充协议，本次交易标的资产为易视腾科技 96% 的股权和邦道科技 50% 的股权，交易价格为 37.53 亿元，均采用发行股份的方式进行支付，合计发行股份 248 211 629 股，占本次交易对价总额的 100%。

（二）估值定价

1. 交易标的的估值及估值基础

本次交易中，评估机构采用市场法和收益法两种方法对标的资产进行评估，并采用收益法评估结果作为评估值。根据北京卓信大华出具的《资产评估报告》，截至 2018 年 9 月 30 日，易视腾科技 100% 股权的评估值为 307 600.00 万元，与母公司所有者权益相比，评估增值额 177 412.64 万元，增值率 136.27%，易视腾科技 96% 股权对应的评估值为 295 296.00 万元。邦道科技的评估值为 160 000.00万元，与所有者权益相比，评估增值额 136 382.16 万元，增值率 577.45%，邦道科技 50% 股权对应的评估值为 80 000.00 万元。

在参考上述资产评估结果的基础上，根据发行股份购买资产协议及相关补充协议，上市公司与交易对方经协商确定易视腾科技 96% 股权的交易价格为 295 296.00 万元，邦道科技 50% 股权的交易价格为 80 000.00 万元。

2. 对价支付方式

根据上市公司与易视腾科技和邦道科技签署的发行股份购买资产协议及相关补充协议，本次交易标的资产为易视腾科技 96% 的股权和邦道科技 50% 的股权，交易价格为 37.53 亿元，均采用发行股份的方式进行支付，合计发行股份 248 211 629 股，占本次交易对价总额的 100%。

（三）盈利补偿安排

1. 业绩承诺

根据上市公司与作为盈利承诺补偿主体的徐某、无锡杰华投资合伙企业（有限合伙）、无锡曦杰智诚投资合伙企业（有限合伙）、无锡易朴投资合伙企业（有限合伙）和无锡朴元投资合伙企业（有限合伙）签订的盈利预测补偿协议，本次交易的业绩承诺期为 2018 年度、2019 年度和 2020 年度，且如因标的资产交割迟于 2018 年 12 月 31 日，则需要将业绩承诺期延长至 2021 年。

经上市公司聘请的具有相关证券业务资格的会计师事务所审计的易视腾科技 2018 年度、2019 年度和 2020 年度合并报表中净利润数（承诺净利润数）分别不低于 15 000 万元、20 000 万元和25 000 万元；若因项目交割迟于 2018 年 12 月 31 日，需要延长业绩承诺至 2021 年，则 2021 年承诺净利润数不少于 31 900 万元（前述期间的年度净利润合计数，以下称“承诺净利润累计数”）。

经上市公司聘请的具有相关证券业务资格的会计师事务所审计的邦道科技 2018 年、2019 年和 2020 年合并报表中净利润数（承诺净利润数）分别不低于 11 000 万元、12 500 万元和 15 500 万元；若因项目交割迟于 2018 年 12 月 31 日，需要延长业绩承诺至 2021 年，2021 年承诺净利润数不少于 20 000 万元（前述期间的年度净利润合计数，以下称“承诺净利润累计数”）。

业绩承诺期净利润数按照合并报表口径下扣除非经常性损益后归属标的母公司所有者的净利润。

业绩承诺期标的公司的实际净利润数若低于承诺净利润数，则由盈利承诺补偿主体根据盈利预测补偿协议的约定进行补偿。

2. 业绩补偿

业绩承诺期间，上市公司将聘请具有证券期货从业资格的审计机构对标的公司当年实现的实际净利润（实际净利润数，业绩承诺期实际实现的净利润合计数，以下称“实际净利润累计数”）进行审计并出具《专项审核报告》，实际净利润数与承诺净利润数的差额以会计师事务所的专项审核意见为准。

如果标的公司在业绩承诺期的实际净利润累计数未能达到同期的承诺净利润累计数，则盈利承诺补偿主体以其本次交易获得的上市公司股份或交易对价等值现金为限（补偿方式由盈利承诺补偿主体自主确定）对上市公司进行补偿。

每一承诺年度应补偿金额及应补偿股份数量按照以下方式计算：

每一承诺年度应补偿金额 =（截至该承诺年度期末的累计承诺净利润 – 截至该承诺年度期末累计实际净利润）÷ 业绩承诺期内承诺净利润总和 × 交易总价 – 累积已补偿金额

每一承诺年度应补偿金额，如盈利承诺补偿主体以股份的形式进行补偿，则每一承诺年度股份补偿数量按照以下方式计算：

每一承诺年度应补偿股份数量 = 每一承诺年度应补偿金额 ÷ 本

次发行的价格

前述承诺净利润、实际净利润或交易总价均只计算本次交易中盈利承诺补偿主体合计持有的标的公司股份比例对应的部分。

依据上述公式及规定计算的应补偿股份数量精确至个位数，如果计算结果存在小数，则舍去小数并向上取整数。

3. 资产减值测试及补偿安排

业绩承诺期届满时，上市公司将聘请具有证券期货从业资格的审计机构对标的资产进行减值测试（以下简称“减值测试”），出具《减值测试报告》，并在业绩承诺期最后一年上市公司年度报告公告后的30个工作日内出具减值测试结果。经减值测试，如标的资产期末减值额大于业绩承诺期已补偿金额，则盈利承诺补偿主体应以所持对价股份或现金（补偿方式由盈利承诺补偿主体自主确定）补偿，标的资产期末减值额只计算本次交易中盈利承诺补偿主体合计持有的标的公司股份比例对应的部分。业绩承诺期已补偿金额、应补偿股份数量或应补偿现金金额的计算方式如下：

业绩承诺期已补偿金额 = 业绩承诺期内已补偿股份总数 × 本次发行的价格 + 业绩承诺期内已补偿现金总金额

应补偿股份数量 = （标的资产期末减值额 - 业绩承诺期已补偿金额）/本次发行股份购买资产的每股发行价格

应补偿现金金额 = 标的资产期末减值额 - 业绩承诺期已补偿金额

4. 过渡期损益安排

过渡期系指审计基准日、评估基准日（不含当日）起至交割日前一个自然月最后一日止的期间。

标的公司截至交割日的滚存未分配利润、盈余公积、资本公积等所有者权益，在交割日后归上市公司享有。

在过渡期内，标的公司合并口径下的净资产增加（包括但不限于因经营实现盈利导致净资产增加等情形）的，则这些净资产增加部分归上市公司享有；标的公司合并口径下的净资产减少（包括但不限于因经营实现亏损导致净资产减少等情形）的，则在净资产减少（包括但不限于因经营实现亏损导致净资产减少等情形）数额确定后的 10 个工作日内，由交易对方独立非连带地按其在本次交易中出售的标的公司股权比例向上市公司或标的公司以现金方式补偿。

5. 其他

如果上市公司在业绩承诺期内实施转增或送股分配，则每一承诺年度应对股份补偿数量按照下述公式进行相应调整：

调整后的应补偿股份数量 = 应补偿股份数量 ×（1 + 转增或送股比例）

如果上市公司在业绩承诺期内实施多次转增或送股分配，则应补偿股份数量需依此公式依次进行调整。

如果上市公司在业绩承诺期内实施现金分配，盈利承诺补偿主体应独立非连带地将其需补偿股份数量所对应的现金分配金额进行相应返还，返还金额的计算公式为：

返还金额 = 股份补偿数量 × 每股已分配现金（以税后金额为准）

如果上市公司在业绩承诺期内实施多次现金分配，则返还金额需按上述公式依次进行调整。

在业绩承诺期内，如按相关规则计算的应补偿股份数量小于 0，按 0 取值，即已经补偿的股份不冲回。

四、交易节点

2018 年 10 月 29 日，朗新科技召开第二届董事会第二十次会议，审议通过了发行股份购买资产暨关联交易的相关议案。

2018 年 10 月 29 日，朗新科技与原交易对方签署了附条件生效的“朗新科技股份有限公司与易视腾科技股份有限公司全体股东、实际控制人之发行股份购买资产协议”“朗新科技股份有限公司与上海云钜创业投资有限公司、无锡朴元投资合伙企业（有限合伙）之发行股份购买资产协议”及附条件生效的“盈利预测补偿协议”。

2018 年 12 月 27 日，朗新科技召开第二届董事会第二十三次会议，审议通过了发行股份购买资产暨关联交易的相关议案，并与原交易对方签署了附条件生效的补充协议。

2019 年 1 月 14 日，朗新科技召开 2019 年第一次临时股东大会，审议批准了本次交易事项，并同意徐长军、郑新标及其一致行动人免于以要约收购方式增持朗新科技的股份。

2019 年 2 月 26 日，朗新科技与易视腾科技全体股东、实际控制人签署了“补充协议（二）”，就金投领航退出本次交易之交易方案调整做出相关约定。

2019 年 2 月 26 日，朗新科技与本次交易方案调整后的易视腾科技交易对方签署了附条件生效的“朗新科技股份有限公司与易视腾科技股份有限公司部分股东、实际控制人之发行股份购买资产协议”，就金投领航退出本次交易后，本次交易相关条款和条件进行相应调整。

2019 年 3 月 7 日，朗新科技召开第二届董事会第二十五次会议，审议通过了本次重组方案调整的相关议案。

2019 年 5 月 27 日，朗新科技收到中国证监会《关于核准朗新科技股份有限公司向徐长军等发行股份购买资产的批复》（证监许可〔2019〕914 号），即本次交易已取得中国证监会核准。

五、并购影响

（一）对上市公司业务的影响（业务、销售、研发）

上市公司专注于为公共事业机构、企业客户和政府单位提供信息技术服务，业务领域包括信息系统的咨询规划、设计开发、建设运维，也包括应用云计算、大数据、物联网、人工智能等新技术，以“互联网+”的形式推进公共服务和产业升级的产业互联网业务。上市公司客户涵盖国家电网、南方电网、华润燃气、区域燃气及水务公司、海关口岸、企业及政府单位。

本次重组若完成，将对上市公司主营业务产生深远影响。

第一，上市公司业务规模迅速提升。重组完成后，易视腾科技和邦道科技将成为上市公司的子公司，对上市公司的营业收入、净利润产生直接贡献。

第二，有利于上市公司技术积累。易视腾科技所积累的云计算、大数据、人工智能等新技术研究和应用能力可以提升上市公司的技术水平，增强上市公司创造性应用新技术提供产业互联网服务的能力。邦道科技有利于强化上市公司对公共事业行业专业化 EBPP 技术与运营服务的能力，进一步开拓公共事业网络缴费市场，并在公共事业云服务、大数据方面实现更大进步。

第三，有利于上市公司提升平台业务运营能力，实现产业互联网业务与家庭互联网业务有机互动。易视腾科技对千万级互联网电视用户、OTT 终端的技术服务能力和经验，再加上邦道科技拥有的上亿用户的公共服务互联网平台运营经验，将为上市公司在工业互联网平台、新外贸服务平台、智慧社区平台等相关平台的运营服务提供助力。

第四，有助于拓展上市公司客户资源，丰富上市公司相关生态网络。易视腾科技在互联网电视技术服务业务中建立起来的与电信运营商、新媒体运营和服务商以及众多内容生产和服务商良好的生态与合作关系，将有助于上市公司构建更加丰富的合作伙伴与生态网络，从而促进业务的拓展与创新。

第五，上海云鑫和上海云钜成为上市公司重要股东，将有助于进一步促进上市公司产业互联网和家庭互联网两个领域同蚂蚁金服的深入合作，为上市公司业务拓展带来更多业务机遇。

（二）对上市公司财务的影响

本次交易完成后，截至 2018 年 12 月 31 日，上市公司备考的资产总额将从交易前的 212 845.53 万元增加至交易完成后的 563 498.79 万元，营业收入将从交易前的 101 547.55 万元增加至交易完成后的 292 477.58 万元，归属于母公司所有者净利润将从交易前的 13 368.30 万元增加至交易完成后的 37 823.08 万元，上市公司业务规模和盈利能力均得到提升，不存在每股收益被摊薄的情形。

（三）对原股东持股比例的影响

本次交易前上市公司总股本为 431 720 862 股，本次发行股份购买资产完成后，上市公司总股本将增加至 679 932 491 股。

本次交易完成后，徐某通过直接持股，并与郑某一起通过控股股东无锡朴华、无锡群英持股，且通过与一致行动人无锡富赡、无锡羲华、无锡道元、无锡杰华、无锡曦杰和无锡易朴合计控制上市公司 236 640 433 股，持股比例达 34.80%，仍为上市公司实际控制人。

六、交易特点

(一) 交易难点

1. 一次交易完成对两项标的的收购，交易对方众多，核查难度大

本次交易标的为易视腾科技 96% 的股权和邦道科技 50% 的股权，交易对方包括 4 个自然人、5 个法人和 13 个合伙企业，财务顾问需对其进行全面的穿透核查，其中，诸如江苏紫金文化产业二期创业投资基金（有限合伙）、上海腾辉创业投资合伙企业（有限合伙）、江苏省现代服务业发展创业投资基金（有限合伙）等交易对方的股权层级众多，控制结构复杂，核查难度较高。财务顾问通过自主查询、调取工商档案，辅以访谈等尽调方式，清晰梳理了交易对方的股权架构和控制关系。

2. 重组后上市公司关联交易规模扩大

本次交易前，易视腾科技（本次交易标的之一）和易视腾文化以及上市公司均系同一控制，易视腾文化通过中数寰宇持股未来电视 20% 股权，易视腾科技从事互联网电视技术服务，未来电视系其唯一的牌照合作方，易视腾科技和未来电视具有关联交易。

本次交易前，邦道科技（本次交易标的之一）和支付宝进行交易，云钜投资是邦道科技的股东，云钜投资和支付宝都是蚂蚁金服的子公司，邦道科技与支付宝构成关联交易，上市公司是邦道科技的联营方。本次交易完成后，云钜投资成为上市公司股东，云钜投资对邦道科技的股权上翻到上市公司层面。

本次交易完成后，上述业务合作关系不会发生变化，标的公司的关联交易将成为上市公司的关联交易，导致重组完成后上市公司关联交易大幅增加，且会随着标的公司业务规模的扩大持续增加。该情形与《上市公司重大资产重组管理办法》第四十三条“有利于上市公司减少关联交易”的要求存在字面冲突和论证难度。

财务顾问就上述事项与监管层面进行充分沟通并详细论证了交易的必要性和合理性，考虑到项目中的邦道科技原为上市公司参股公司，易视腾文化因政策问题无法并入上市公司，关联交易对方非大股东控制的关联方。所以相关安排符合监管法规的要求。

3. 交易标的评估增值率较高，估值合理性需充分论证

本次交易标的易视腾科技和邦道科技均系轻资产型公司，交易价格相比其账面净资产增值幅度较高，其估值合理性以及未来业绩可实现性方面受到了重点关注。财务顾问结合标的所处行业特点、业务模式、客户集中度以及未来发展趋势对此进行了充分论证，采用定性和定量相结合的方式对未来业绩进行模拟测算，并匹配敏感性分析，得出估值结论。

（二）交易亮点

1. 不同细分行业的标的收购，与上市公司业务进行有机整合

本次交易完成后，上市公司在原有的行业信息化和产业互联网业务的基础上，全面整合了易视腾科技和邦道科技的互联网电视、“互联网+公共服务”等业务，在保持既有业务独立运营的同时，借助上市公司品牌、资金和渠道等优势寻求持续增长，充分发挥其对上市公司主营业务的支撑协同作用。本次交易完成后，易视腾科技和邦道科技继续沿用原有成熟有效的业务经营和管理模式，保持业务发展战略与上市公司的高度协同，增强在物联网、大数据、移动支付云平台、互联网运营能力等方面与上市公司的合作，促进上市公司业务创新的发展。同时，为易视腾科技和邦道科技带来更多的业务应用场景。上市公司现有的产业物联网业务，将与易视腾科技深耕的家庭互联网以及邦道科技覆盖的公用服务互联网相融合，实现云计算、大数据、物联网和人工智能在各个业务领域的交叉应用和彼此协同。

2. 基于深刻的行业理解，充分论证交易规模的合理性和可行性

本次交易的标的均为互联网企业，但深耕的细分领域各有不同，邦道科技主营“互联网+公共服务”业务，易视腾科技则专攻互联网电视，不同于制造型企业，他们未来业绩较少有在手订单支持，更多的则与行业发展阶段、趋势以及所处行业市场份额高度相关。

中介机构在执行项目过程中从行业大环境、细分领域业绩发展情况以及主要客户经营特点和诉求等角度对标的的未来业绩预期进行定量测算，并结合定性分析，充分论述了高估值的合理性和可实现性。

七、案例亮点

在行业层面，本次重组各标的业务虽涉及不同的细分领域，但与上市公司的行业具有协作和整合的巨大潜力和空间。净资产规模虽小，但作为典型的互联网企业，标的公司未来业绩预期良好。伴随我国互联网电视业务以及移动支付业务的飞速发展，标的资产的未来增长空间巨大，交易的完成有利于完善和补强上市公司业务样态，大幅提升其整体盈利能力。

在交易架构方面，本次交易同时涉及上市公司同一控制合并（易视腾科技）和非同一控制合并（邦道科技），合并报表处理方式存在差异，同时，交易对方众多且股权结构复杂多样，对中介机构核查提出了较高要求。

在交易定价方面，本次交易标的的评估增值率较高，在分析论证过程中，对行业趋势的理解和判断是重中之重，虽然没有在手订单等直接依据，但行业增速、客户业务发展计划、与主要客户合作关系的稳定性等内容同样可以交叉佐证业绩预期的合理性。

案例18：航天机电（600151）收购韩国 erae AMS 热交换业务[①]

一、案例简述

上海航天汽车机电股份有限公司（以下简称“航天机电”“上市公司”“公司”）是中国航天系统的第一家上市公司，产业主要涉及高端汽车零部件、新能源光伏，是航天技术应用产业化的重要平台。高端汽配产业主要产品包括为整车厂商配套空调系统、EPS、传感器、电器控制器等产品。新能源光伏产业主要从事硅片、组件环节的制造以及销售，电站投资。当前，公司结合实际发展情况和面临的新形势，调整了自身产业结构。按照“重点发展汽车热系统产业，转型发展光伏产业，积极发展军民融合产业”的发展思路，坚持创新和国际化战略，进一步提升公司发展质量。

上市公司通过其全资子公司以支付现金的方式购买韩国 erae Automotive Systems Co., Ltd.,（以下简称“erae AMS”“erae Auto”）剥离汽车非热交换业务后存续公司的70%股权。本次交易作价为17 154.94万美元，按两次支付时即期汇率合计折合人民币约11.36亿元。

二、交易背景

整车厂商的全球化、平台化策略同时带动了全产业链的变化趋势，促使了汽车零部件供应商走向全球化、规模化。迫于对生产成

① 本案例由广发证券提供，撰写人：石彦。

本及产品品质的双重要求，在世界各地兴建工厂生产的整车厂商越来越倾向于选择资本实力雄厚、能够配合其全球平台采购需求进行大规模生产及实现就近配送的大规模跨国零部件生产厂商。因此，只有保证能够实现“卫星装配”（即围绕整车厂各个生产平台而就近建立零部件生产基地，并进行配套生产）的大规模零部件生产商才有机会被纳入知名整车厂商的供应商候选名单。

上市公司主营汽车热交换业务的控股子公司上海爱斯达克汽车空调系统有限公司在全球最大的汽车生产地中国已建立起了上海、沈阳、烟台工厂，具备年产 200 多万套汽车空调系统的生产能力。erae AMS 的汽车热交换系统业务在韩国、印度、泰国等地均设有生产基地，并且具备了规模化生产的能力。交易完成后，上市公司在汽车热交换系统领域的布局将形成更大的规模，达到大型整车厂商的全球化分布要求，有望成为大型跨国整车制造商的全球供应商，进一步在汽车零部件的行业竞争中占据有利地位。

交易完成后，双方业务进行了有机整合，上市公司的汽车零配件业务除了能够通过分布更广的各地工厂赢得更多重量级客户，也能够发挥规模化效应降低成本。两家公司各自对原材料的采购在交易完成后能够完全叠加，更大规模的采购量势必将帮助其提升议价能力，获得更为优惠的采购价格。

三、交易方案

（一）交易方案背景及说明

韩国 erae AMS 主要从事汽车零配件业务，包括汽车热交换业务和汽车非热交换业务。汽车热交换业务的主要产品为暖通空调系统（HVAC）、动力总成冷却系统（PTC）、空调压缩机及空调控制器等。汽车非热交换业务的主要产品为汽车电子系统、转向系统、制动系统等。

截至 2017 年 3 月 31 日，erae AMS 从事汽车热交换业务的相关资产主要包括韩国本部热交换业务的相关资产，持有其子公司 erae 泰国、erae 印度、erae 俄罗斯、erae 波兰、erae 墨西哥、erae 巴西的股权以及子公司 erae 常熟汽车热交换业务资产。

根据约定的剥离方案，erae AMS 的汽车非热交换业务（包括 erae 常熟）被剥离至新设实体，存续 erae AMS（以下简称“标的公司”）承继重组前 erae AMS 的汽车热交换业务相关的资产和负债（除 erae 常熟的汽车热交换业务资产）。重组完成后，上市公司通过现金收购的方式分步购买了存续 erae AMS 70% 股权，具体步骤如下：

第一步收购：收购标的公司 51% 股权。上市公司通过支付现金的方式购买 erae ns 持有的存续 erae AMS 42.30% 股权和 erae cs 持有的存续 erae AMS 8.70% 股权。交割日后 10 个工作日内，erae AMS 另一股东 Posco Daewoo 依据约定将其所持有的存续 erae AMS 的 7.70% 股权转让给 erae cs。第二步收购：有权通过行使买方购买期权收购标的公司 19% 股权。交割日后 6 个月，上市公司通过行使股份购买修订协议中的约定期权，购买 erae cs 所持有的存续 erae AMS 19% 股权。

（二）估值定价

1. 交易标的的估值及估值基础

东洲评估采取收益法和市场法对 erae AMS 剥离汽车非热交换业务后的存续公司的股东全部权益价值进行了估值，并选用收益法估值结果作为最终估值结论。根据东洲评估于 2017 年 9 月 27 日出具的《上海航天控股（香港）有限公司拟现金收购涉及的存续 erae Automotive Systems Co., Ltd. 股东全部权益价值估值报告》（东洲咨报字〔2017〕第 0096 号），在估值基准日（2016 年 12 月 31 日），存续 erae AMS 股东全部权益价值（投资价值）24 563.93 万美元（按基准日汇率折算约为人民币 170 400.00 万元）。上市公司与交易对方签署股份购买修订协议并约定，本次交易中第一步收购标的公司 51% 股权的购买价格为 13 154.94 万美元。交割日（2018 年 1 月 31 日），航天机电已通过全资子公司上海航天控股（香港）有限公司按时支付了全部交易对价 13 154.94 万美元。

由于本次交易时间跨度较长，宏观经济及行业情况发生了一定变化。因此，在完成了第一步交易并准备实施第二步交易前夕，上市公司出于审慎经营的考虑，委托东洲评估对第二步拟收购的标的公司重新进行了评估。根据东洲评估于2019年3月21日出具的《上海航天控股（香港）有限公司拟收购erae Automotive Systems Co.，Ltd.部分股权涉及的股东全部权益价值估值报告》（东洲咨报字〔2019〕第0320号），在2018年12月31日，标的公司股东全部权益价值（投资价值）估值为21 374.87万美元（按基准日汇率折算约为人民币146 700.00万元）。据此，上市公司与交易对方签订“股份购买修订协议之修订协议”及相关文件并约定，本次交易中第二步收购标的公司19%股权的购买价格为4 000万美元。第二步交易交割当日（2019年3月28日），航天机电通过全资子公司上海航天控股（香港）有限公司按时支付了全部交易对价4 000万美元。

2. 对价支付方式

2017年11月15日，上市公司召开2017年第五次临时股东大会，决议通过对2015年非公开发行募集资金投资项目进行部分变更，变更募集资金中的100 000.00万元用于增资香港上航控股实施收购韩国erae AMS 70%股权项目，该投资不足部分由上市公司自筹资金解决。

本次交易为现金交易，上市公司本次交易支付对价除上述募集资金外，其余资金为银行并购贷款。

3. 盈利补偿安排

由于本次交易为现金收购，未涉及业绩承诺及盈利补偿安排。

四、交易节点

（一）上市公司的批准和授权

2017年4月7日，航天机电召开第六届董事会第三十五次会议，审议通过了《关于公司重大资产购买方案的议案》《关于公司签订附生效条件〈股份购买协议〉的议案》《关于〈上海航天汽车机电股份有限公司重大资产购买预案〉及其摘要的议案》《关于重大资产购买相关事项暂不提交临时股东大会审议的议案》等与本次交易有关的议案。

2017 年 9 月 28 日，航天机电召开第六届董事会第四十四次会议，审议通过了《关于本次交易方案的议案》《关于签订附生效条件〈修订及重述之股份购买协议〉的议案》《关于召开公司 2017 年第四次临时股东大会有关事项的议案》等与本次交易有关的议案。

2017 年 10 月 19 日，航天机电召开 2017 年第四次临时股东大会，审议通过了《关于本次交易方案的议案》《关于签订附条件生效的〈修订及重述之股份购买协议〉的议案》《关于〈上海航天汽车机电股份有限公司重大资产购买报告书〉及其摘要的议案》《关于提请股东大会授权董事会办理本次交易相关事宜的议案》等与本次交易有关的议案。

2017 年 10 月 19 日，航天机电召开第六届董事会第四十六次会议，审议通过了《关于变更部分募集资金投资项目的议案》等与本次交易有关的议案。

2017 年 11 月 15 日，航天机电召开 2017 年第五次临时股东大会，审议通过了《关于变更部分募集资金投资项目的议案》等与本次交易有关的议案。

2019 年 3 月 4 日，航天机电召开第七届董事会第十三次会议，审议通过了《关于购买 erae cs 所持 erae Auto 19% 股权的关联交易议案》《关于签订〈修订及重述之股份购买协议〉之修订协议的议案》《关于提请股东大会授权董事会全权办理重大资产购买相关事项的议案》《关于召开 2019 年度第一次临时股东大会相关事项的议案》等与本次交易有关的议案。

2019 年 3 月 22 日，航天机电召开 2019 年第一次临时股东大会，审议通过了《关于购买 erae cs 所持 erae Auto 19% 股权的关联交易议案》《关于签订〈修订及重述之股份购买协议〉之修订协议的议案》《关于提请股东大会授权董事会全权办理重大资产购买相关事项的议案》等与本次交易有关的议案。

（二）香港上航控股的决策程序

2017 年 9 月 28 日，香港上航控股董事会批准了本次交易。

2019 年 3 月 4 日，香港上航控股董事会批准了购买 erae cs 所持 erae Auto 19% 股权事宜。

（三）交易对方的决策程序

2017 年 9 月 25 日，erae cs、erae ns 的董事会分别审议批准了本次交易。

2019 年 3 月 4 日，交易对方 erae cs 的董事会批准了向香港上航控股转让其所持 erae Auto 19% 股权事宜。

（四）主管机关及政府部门程序

1. 本次交易取得了国资主管机构的批准。

2. 本次交易获得了国家发改委的备案并取得了“项目备案通知书”。

3. 本次交易获得了商务部颁发的“企业境外投资证书”。

4. 本次交易通过了中国、韩国、俄罗斯的反垄断审查。

5. 本次交易已进行境外投资外汇业务登记，并取得了国家外汇管理局上海市分局出具的“业务登记凭证”。

五、并购影响

（一）对上市公司业务的影响

本次交易完成后，erae AMS 纳入上市公司合并报表范围。2018 年，公司汽车热系统业务实现销售收入 417 520 万元，较 2017 年同期增加 92.64%。近年来的并购式扩张，使公司汽配产业迈进了跨越式发展阶段，发展定位进一步明确。目前，上市公司在全球拥有 14 家工厂、4 个研发中心，产业布局覆盖中国、韩国、泰国、印度等国家和欧洲及美洲地区。上市公司国内子公司爱斯达克与 erae AMS 积极开展投后整合，双方项目团队紧密合作，共梳理出协同项目 40 个。初步整合后，公司覆盖全球供应体系的优势凸显，在全球热系统行业中确立了新的供应商形象和地位。通过全球资源共享和协同效应的发挥，汽车热系统业务获得了部分主流客户项目，已获取包括通用 9BUX、大众 MQB A0、MQB37W 和宝马 FAAR－WE 高端版车型的项目订单，累计在手订单约 55 亿元人民币（产品生命周期内）。

（二）对上市公司财务的影响

根据《备考审阅报告》及备考合并财务报表，本次交易完成后，上市公司备考口径营业收入和净利润比重组前有较大幅度提升。2016年度，营业收入、净利润分别提高48.90%和34.82%，归属于母公司所有者的净利润比重组前增长5 247.23万元，增幅25.97%。

（三）对原股东持股比例的影响

本次交易为现金收购，所以对原股东的持股比例未产生影响。

六、交易特点

（一）交易难点

本次收购为跨境交易，且标的资产涉及韩国、泰国、印度、俄罗斯、波兰等多个国家，因此，各个不同国家的法律法规、会计准则、交易相关的审批程序、当地税收环境及当地社会文化的不同都增加了交易的复杂性。同时，由于本次交易中标的公司涉及部分业务和人员的剥离，交易双方及各方中介机构都花费了较大的精力与当地工会进行沟通与谈判。部分国家较为强势的工会文化也会给类似的跨境并购带来不确定性。

（二）交易亮点

为获取新兴国家市场份额并降低生产成本，整车生产厂商进行了全球化生产布局，因此，只有保证能够实现“卫星装配”（即围绕整车厂各个生产平台而就近建立零部件生产基地，并进行配套生产）的大规模零部件生产商才有机会被纳入知名整车厂商的供应商候选名单。本次交易就是为了顺应汽车零部件行业全球化、平台化的趋势而进行的，为争取更多优质客户打下了坚实的基础。

通过本次并购，交易双方在销售、生产、研发、采购、供应链等方面形成优势互补，通过生产基地及销售网络的互补、丰富产品组合等方式实现收入协同效应；通过增强采购规模优势、提高生产效率等方式实现成本协同效应。

七、案例亮点

目前全球经济增长放缓，世界各国通过跨境投资从而振兴经济的需求不断增加。同时，中国经济进入转型期，产业整合加速。国内企业通过境外投资引进发达国家的技术、产品、人才、品牌的需求日趋旺盛。“走出去”帮助国内企业能够在保持国内竞争优势的同时，快速提升企业的国际竞争力以及品牌影响力，实现企业自身产业升级、海外扩张等需求。

跨境并购是一个较为复杂的系统工程，从研究准备到方案设计，再到谈判签约、尽职调查、交割到并购后整合，整个过程环环相扣，每一步都对跨境并购的成功与否起到了不可忽视的作用。与普通的境外并购相比，上市公司境外并购除了需要符合发改委、商务部、外管局等多个部门的常规监管要求外，还需要符合中国证监会和交易所的信息披露要求及停牌时间限制，因此，对上市公司及中介机构的工作能力、工作效率及国际视野提出了更高的要求。

案例 19：克劳斯（600579）收购装备卢森堡股份及三明化机、华橡自控资产[①]

一、案例简述

克劳斯玛菲股份有限公司（曾用名“青岛天华院化学工程股份有限公司”，以下简称“克劳斯”“天华院”“上市公司”）主要从事化工机器、化学工程及设备、材料及腐蚀、生产过程自动控制、在线分析仪表、放射性检测仪表及环保技术与设备的研究开发、工程设计、产品制造和推广应用工作。持有国家统一颁发的中国工程咨询（甲级）、设备监理（乙级）、工程设计（乙级）、压力容器设计（三类）、压力容器制造（三类）、ASME“U”钢印制造许可证、建筑企业防腐保温工程专业承包（二级）、锅炉压力容器和压力管道及特殊设备检验许可证、国家级实验室认证证书、国家计量认证合格证、计量器具制造许可证、核辐射安全许可证等资格证书。

本次交易为天华院以发行股份的方式收购装备环球持有的装备卢森堡100%股权，以及三明化机和华橡自控持有的土地、房产、主要设备等资产。同时，非公开发行股份募集配套资金不超过102 600万元。本次交易完成后，装备卢森堡将成为天华院的全资子公司，装备环球将成为天华院第一大股东，天华院实际控制人仍然为中国化工。本次交易的主要标的资产装备卢森堡及交易对方装备环球均系境外公司，因此构成跨境换股交易。

① 本案例由中信建投证券提供，撰写人：范哲远。

二、交易背景

（一）本次交易的背景

1. 中德双边合作关系日益紧密，中国对德国投资不断增加

近年来，中德双边经贸关系迅速升温。2016 年，中德两国间贸易总额达 1 700 亿欧元，再创历史新高，中国首次成为德国第一大贸易伙伴。与此同时，中国对德国投资也迅速增加。根据商务部统计数据，2016 年中国对德国直接投资 29.45 亿美元，同比增长 258.6%。尽管历史上中国对德国投资起步较晚，基数较小，但近年来的迅猛发展，使 2016 年中国对德国直接投资首次超过德国对华直接投资，凸显了两国经贸合作关系中的新形势、新特点。

2. 本次交易是深入贯彻落实“一带一路”战略的重要举措，是“中国制造 2025”与德国“工业 4.0”的重要结合

2008 年国际金融危机后，世界各国都在积极寻求经济转型。面临发达国家和发展中国家的双重压力，中国要实现制造业的顺利转型，需要借鉴发达国家成熟的技术和经验。2013 年 4 月，德国政府在汉诺威工业博览会上正式推出“工业 4.0”战略，旨在提升德国工业的竞争力，在新一轮的工业革命中占领先机。2014 年 12 月，中国政府首次提出“中国制造 2025”概念，指出在新一轮科技革命和产业变革与我国加快转变经济发展方式形成历史性交汇、国际产业分工格局正在重塑之时，必须牢牢抓住这一重大历史机遇，实施制造强国战略。2015 年 10 月，德国总理默克尔访华时，两国宣布将推动“中国制造 2025”与德国“工业 4.0”的战略对接，共同推进新工业革命和业态，达成双赢。

本次重大资产重组交易是德国“工业 4.0”与“中国制造 2025”的重要结合，符合两国工业促进共赢的战略目标和我国发展高端制造业的相关政策。同时，德国作为陆上丝绸之路沿线的重要强国，本次交易也是国有企业参与“一带一路”和“国际产能合作”的积极实践，具有重要的示范意义。

3. 欧洲经济复苏缓慢，为跨境并购带来契机

自国际金融危机爆发以来，欧洲经济一直在衰退与复苏间徘徊。2016 年，欧盟 28 国全年经济增速仅为 1.9%，较 2015 年下降 0.1 个百分点，复苏势头缓慢，经济下行压力依然较大。

当前的欧洲经济环境下，许多具有世界级领先技术水平的优质资产也纷纷向海外的投资者抛出了橄榄枝。中国化工偕同国新国际等机构于此契机成功收购了业内久负盛名的高端制造业资产，而本次交易为境外优质资产提供了对接境内市场的渠道，真正实现其资产增值，是顺应经济全球化形势，实现中国化工整体战略目标的重要举措。

4. 全球橡塑机械市场需求不断增加，中国橡塑机械行业 2.0 版亟待转型升级

根据克利夫兰研究集团有限公司报告，全球塑料机械市场发展态势良好，全球市场需求预计以每年约 6.9% 的速度稳定增长，2017 年全球市场规模将达 371 亿美元。其中，亚太地区是最大的区域市场，占全球总需求的一半以上。

我国橡塑机械工业经过多年的快速发展，已形成相对成熟的市场，许多核心关键装备的制造能力和技术水平已初具国际竞争实力。目前，中国已成为全球最大的塑料机械消费国，市场规模占全球市场的 20% 以上。尽管如此，与欧美等发达国家相比，我国橡塑机械行业仍存在集中度较低、部分专用加工用机械依赖进口的情况，产业竞争力仍待提升。从产品结构上看，无论是全球市场还是我国市场，高端产品份额依然被发达国家所垄断，我国的产品附加值低，塑料成型设备行业缺乏自主知识产权的“拳头产品”，我国距离世界塑料机械生产强国还有很大的上升空间。

5. 引入德国工业高端母机企业，对“中国工业 2025”装备升级意义重大

注塑设备属于国家发改委、科技部、工信部、商务部、知识产权局共同发布的《当前优先发展的高新技术产业化重点领域指南》（2011 年度）中的“精密高效和成形设备”，是工业制造领域的重要工作母机。全球注塑设备市场规模超千亿元人民币，目前，我国已

成为塑料机械的第一大国，但大而不强，高精度、大型注塑机装备、全电动注塑机等主要市场仍被海外品牌占据。国内主要中资企业产品相对处于中低端。本次资产重组将全球龙头引入A股，作为重要的工作母机落地中国，对“中国工业4.0”装备升级的战略意义非常重大。

（二）本次交易的目的

1. 发挥协同效应，缔造全球橡塑机械行业龙头

本次交易标的公司装备卢森堡全资持有的KM集团是全球塑料和橡胶加工机械设备市场的行业领导者，业务发展成熟，拥有领先的研究水平、产品服务和一流技术，且是全球少数结合了注塑、挤出和反应成型技术的企业。上市公司通过本次交易，整合中国化工下属境外KM集团和境内橡胶机械公司，实现境内外技术、产能、销售和管理的协同，打造国际化的化工装备产业平台。

整合后，天华院（克劳斯）（以下简称“上市公司”）将借助KM集团在橡塑机械领域、挤出及反应成型的领先地位、深耕行业上百年的管理经验，结合自身已有的设备资产和市场分布，打造化工机械装备行业的旗舰型上市公司，有效提升国内橡塑机械产业的整体竞争力，提升中国在全球橡塑机械乃至化工装备领域的综合竞争实力，为中国企业在世界高端装备制造业争得一席之地。

2. 整合集团内部资源，避免同业竞争，打造优质国有控股上市公司

近年来，中国化工一直秉承以资本运营为主的战略发展模式，积极参与和国内板块同业的全球领先公司的海外并购，并借助其专业能力整合集团内部资源，对旗下上市公司平台分板块实现证券化。目前，中国化工已完成旗下轮胎、农化、蛋氨酸等板块的资产整合与证券化工作。

2016年中国化工收购KM集团时即明确，在符合相关监管要求的情况下，将与国内相关资产进行战略整合，并在条件具备的情况下，与天华院就相关塑料加工技术业务领域进行整合的路径。本次上市公司整合KM集团和国内橡胶机械公司资产的交易将强化其作为中国化工旗下化工装备上市平台的地位，有利于解决上市公司的

同业竞争问题，使得相关承诺得以切实履行，有助于国有资产的保值增值，也体现出良好的国有控股上市公司形象。

3. 持续提升上市公司业务增长综合竞争力

本次交易中，KM 集团拥有行业一流的资产和领先的盈利水平，2016 年和 2017 年营业收入分别为 995 430. 06 万元、1 073 765. 21 万元。三明化机、华橡自控资产包进入上市公司后，将成为 KM 集团在中国的生产基地，提升 KM 集团的本土化水平及产能。通过本次收购，上市公司体量及规模大幅提升，有利于上市公司相关业务与标的公司现有业务协同效应的逐步显现，有利于上市公司经营效率的提高，有利于未来为股东持续创造价值。

三、交易方案

(一) 方案背景及交易方案说明

本次交易中，天华院以非公开发行股份的方式向装备环球收购其持有的装备卢森堡 100% 股权，从而间接持有 KM 集团 100% 股权；同时，天华院以非公开发行目标股份的方式向三明化机以及华橡自控收购其生产相关的土地、房产和设备等资产，总交易作价为 630 279. 90万元。本次交易完成后，装备卢森堡将成为天华院的全资子公司。

上市公司拟向不超过 10 名符合条件的特定投资者以非公开发行股份的方式募集配套资金，拟募集配套资金总额约为 102 600 万元。募集配套资金总额不超过本次拟购买资产交易价格的 100%。

(二) 估值定价

1. 交易标的的估值及定价基础

本次交易标的资产价格的确定以具有证券期货业务资格的资产评估机构出具并经国务院国资委备案的评估报告备案的评估结果为依据。

以 2017 年 9 月 30 日为评估基准日，标的资产评估及交易作价的情况为：装备卢森堡 100% 股权以收益法评估的评估值为 606 190. 10万元，三明化机资产包以资产基础法评估的评估值为

12 402. 57万元，华橡自控资产包以资产基础法评估的评估值为 11 687. 23万元，评估值合计 630 279. 90 万元。

由于整体交易流程较长，距本报告书签署日已超过一年，为维护上市公司及全体股东的利益，公司聘请中联以 2018 年 7 月 31 日为基准日，对装备卢森堡 100% 股权、三明化机和华橡自控资产包的价值进行再次评估，以确保购买资产的价值未发生不利于上市公司及全体股东利益的变化。根据中联出具的中联评报字〔2018〕第 1780 号评估报告，以 2018 年 7 月 31 日为基准日，仍选取收益法作为定价依据，装备卢森堡 100% 股权的评估价值为 622 650. 30 万元人民币，相比原评估价值增加 16 460. 20 万元人民币；根据中联出具的《评估报告》（中联评报字〔2018〕第 1781 号及中联评报字〔2018〕第 1782 号），以 2018 年 7 月 31 日为基准日，仍选取资产基础法作为定价依据，三明化机和华橡自控资产包的评估价值分别为 12 956. 45 万元人民币和 11 955. 98 万元人民币，相比原评估价值分别增加 553. 88 万元人民币和 268. 75 万元人民币。

鉴于补充评估仅对标的资产价值予以验证，不改变本次交易的作价原则和基础，因此，为了保护上市公司全体股东的利益，本次重组中标的资产的交易价格仍以 2017 年 9 月 30 日的评估值为基础确定，即 630 279. 90 万元。

2. 对价支付方式

装备环球、三明化机、华橡自控交易对价分别为 60. 62 亿元、1. 24 亿元、1. 17 亿元，股份分别为 46 882. 45 万股、959. 21 万股、903. 88 万股。

3. 盈利补偿安排

本次交易装备卢森堡的利润补偿期限为 2018 年、2019 年、2020 年三个会计年度。装备环球承诺装备卢森堡 2018 年、2019 年以及 2020 年各会计年度实现的净利润分别不低于 4 758. 187 万欧元、4 771. 015万欧元、5 702. 792 万欧元，以上净利润为扣除非经常性损益后的归属于母公司的净利润。

如在业绩承诺期内，装备卢森堡截至当期期末累积实现净利润数低于截至当期期末累积承诺净利润数，装备环球同意就装备卢森堡实际扣非净利润不足承诺扣非净利润的部分以股份及现金的方式进行补偿，业绩补偿应先以股份补偿，不足部分以现金补偿。当年的补偿金额按照如下方式计算：

当年应补偿金额 =（截至当期期末累积承诺净利润数 - 截至当期期末累积实现净利润数）÷补偿期限内各年的承诺净利润数总和×装备卢森堡100%股权交易对价 - 累积已支付的补偿金额

如果装备环球当年需向天华院支付补偿，则装备环球应当先以本次非公开发行取得的尚未出售的天华院股份进行补偿，不足的部分由装备环球以现金补偿，具体补偿方式如下：

（1）装备环球先以本次非公开发行取得的尚未出售的天华院股份进行补偿：

当年应补偿股份数量 = 当年应补偿金额/发行股份的价格

（2）天华院在业绩承诺期内实施转增或股票股利分配的，则补偿股份数量相应调整为：

当年应补偿股份数量（调整后）= 当年应补偿股份数（调整前）×（1 + 转增或送股比例）

（3）业绩承诺期内，天华院已分配的现金股利装备环球应相应返还，计算公式为：

返还金额 = 截至补偿前每股已获得现金股利（以税前金额为准）×当年应补偿股份数量

（4）装备环球所持有的股份不足以补偿的，差额部分由装备环球以现金补偿。

如装备卢森堡100%股权期末减值额大于"业绩承诺期内已补偿股份总数×发行价格 + 已补偿现金"，则装备环球应在《减值测试报告》出具之日起的10个工作日内对天华院另行补偿。装备环球应当先以装备环球因本次非公开发行取得的尚未出售的天华院股份进行补偿，不足的部分由装备环球以现金补偿。

因装备卢森堡100%股权减值应补偿金额的计算公式为：

应补偿的金额 = 期末减值额 -（业绩承诺期内已补偿股份总数×发行价格 + 已补偿现金）

装备卢森堡100%股权减值补偿与业绩承诺期内盈利补偿合计不

超过装备卢森堡100%股权的交易对价。

四、交易节点

2017年12月6日，上市公司召开第六届董事会第二十次，审议通过了发行股份购买资产并募集配套资金暨关联交易预案及相关议案。

2018年6月5日，上市公司召开第六届董事会第二十三次会议，审议通过了发行股份购买资产并募集配套资金暨关联交易报告书（草案）及相关议案。

2018年7月16日，上市公司召开第六届董事会第二十五次会议，审议通过了关于调整本次交易方案的相关议案。

2018年7月20日，本次资产重组和配套融资的总体方案获国资委批准；上市公司召开2018年第一次临时股东大会，审议通过了本次发行股份购买资产并募集配套资金暨关联交易的相关议案。

2018年9月12日，中国证监会书面下发一次反馈意见。

2018年10月12日，上市公司召开第六届董事会第二十八次会议，审议通过了关于调整本次交易方案的相关议案，并公告一次反馈意见回复。

2018年11月2日，本次交易获得中国证监会并购重组委审核通过。

2018年11月15日，国家发改委同意对上市公司本次交易所涉及的境外投资项目予以备案。

2018年12月4日，中国证监会核准上市公司发行股份购买资产并募集配套资金暨关联交易。

2018年12月17日，上市公司收到商务部出具的《商务部关于原则同意中国化工装备环球控股（香港）有限公司战略投资青岛天华院化学工程股份有限公司的批复》（商资批〔2018〕825号）。

2018年12月26日，上市公司收到商务部颁发的“企业境外投资证书”。

2018年12月28日，除三明化机资产包及华橡自控资产包中的土地、房产以及车辆外，本次发行股份购买资产所涉标的资产中装备卢森堡100%股权、三明化机资产包及华橡自控资产包中的机器设备已完整、合法地过户至天华院。

2019年4月23日，三明化机资产包和华橡自控资产包全部过户至上市公司名下（其中，车辆权属过户手续无法办理，三明化机、华橡自控已采取现金补足）；天华院已办理完毕本次交易所涉及的发行股份购买资产新增股份登记。

2019年4月27日，本次发行股份购买资产涉及的新增股份上市（公告日）。

五、并购影响

（一）对上市公司业务的影响

1. 本次交易对上市公司主营业务的影响

本次交易完成前，上市公司主营业务为化工装备研发、生产和销售，主要产品为干燥工程技术及装备、废热锅炉及余热回收设备、电化学设备、监理服务业务等。交易完成后，上市公司将增加KM集团的塑料和橡胶加工机械业务，其主要产品包括注塑设备、挤出设备和反应成型设备。通过本次交易，上市公司将借助KM集团在橡塑机械领域和挤出及反应成型的领先地位，深耕行业上百年的管理经验，结合自身已有的设备资产和市场分布，打造化工机械装备行业的旗舰型上市公司。

2. 上市公司与标的资产存在市场渠道协同、资本协同、管理协同、品牌协同，有利于进一步提升整体价值。

（1）市场渠道协同。本次交易完成后，上市公司可借鉴KM集团先进的管理经验，提高管理效率；利用KM集团的全球采购和销售渠道，进一步提高在国际市场的知名度。同时，上市公司可利用其在中国市场的本地化资源为KM集团市场开拓提供协助。

（2）资本协同。KM集团一直高度重视产能提升，但是其资本规模及对外融资能力相对较弱，通过进入国内资本市场，KM集团能够解决资金瓶颈，实现进一步发展。本次交易完成后，KM集团可充分依托上市公司资本市场的融资平台，缓解资金瓶颈，实现经营规模的持续提升，从而实现资本协同，进一步促进上市公司的可持续发展。

（3）管理协同。通过本次交易，上市公司可以吸收KM集团在橡胶和塑料加工领域的专业人才和管理经验，在公司治理、内部控制、人力资源、规范管理等方面提升公司管理效率和经营水平，降低经营成本。

（4）品牌协同。KM集团是全球最大的橡塑机械和解决方案供应商之一，拥有180年的历史，其品牌在全球高端橡塑机械设备领域享有良好的口碑，品牌优势明显。通过本次交易KM集团进入A股上市公司，可以迅速提升其在中国市场的品牌影响力，有利于其本土化和新兴市场战略的实施。

（二）对上市公司财务的影响

上市公司2017年度、2018年1—7月的营业收入规模增幅分别为2 490.30%、1 941.40%，对上市公司的收入、利润的提升作用显著。

（三）对原股东持股比例的影响

本次发行前，上市公司总股本为410 636 024股，化工科学院持有上市公司211 711 049股，持股比例为51.56%，为上市公司的控股股东。本次交易完成后，上市公司总股本变更为898 091 474股，装备环球持有上市公司468 824 515股，占上市公司本次重组后总股本的52.20%，为上市公司的控股股东。实际控制人仍为中国化工，交易前后未发生变化。

六、交易特点

（一）交易难点

2016年，中国化工联合国新国际及汉德资本收购KM集团，利用多种融资途径设置多层持股结构完成交易。

因为装备卢森堡下属子公司KMG等主要子公司股权均被质押给裕信银行牵头的银团用于贷款融资，装备环球以上的多层股权结构从时间及税务成本上难以还原为平行持股架构，所以方案采用天华院向装备环球发行股份购买装备卢森堡100%股权。由于装备环球和装备卢森堡均为境外公司，本次交易构成跨境换股。

装备卢森堡系非上市公司，因此形式上并不符合《关于外国投资者并购境内企业的规定》①。但考虑到本次交易的实质为中国化工实施内部资产重组，通过本次上市公司收购KM集团和国内橡胶机械公司资产的交易，中国化工将旗下KM集团100%股权与国内橡塑机械公司资产注入上市公司，强化其作为中国化工旗下化工装备上市平台的地位。装备环球收购标的公司以及本次上市公司拟向装备环球收购标的公司均经过国务院国资委批准，本次交易能够达到商务部在并购过程中对用于支付对价的境外股权所提出的风险控制等监管要求。

2018年12月，本次交易获得商务部针对跨境换股的正式批复。

（二）交易亮点

1. 评估基准日后交易对方与标的资产顺利实施债务重组

2016年4月26日，装备环球与装备卢森堡签订"公司间贷款协议"（Intercompany Loan Agreement）。2016年6月2日，根据交割后资金实际使用情况，装备卢森堡向装备环球偿还部分款项，合计54 071 588.23欧元，贷款余额为179 816 779.55欧元。

2017年9月22日，装备环球通过内部决议，与装备卢森堡签署转股协议，将装备环球对其的本息合计188 442 126.38欧元（生效日期为2017年7月1日）的应收款项转为装备卢森堡的权益，不涉及新发行股份。

---

① 根据《关于外国投资者并购境内企业的规定》第二十七条和二十八条规定，以股权作为支付手段并购境内公司的境外公司应合法设立并且其注册地具有完善的公司法律制度，且公司及其管理层最近三年未受到监管机构的处罚；除本章第三节所规定的特殊目的公司外（根据《关于外国投资者并购境内企业的规定》第三十九条的规定，特殊目的公司系指中国境内公司或自然人为实现以其实际拥有的境内公司权益在境外上市而直接或间接控制的境外公司），境外公司应为上市公司，其上市所在地应具有完善的证券交易制度；第二十九条规定，外国投资者以股权并购境内公司所涉及的境内外公司的股权，应符合以下条件：（一）股东合法持有并依法可以转让；（二）无所有权争议且没有设定质押及任何其他权利限制；（三）境外公司的股权应在境外公开合法证券交易市场（柜台交易市场除外）挂牌交易；（四）境外公司的股权最近一年交易价格稳定。

装备环球对装备卢森堡债务形成的原因为前次收购时的商业安排以及税收架构筹划，资金来源全部为装备环球的资本金，系装备环球以债权形式主动向装备卢森堡提供的投资性资本，最终资金用于向前次收购的卖方为加拿大 Onex 公司控股的 Munich Holdings II Corporation S. icr. l. 支付收购对价。

装备环球在上市公司停牌后对装备卢森堡实施债务重组，即由应收款项转为装备卢森堡的权益，上述债务重组有利于理顺装备卢森堡与其股东之间因前次收购而产生的债权债务关系，还原上述资金投入的经济实质。

2. 通过跨境换股方式满足各方利益诉求

天华院本次交易以约 63 亿元股份对价收购 KM 集团及境内三明化机及华橡自控实物资产，是中国化工集团继安迪苏、沙隆达后又一境外优质资产 A 股证券化的成功案例，是打造旗下化工装备上市平台的重要举措。

通过跨境换股方案将德国工业高端母机企业引入中国，是“中国制造 2025”与德国“工业 4.0”的重要结合，对中国工业装备升级具有重要的战略意义，同时打通了联合投资人的顺利退出渠道。

七、案例亮点

在跨境并购交易中，竞标流程的时间紧迫性、尽调范围和手段的限制、估值方法的差异以及境外股东针对 A 股股份或定向可转债的政策和操作限制都大大降低了 A 股上市公司，尤其是国有控股上市公司，直接向境外第三股东完成跨境收购的确定性。

因此，在与国内外各类潜在买方竞争收购境外优质标的资产时，控股股东往往倾向与经验丰富的私募股权基金合作，有效率地完成前次交易的尽调、报价、签署 SPA 以及股权交割后，再择机启动标的资产的 A 股证券化。这是一条被验证多次的可行道路，但控股股东参与的“两步走过桥收购”，往往需要针对国内审计口径的净利润做出补偿承诺，并以取得的 A 股股票作为补偿手段。

随着《公开发行证券的公司信息披露内容与格式准则第 26

号——上市公司重大资产重组（2018 年修订）》的出台，针对预案的信息披露和中介机构核查要求大幅简化和降低。上市公司进行跨境并购时，尤其是以纯现金支付的方式，已经有成熟案例采用全程不停牌、分阶段信息披露的方式顺利完成交易。

相信随着 A 股资本市场的不断对外开放以及人民币的国际化，以股权或定向可转债作为支付手段，甚至采用吸收合并的方式与境外上市公司的跨境重组交易 A 股市场出现的机会会越来越多，助力国内优质的上市公司不断迈出国际化的步伐。

案例 20：中嘉博创（000889）收购嘉华信息[①]

一、案例简述

中嘉博创信息技术股份有限公司（曾用名“茂业通信网络股份有限公司”，以下简称“中嘉博创”“茂业通信”“上市公司”“公司”）是控股型企业，主要业务为信息智能传输、通信网络维护，辅助业务包括移动互联网软件开发及应用服务、金融服务外包。主要业务由两家全资子公司创世漫道、长实通信和一家控股子公司嘉华信息经营，创世漫道主营信息智能传输，其他业务涉及移动互联网软件开发及应用服务和流量经营业务；长实通信主营通信网络维护；嘉华信息主营信息智能传输（移动信息传输），其他业务涉及金融服务外包、软件工程和流量经营业务。作为移动信息智能传输服务综合信息服务平台运营商，移动信息智能传输服务的竞争优势包括经验丰富且高效稳定的人才结构、自主核心处理平台的技术优势、分布广泛且质量较高的客户结构、进入良性循环的业务规模、长期市场化经营建立的品牌影响力、全面完善的客户增值服务。

在进行本次交易时，中嘉博创公司名称为茂业通信网络股份有限公司。在本次交易中，茂业通信分别向刘某、宁波保税区嘉语春华投资合伙企业、宁波保税区嘉惠秋实投资合伙企业发行股份及支付现金购买其合计持有的北京中天嘉华信息技术有限公司 100% 股权。同时，茂业通信采用询价方式向不超过 10 名特定投资者非公开发行股票募集配套资金，募集配套资金总金额不超过 45 600 万元，以用于标的公司募投项目建设。

---

① 本案例由中信证券提供，撰写人：张昕。

二、交易背景

（一）移动信息服务行业规范成熟，稳定发展

1. 移动信息服务行业受到国家产业政策扶持

2011 年 12 月，国务院办公厅发布《国务院办公厅关于加快发展高技术服务业的指导意见》（国办发〔2011〕58 号），明确将“信息技术服务”列入要重点推进、加快发展的八个高技术服务领域之一。

2012 年 5 月，工信部发布的《通信业“十二五”发展规划》将“全面深化信息服务应用”列为发展重点，提出要积极推动信息通信技术与传统工业技术、生产制造、经营管理流程和企业组织模式深度融合，面向工农业生产和商贸流通等重点行业和企业，以及工业园区、产业集群的发展需要，打造网络化公共信息服务平台，发展集成化行业信息化解决方案。

2013 年 2 月，在原有的《产业结构调整指导目录（2011 年本）》基础上，国家发展和改革委员会发布的《〈产业结构调整指导目录（2011 年本）〉修正版》将“增值电信业务平台建设”继续列为信息产业中的鼓励类发展业务。

2016 年 1 月，科技部、财政部、国家税务总局联合印发的《国家重点支持的高新技术领域》将移动通信系统技术、电信网与互联网增值业务应用技术等通信技术列为国家重点支持的高新技术领域。

2. 移动信息服务业在行业监管治理中更加成熟规范

2012 年 12 月，第十一届全国人民代表大会常务委员会第三十次会议表决通过《全国人民代表大会常务委员会关于加强网络信息保护的决定》，指出任何组织和个人未经电子信息接收者同意或者请求，或者电子信息接受者明确表示拒绝的，不得向其固定电话、移动电话或者个人电子邮箱发送商业性电子信息。

2013 年 4 月，工信部发布《工业和信息化部关于开展深入治理垃圾短信息专项行动的通知》（工信部电管函〔2013〕160 号），指出为巩固垃圾短信息治理成效，健全长效机制，将开展深入治理垃圾短信息专项行动。同时，制定《深入治理垃圾短信息专项行动工

作方案》，要求规范商业性短信息定制和退订，重点清理基础电信企业自有及合作的端口类短信息发送业务。

3. 智能手机的普及、APP 应用场景的深入为移动信息服务奠定了坚实基础

根据工信部《2017 年通信业统计公报》数据显示，2017 年，我国移动电话用户总数达 14.2 亿户，移动电话用户普及率达 102.5 部/百人，比 2016 年提高 6.9 部/百人。全国已经有 16 省市的移动电话普及率超过 100 部/百人。高移动电话普及率使移动信息成为人们在日常生活工作中获取各种信息的重要途径之一。

根据腾讯 Bugly 出具的《2016 年度 Android & iOS 移动应用质量大数据报告》，截至 2017 年 2 月，iOS 平台移动应用数量突破 220 万个，Android 平台移动应用数量则约为 300 万个。海量的移动应用深入人们生活的各个场景中，例如用户身份注册验证、第三方支付安全保障、购物订单短信通知、物流配送短信提示、用户服务回访等。不断丰富的移动应用生活场景也促进了移动信息服务的发展和业务量的提升。

（二）金融服务外包行业发展前景广阔

1. 金融行业走向专业化、成熟化，国家积极出台流程外包行业相关政策

当前，我国金融行业呈现出核心业务和非核心业务、前台业务和后台业务、标准流程业务和非标准流程业务加快分离的趋势，金融机构原有自主运营的非核心业务正逐渐向专业化方向发展。在这个过程中，金融机构更多地着眼于产品创新、信用创造等核心业务，而将后台业务或非核心业务分立或外包，从而降低运营成本，优化机构内部资源配置，提升核心竞争力。

政府相关部门也高度重视服务外包产业的发展。2009 年以来，国务院相继印发了《国务院办公厅关于促进服务外包产业发展问题的复函》（国办函〔2009〕9 号）、《国务院办公厅关于鼓励服务外包产业加快发展的复函》（国办函〔2010〕69 号）和《国务院办公厅关于进一步促进服务外包产业发展的复函》（国办函〔2013〕33 号），从财政、税收、金融、特殊工时制度等方面出台了一系列适合

服务外包产业特点的政策措施。2015 年 1 月《国务院关于促进服务外包产业加快发展的意见》（国发〔2014〕67）号明确，积极发展金融服务外包业务，鼓励金融机构将非核心业务外包。

2. 消费信贷需求的增长为金融服务外包提供了机遇

2017 年 4 月，国家金融与发展实验室发布《中国消费金融创新报告》，截至 2016 年末，美国狭义消费信贷（不含住房按揭）规模为 3.76 万亿美元，占 GDP 的比例为 19.7%。相比之下，我国消费金融（扣除房贷后）规模接近 6 万亿元，占 GDP 的比重仅为 8.4%。我国消费信贷市场规模较小，仍有较大的增长空间。

根据 2018 年 3 月中国人民银行发布的《2017 年支付体系运行总体情况》，截至 2017 年末，信用卡和借贷合一卡在用发卡数量共计 5.88 亿张，同比增长 26.35%。人均持有信用卡 0.39 张，同比增长 25.82%。居民的消费与信贷规模与银行发卡量同步增长。截至 2017 年末，全国共发生银行卡消费交易 586.27 亿笔，金额 68.67 万亿元，同比分别增长 52.96% 和 21.54%。银行卡授信总额为 12.48 万亿元，同比增长 36.58%；银行卡应偿信贷余额为 5.56 万亿元，同比增长 36.83%。银行卡卡均授信额度 2.12 万元，授信使用率 44.45%。信用卡逾期半年未偿信贷总额 663.11 亿元，占信用卡应偿信贷余额的 1.26%，占比较 2016 年末下降 0.14 个百分点。

随着消费信贷增长带来的银行信用卡发卡量的攀升，居民消费需求、信用需求的增长，以商业银行为代表的金融机构对诸如开卡、信用审核、卡片升级、交易分期、账单分期、现金分期、逾期催收等各种金融服务外包业务的需求和要求相应提高，为从事金融服务外包的机构提供了良好的发展机遇。

（三）践行市场化交易、产业整合的国家政策导向

2010 年 8 月，《国务院关于促进企业兼并重组的意见》明确指出，遵循市场经济规则，充分发挥市场机制的基础性作用，由企业通过平等协商、依法合规开展兼并重组。支持企业利用资本市场开展兼并重组，促进行业整合和产业升级。

2014 年 5 月，《国务院关于进一步促进资本市场健康发展的若干意见》强调，充分发挥资本市场在企业并购重组过程中的主渠道

作用，强化资本市场的产权定价和交易功能，拓宽并购融资渠道，丰富并购支付方式。尊重企业自主决策，鼓励各类资本公平参与并购，破除市场壁垒和行业分割，实现公司产权和控制权跨地区、跨所有制顺畅转让。

茂业通信拟借助有利条件，积极合理运用上市公司在资本市场中的融资并购功能，通过本次交易实现公司主营业务的发展壮大，实现产业整合，提升公司市场地位和综合竞争力。

三、交易方案

（一）主要内容

本次交易为茂业通信分别向刘某、嘉语春华、嘉惠秋实发行股份及支付现金购买其合计持有的嘉华信息（以下简称“标的公司”）100%股权。同时，茂业通信采用询价方式向不超过10名特定投资者非公开发行股票募集配套资金，募集配套资金总金额不超过45 600万元，以用于标的公司募投项目建设。

（二）估值定价

本次重组中，发行股份及支付现金购买的标的资产交易价格以具有证券业务资格的资产评估机构出具的评估结果为基础，并经交易各方友好协商确定。

本次标的资产的评估中，嘉华信息100%股权采用资产基础法和收益法两种方法评估，并经综合分析后确定选用收益法结果为本次评估结论。根据中通诚资产评估有限公司以2017年7月31日为评估基准日出具的评估报告，并经交易各方协商，本次重组注入资产作价合计148 000.00万元。

（三）对价支付方式

本次交易上市公司拟通过发行股份及支付现金的方式购买交易对方持有的标的公司100%股权。其中，以现金方式购买嘉华信息51%的股权，在公司股东大会审议通过后实施；以发行股份方式购买嘉华信息49%的股权，在获得公司股东大会审议通过及中国证监会核准后实施。现金收购是后续发行股份收购剩余股份的基础，后续发行股份是否获得监管部门核准不作为现金收购的前提条件。具体支付方式如下：上市公司分别向刘某、嘉语春华及嘉惠秋实支付现金购买嘉华信息 6%、35% 及 10% 股权；向刘某发行股份购买其持有的标的公司 49% 股权。

四、交易节点

2017 年 10 月 10 日，本次交易预案获上市公司第七届董事会 2017 年第十二次会议审议通过；本次交易预案获交易对方刘某同意，嘉语春华和嘉惠秋实内部决策审议通过。

2018 年 3 月 27 日，本次交易方案获上市公司第七届董事会 2018 年第四次会议审议通过；本次交易预案正式获交易对方刘某同意，嘉语春华和嘉惠秋实内部决策审议通过。

2018 年 4 月 24 日，本次交易方案获上市公司 2018 年第三次临时股东大会审议通过。

2018 年 5 月 16 日，中国证监会受理本次交易方案。

2018 年 7 月 13 日，本次重大资产重组获得中国证监会并购重组委有条件通过。

2018 年 8 月 8 日，本次重大资产重组获得中国证监会核准批复。

2018 年 9 月 10 日，本次重大资产重组完成资产过户。

2018 年 10 月 12 日，本次重大资产重组完成。

五、并购影响

（一）对上市公司业务的影响

本次交易完成前，上市公司主营业务为移动信息传输、通信网络维护。本次交易完成后，上市公司原有移动信息传输业务将得到加强，并且将新增金融服务外包业务。

本次交易前，上市公司主营业务移动信息传输和通信网络维护 2016 年度收入分别占营业收入的 28.62% 和 66.33%，2017 年度收入分别占营业收入的 25.53% 和 64.40%。

根据《备考财务报告》数据测算，2016年度、2017年度上市公司原有主营业务移动信息传输、通信网络维护类业务收入占交易完成后上市公司主营业务收入的比重为88.31%和83.91%，上市公司主营业务构成未发生重大变化。2016年度、2017年度金融服务外包业务收入占交易完成后上市公司主营业务收入的比重为5.40%和7.30%。虽然本次重组完成后金融服务外包业务收入在目前上市公司主营业务收入的比重较低，但其业务主要客户同移动信息传输业务客户具有一定重合度，客户开发及客户管理具有一定的协同性。

（二）对上市公司财务的影响

本次交易完成后，上市公司将加强原有的移动信息传输业务，并且进一步拓宽业务范围，新增金融服务外包业务。移动信息业务方面，本次拟注入的标的公司拥有提供完整的移动商务解决方案的能力以及齐全的业务资质许可，已经为以保险公司、银行为代表的诸多大型金融机构提供过短信平台建设及项目运营等服务。另外，标的公司已经同三大运营商合作多年，业务合作关系稳定。金融服务外包业务方面，嘉华信息已经具有了成熟商业模式、清晰的业务定位以及相对稳定的客户资源。本次标的公司的注入将有利于上市公司提升移动信息传输行业市场地位，扩大客户规模和销售规模，提升盈利能力，并且产生新的利润增长点，实现上市公司的业务多元化与细分领域专业化。

根据上市公司备考财务报表数据，本次交易完成后，上市公司的收入及利润规模显著提升，每股收益明显增长。本次交易有利于增强上市公司的持续经营能力和抗风险能力，符合上市公司全体股东的利益。

重组完成后上市公司资产负债率有所上升，但整体仍处于正常水平。若考虑募集配套融资的影响，随着募投资金到位，募投资金投资项目效益逐步释放，上市公司的资产负债率有望进一步降低。

（三）对原股东持股比例的影响

本次发行股份购买资产完成后（不考虑募集配套资金），鹰溪谷仍为上市公司第一大股东，持股比例为22.18%，其与一致行动人上海峰幽、博升优势合计持有上市公司26.35%股份；中兆投资仍为上市公司第二大股东，持有上市公司20.64%股份，其与一致行动人茂业百货合计持有上市公司22.50%股份；本次交易对方刘某持有上市公司7.05%股份。因此，本次发行股份不会导致上市公司控制权发生变化。

六、交易特点

（一）交易难点

1. 交易前标的公司先行内部整合，保证标的资产完整性与独立性

标的公司股东刘某亦控制另一从事移动信息传输业务的公司东方般若。相较于嘉华信息，东方般若从事的业务范围较广，除主要从事移动信息传输业务以及保险代理业务之外，也承担新业务孵化职能，其作为公司主体同上市公司拟收购的资产范围有所差异。

为了保证标的公司业务的完整性与独立性，本次交易前，嘉华信息先行收购东方般若下属移动信息传输业务资产、金融服务外包业务资产及相关下属子公司股权，部分移动信息传输业务合同签约主体与执行主体亦逐渐从东方般若向嘉华信息变更。

最终，嘉华信息与东方般若中同类业务实现整合，嘉华信息成为刘某控制的公司中，唯一以移动信息传输及金融服务外包业务为主营业务的公司。本次业务架构调整更有利于嘉华信息整合相关业务资源，提升移动信息传输业务、金融服务外包业务板块整体实力，并满足本次重组要求。

2. 上市公司无实际控制人，本次交易需获得董事、股东的充分理解与支持

本次交易前，上市公司第一大股东鹰溪谷及其一致行动人合计持股28.35%，第二大股东中兆投资及其一致行动人合计持股24.20%，第三大股东通泰达持股11.26%。第一大股东与第二大股东持股比例较为接近。上市公司董事会成员构成也体现出无实际控制人的特点，各方股东均不能控制上市公司董事会。

上市公司相对分散的股权结构为内部审批流程带来了一定的难

度，经过与各股东以及其委派董事、独立董事的充分沟通，突显本次交易为双方在产业上的必要性和可行性，本次交易获得了上市公司董事、股东的支持和认可，最终顺利通过董事会、股东大会审议。

（二）交易亮点

1. 通过产业并购实现上市公司现有移动信息传输服务业务规模快速扩张，丰富客户群体

本次交易属于同行业的市场化并购，上市公司的重要子公司创世漫道与标的公司嘉华信息均从事移动信息传输业务。对于销售端，创世漫道客户主要为电子商务、互联网等企事业单位，嘉华信息客户则主要为保险公司、银行等大型金融机构，两者在客户群体层面具有互补性。对于采购端，未来，创世漫道可与嘉华信息实施联合采购，增加在电信运营商处的话语权，从而降低短信彩信综合采购成本。

通过本次交易，嘉华信息成为茂业通信的全资子公司，上市公司原有的移动信息传输业务规模和质量将得到增强，客户群体得到拓展，茂业通信进入以金融行业客户为主的行业细分市场，进而巩固上市公司在移动信息传输行业的综合竞争力及市场领先地位。

2. 一次交易、分步实施的方案为快速推进交易的同时增加了确定性

标的公司历史期间及标的公司的关联公司涉及 VIE 架构。在本次重组过程中，为了保证标的公司权属清晰，标的公司关联方 VIE 架构也进行了拆除。然而，VIE 拆除过程涉及事项多，时间周期相对较长，使本次交易推进进度大幅落后于交易各方预期。本次重组为同行业产业并购，标的公司及上市公司在业务上具有较强协同性，在交易无法锁定的情形下，交易各方无法深入推进业务整合与业务合作。

经过反复沟通、协商、论证，为了加快推进本次交易，提高交易确定性，本次交易方案在交易推进过程中变更为以现金方式购买嘉华信息 51% 股权，在公司股东大会审议通过后实施；以发行股份方式购买嘉华信息 49% 股权，在获得公司股东大会审议通过及中国证监会核准后实施。交易方案经股东大会审批后，标的公司 51% 股

权立即交割至上市公司名下，上市公司可向标的公司派出管理层，参与标的公司日常经营，把握行业快速增长的机会。

七、案例亮点

在市场化的产业并购整合中，行业快速发展、迅速提升行业集中度话语权的良好产业机会不多，交易窗口稍纵即逝。充分把握交易双方对于交易进度的预期，结合交易双方的诉求、行业发展的动向、标的自身的特点等因素，设计量体裁衣的交易方案是市场化并购的重要特点。期间，与交易双方、董事及股东、监管部门的充分沟通，获取各方对于交易方案的理解与支持至关重要，充分体现了市场化并购的特点。这类市场化并购对财务顾问的执业能力提出了高要求。

案例21：隆平高科（000998）收购联创种业[①]

一、案例简述

袁隆平农业高科技股份有限公司（以下简称“隆平高科”“上市公司”“公司”）是一家主营业务聚焦农作物种业的高科技现代种业集团，始终坚持以“推动种业进步、造福世界人民”为使命，以“世界优秀的种业公司，致力于为客户提供综合农业服务解决方案”为企业愿景，矢志为中华民族种业在世界崛起之梦想而努力。

公司主营业务为开展以水稻、玉米、蔬菜为主的高科技农作物种子、种苗的生产、加工、包装、培育、繁殖、推广和销售。公司主要产品为杂交水稻种子、杂交玉米种子、杂交辣椒种子、蔬菜瓜果种子、油菜及棉花种子，以及用于土地修复的相关产品。

本次交易方案为隆平高科以发行股份的方式购买王某、彭某等45名自然人合计持有的联创种业（以下简称“标的公司”）90%股权。

二、交易背景

（一）种业是我国战略性基础性核心产业，国家政策继续扶持种业发展

我国是人口大国、农业生产大国和用种大国，面临粮食消费需求刚性增长、耕地和水等资源环境约束明显、农业国际竞争力较弱等突出矛盾。种业处于农业产业链的起点，是农业产业链中科技含

① 本案例由中信建投证券提供，撰写人：袁晨。

量最高的环节，很大程度上影响着农作物的产量和质量，在促进我国农业持续发展和保障国家粮食安全方面发挥战略性、基础性作用。我国十分重视农业发展与稳定，近年来，针对农业相继出台了扶持政策，育种行业作为我国农业的重要组成部分受到国家的大力支持。

2011 年 4 月 18 日，国务院发布《国务院关于加快推进现代农作物种业发展的意见》（国发〔2011〕8 号），首次明确农作物种业是国家战略性、基础性的核心产业；明确提出对具有育种能力、市场占有率较高、经营规模较大的“育繁推一体化”企业给予政策扶持；提出了提高种子行业市场准入门槛，支持大型企业通过并购、参股等方式进入种子行业，鼓励大型优势种子企业整合种子行业资源，加强知识产权保护等推进农作物种业发展的思路。

2012 年 12 月 26 日，国务院印发《全国现代农作物种业发展规划（2012—2020 年）》，支持有实力的种子企业建立科研机构和队伍，构建商业化育种体系，培育具有自主知识产权的突破性优良品种，并率先在杂交玉米和杂交水稻领域取得重大突破；支持“育繁推一体化”种子企业整合育种力量和资源，加大科研投入，引进国内外先进育种技术、育种材料和关键设备，创新育种理念和研发模式，加快提升企业核心竞争力；到 2020 年，培育年推广面积超过 1 000万亩的玉米新品种 5 ~ 10 个。

2015 年 11 月 4 日，《中华人民共和国种子法》于第十二届全国人民代表大会常务委员会修订通过，提出了建立育种创新体系和加大植物新品种权保护的具体措施。国家推出的一系列政策举措有利于提高种业集中度，理顺行业管理和科研体制，推动种业良性发展。

（二）种子行业处于行业调整期，大型企业将获得更多发展机遇

自 2000 年《中华人民共和国种子法》颁布以来，我国种业进入市场化的快速发展阶段，培育了一批“育繁推一体化”种子企业，领先企业的市场集中度有所提高。但是，与国外种业企业相比，我国种业的竞争力仍然较弱，存在企业数量多、规模小、研发能力弱、商业化育种体系尚不完善等问题。受行业集中度低和同质化竞争等因素的影响，目前我国主要农作物种子仍存在供大于求的现象，种业正处于行业调整期。

为进一步提高我国种业的竞争力，国家频繁出台政策鼓励种业企业兼并重组。2013 年 1 月，国家颁布修订后的《中华人民共和国植物新品种保护条例》，提高种子市场准入条件，鼓励种业企业拥有自己的研发能力、自有的生产经营设备、场所及营销网络，鼓励行业兼并重组。2016 年 7 月，农业部颁布修订后的《农作物种子生产经营许可管理办法》，进一步明确提高种业企业生产及经营门槛。

在行业周期和政策引导的双重推动下，近年来种子企业数量有一定幅度的下降，市场集中程度有所提升。随着行业兼并重组的步伐继续加快，国内种业市场的门槛将不断提高，种子行业结构将会更加优化，拥有自主科研能力和高端种业人才、产品质量有保障的大型种业企业将获得更多的发展机遇。

（三）巩固国内种业龙头地位，面向全球种业市场

经过上市以来的持续发展，公司已发展成为拥有完整科研、生产、加工、销售、服务体系的“育繁推一体化”代表性种业企业。目前，公司已形成了以隆平高科种业科学院为代表的传统育种平台、以长沙生物技术实验室为代表的生物技术育种平台、生态测试网和育种站的完整科研体系，构建了初具规模的商业化育种体系，自主研发能力处于国内领先水平，为公司未来的产业整合和发展奠定了基础。

但与世界种业巨头相比，中国种业公司在综合实力、研发水平、国际化程度上仍有较大差距。作为中国种业的领先企业，公司必须用全球化视野规划未来发展，增强参与全球市场竞争的能力，承担保护国家种业安全的责任。为了实现上述目标，公司将在巩固原有科研优势、营销优势的基础上，积极开展行业整合，采取多主体、多品牌、宽渠道的发展策略，从而实现业务范围全面覆盖。

三、交易方案

（一）主要内容

联创种业是专业从事农作物新品种研发、生产和销售的具有“育繁推一体化”的种子经营企业。联创种业的主营业务是农作物种

子的研发、生产和销售，主要产品为杂交玉米种子。本次重组的交易对方为：王某、彭某等45个自然人。隆平高科以发行股份的方式购买王某、彭某等45个自然人合计持有的联创种业90%股权。

王某为联创种业董事长，持有联创种业41.42%的股权；彭某为联创种业董事、总经理，持有联创种业18.59%的股权。

（二）估值定价

开元评估出具《资产评估报告》（开元评报字〔2018〕284号），以2017年12月31日为评估基准日，对联创种业90%股权进行了评估，评估方法包括资产基础法和收益法，并采用收益法的评估结果作为最终评估结论，最终评估结果为联创种业90%股权的评估值为138 746.84万元，交易各方协商确定标的资产交易价格为138 690.00万元。

（三）对价支付方式

本次支付对价的方式为上市公司发行的A股股份。交易各方经过充分协商，决定采用定价基准日前120个交易日公司股票交易均价的90%，即22.89元/股作为市场参考价。经双方协商，本次发行股份购买资产的股票发行价格确定为22.92元/股，不低于本次交易董事会决议公告日前120个交易日的公司股票交易均价的90%，符合相关法规要求。

（四）业绩承诺

本次发行股份购买资产的利润补偿主体为王某等27名北京联创种业股份有限公司现任股东。标的公司在利润补偿期间的预测净利润数额分别为2018年不低于1.38亿元，2019年不低于1.54亿元，2020年不低于1.64亿元。

标的公司在每个利润补偿年度实现的归属于母公司的净利润超过当年承诺净利润5%（不含）以上的，标的公司应当在该年度审计报告出具后预提奖励基金；不足5%的，不预提奖励基金。

四、交易节点

2018年3月9日，上市公司召开第七届董事会第十次（临时）

会议，审议通过本次重组预案及相关议案。

2018 年 5 月 11 日，上市公司召开第七届董事会第十四次（临时）会议，审议通过本次重组报告书及相关议案。

2018 年 5 月 28 日，上市公司召开 2018 年第一次（临时）股东大会，审议通过本次重组报告书及相关议案。

2018 年 8 月 22 日，本次重组经中国证监会并购重组委审核通过。

2018 年 9 月 10 日，上市公司收到中国证监会对本次重组的核准文件。

2018 年 11 月 5 日，标的公司股权完成过户。

2018 年 12 月 5 日，中国证券登记结算有限责任公司深圳分公司出具“股份登记申请受理确认书”，确认其已于 2018 年 12 月 5 日受理公司本次交易涉及的新增股份登记申请材料，相关股份登记到账后将正式列入公司股东名册。

五、并购影响

（一）对上市公司主营业务的影响

隆平高科主要从事以水稻、玉米、蔬菜为主的高科技农作物种子、种苗的生产、加工、包装、培育、繁殖、推广和销售；公司作为国内种业龙头企业，拥有丰富、优质的种质资源，杂交水稻、黄瓜研发创新能力及育种规模世界领先，杂交玉米等主要农作物国内领先。

联创种业主要从事杂交玉米种子的研发、生产和销售，其科研实力雄厚；拥有国内一流的科研育种和企业管理人才，采用先进的商业化育种理念，品种创新速度快；其种业市场营销运作能力居行业领先地位。联创种业培育的中科玉 505、裕丰 303、联创 808、联创 825 等玉米新品种通过国家审定投入市场后，在激烈的市场竞争中表现优异，取得良好的市场反响。

本次交易完成后，隆平高科将持有联创种业 90% 股权，联创种业将成为隆平高科的控股子公司，通过注入优质玉米种子资产，隆平高科将延伸在国内玉米种子行业的布局，进一步拓展相关业务规模并大幅加快提升玉米种子市场占有率的步伐，有利于丰富公司的收入结构，进一步强化主业，提高公司的核心竞争能力，有效提升公司可持续盈利能力和股东回报，为公司未来快速发展奠定良好的基础。

（二）对上市公司财务状况和盈利能力的影响

本次交易完成后，联创种业将成为上市公司的控股子公司。鉴于标的公司具有良好的盈利能力，本次交易将对上市公司合并报表中的归属母公司股东的净利润产生较大提升，上市公司的盈利能力及抗风险能力将得到进一步增强。

根据交易对方利润承诺，2018 年、2019 年和 2020 年可实现的归属于母公司股东的净利润分别不低 1.38 亿元、1.54 亿元和 1.64 亿元。

本次交易将提升上市公司经营业绩，提高上市公司资产质量，改善公司财务状况，同时考虑到上市公司与标的公司在经营方面的协同效应，本次交易有助于增强公司盈利能力和可持续经营能力，为上市公司及全体股东带来良好的回报。

（三）对上市公司股权结构的影响

本次交易前，上市公司总股本为 1 256 194 674 股。本次发行股份购买资产拟发行股份为 60 775 624 股，本次交易完成后公司总股本为 1 316 970 298 股。

本次交易完成前，公司总股本 1 256 194 674 股，实际控制人中信集团通过中信兴业、中信建设、信农投资、中信农业合计持有公司 267 426 506 股，占公司总股本的比例为 21.29%。本次交易预计发行股份 60 775 624 股，占发行后公司总股本的 4.61%。本次交易完成后，中信集团通过中信兴业、中信建设、信农投资、中信农业合计持有公司 20.31% 股份，仍为隆平高科的实际控制人。

本次交易完成后，社会公众股东合计持股比例将不低于本次交易完成后上市公司总股本的 10%，上市公司股权分布仍符合上市规则等规定的股票上市条件。

六、交易特点

（一）交易难点

2014 年 1 月，联创种业在全国中小企业股份转让系统挂牌公开转让。2015 年 6 月，联创种业第一次定向增发。2017 年 4 月，联创种业第二次定向增发。截至本次重组前，联创种业共有股东 74 名。

由于本次交易对方王某、彭某等为联创种业的董监高，其每年转让股份的比例不得超过 25%。而本次上述人员将转让其持有的股权比例超过其总持有量的 25%，因此，联创种业需要从股转系统终止挂牌并将公司形式转为有限公司。

根据《公司法》，有限公司股东人数上限为 50 人。因此，本次交易的难点在于：股东大会需同意联创种业在股转系统终止挂牌；联创种业终止挂牌后通过股权转让的方式让股东人数由 74 人减少到 50 人及以下，再将公司形式转为有限公司。

（二）交易亮点

本次交易方案在保证标的资产顺利过户的前提下，联创种业核心管理团队仍持有标的资产 10% 的股权，起到了一定的股权激励作用。

根据本次交易方案，在本次交易通过中国证监会上市公司并购重组审核委员会审核通过后，交易对方将通过行使股东权利等一切有效的措施促使标的公司适时以股东大会决议的形式做出标的公司的股票从股转系统终止挂牌的决定，并促使标的公司及时按股转系统的程序完成其股票终止挂牌及相关事项。在终止挂牌函出具之日起 20 个工作日内，交易对方将促使标的公司的公司类型由股份有限公司变更为有限责任公司，并及时完成公司章程的修改和相关工商变更登记手续。

根据发行股份购买资产协议，交易对方谢某、陆某在本次交易中获得中国证监会上市公司并购重组审核委员会审核通过，且联创种业完成其股票终止在股转系统挂牌后 20 个工作日内，完成对剩余 29 名其他少数股东股权的收购。因此，本次交易后，王某、彭某等

7 名股东仍持有联创种业 10% 的股权。

联创种业剩余 10% 的股权主要由联创种业核心管理团队持有，有利于保持联创种业核心管理层的稳定。

七、案例亮点

随着新三板挂牌公司的不断增加，优质的新三板公司逐渐成为 A 股上市公司的并购标的。由于多数新三板公司的股权结构较为简单，股权主要由公司董事、监事、高级管理人员持有。

根据《公司法》规定，股份有限公司的董事、监事、高级管理人员在任职期间每年转让的股份不得超过其所持有公司股份总数的 25%。如果上述人员在重组中转让的股份数量超过了 25%，需要公司先在股转系统终止挂牌，然后将公司形式转为有限公司。

根据《公司法》规定，有限责任公司由 50 个以下股东出资设立。如果新三板公司在摘牌后股东人数超过 50 个，需要由本次交易的交易对方先收购未参与本次交易股东的股权，将股东人数降低至 50 人及以下，然后才可以将公司形式转为有限责任公司，进而与上市公司进行股权交割。

本案例同时遇到了上述两个问题，在公司终止挂牌和变更公司形式的时候，需要与其他股东进行充分的沟通、协调，同时需要交易对方支付一定的对价。整个过程考验标的公司、中介机构的协调能力和资源整合能力。

交易对方新收购的股权不是本次交易的资产范围，只能作为少数股权由其持有。上市公司一般会根据标的资产业绩完成情况选择在未来年度进行收购。这样在一定程度上起到了对标的资产核心人员激励的作用。

案例22：深赤湾A（001872）收购招商局港口[①]

一、案例简述

招商局港口集团股份有限公司（曾用名“深圳赤湾港航股份有限公司”，以下简称“招商港口”“深赤湾”“深赤湾A”“上市公司”“公司”）是大型集装箱码头和散杂货码头，主要从事集装箱、散杂货码头及港口配套业务的开发建设和经营管理。公司拥有华南地区重要的进出口港口区——赤湾港区码头。公司业务持续稳健发展，赤湾港区码头亦成为华南区域名列前茅的大型集装箱码头，也是全球集装箱吞吐量排名前五的深圳港的重要组成部分。公司一贯秉持“敬业、务实、创新、卓越”的企业精神和“以客为尊，诚信为本”的服务宗旨，进一步加强与业界各方的良好合作，在国内经济高速增长的进程中共谋发展，共同分享经济繁荣的果实。

深赤湾（以下简称“上市公司”）收购招商局港口（以下简称“标的公司”）主要包括三部分：（1）深赤湾以发行A股股份的方式向CMID收购其持有的招商局港口控股有限公司1 313 541 560股普通股股份（约占招商局港口已发行普通股股份总数的39.51%）；（2）招商局香港与深赤湾签署一致行动协议，约定本次发行股份购买资产完成后，招商局香港就其受托行使的招商局港口753 793 751股普通股股份（约占招商局港口已发行普通股股份总数的22.64%）的表决权应当与深赤湾在招商局港口股东大会审议事项的表决上无条件保持一致，并以深赤湾的意见为准进行表决；（3）深赤湾采用询价方式向不超过10名特定投资者发行A股股份募集配套资金，募

① 本案例由中信证券提供，撰写人：钱云浩。

集配套资金总金额不超过400 000.00万元，发行股份数量不超过128 952 746股。

二、交易背景

（一）“一带一路”倡议和“粤港澳大湾区”建设为港口发展提供了历史性机遇

为落实“一带一路”倡议，交通运输部印发了《关于推进港口转型升级的指导意见》，提出我国港口行业发展的主要任务和目标包括：拓展服务功能，发展现代港口业；完善港口运输系统，推进综合交通枢纽建设；科学配置港口资源，引导港口集约发展；加强技术和管理创新等。基础设施互联互通是“一带一路”建设的优先领域。以重点港口为节点，增加港口合作，推动口岸基础设施建设，畅通陆水联运通道，加强海上物流信息化合作，是基础设施互联互通的基本目标。

“粤港澳大湾区”规划是“一带一路”倡议的具体落实手段之一。2015年，打造“粤港澳大湾区”被正式写进国家《推动共建丝绸之路经济带和21世纪海上丝绸之路的愿景与行动》。2017年全国“两会”上，“粤港澳大湾区”被写入政府工作报告，上升为国家战略。根据“一带一路”倡议及“粤港澳大湾区”规划，深圳将充分发挥开放合作区作用，深化与港澳台合作，加强深圳的港口建设，成为21世纪海上丝绸之路建设的排头兵和主力军之一。

2015年4月，《中国（广东）自由贸易试验区总体方案》的出台，明确未来深圳前海蛇口片区将重点发展金融、现代物流、信息服务、科技服务等战略性新兴服务业，建设我国金融业对外开放试验示范窗口、世界服务贸易重要基地和国际性枢纽港。2018年5月4日，国务院印发《进一步深化中国（广东）自由贸易试验区改革开放方案的通知》，明确提出建设国际航运枢纽，扩大对21世纪海上丝绸之路沿线国家和地区港口的投资，打造全球港口链；打造“粤港澳大湾区”合作示范区，充分发挥自贸试验区全面推进内地同香港、澳门地区互利合作的示范引领带动作用。

此次交易为深圳上市公司深赤湾与中国香港上市公司招商局港口的资产重组整合，旨在打造以深圳母港为中心的具有国际视野和全球拓展能力的全球港口合作平台，与招商局港口旗下的境内外港口资产形成分工合作、优势互补、竞争有序的港口格局，增强“粤港澳大湾区”综合竞争实力。

(二) 供给侧结构性改革推动港口资源整合

交通运输部《水运“十三五”发展规划》以推进港口升级为发展目标之一，指出要推动港口资源整合和结构优化；发展现代物流、港口商贸及综合服务业，以拓展港口服务功能；要加强港口规划与国家、地方产业规划的衔接，发挥港口在沿海沿江经济带和石化、冶金、重装等产业布局调整中的支撑和引领作用，服务生产力布局的优化调整和产业结构的优化升级，引导临港产业集聚集群发展。

在供给侧结构性改革推动下，港口企业的国际化将进一步加快进程，港口将会迎来一段产业转型升级期。港口企业将促进信息联动，加快港口物流电商化进程，其经营模式也更加多元化，所以打造技术密集型的“智能港”将是港口企业的目标。同时，港口资源整合的步伐将进一步加快，各地成立的港口资产管理平台对区域内资源进行统一布局的节奏也会加快，结果将提升港口群整体效益。

上市公司实际控制人招商局集团以提升“粤港澳大湾区”港口核心竞争力为重点，深化集团下属港口的结构调整，明确港口定位与分工，通过合理、有效的港口资源整合，为推进港口行业的供给侧结构性改革提供支撑。

(三) 深化国有企业改革，鼓励并购重组

我国正处于全面深化改革的战略机遇期。作为盘活存量资产的重要环节，深化国有企业改革是经济体制改革的重点任务，可有效激发国有企业的发展活力。近年来，按照党的十九大的战略部署，新一轮的国有企业改革正在全面展开。

2015 年 8 月 31 日，中国证监会、财政部、国务院国资委和原中国银监会四部委联合发布《关于鼓励上市公司兼并重组、现金分红及回购股份的通知》，提出“鼓励国有控股上市公司依托资本市场加强资源整合，调整优化产业布局结构，提高发展质量和效益。有条件的国有股东及其控股上市公司要通过注资等方式，提高可持续发展能力。支持符合条件的国有控股上市公司通过内部业务整合，提升企业整体价值。”

2015 年 10 月 25 日，国务院发布了《关于改革和完善国有资产管理体制的若干意见》，明确推进国有资本优化重组，加快推动国有资本向重要行业、关键领域、重点基础设施集中，向前瞻性、战略性产业集中，向产业链关键环节和价值链高端领域集中，向具有核心竞争力的优势企业集中。

党的十九大报告强调，要完善各类国有资产管理体制，改革国有资本授权经营体制，加快国有经济布局优化、结构调整、战略性重组，促进国有资产保值增值，推动国有资本做强做优做大，有效防止国有资产流失，深化国有企业改革，发展混合所有制经济，培育具有全球竞争力的世界一流企业。

此次交易属于招商局集团内部港口板块的重组整合，旨在优化旗下港口产业的布局，通过将市值被长期低估的优质香港地区的上市资产注入境内上市公司，增强境内上市公司实力，并实现境外资产的价值回归，最终实现国有资产的保值增值。

三、交易方案

（一）主要内容

1. 发行股份购买资产

深赤湾以发行 A 股股份的方式向 CMID 收购其持有的招商局港口 1 313 541 560 股普通股股份；在过渡期间内，如果招商局港口发生派送股票股利、配股、资本公积转增股本事项，CMID 就其所持的招商局港口 1 313 541 560 股普通股股份获得相应股份，这些股份应一并向深赤湾转让，同时调整标的资产。

2. 一致行动安排

2013 年 11 月 12 日，招商局香港与 VHC 及 CMU 签署增资入股协议，根据增资入股协议的约定，招商局香港受托行使 CMU 截至本报告书出具日持有的招商局港口 753 793 751 股普通股股份（约占招商局港口已发行普通股股份总数的22.67%）的投票权。

此次交易中，招商局香港与深赤湾签署一致行动协议，约定此次发行股份购买资产完成后，招商局香港就其受托行使的招商局港口753 793 751股普通股股份（约占招商局港口已发行普通股股份总数的22.67%）的表决权应当与深赤湾在招商局港口股东大会审议事项的表决上无条件保持一致，并以深赤湾的意见为准进行表决。

3. 发行股份募集配套资金安排

深赤湾拟采用询价方式向不超过10名特定投资者发行A股股份募集配套资金，募集配套资金总金额不超过400 000.00万元，融资规模不超过深赤湾以发行股份方式购买招商局港口1 313 541 560股普通股股份交易金额的100%，且发行股份数量不超过本次交易前深赤湾总股本的20%，即不超过128 952 746股。

（二）估值定价

本次估值对象为招商局港口1 269 088 795股普通股股份（约占招商局港口已发行普通股股份总数的38.72%）。2018年7月17日，前述1 269 088 795股普通股股份按约定调整为1 313 541 560股普通股股（约占招商局港口已发行普通股股份总数的39.51%）。董事会决议公告日为2018年6月21日，估值参数引用的市场价格数据截至2018年6月15日。

此次发行股份购买资产的交易双方经协商同意，根据交易双方签署的发行股份购买资产协议，本次发行股份购买资产的交易对价确定为2 465 000.00万元，较标的资产截至2018年3月31日经审计的模拟合并报表归属于母公司股东的净资产账面值2 460 612.66万元增值4 387.34万元，增值率为0.18%。

（三）对价支付方式

CMID拟以深赤湾本次向其定向发行的股份为对价，出售持有的标的公司1 269 088 795股普通股股份，约占标的公司已发行股份的38.72%。如果在本次发行股份购买资产的过渡期间，标的公司发生派送股票股利、配股、资本公积转增股本事项，CMID就其所持标的资产获得相应股份，则这些股份应一并向深赤湾转让。2018年7月17日，前述1 269 088 795股普通股股份按约定调整为1 313 541 560

股普通股股（约占招商局港口已发行普通股股份总数的39.51%）。

四、交易节点

2018年6月21日，深赤湾召开关于本次交易的第九届董事会2018年度第五次临时会议，审议通过《关于公司符合发行股份购买资产并募集配套资金条件的议案》。

2018年7月4日，国资委批准本次发行股份购买资产并募集配套资金暨关联交易事项。

2018年7月9日，深赤湾与CMID签署"'发行股份购买资产之减值补偿协议'之补充协议"。

2018年7月26日，深赤湾召开关于本次交易的2018年度第二次临时股东大会，审议通过《关于公司符合发行股份购买资产并募集配套资金条件的议案》。

2018年8月11日，中国证监会受理本次发行股份购买资产并募集配套资金暨关联交易事项。

2018年10月10日，本次发行股份购买资产并募集配套资金暨关联交易事项获得中国证监会上市公司并购重组审核委员会审核有条件通过。

2018年10月18日，本次发行股份购买资产并募集配套资金暨关联交易事项收到国家发展和改革委员会的《境外投资项目备案通知书》和商务部的"企业境外投资证书"。

2018年11月1日，本次发行股份购买资产并募集配套资金暨关联交易事项通过中国证监会核准。

2018年11月22日，关于发行股份购买资产并募集配套资金暨关联交易之标的资产过户完成。

2018年12月24日，本次发行股份购买资产涉及的新增股份上市。

五、并购影响

(一) 对上市公司业务的影响

本次交易前，上市公司的核心业务为集装箱、散杂货的港口装卸服务，上市公司主要经营深圳赤湾港区、东莞麻涌港区共计6个集装箱泊位及12个散杂货泊位。

本次收购的标的公司主要提供集装箱和散杂货的港口装卸、仓储、运输及其他配套服务，主要经营深圳西部港区、汕头港、顺德港、厦门漳州港、斯里兰卡科伦坡港及汉港、多哥洛美港、巴西巴拉那瓜港等共计30个集装箱泊位、16个散杂货泊位、26个多功能泊位及4个其他泊位。

本次交易不会使上市公司的主营业务发生变更，上市公司的主营业务仍为港口运营。本次交易将使上市公司旗下所运营的港口资产大幅增加，主营业务收入、行业地位和盈利能力均得以提高，上市公司的综合实力和竞争力将得到全方位的增长。

本次交易完成后，招商局集团优质港口资产将注入深赤湾，实现境内平台控制境外平台的架构。上市公司将通过招商局港口优越的地理优势、全球化的业务布局，在一定程度上整合深圳地区港口资源，立足深圳母港，积极响应建设“粤港澳大湾区”国家战略；同时倚靠招商局港口丰富的国内外港口运营经验，积极拓展海外港、区、城项目，逐步打造成为具有国际视野和拓展能力的“一带一路”全球合作和发展平台。

(二) 对上市公司财务的影响

本次交易完成后，上市公司通过将招商局港口纳入合并范围，实现资产规模和盈利水平的大幅提升。

德勤华永出具的上市公司《备考审阅报告》显示，本次交易后，上市公司的资产规模、营业收入、净利润均显著增长：截至2018年3月31日，上市公司的资产规模将从81.47亿元增加至1 249.60亿元，增长1 433.77%；2018年一季度营业收入从6.16亿元增加至21.73亿元，增长252.86%；2018年一季度归属于母公司的净利润从1.47亿元增长至4.43亿元，增长202.33%。截至2017年12月31日，上市公司的资产规模将从79.75亿元增加至1 143.84亿元，增长1 334.19%；2017年度营业收入从24.56亿元增加至75.45亿元，增长207.16%；2017年度归属于母公司的净利润从5.04亿元增长至23.30亿元，增长361.77%。

六、交易特点

（一）红筹上市公司控股权注入A股上市公司

本项目实现A控红筹架构，未采取红筹公司私有化的方式，保留了境内外资本市场双平台，为中国企业国际化的资本结构及红筹公司回归提供了新的选择。过去，境内上市企业向境外主体发行股份换取其下属境外上市公司股份的案例极为罕见，监管部门对于该类交易的审核也往往趋于谨慎。本项目经历长期监管沟通、方案调整，最终向资本市场抛出"A控红筹"方案，顺利获得中国证监会、国家发改委、商务部门的支持和批准。深赤湾本次重大资产重组，是市场上首例红筹上市公司控股权注入A股上市公司，且主体不退市的交易案例。

（二）市价低于净资产情况下，有效兼顾国资委和中国证监会的双重监管，实现国有资产的保值增值

标的资产为中国香港上市公司控股，深赤湾重大资产重组作价采取估值法而非资产评估方式，并参考2017年末净资产值，确保交易作价不低于标的公司净资产且不会导致国有资产流失的前提下，实现了上市公司每股收益和每股及净资产的提升。深赤湾重大资产重组中，项目组在合乎中国证监会、国资委监管要求的基础上，勇于创新和探索，采用估值报告的形式对中国香港上市公司进行估值，充分考量招商局港口股价长期低于每股净资产的现实情况，在保证国有资产不流失的前提下，平衡兼顾国资诉求和A股上市公司中小股东权益。

（三）通过创新性的一致行动协议保证控制权的注入

深赤湾重大资产重组方案中，除了常规发行股份购买资产步骤

外，创新使用了一致行动协议以巩固深赤湾对招商局港口的控制力，保证中国香港上市公司纳入 A 股上市公司合并报表范围，满足了中国证监会对于发行股份购买资产标的需为经营性资产的监管要求。

（四）变更证券简称及证券代码

深赤湾重大资产重组获得中国证监会核准并取得发改委、商务部门相关备案及审批后，在进行常规新股登记发行的同时，上市公司亦同步履行变更证券简称及证券代码的事宜。考虑到深赤湾平台未来的业务规模、战略定位将发生重大改变，成为招商局旗下的港口集团总部，过去的证券简称“深赤湾 A/深赤湾 B”及证券代码“000022/200022”的标识不再适用于新的上市主体，故向交易所提出了变更代码及简称的申请。变更完成后，上市公司平台的证券简称将变更为“招商港口/招港 B”，证券代码将变更为“001872/201872”。

七、案例亮点

在未采取红筹公司私有化的情况下，实现了 A 控红筹架构，保留了境内外资本市场双平台，为中国企业国际化的资本结构及红筹公司回归提供了新的选择。

标的公司为香港联交所上市公司，作价采取估值法而非资产评估方式，并参考 2017 年末净资产值，确保交易作价不低于标的公司净资产且不会导致国有资产流失的前提下，实现了上市公司每股收益和利润及净资产的提升。

通过将市值被长期低估的优质中国香港上市资产注入境内上市公司，增强了境内上市公司实力并实现境外资产的价值回归，实现了国有资产的保值增值。“蛇吞象”重组的交易结构、监管沟通成果、资产估值、项目技术重难点攻克，为资本市场提供了宝贵的项目执行参考经验。

案例23：华东重机（002685）收购润星科技[①]

一、案例简述

无锡华东重型机械股份有限公司（以下简称“华东重机”“上市公司”“公司”）是一家专业生产集装箱装卸设备的企业。其产品主要包括各种规格的岸边集装箱起重机、轨道式集装箱门式起重机、轮胎式集装箱门式起重机、通用门式起重机和门座式起重机等专业港口装卸设备。公司总部设在经济发达的长江三角洲、近代起重工业之都——江苏无锡。公司拥有专业的经营管理团队、经验丰富的工程设计人员和技术娴熟的工人。公司产品已出口韩国、印尼、泰国、孟加拉国、哈萨克斯坦及巴拿马等国家与地区，已经遍布国内外100多个港口码头。

2017年4月，华东重机公告拟向周某等4人发行股份及支付现金购买其持有的广东润星科技股份有限公司100%股权。本次交易完成后，华东重机将持有润星科技（以下简称“标的公司”）100%股权，上市公司将新增数控机床的研发、生产、销售和相关服务业务。

二、交易背景

（一）华东重机对于业务拓展、利润增长和产业升级的迫切需求

华东重机主要从事轨道吊、岸桥等集装箱装卸设备的研发、生产、销售与安装业务，以及以加工及贸易为主的不锈钢业务。

华东重机所处行业为集装箱装卸设备制造业，是起重运输设备

① 本案例由中信建投证券提供，撰写人：贾明。

制造业的子行业，行业周期性与国家宏观经济周期密切相关，在一定程度上受国家固定资产和基础建设投资规模的影响。随着国民经济的大力发展，行业已持续多年扩张发展，行业产能大幅增加。但自2012年以来，随着世界经济增速放缓，我国沿海及内河码头新建、改建、扩建投资随之放缓，下游行业对港口集装箱起重设备的需求出现下降，同时，伴随着国内生产要素成本的不断上升，近年来华东重机集装箱装卸设备业务的经营业绩出现了一定程度的下滑。另一方面，近年来，华东重机的不锈钢板块业务虽然发展较快，业务规模增长迅速，但受到业务性质和行业发展状况的影响，该项业务的利润率较低，对华东重机整体利润增长的贡献有限。因此，为了实现华东重机业务规模、利润水平的同步提高，促进华东重机产业升级，提升整体竞争力，增强华东重机抗经济周期风险的能力，华东重机需要通过产业并购等方式迅速进入高端装备制造等战略新兴产业，提升华东重机的产业定位，提高华东重机的整体盈利能力，实现华东重机持续、稳定、健康发展。

（二）标的公司所处行业发展前景广阔

润星科技的主要产品高速钻攻加工中心适用于各类消费电子产品的金属外壳与精密制造件的加工。随着消费电子产品市场的持续增长以及金属外观电子产品日趋受到消费者青睐，润星科技的业务具有广阔的市场前景。

消费电子产品主要包括智能手机、平板电脑、超极本，以智能手表、智能手环为代表的可穿戴设备以及智能家居产品。受4G网络全面布局，移动互联网、物联网、云计算等新兴技术高速发展，以及5G技术升级换代、产品种类丰富等因素的影响，未来全球消费电子市场持续活跃，智能手机、平板电脑市场将保持稳定增长，随着智能硬件功能与应用生态的加速完善，可穿戴设备将进入高速成长阶段，新型智能家居产品将不断涌现。而在各类电子消费产品中，具有金属外壳的电子产品由于其强度高、外观精美、散热性能好、可回收性强等优势，已成为“高端时尚元素”受到广大消费者的广泛认同。因此，受益于金属外观消费电子产品的增长，润星科技的业务将具有持续的增长潜力。

根据《国务院关于加快培育和发展战略性新兴产业的决定》（国发〔2010〕32号）及工信部发布的《高端装备制造业“十二五”发展规划》，润星科技所属的高端装备制造业为当前重点发展的战略性新兴产业之一。根据国务院公布的《中国制造2025》（国发〔2015〕28号），我国实施制造强国战略要求在新一代信息技术产业、高档数控机床和机器人等重点领域实现突破发展，重点开发精密、高速、高效、柔性数控机床与基础制造装备及集成制造系统。上述国家重点战略对润星科技所在行业的支持为润星科技快速发展提供了坚实的政策保障。

（三）资本市场为华东重机外延式发展创造了有利条件

2012年6月，华东重机成功上市登陆资本市场，公司的资本实力和管理水平等都得到了进一步的增强和提升。华东重机在不断开拓创新、深入发展的基础上，已具备在新业务和新领域尝试新发展的能力和实力。按照企业发展的一般规律，仅凭借企业自身力量向新业务或新领域拓展，通常周期较长、投入较大，且有拓展失败的风险。借助资本市场的力量，选择外延式发展，通过并购具有较强经营实力、盈利能力、优秀管理团队、稳健发展的企业，是华东重机实现快速成长更为有效的方式。综上，本次交易满足华东重机对于业务拓展、利润增长和产业升级的迫切需求，是上市公司产业发展的重要举措。

三、交易方案

（一）主要内容

上市公司向周某等四人发行股份及支付现金购买其持有的润星科技100%股权。本次交易前，上市公司未持有润星科技的股份；本次交易完成后，润星科技将成为上市公司的全资子公司。

上市公司拟以询价方式向不超过10名符合条件的特定投资者非公开发行不超过发行前总股本20%的股份募集配套资金，募集配套资金总额不超过85 816.00万元。其中，82 600.00万元用于支付本次重组的现金对价，3 216.00万元用于支付本次交易的中介机构费用及其他发行费用。

（二）估值定价

根据北京中同华资产评估有限公司出具的《资产评估报告》（中同华评报字〔2017〕第231号），评估机构采用资产基础法和收益法两种评估方法对润星科技的股东全部权益价值进行了评估，最终采用收益法评估结果作为评估结论。按照收益法评估，润星科技股东全部权益的市场价值为295 300.00万元，较经审计后的账面净资产增值254 567.64万元，增值率为624.98%。

（三）对价支付方式

本次重组中，上市公司拟向周某等四人发行股份及支付现金购买其持有的润星科技100%股权。其中，上市公司以发行股份支付的对价金额为212 400.00万元，占对价总额的72.00%；以现金支付的对价金额为82 600.00万元，占对价总额的28.00%。

（四）盈利承诺和补偿安排

补偿义务人对公司的利润承诺期为2017年至2019年，润星科技在利润承诺期内的扣非后净利润分别为2.5亿元、3亿元、3.6亿元，周某、王某、黄某承担的利润补偿义务比例分别为60.00%、27.06%、12.94%。

如果在盈利补偿期间润星科技各期实现的实际净利润数低于同期承诺净利润数，但不低于同期承诺净利润数的90%，补偿义务人无须就当期的利润差额对公司进行补偿；如果在盈利补偿期间润星科技各期实现的实际净利润数低于同期承诺净利润数的90%，或者盈利补偿期间累计实现的实际净利润数低于累计的承诺净利润数，补偿义务人应就利润差额对公司进行补偿。

当期应补偿金额 =（截至当期期末累积承诺净利润数 - 截至当期期末累积实现净利润数）÷补偿期限内各年的承诺净利润数总和×标的资产交易作价 - 累积已补偿金额

上述当期应补偿金额小于或等于0时，按0取值，即已经补偿的金额不冲回。

当期应当补偿股份数额 = 当期应补偿金额 ÷ 本次交易的每股发行价格

当期现金补偿的金额 =（当期应当补偿的股份数 - 补偿义务人当期已以股份方式补偿的股份数）× 本次交易的每股发行价格

（五）业绩奖励安排

如果经合格审计机构审核确认的润星科技盈利补偿期间累计的扣除非经常性损益后归属于母公司的实际净利润数大于盈利补偿期间合计承诺业绩数，则超出部分为“超额业绩”，超额业绩的 40% 将以现金方式奖励给标的公司的业务骨干、核心技术人员和中高层管理人员，奖励总额不超过本次交易作价的 20%。奖励方案（包括具体奖励的对象、奖励金额、支付时间等）由届时标的公司的董事会决定。

四、交易节点

2017 年 4 月 27 日，华东重机召开第三届董事会第四次会议，审议通过了本次发行股份及支付现金购买资产并募集配套资金暨关联交易方案、报告书（草案）等相关议案。

2017 年 5 月 31 日，华东重机召开 2017 年第二次临时股东大会会议，审议通过了本次发行股份及支付现金购买资产并募集配套资金暨关联交易报告书（草案）等相关议案。

2017 年 8 月 30 日，本次交易获得中国证监会并购重组委通过，核准华东重机向周某发行 169 425 676 股股份，向王某发行 45 844 595 股股份，向黄某发行 23 918 918 股股份购买相关资产，核准公司非公开发行股份募集配套资金不超过 85 816 万元。

2017 年 9 月 26 日，润星科技已办理完成了工商变更登记手续，润星科技 100% 股权已过户至华东重机名下，润星科技已成为华东重机的全资子公司。

2017 年 9 月 29 日，华东重机向周某、王某、黄某合计发行股份的数量为 239 189 189 股，中国证券登记结算有限责任公司深圳分公司出具了“股份登记申请受理确认书”，并已于当日受理华东重机非公开新股登记申请材料，相关股份登记到账后将正式列入上市公司的股东名册。

2017年11月22日，华东重机募集配套资金非公开发行新股数量为79 058 595股，中国证券登记结算有限责任公司深圳分公司出具了“股份登记申请受理确认书”，并已于当日受理华东重机非公开新股登记申请材料，相关股份登记到账后将正式列入上市公司的股东名册。

五、并购影响

（一）对上市公司业务的影响

华东重机主要从事轨道吊、岸桥等集装箱装卸设备的研发、生产、销售与安装业务，以及以加工及贸易为主的不锈钢业务。

润星科技主要生产中高端、通用型加工中心，包括钻攻加工中心系列、立式加工中心系列、龙门加工中心系列、雕铣加工中心系列、卧式加工中心系列五大系列。产品主要应用于电子产品（包括IT产品、通信产品、消费电子）、汽车配件、各类模具的加工，并在医疗器械、航空、航天、军工、船舶、石油机械、仪器仪表、新能源、自动化设备、通用机械等各行各业拥有广泛的应用。润星科技的产品均以纳米插补控制技术、高速机械加工技术、机械构造技术为基础，根据应用领域和产品的不同，在运行效率、精度水平、加工规模等方面存在差异。润星科技在“加工中心”领域已形成了规模化的产业优势，打造了集研发、生产、销售、服务为一体的高效产业链。

本次交易完成后，华东重机将新增数控机床的研发、生产、销售和相关服务业务，通过双方业务的有效协同，上市公司的业务领域和产业层级将得到大幅拓展和提升。

（二）对上市公司财务的影响

本次交易完成后，润星科技的业务及相关资产将进入上市公司，有助于丰富上市公司盈利增长点，增强上市公司的盈利能力。根据上市公司与补偿义务人周某、王某、黄某签署的盈利预测补偿协议，若润星科技2017年、2018年和2019年实现承诺净利润，上市公司的收入规模和盈利能力将均得以显著提升，有利于增强本公司持续盈利能力和抗风险能力，从根本上符合公司股东的利益。

（三）对上市公司股权的影响

在不考虑募集配套资金的情况下，本次重组发行股份总数为23 918.92万股，发行后公司总股本将增至92 863.20万股，本次发行股份数量占发行后总股本的25.76%。华重集团持股比例从31.68%下降到23.52%，翁某从15.51%下降到11.52%，翁某三人仍为公司实际控制人。润星科技原股东周某、王某、黄某持股比例分别为18.24%、4.94%、2.58%。

六、交易特点

（一）新三板挂牌公司先摘牌再注入A股上市公司

因为新三板挂牌公司整体注入A股上市公司后，将由上市公司100%持股，不再符合挂牌公司条件，所以，作为公众公司，在注入上市公司时需完成摘牌流程。

润星科技股票2016年7月22日在全国股转系统挂牌并公开转让，转让方式为协议转让。2017年3月7日起终止股票在全国股转系统挂牌。本次润星股份注入华东重机是通过先摘牌再注入的方式实现的。

（二）公司组织形式变更以保障董监高持股可以转让

鉴于本次交易拟购买的资产为润星科技100%股权。根据《公司法》、润星科技公司章程等规定，润星科技董事、监事、高级管理人员在任职期间每年转让的股份不得超过其所持有润星科技股份总数的25%。为保证本次重组中润星科技的股权的转让符合《公司法》、润星科技公司章程等规定，润星科技在重大资产重组实施前需将其组织形式从股份有限公司变更为有限责任公司。

经润星科技与上市公司协商，并经润星科技董事会、股东大会审议通过，润星科技将其组织形式从股份有限公司变更为有限责任公司。2017年8月15日，上述工商变更登记完成。

（三）低资产负债率却进行高配募

上市公司日常营运资金、资本支出以及偿还短期借款需要保留较大金额的资金水平，所需资金超过上市公司截至 2016 年 12 月 31 日扣除募集资金余额后的货币资金余额，上市公司面临较大的资金压力。

由于本次重组所需支付现金对价金额达到了 8.26 亿元，另外还需支付中介机构费用和其他发行费用，若通过银行借款进行筹集，上市公司每年将支付高额的银行借款利息，给公司的经营造成较大的冲击，对公司股东的利益造成不利影响。再者，通过银行借入的资金大部分为短期流动资金借款，与本次重组所需的长期资本性投入存在资金期限上的错配，借款本金的偿还将给公司造成较大的资金压力，影响公司的财务安全和正常运营。而长期的并购贷款在利息成本上将进一步提升，进一步给公司的利润情况造成负面影响。因此，公司计划不优先采用银行借款方式筹集本次重组所需资金，银行借款方式将作为本次重组募集配套资金失败的补救措施，确保本次重组的顺利进行。

七、案例亮点

华东重机通过本次重组后双方业务的有效协同，业务领域和产业层级将得到大幅拓展和提升。润星科技的业务及相关资产将进入上市公司，上市公司的净利润从 2016 年的 5 233 万元上涨至 2017 年、2018 年的 1.64 亿元、3.23 亿元，上市公司的盈利能力也得到显著提升。本次重组充分体现了产业并购是增强企业协同效率、提高上市公司价值的一大有效手段。

另外，本次重组的顶额配募也给上市公司在解决现金支付对价的同时不影响重组后的正常经营带来了极大助力，特别是作为财务顾问的中信建投在上市公司低资产负债率的现状下对配募必要性的论述，保证了本次顶额配募的保留和重组项目的顺利推进。

在上市公司未来发展方面，对于原来从事轨道吊、岸桥等集装箱装卸设备研发、生产业务的华东重机而言，本次收购标志着上市公司向高端机床进军，有望成为金属 CNC 设备龙头公司。而对于润星科技而言，除了创始人股东实现部分现金退出外，依托华东重机也将更有利于公司的业务发展。因此，本次重大资产重组对于上市公司华东重机和标的公司润星科技来说是一次双赢的资本运作。从上市公司 2016 年 12 月 29 日停牌至 2017 年 7 月 24 日获得中国证监会并购重组委有条件通过之日，短短 7 个月就完成了本次重组，重组项目完成效率很高。

案例24：美年健康（002044）收购慈铭体检[①]

一、案例简述

美年大健康产业控股股份有限公司（以下简称“美年健康”“上市公司”“公司”）是一家以健康体检为核心，集健康咨询、健康评估、健康干预于一体的专业体检和医疗服务集团，也是目前中国最大的个人健康大数据平台。公司以高品质、专业的健康体检为基础，以健康大数据为根源，围绕专业预防、健康保障、医疗管家式服务等领域展开服务，为企业和个人客户提供一流的健康管理服务。依托庞大的客户人群、海量精准的健康大数据平台，以及遍布全国的标准化医疗服务体系，美年健康正在打造中国最具发展潜力的大健康产业集群，而兼具生态圈平台和孵化载体的功能也使美年健康成功构建了具有强大影响力的健康产业核心生态圈，并持续致力于引领中国预防医学的发展和健康管理产业的变革。

美年健康收购慈铭体检（以下简称“标的公司”）分为收购参股权和控股权两个步骤：第一，美年健康引入并购基金深圳前海瑞联二号投资中心（有限合伙）（以下简称“前海瑞联”）协助提前绑定收购慈铭体检27.78%股权的交易，前海瑞联于2014年12月完成了对慈铭体检27.78%股权的收购。2015年2月，前海瑞联将持有的慈铭体检27.78%股权转让美年大健康产业（集团）有限公司（以下简称“美年大健康”，系美年健康全资子公司）。第二，2017年，美年健康完成了通过发行股份及支付现金的方式购买天亿资管、维途投资、东胜康业、韩小红和李世海持有的慈铭体检72.22%股

① 本案例由华泰联合证券提供，撰写人：陈斐、徐妍薇。

权，交易金额为269 741.70万元。美年健康以非公开发行股份方式支付交易对价的87.02%，总计234 741.70万元，总计发行150 862 274股股份；以现金方式支付交易对价的12.98%，总计35 000万元。

二、交易背景

（一）健康体检行业未来发展空间大，集中度低，亟待整合

根据《2016年中国卫生和计划生育统计年鉴》，2015年我国参加健康检查的人数为38 457.90万，比2009年的22 993.58万大幅提高67.25%，但2015年参加健康检查的人数仅占全国总人口数的27.98%，健康体检行业发展空间巨大。与此同时，自2008年以来，专业体检行业开始进入整合阶段，北京、上海等一线城市的专业体检机构数量不断增加，竞争趋于激烈，大型专业体检机构通过新开网点与收购相结合，迅速扩大市场份额，小型专业体检机构则逐渐退出市场；而一线城市以外的地区则还处于市场培育或初步发展阶段，市场潜在规模较大。

综上所述，我国健康体检市场总量已形成一定规模并将在未来数年内持续增长，但业内企业数量庞大，行业集中度低，竞争者高度分散。健康体检行业的进一步发展亟须行业整合者对行业存量资源进行整合，解决业内竞争现状，重塑行业竞争秩序。

（二）慈铭体检系国内健康体检行业的领军企业之一

慈铭体检是以健康体检为主营业务的连锁化经营的专业体检机构。作为国内健康体检行业的领军企业之一，慈铭体检自成立以来，秉承“治未病，为人民健康服务”的经营宗旨，专注于健康体检领域，致力于健康体检行业的领导性品牌建设。

经过多年发展，慈铭体检逐步在国内主要城市建立了较为完善的体检服务网络，在北京、上海、深圳、广州、武汉、南京、大连、天津、成都、济南、金华、临沂、长春等国内主要城市拥有多家体检中心，是国内规模较大、覆盖范围较广、年体检量及累计体检量较多的专业体检机构之一。

美年大健康与慈铭体检作为中国健康体检行业的领军企业，以

推动企业跨越式发展、促进健康体检行业向更高层次发展为出发点，在政策、市场双重利好的背景下，达成了强强联合的战略合作意向。

（三）美年健康致力于成为地域覆盖广、服务实力强的国内领先健康体检机构

美年健康在“打造中国体检行业领导者”的目标和“重点城市与全国布局”发展战略之下，凭借专业与优质的服务、健全的管理体系、合理的市场布局以及锐意进取的销售策略，实现了在健康体检领域的快速成长，成为国内规模最大、盈利能力最强的专业体检机构之一。

美年健康采取“重点城市与全国布局”的发展战略、“自建与并购”相结合的发展模式，迅速实现全国布局、网点快速扩张。在收购慈铭体检后，美年健康拟在“美年大健康”及“美兆”两个体检行业知名品牌基础上，进一步获取慈铭体检旗下健康体检相关品牌。由于“慈铭”品牌是标的公司通过多年积累已被当地客户认可的品牌，具有一定的商业价值。美年健康希望通过上述多品牌战略的实施，扩大“美年大健康”这一品牌在全国范围内的影响力，同时充分打开当地市场，将慈铭体检的品牌价值发挥到最大化，实现多品牌的协同效应。

三、交易方案

（一）主要内容

1. 收购慈铭体检 27.78% 股权

美年健康引入并购基金深圳前海瑞联二号投资中心（有限合伙）协助绑定收购慈铭体检 27.78% 股权的交易。2014 年 12 月 8 日，前海瑞联与慈铭股份全体股东签署协议，约定慈铭股份全体股东将其持有的慈铭股份合计 33 333 333 万股（占总股本的 27.78%）以10亿元价格转让给前海瑞联，全部以现金支付。本次转让中，慈铭体检对应 100% 股份估值为 36.00 亿元。

2015 年 2 月 12 日，美年大健康与前海瑞联签署协议，前海瑞联同意将所持有的慈铭股份 33 333 333 股股份（占总股本的 27.78%）

转让给美年大健康，转让价款共计 102 951.50 万元。

2. 收购慈铭体检剩余 72.22% 股权

美年健康拟向天亿资管、维途投资、东胜康业、韩小红和李世海非公开发行股份及支付现金购买其持有的慈铭体检 72.22% 股权，同时拟向不超过 10 名其他特定投资者发行股份募集配套资金，募集资金总额不超过 51 000 万元。

（1）发行股份及支付现金购买资产。美年健康拟以非公开发行股份及支付现金的方式购买天亿资管等 5 名股东持有的慈铭体检 72.22% 的股权。

本次交易标的为慈铭体检 72.22% 股权。根据中联评估出具的《估值报告》（中联评咨字〔2016〕第 617 号），以 2015 年 12 月 31 日为估值基准日，采用现金流折现法及可比公司法对慈铭体检的全部股东权益进行了估值，并以现金流折现法估值结果作为本次交易的定价依据，慈铭体检 100% 股权的估值为 373 629.36 万元。鉴于出具的《估值报告》（中联评咨字〔2016〕第 617 号）有效期届满，上市公司委托中联评估对慈铭体检 100% 股权以 2016 年 12 月 31 日为基准日又出具了《估值报告》（中联评咨字〔2017〕第 409 号）。截至 2016 年 12 月 31 日，慈铭体检的估值为 374 945.63 万元，比截至 2015 年 12 月 31 日的估值增加 1 316.27 万元。基于上述估值结果，经交易各方友好协商，仍以慈铭体检截至 2015 年 12 月 31 日的估值为基础确定本次交易价格。经各方确认，慈铭体检 100% 股权的交易对价为 373 500.00 万元，对应本次标的资产，慈铭体检 72.22% 股权的交易作价为 269 741.70 万元，拟以非公开发行 150 862 274股股份及现金支付 35 000 万元的方式支付，发行价格为 15.56 元/股。本次交易完成后，慈铭体检成为上市公司的全资子公司。

（2）募集配套资金。为提高重组效率，增强重组后上市公司持续经营能力，上市公司计划在本次资产重组的同时拟采用询价方式向不超过 10 名特定投资者非公开发行股份募集配套资金，募集资金总额不超过 5.1 亿元。本次募集配套资金拟用于支付本次交易现金对价、用于标的公司的医疗设备采购及支付本次重大资产重组涉及的中介机构费用。

本次发行股份及支付现金购买资产不以募集配套资金的成功实施为前提，募集配套资金成功与否不影响发行股份及支付现金购买资产的履行及实施。如果募集配套资金出现未能实施或融资金额低于预期的情形，支付本次交易现金对价的不足部分由美年健康自筹解决。

（二）估值定价

根据2016年中联评估出具的《估值报告》（中联评咨字〔2016〕第617号），估值机构采用现金流折现法和可比公司法两种估值方法对慈铭体检股东全部权益进行了估值，最终采用现金流折现法作为估值结论。根据现金流折现法估值结论，慈铭体检股东全部权益的估值为373 629.36万元，较归属于母公司账面价值增值313 368.63万元，增值率520.02%。

鉴于《估值报告》（中联评咨字〔2016〕第617号）有效期届满，上市公司委托中联评估对慈铭体检100%股权以2016年12月31日为基准日出具了《估值报告》（中联评咨字〔2017〕第409号）。截至2016年12月31日，慈铭体检的估值为374 945.63万元，比截至2015年12月31日的估值增加1 316.27万元。

根据统计，2011年以来，医疗服务行业的主要股权收购交易的静态市盈率的平均值为34.41，中位数为32.24，高于本次交易中慈铭体检2016年静态市盈率30.03倍。

2011年以来，医疗服务行业的主要股权收购交易的动态市盈率平均值为30.01倍，中位数为27.11倍，高于本次交易中慈铭体检2017年动态市盈率22.98倍。

综上，对比可比交易的作价情况，本次交易的作价是合理的。

（三）对价支付方式

慈铭体检100%股权的交易对价为373 500.00万元，对应本次标的资产慈铭体检72.22%股权的交易作价为269 741.70万元。美年健康以非公开发行股份方式支付交易对价的87.02%，总计234 741.70万元，总计发行150 862 274股股份；以现金方式支付交易对价的12.98%，总计35 000万元。

本次发行股份及支付现金购买资产的定价基准日为上市公司第六届董事会第十三次会议决议公告日，本次发行股份购买资产的股份发行价格为31.13元/股，不低于定价基准日前20个交易日股票均价的90%，并根据美年健康2016年度利润分配方案予以调整，发行价格相应调整为15.56元/股。

四、交易节点

2014年11月20日，美年大健康与慈铭体检全体股东、慈铭体检签订“关于慈铭健康体检管理集团股份有限公司之股份转让协议”，拟分期收购慈铭体检100%股份。

2014年12月8日，前海瑞联与慈铭体检全体股东签署协议，约定慈铭体检全体股东合计将其持有的慈铭体检27.78%股权转让给前海瑞联。

2015年2月12日，美年大健康与前海瑞联签署协议，前海瑞联将所持有的慈铭体检27.78%股权转让给美年大健康。

2016年2月29日，美年健康召开第六届董事会第九次会议，审议通过了发行股份购买慈铭体检72.22%股权交易预案及相关议案。2016年3月1日，美年健康公告重大资产重组预案。

2016年5月30日，美年健康召开第六届董事会第十四次会议，审议通过了发行股份及支付现金购买慈铭体检72.22%股权交易的相关议案。2016年6月1日，美年健康公告重大资产重组草案。

2016年6月16日，美年健康股东大会通过重大资产重组议案。

2016年6月29日，中国证监会受理上市公司发行股份购买资产行政许可申请材料。

2017年7月12日，经中国证监会上市公司并购重组审核委员会2017年第40次工作会议审核，美年健康发行股份及支付现金购买资产并募集配套资金暨关联交易事项获得无条件通过。

2017年9月28日，中国证监会出具了《关于核准美年大健康产业控股股份有限公司向上海维途投资中心（有限合伙）等发行股份购买资产并募集配套资金的批复》（证监许可〔2017〕1764号），核准本次重大资产重组。

2017 年 10 月 11 日，维途投资等 5 名交易对方合计持有的慈铭体检 72.22% 股权已过户至美年健康。

2017 年 10 月 25 日，本次交易中发行股份购买资产部分的非公开发行新增股份在深圳证券交易所上市。

2017 年 11 月 23 日，配套募集资金新增股票在深圳证券交易所上市。

五、并购影响

（一）对上市公司业务的影响

1. 提升上市公司业务规模，增强盈利能力

慈铭体检作为国内健康体检行业内的领先企业，在国内拥有广泛的网点分布和庞大的客户基础。截至重大资产重组草案公告日，慈铭体检在全国 20 个地区设立了 58 家控股体检中心，2016 年体检量达到 251 万人次，2017 年 1—6 月体检量为 116 万人次。本次交易完成后，慈铭体检与美年大健康一起作为上市公司旗下从事健康体检业务的子公司进行运营。上市公司在健康体检行业的经营规模和市场份额可大幅提升。

根据瑞华会计师事务所出具的《备考审阅报告》（瑞华阅字〔2017〕01620004 号），本次交易完成后，2017 年上半年，上市公司资产总额增长 42.05%，营业收入增长 36.53%。本次交易进一步扩大上市公司的经营规模，提升综合实力及资本市场影响力。

2. 发挥协同效应，促进上市公司业务发展

慈铭体检与上市公司均从事健康体检业务，本次交易完成后，双方可以利用双方在体检中心布局上的互补性，提高对主要市场区域的覆盖率，在一定程度上实现客户群体的统一销售，避免重复开发。同时，上市公司可充分发挥双方在营销、采购、管理等方面的协同效应，降低经营成本，提升盈利能力。

（1）体检网点布局的协同效应。慈铭体检在北京的布局和市场份额有着突出的优势，而美年大健康的体检中心布局主要集中在一、

二线城市，分布更广，相对平均，并逐步向重要的三、四线城市下沉，双方在体检中心布局上有一定的互补性。本次收购完成后可进一步提高上市公司对中国境内健康体检行业的覆盖率和区域覆盖率，提高对客户需求的响应能力，从一定程度上实现客户群体的统一销售，避免重复开发。

(2) 运营层面的协同效应。在运营层面，本次交易有利于上市公司与慈铭体检发挥双方在营销、采购、管理等方面的协同效应，降低经营成本，提升盈利能力。此外，双方借助庞大的标准化线下服务平台以及海量的健康大数据，打造我国移动医疗服务的重要平台和健康产业 O2O 的优秀载体，将打造国内规模最大、最具发展前景之一的健康体检和健康管理机构。

(3) 财务方面的协同效应。本次交易完成后，上市公司和慈铭体检可以实现财务方面的协同。一方面，上市公司收购慈铭体检后，企业内部现有资本资源可以统筹安排、调节使用，使有限的财务资源达到最大、最充分的利用，减少外部融资数量，从而相对节约资本成本。另一方面，本次交易完成后，由于规模扩大而导致经济效益提高，优化资产负债结构，为上市公司融资提供了便利条件，有利于降低融资成本。

(二) 对上市公司财务的影响

假设上市公司已完成本次重组（不考虑配套融资部分），即上市公司已持有慈铭体检 100% 股权，按照上述重组后的资产架构，瑞华会计师事务所出具《备考审阅报告》（瑞华阅字〔2017〕01620004 号）。

截至 2017 年 6 月 30 日，模拟计算的备考上市公司资产总额从交易前的 737 227.87 万元增加至交易后的 1 047 204.39 万元，增幅为 42.05%。本次交易完成后，美年健康流动资产增加 45 231.90 万元，增加幅度为 14.84%。美年健康非流动资产增加 264 744.62 万元，增加幅度为 61.21%。

标的资产慈铭体检的资产负债结构合理，偿债能力较强，本次重组的完成不会对上市公司的偿债能力构成重大不利影响。

(三) 对原股东持股比例的影响

本次交易前，上市公司实际控制人俞某直接及间接持有上市公司30.95%股份。本次交易中，上市公司实际控制人以其控制的天亿资管、维途投资先行完成对慈铭体检68.40%股权的收购，而后通过上市公司向其新增发行股份购买慈铭体检68.40%股份得以增持上市公司股份。因此，本次交易后，俞某直接及间接持有上市公司股份895 404 700股，占上市公司总股本的比例分别增至34.81%（不考虑配套融资）或34.28%（考虑配套融资），进一步增加对上市公司的持股比例并巩固控制权。

六、交易特点

（一）收购慈铭健康，实现多品牌服务战略，不断巩固体检行业龙头地位

美年健康是一家以健康体检为核心，集健康咨询、健康评估、健康干预于一体的专业体检和医疗服务集团。公司以专业化、高品质的健康体检为基础，围绕专业预防、健康保障、医疗管家式服务等领域展开服务，为企业和个人客户提供一流的健康管理服务。

本次重大资产重组完成后，美年健康拥有“美年大健康”“慈铭体检”“慈铭奥亚”“美兆体检”等多个健康体检品牌，将贯彻“多品牌、多层次”的经营战略，形成各有侧重、全面覆盖的全国性业务网络。企业通过实施多品牌战略，更好地为客户提供多层次、全方位、精准化、个性化的健康服务。

通过本次重组，美年健康打破了民营体检行业“三足鼎立”的竞争格局，实现体检行业两大龙头的强强联合，促进了行业集中度的提升。公司体检中心覆盖全国100余个城市，进一步提高公司对客户需求的响应能力，提高其在中国健康体检行业的覆盖率，也巩固了其在体检行业的龙头地位。

作为中国健康管理最大的入口性平台，美年健康利用体检大数据的优势，不断巩固和强化健康产业生态圈，在专科、全科医疗、慢病管理、先进诊断、大数据、远程医疗、健康保险等核心赛道重点布局，为更多企业提供生态平台供给，促进彼此协同发展。

（二）经典两步走案例，资本助力产业整合

在本案例中，慈铭体检原股东结构较为复杂，各方交易诉求难以平衡，同时慈铭体检体量较大，综合考虑国内体检行业的发展周期，其较大规模的交易作价以及交易时间的紧迫性对买方的资金筹集实力提出了极高要求。在这一背景下，美年健康首先以现金收购27.78%参股权的方式快速完成交易，后续再通过发行股份及支付现金方式收购剩余72.22%股权。同时，美年健康在第一步收购中引入了并购基金前海瑞联进行过桥收购，解决了其短期内无法筹集足额交易资金的问题。在后续剩余股权的收购中，为满足慈铭体检部分原股东现金退出需求，由上市公司实际控制人控制的天亿资管对慈铭体检部分股权先行进行收购。最后，由美年健康通过发行股份及支付现金购买天亿资管等交易对方持有的慈铭体检剩余股权，通过股份和现金多种支付方式缓解了上市公司资金压力，促进了美年健康和慈铭体检的强强联合。

七、案例亮点

（一）通过交易方案设计有效促进达成交易

在本次交易中涉及体检行业两大巨头的产业联合，时间紧、资金压力大，且交易对方存在现金退出需求，而上市公司自有资金有限，则对交易的促成和推进均产生了较大的挑战性。在本次交易中，美年健康通过引入并购基金过桥收购方式快速完成第一步，收购了慈铭体检参股权交易，而后在收购剩余股权中将上市公司实控人引进作为过桥收购的参与者，一方面保障了交易对方的现金退出需求，另一方面又满足了上市公司实控人的增持需求，也保证了上市公司对本次交易完成的掌控能力，起到了一举三得的效果。

在产业并购过程中，上市公司可通过聘请对公司行业有着深刻积累、能够辨析行业整合逻辑，且具备丰富产业并购经验的财务顾问，协助公司开展交易谈判，充分协调各方交易诉求，合理设计交易方案，同时提供一揽子金融服务的架构设计及实施，促使公司抓住交易机会，在稍纵即逝的谈判窗口期中锁定交易。

（二）并购重组后续整合是重心

产业并购交易完成后，资产的整合效果更是评价本次收购交易价值、成功与否的重要指征。本次交易后，上市公司充分利用美年大健康和慈铭体检在网点布局方面的互补性，提高对中国境内健康体检行业的覆盖率和区域覆盖率，提高对客户需求的响应能力。同时，上市公司充分发挥美年大健康和慈铭体检在营销、采购、管理等方面的协同效应，以及在财务资源利用方面的协同效应，降低运营成本，进一步提升盈利能力。通过一系列整合，上市公司实现了进一步提升公司在健康体检行业的市场份额，进一步扩大在全国的品牌影响力，增强了公司在健康体检行业的领导地位。

案例25：长川科技（300604）收购新加坡集成电路封测设备公司STI[①]

一、案例简述

杭州长川科技股份有限公司（以下简称“长川科技”“上市公司”“公司”）主要从事集成电路专用设备的研发、生产和销售，是一家致力于提升我国集成电路专用装备技术水平、积极推动集成电路装备业升级的高新技术企业和软件企业。经过多年持续技术创新，公司掌握了集成电路测试设备的相关核心技术，拥有90多项专利权，40多项软件著作权，是国内为数不多的可以自主研发、生产集成电路测试设备的企业。

长川科技主要为集成电路封装测试企业、晶圆制造企业、芯片设计企业等提供测试设备，集成电路测试设备主要包括测试机、分选机和探针台等。目前，长川科技主要产品包括测试机和分选机。公司生产的测试机包括大功率测试机（CTT系列）、模拟/数模混合测试机（CTA系列）等；分选机包括重力下滑式分选机（C1、C3、C3Q、C37、C5、C7、C8、C9、C9Q系列）、平移式分选机（C6、C7R系列）等。目前，公司生产的集成电路测试机和分选机产品已获得长电科技、华天科技、通富微电、士兰微、华润微电子、日月光等多个一流集成电路企业的使用和认可。

长川科技收购STI（以下简称“标的公司”）是典型的跨境并购交易，交易分为境外和境内两步：一是境外交易由国家产业基金、天堂硅谷、上海装备等资金方组成买方团，以长新投资作为收购

① 本案例由华泰联合证券提供，撰写人：关芮。

SPV，上市公司参股长新投资，持有长新投资10%股权。长新投资通过支付现金的方式向新加坡上市公司ASTI收购其持有的STI 100%股权，境外交易作价为9 000万新元。二是长新投资通过发行股份的方式购买国家产业基金、天堂硅谷、上海装备持有的长新投资90%的股权，长新投资90%股权的交易价格为49 032.26万元，总计发行股份数合计为16 251 990股。由于2018年度权益分派的实施，本次发行新股数量为30 982 860股。

二、交易背景

（一）市场和政策推动下，我国集成电路产业高速发展

我国集成电路产业起步较晚，发展相对落后，国家高度重视集成电路产业的发展，从政策和资金上大力扶持国内集成电路产业，推动集成电路产业的发展。自2010年以来，国家相继出台了《进一步鼓励软件产业和集成电路产业发展的若干政策》《集成电路产业"十二五"发展规划》《电子信息产业调整和振兴规划》《国家集成电路产业发展推进纲要》《"十三五"国家战略性新兴产业发展规划》等政策。2014年，财政部和工信部共同推动设立了国家集成电路产业投资基金，其首期募资规模达1 387.2亿元。在国家集成电路产业投资基金的带领下，北京、上海、武汉、厦门等产业聚集区也纷纷设立了地方政府投资基金，重点支持集成电路制造业，同时兼顾芯片设计、封装测试、设备和材料等上下游环节，实施市场化运作、专业化管理。

与此同时，我国拥有全球最大和增长最快的集成电路市场。根据2017年中国半导体市场年会的数据显示，2001—2016年，我国集成电路市场规模由1 260亿元增加至约12 000亿元，占全球市场份额将近60%，产业销售额扩大超过23倍，由188亿元扩大至4 336亿元。巨大的市场需求，一方面推动我国集成电路产业快速发展，另一方面也吸引全球集成电路产能伴随终端市场而向国内转移，为我国集成电路产业的发展提供了有利的市场环境。近年来，中国集成电路技术水平与国际差距正在缩小，产业已经进入快速发展的

轨道。

（二）中国本土集成电路设备企业面临较大的机遇与挑战

设备制造业是半导体产业的基础，是完成晶圆制造、封装测试环节和实现集成电路技术进步的关键。所需专用设备主要包括晶圆制造环节所需的光刻机、化学汽相淀积（CVD）设备、刻蚀机、离子注入机、表面处理设备等；封装环节所需的切割减薄设备、度量缺陷检测设备、键合封装设备等；测试环节所需的测试机、分选机、探针台等；其他前端工序所需的扩散、氧化及清洗设备等。这些设备的制造需要综合运用光学、物理、化学等科学技术，具有技术壁垒高、制造难度大、设备价值及研发投入高等特点。

全球半导体设备市场集中度高，美日欧的五大巨头引领全球半导体设备市场。中国半导体设备的进口依赖问题较为严重，国产化率极低。半导体装备业具有较高的技术壁垒、市场壁垒和客户认知壁垒，由于我国半导体设备产业整体起步较晚，目前国产规模仍然较小。集成电路设备是集成电路产业发展的重要基石，专用设备大量依赖进口，不仅严重影响我国集成电路的产业发展，也给我国电子信息安全造成重大隐患。

集成电路测试环节是贯穿集成电路生产过程的重要流程，测试设备制造企业在产业链中也占据着重要地位，是上中下游各类企业完成检测工艺的有力支撑。集成电路测试设备主要服务于封装测试企业、晶圆制造企业和芯片设计企业。目前国内厂商已在该领域取得不小进展，相关装备获得下游知名企业的使用和认可，与国外知名企业相比，国内优势企业对客户需求更为理解，服务方式更为灵活，产品性价比更高，具有较强的本土优势。得益于国内需求、政策支持、资本、人才储备，中国半导体制造具备突破的基础。中国集成电路产业处于“前有追赶目标，后无潜在对手”的国际格局中，“全球最大半导体消费市场”的地位是中国“后发优势”的重要基础之一。叠加国家战略、资本实力、全球主流企业及国内外研发人才的储备，推动集成电路装备实现国产化突破的基础坚实而稳固。

（三）STI 在全球半导体光学检测设备市场具有突出的竞争优势

标的公司 STI 是设计、生产、研发和销售半导体后道封装检测设备的设备提供商，主要产品是高精度光学检测设备，总部位于新加坡，服务于全球120多家厂商，是全球半导体光学检测设备市场的主要设备提供商之一。下游客户包括德州仪器、美光、意法半导体、三星等大型半导体生产公司及日月光、安靠技术等世界一流的半导体封装和测试外包服务商，具备领先的客户优势。

本次交易将成为长川科技实现全球化布局的重要举措，通过STI已有的全球销售网络，可以大大加速长川科技的海外市场布局，同时，有助于上市公司丰富产品类型，提高研发技术能力，符合上市公司未来发展战略布局。

三、交易方案

（一）主要内容

本次交易中，长川科技拟通过发行股份的方式购买国家产业基金、天堂硅谷以及上海装备合计持有长新投资90%的股份。长新投资最终作价为54 480.28万元，90%股份的交易价格为49 032.26万元，全部由长川科技以非公开发行股份的方式支付。本次交易完成后，长川科技将持有长新投资100%的股权。

本次发行股份购买资产发行股份的定价基准日为上市公司第二届董事会第七次会议决议公告日，发行价格不低于定价基准日前20个交易日公司股票交易均价的90%，为30.17元/股。由于2018年度权益分派的实施，本次发行价格由30.17元/股调整为15.83元/股。

（二）估值定价

本次交易中，评估机构采用资产基础法对长新投资100%股权进行评估，并采用收益法和资产基础法对下属经营实体STI 100%股权进行评估，并最终采用收益法评估结果作为STI 100%股权价值的评估依据。根据坤元出具的《资产评估报告》（坤元评报〔2018〕598号），以2018年9月30日为评估基准日，长新投资100%股权评估值为544 802 733.31元，最终作价为544 802 800元。

（三）对价支付方式

本次交易全部由长川科技以非公开发行股份的方式支付，支付的交易对价为 49 032.26 万元，总计发行的股份数合计为 16 251 990 股。由于 2018 年度权益分派的实施，本次发行新股数量为 30 982 860 股。

四、交易节点

2018 年 3 月 30 日，ASTI 与浦东科投签订股权转让协议。

2018 年 9 月 3 日，浦东科投与长新投资签订合作协议，约定浦东科投将其与 ASTI 签订的上述股权转让协议项下的全部权利义务转让给长新投资。

2018 年 9 月 26 日，STI 董事会做出决议同意签订交割文件及相关协议，同意 ASTI 将其持有的 STI 全部股权转让给长新投资。同日，STI 完成股权变更手续，变为长新投资全资子公司。

2018 年 12 月 12 日，上市公司发布境内重大资产重组草案公告。

2019 年 1 月 18 日，上市公司发布股东大会通过。

2019 年 2 月 19 日，中国证监会受理收购方案。

2019 年 4 月 3 日，中国证监会并购重组审核委员会审核通过。

2019 年 4 月 23 日，获得中国证监会批复。

2019 年 7 月 31 日，标的资产过户完成。

2019 年 9 月 26 日，购买资产新增股票上市。

五、并购影响

（一）对上市公司业务的影响

STI 是研发和生产为芯片以及 wafer 提供光学检测、分选、编带等功能的集成电路封装测试设备商。长川科技主要为集成电路封装测试企业、晶圆制造企业、芯片设计企业等提供测试设备。上市公司与 STI 在产品、销售渠道、研发技术具有高度的协同，符合上市公司未来发展战略布局。

本次交易完成后，STI 将成为上市公司的全资子公司，纳入上市公司的管理范围。上市公司将在保持 STI 独立运营的基础上，与 STI

实现优势互补，对销售、财务、人员、机构等方面进行整合，使STI尽快融入上市公司，最大限度地发挥重组的协同效应。

1. 销售方面的整合

本次交易完成后优质资产及业务将进入上市公司，上市公司未来将进一步丰富产品类型，整合销售渠道与业务领域，发挥协同效应。STI将借助上市公司在中国的销售渠道，积极拓展大中华地区的业务发展，同时，上市公司将借助STI在东南亚地区、中国台湾、韩国等区域的客户渠道，积极拓展其他国家和地区的业务发展，综合提升公司的盈利能力与可持续发展能力。

2. 财务方面的整合

本次交易完成后，上市公司将STI的财务管理纳入统一财务管理体系，未来也将采取培训和加强沟通汇报等形式，防范并减少STI的内控及财务风险。另外，上市公司也将利用自身的融资平台优势，通过多种融资方式支持其资金需求，实现内部财务资源的统一管理和优化配置。

3. 人员方面的整合

本次交易完成后，上市公司将继续保持原有经营管理层的稳定，也将继续执行现有的销售政策、员工奖励制度等内部管理制度。未来，将会把STI员工纳入体系内部，统一进行考核，与上市公司员工一样享有各项激励措施，从而使相关人员能够分享上市公司的发展成果，与上市公司利益保持长期一致。

4. 机构方面的整合

STI位于新加坡，拥有独立的办公场所及机构设置，但上市公司还是要把STI纳入统一的机构组织架构中，通过统一的公司制度和政策对下属机构进行管理。

(二) 对上市公司财务的影响

假设上市公司已完成本次重组，即上市公司已持有长新投资100%股权，按照上述重组后的资产架构，根据天健会计师事务所出具的《备考审阅报告》(天健审〔2018〕8202号)，如果本次交易得以实施，上市公司总资产规模、净资产规模、收入规模、净利润水平、每股收益均将有所提升，上市公司财务状况会有所改善，盈利能力也会进一步增强。

（三）对原股东持股比例的影响

本次交易完成后，赵某直接持有公司 41 896 250 股，占上市公司总股本的 25.34%；徐某通过长川投资控制公司 13 004 444 股，占上市公司总股本的 7.86%；公司控股股东仍为赵某，实际控制人仍为赵某、徐某夫妇。因此，本次交易不会导致上市公司实际控制人的变更。

六、交易特点

（一）交易难点

1. 境外资产核查难度较大

本次交易的目标资产 STI 同时拥有中国台湾、菲律宾、韩国、马来西亚子公司，客户包括日月光、安靠、矽品、星科金朋、德州仪器、瑞萨等全球领先的集成电路厂商，因此，尽职调查的核查范围较广。尤其是，STI 的客户主要为全球知名的集成电路封装测试企业和集成器件制造商，由于技术保密性考虑和自身的行业地位优势，一般对于配合供应商进行访谈、拍照等事项较为谨慎，沟通难度较大。为此，项目组与 STI 管理层进行了多轮沟通，最终完成了相应的走访、盘点等核查工作。

2. 未停牌情况下协调交易对方促成交易，直接推出草案，时间要求高，信息披露压力大

本次交易，长川科技响应深交所规范上市公司停复牌行为的指导要求，在不停牌的情况下筹划重大资产重组，并在股市收盘当天直接披露草案等相关公告文件。由于未停牌，无法锁定股价，给交易磋商带来了难度。为此，项目组积极协调交易各方，在尽可能缩小内幕知情人范围的情况下，促使双方对上市公司发股价达成原则性共识。在草案披露当天股市收盘后，项目组立即组织各方完成确定发股价、发股数，以及所有相关交易文件、披露文件定稿等各项工作，最终在当天股市收盘 4 小时内完成确定股价和股数后的所有工作，并完成草案披露。

（二）交易亮点

1. 收购 STI，全方位整合资源，优势互补，发挥协同效应

STI 主营为芯片以及 wafer 提供光学检测、分选、编带等功能的封测设备。2D/3D 高精度光学检测技术（AOI）是 STI 的核心竞争力。STI 核心管理团队来自德州仪器新加坡工艺自动化中心，拥有视觉技术团队 32 人，超过 150 项专利技术，视觉技术全球领先。视觉系统在测试设备中具有重要作用。长川科技现有设备集中于后道终测环节。STI 在视觉技术领域的深厚积累，与长川科技电参数检测技术形成良性互补，同时将拓宽公司现有产品的应用范围，有望助力公司在分选机领域的创新升级，加速探针台的研发推进。

STI 与日月光、安靠、矽品、星科金朋、德州仪器、瑞萨等多家国际 IDM 和封测厂商建立了多年长期稳定的合作关系，服务于全球 120 多家厂商，在中国大陆的主要客户以外国跨国企业在中国建设的封测厂为主。长川科技与中国本土企业合作较多，生产的集成电路测试机和分选机产品已获得长电科技、华天科技、通富微电、士兰微、华润微电子等多个一流集成电路企业的使用和认可。因此，长川科技并购 STI 后，一方面有利于 STI 加强对中国市场的本土客户拓展，另一方面将助力上市公司在全球市场的拓展和建立品牌知名度。

2. 跨境收购经典“两步走”案例，资本助力中国公司海外收购

此次 ASTI 出售旗下优质资产 STI，第一步由产业资本组成买方财团与 ASTI 签订了股权转让协议。在境外收购 STI 时，上市公司作为参股方参与。第二步由上市公司在境内向其他买方团成员发行股份收购标的资产。“两步走”方式，一方面保证了境外交易的时间要求，有利于中国企业的海外收购，另一方面上市公司先作为参股方收购标的资产，有利于上市公司以较少资金先参与交易，降低资金压力和交易风险。之后，上市公司通过对标的资产更深入的了解，从而进行更准确的价值判断，然后对第二步是否将标的资产全部装入上市公司做出更准确和综合的判断。

七、案例亮点

本次交易采用股份支付的方式收购境外上市公司剥离资产。在

交易中，需要同时关注境内外商业环境与监管法规，并在交易方案中兼顾多项诉求，期间亦涉及外部宏观环境变化、政策变动等不确定性因素。因此，中介机构需要在理解各方诉求的基础上，积极与境内外各方协调沟通，让境外标的资产的管理层、中介机构等理解并配合上市公司的尽职调查、信息披露等的要求，同时尽可能减少因上述事项给标的公司业务带来负面影响。最终，本次交易在上市公司、交易对方、标的公司和中介机构的共同努力下，监管机构的大力支持下，得以顺利实施。

案例 26：海南橡胶（601118）收购 R1 国际[①]

一、案例简述

海南天然橡胶产业集团股份有限公司（以下简称“海南橡胶”“上市公司”“公司”）是集天然橡胶研发、种植、加工、橡胶木加工与销售、贸易、金融、仓储物流、电子商务及现代农业为一体的大型综合企业集团。公司承袭了海南农垦在橡胶行业的主导地位，一直是国内天然橡胶行业标准制定的参与者和推动者，也是国内少数能大规模生产特种胶和专业胶等高品质产品的生产企业之一。公司加大“走出去”力度，继参与收购世界最大橡胶贸易公司之一的新加坡 R1 公司股权之后，又在东南亚进行战略布局，加快国际化并购步伐。海南橡胶还积极进行胶园综合利用开发，利用低产胶园发展热带高效农业、休闲农业和现代农旅结合产业，实现双轮驱动发展，增强抗风险能力和可持续发展能力。

本交易为海南橡胶以支付现金的方式收购控股股东海南省农垦投资控股集团有限公司（以下简称“农垦控股”）持有的 R1 国际 4 200 000 股，以及 Sandana Dass 先生等持有的 R1 国际 810 888 股，合计共 5 010 888 股，占 R1 国际总股本的 73.46%。本次交易完成后，R1 国际成为海南橡胶的控股子公司。

---

① 本案例由中信建投证券提供，撰写人：余乐洋。

二、交易背景

（一）海南橡胶致力于成为天然橡胶产业链的领导者，收购 R1 国际（以下简称“标的公司”）符合公司发展战略

海南橡胶总体战略定位于成为天然橡胶产业链的领导者。在天然橡胶价值链的各环节，即从种植、加工、研发、加工与销售到终端应用等各环节，海南橡胶将通过培育和利用自身在资源控制、种植加工技术和贸易渠道方面的优势，提升天然橡胶产业价值链的地位和效率，使整体价值链参与者普遍受益。

通过收购 R1 国际控股权，海南橡胶在天然橡胶产业链全球贸易环节的优势将进一步增强，从而实现更大限度地整合全球橡胶资源，完善公司业务布局，提高公司业务的国际化水平，扩大公司在天然橡胶市场领域的议价能力和影响力，实现更大的价值提升。

（二）R1 国际发展前景良好，市场竞争优势明显

R1 国际是全球知名的天然橡胶贸易商之一，在其主要从事的橡胶贸易和加工业务板块建立了广泛的采购、生产和销售渠道。通过全球化贸易与信息交流渠道，R1 国际能够及时准确地掌握全球橡胶市场状况，调整并实现最优采购和销售策略。因此，R1 国际在其业务领域具有较强的竞争优势，发展前景良好。

三、交易方案

（一）主要内容

本次交易中，上市公司以现金作为支付对价，收购 R1 国际合计共 5 010 888 股股份，占 R1 国际 6 820 888 股的 73.46%。本次交易前，海南橡胶持有 R1 国际 15.39% 股份，本次交易完成后，海南橡胶成为 R1 国际的控股股东。

（二）估值定价

本次交易中，评估机构采用收益法和市场法对标的资产进行评估，并最终选用收益法评估结果作为评估结论，以中企华出具的、

经海南省国资委备案的评估值作为定价依据。根据中企华出具的《评估报告》，截至2018年4月30日，R1国际100%股权评估值为9 157.19万美元，按评估基准日汇率计算，约合人民币58 050.16万元，本次拟收购5 010 888股股份对应作价确定为6 554.24万美元。

（三）支付方式与支付节奏

经交易双方友好协商，本次交易按照美元定价并支付对价。本次交易中，上市公司将向交易对方支付现金并取得标的资产。针对农垦控股和管理层股东的不同性质和诉求，经交易双方友好协商，上市公司分期支付对价款项的时间安排有所区别。最终，设计了4年分期支付价款、部分利润共享等方案，具体如下：

1. 对Sandana Dass先生的安排

Sandana Dass先生为R1国际主要创始人，现任R1国际董事兼首席执行官，同时兼任多个世界橡胶行业组织的主席。因为其丰富的从业经验以及在天然橡胶行业的影响力，Sandana Dass先生对R1国际的日常运营、长期发展及管理团队的稳定起着非常重要的作用。上市公司为长期绑定Sandana Dass先生与R1国际的利益，和Sandana Dass先生做出了如下约定：

（1）对Sandana Dass先生所持股份的分期收购安排。Sandana Dass先生本次交易前持有R1国际700 000股股份，占R1国际截至"股份购买协议（管理层）"签署日总股份的10%。本次交易，上市公司拟收购Sandana Dass先生所持R1国际股份的50%，即350 000股，并分两期支付股权转让款。本次交易交割日后，上市公司及Sandana Dass先生共同协商在公司认为适当的时间收购Sandana Dass先生所持有的剩余350 000股股份。

（2）对Sandana Dass先生的业绩完成奖励安排。为进一步绑定Sandana Dass先生与R1国际的利益尤其是业绩实现情况，R1国际已通过董事会决议，给予Sandana Dass先生一项特殊的激励计划，从2018年1月1日起，R1国际每年按中国会计准则审计净利润的5%为Sandana Dass先生计提个人激励奖金，由R1国际于Sandana Dass先生退休日一并发放。此项激励措施将有助于Sandana Dass先生继续努力经营R1国际，并且递延发放的安排，也在一定程度上消除短期因素的干扰，有利于 R1 国际长期业务的良好发展。

2. 对 R1 国际其他核心人员的安排

根据上市公司与 R1 国际其他核心管理层股东签署的“股份收购协议（管理层)”，对于 R1 国际其他核心人员，上市公司拟采取延期支付的方式，交割日后 5 个工作日内，上市公司向 R1 国际除 Sandana Dass 先生外的其他核心管理层股东支付初始购买价款的 50%；2020 年 3 月 31 日，上市公司应支付其股份购买价款的 25%；到 2022 年 3 月 31 日，上市公司应支付股份购买价款的剩余 25%。此项激励措施将有助于 R1 国际核心团队继续努力经营 R1 国际，并且分期支付交易价款的安排，也将有利于 R1 国际实现业绩承诺，增强本次交易估值的公允性。

（四）盈利补偿安排

2019 年 4 月 12 日，上市公司与农垦控股签署了利润补偿协议。双方约定，业绩承诺期为 2019 年、2020 年、2021 年。农垦控股要求 R1 国际在业绩承诺期的业绩承诺为：R1 国际在 2019 年度、2020 年度、2021 年度的累计承诺净利润不低于 1 313.00 万美元。

如 R1 国际在业绩承诺期期末累计实现净利润未达到累计承诺净利润，则农垦控股应当对上市公司以现金方式进行补偿；当期应补偿金额应按照如下方式计算：

应补偿金额 =（业绩承诺期累计承诺净利润数 - 业绩承诺期累计实现净利润数）÷业绩承诺期内累计承诺净利润数 × 本次交易中上市公司向农垦投资收购标的公司 420 万股股份的交易价格

四、交易节点

2018 年 5 月 24 日，上市公司筹划重大事项停牌。

2018 年 10 月 19 日，上市公司召开董事会会议，通过重大资产购买暨关联交易预案。

2018 年 10 月 31 日，上海证券交易所下发本次重组的问询函。

2018 年 11 月 8 日，提交上海证券交易所关于本次交易的回复并复牌。

2019 年 4 月 13 日，召开董事会审议通过重大资产购买暨关联交易报告书（草案）。

2019 年 4 月 29 日，召开股东大会审议通过重大资产重组相关议案。

2019 年 5 月 18 日，披露《关于重大资产重组实施情况的公告》，本次交易已经完成过户，并已支付第一期价款。

五、并购影响

（一）对上市公司业务影响

上市公司自成立以来，作为国内最大的天然橡胶种植企业，主要从事橡胶的种植、加工与销售业务，胶园主要分布在海南和云南。近年来，上海期货交易所的天然橡胶期货交易日趋活跃，中国在国际天然橡胶贸易中的地位逐渐提高，公司也希望利用中国在天然橡胶期货的定价优势，加快带动天然橡胶的种植、加工及贸易业务的发展。

R1 国际是全球最大的橡胶贸易公司之一，总部位于世界天然橡胶贸易中心新加坡，与世界主要天然橡胶生产、贸易商及终端客户均保持长期紧密的合作关系。本次交易完成后，上市公司将利用其资金实力强、融资便利的优势，结合其在种植端的深厚积淀，积极推进 R1 国际在天然橡胶贸易领域的快速发展，实现天然橡胶全产业链的整合和协同效应。中国作为世界天然橡胶最大的消费国，市场空间广阔，上海期货交易所的天然橡胶期货业务是下一阶段上市公司与 R1 国际整合的重点。

（二）对上市公司财务影响

根据备考合并财务报表，本次交易完成前后，上市公司 2018 年、2017 年的营业收入规模增幅分别为 95.34%、74.05%，对上市公司的收入提升作用显著。得益于 R1 国际的盈利水平，2018 年度上市公司基本每股收益由 0.0542 元提升至 0.0575 元，增长幅度为 6.16%。

（三）对原股东持股比例的影响

本次交易为全现金交易，不涉及发行股份，因此对上市公司股权结构不产生直接影响。

六、交易特点

本次交易的难点在于如何在橡胶价格整体处于历史低位的背景下，在合法合规的前提下，协调交易各方利益诉求，保证标的公司核心人员稳定，实现各方共赢局面。本次重组时，天然橡胶价格仍处于较低位置，故上市公司控股股东——农垦控股需承担业绩承诺压力，而 R1 国际管理层股东（包括其创始人）亦为交易对方，旨在通过本次交易实现上市公司此前安排的激励计划，实现全部或部分股权退出，而 R1 国际为轻资产公司，其管理层在公司运营中起到至关重要的作用。若本次交易无法达成各方满意的安排，则存在管理层辞职，从而影响标的公司正常运营的“鸡飞蛋打”的风险。

为保证标的公司在本次交易后核心人员的稳定，中信建投证券作为财务顾问就方案、评估值与海南橡胶、农垦控股、标的公司管理层及中介机构进行了多轮协商讨论。同时，在股份收购协议及利润承诺协议中，考虑到管理层股东的退出诉求，财务顾问与律师对农垦控股及管理层股东的部分条款进行了差异化安排，如业绩补偿义务由上市公司控股股东农垦控股承担，而管理层股东不承担对赌责任等。

以上安排最大限度地实现了上市公司、交易对方和标的公司三方的共赢，促成了交易的达成。

七、案例亮点

本次交易是控股股东收购境外标的资产并运营一段时间后，上市公司以现金支付对价，从而实现资产证券化，并解决同业竞争，增强上市公司业务规模的案例。海南橡胶通过本次重组将进一步扩大全球范围内的天然橡胶贸易业务，可进一步深化对东南亚天然橡胶原材料市场的渗透，完善天然橡胶产业链中游及下游的布局，强化公司在天然橡胶种植、加工、贸易等全产业链各环节的综合实力，增强行业话语权并巩固行业地位。

本次交易，标的公司 R1 国际及其创始人在天然橡胶贸易行业内具有相当的知名度，农垦控股收购 R1 国际后，即提出了管理层激励计划，并就退出渠道进行了多次安排，由于历史方案较为复杂，激励方案在本次重组前未有效实施。本次重组，财务顾问不仅需要厘清历史上的股权激励方案，还需要结合本次交易提出新的激励措施，同时达到绑定管理层股东的目的。本次交易为跨境并购，标的公司位于境外，管理层股东基本为境外人士，需要财务顾问具备较强的英文表达能力及极好的沟通能力。

尽管难度较大，但是中信建投作为本次交易独立的财务顾问，凭借过硬的专业知识和出色的沟通协调能力，在合法合规的前提下，设计了使交易各方的诉求均得到满足的交易方案，起到了共赢的效果，保障了项目的顺利推进，获得了上市公司、控股股东及标的公司管理层股东的认可。

案例27：曲美家居（603818）收购挪威Ekornes[①]

一、案例简述

曲美家居集团股份有限公司（以下简称“曲美家居”“上市公司”“公司”）是主营家居相关业务的上市公司，经过多年稳健发展，已经成为中国领先的集设计、生产、销售于一体的大型、规范化家居集团。秉承“曲美现代家具欧洲原创设计”的品牌理念，曲美家居已成为中国最具设计感的现代家具品牌。汇集全球优秀的设计师团队和世界著名的设计所，让“简约、时尚、现代”成为曲美家居风格的代言。

本次交易为曲美家居对挪威Ekornes（以下简称“标的公司”）进行的全现金要约收购，Ekornes 100%股权要约总作价40.63亿元，成为中挪两国大消费品类领域的并购交易之最，也是中国家具行业最大的海外并购案。本次并购采用“一步走”的方案，大大缩短了交易所需的时间，通过合理合法的方案设计和资金筹集，完成了本次并购。

二、交易背景

（一）国家鼓励企业“走出去”，积极融入全球产业链

2016年3月颁布的“十三五”规划纲要明确指出“支持企业扩大对外投资，深度融入全球产业链、价值链、物流链”。《2018年国

① 本案例由华泰联合证券提供，撰写人：丁丁、王晴宇。

务院政府工作报告》提出，“扩大国际产能合作，带动中国制造和中国服务走出去”。中国政府将继续坚持企业主体、市场原则、国际惯例、政府引导，实行以备案制为主的对外投资管理方式，推动形成全面开放的新格局。

曲美家居积极响应国家“走出去”战略，通过本次交易可取得国际知名的家具品牌、成熟稳固的渠道资源和先进的管理经验，全面提升企业的国际竞争力。

（二）中国家具行业面临消费升级大趋势

中国是世界上家具生产和消费大国，伴随着我国居民可支配收入增加、城市化进程加快和国际贸易发展，我国家具制造行业发展迅速。2012 年至 2016 年我国家具行业的主营收入复合增长率达 12%，利润复合增长率为 11.7%。随着国民收入持续增加，消费者对品牌和品质的追求日益增高，消费升级的时代已经来临。家具由最初的使用需求上升到生活享受，消费者越来越关注产品的美观性、功能性和环保性。同时，对家居空间的个性化和整体的空间美学也有了更高的要求，这意味“生活方式时代”已经到来。家具品牌需要更加注重为消费者树立生活方式的样板，促使生产商逐步向服务商转变，品牌家居企业也在不同程度地探索大家居模式。

北欧是全球家具生产的重要区域，具有多年的家具设计、制造的历史。其生产技术水平、设计水平在全球处于领先地位。通过本次交易，曲美家居可以借助标的公司独特的设计风格、强大的实用性和现代主义外观等品质优势，丰富自身产品线，提升自身产品品质和档次，以顺应中国家具市场消费升级的趋势。

（三）上市公司积极实施“新曲美”发展战略

曲美家居经过多年稳健发展，已经成为中国领先的集设计、生产、销售于一体的大型、规范化家具集团。公司于 2015 年推出了“新曲美战略”，“新曲美战略”围绕“新产品、新模式、新价值”三个维度展开，战略目标是从制造品牌向商业品牌的升级，将强大的设计生产能力与独特的终端体验店布局能力相结合，为消费者提供家具和软装一体化的高品质生活空间，实现从单一的家具制造商向内容提供商转型。公司一直重视国际化的原创设计，打造了“曲美原创设计”的品牌美誉度，在产品设计方面处于同行业的领先水平。

上市公司可以通过内涵式发展和外延式并购来实现发展战略，通过本次交易，有助于曲美家居通过外延并购加速推进新曲美战略目标的实现。

三、交易方案

（一）主要内容

2018 年 5 月 23 日，曲美家居、华泰紫金与 Ekornes ASA 签署交易协议，曲美家居联合华泰紫金通过境外子公司 QuMei Investment AS 向挪威奥斯陆证券交易所上市公司 Ekornes ASA 的全体股东发出购买其持有的已发行的标的公司股份的现金收购要约。此次要约收购为公开自愿现金要约收购，目标为收购标的公司至少 55.57%（经充分稀释）的已发行股份，至多为标的公司全部已发行股份。其中，曲美家居将持有最终实际收购标的公司股份的 90.5% 股份，华泰紫金持有最终实际收购标的公司股份的 9.5% 股份。

2018 年 9 月 27 日，Ekornes ASA 全部 36 892 989 股股份已过户至 QuMei Investment AS 名下，QuMei Investment AS 持有标的公司 Ekornes ASA 总股本的 100.00%。

（二）估值定价

此次交易是上市公司通过公开自愿现金要约收购 Ekornes ASA，收购对价为每股 139.00 挪威克朗，标的公司 100% 股权对应价值 512 812.55 万挪威克朗。由于标的公司为挪威奥斯陆证券交易所上市公司，本次要约收购的交易价格不以估值报告为依据。

本次要约价格是上市公司在综合考虑标的公司盈利能力、资产规模、品牌影响力、标的公司市值等因素后确定的。公司聘请东洲评估作为估值机构，以 2017 年 12 月 31 日为估值基准日对交易标的进行估值并出具《估值报告》，从独立估值机构的角度分析本次交易价格的公允性。估值机构本次采用可比公司法对截至估值基准日 2017 年 12 月 31 日 Ekornes ASA 100% 股权进行评估。在报告假设前提成立的条件下，Ekornes ASA 股东全部权益价值为 53.6 亿挪威克朗。根据《估值报告》，本次交易标的作价具有合理性和公允性。

标的公司是一家在奥斯陆证券交易所上市的企业，其自身在股票交易市场有交易价格，但股票的价格除了受企业自身基本面的影响外，还会受到宏观经济因素、政策因素、市场心理因素等影响，因此，股票价格一般会围绕企业价值在一定的周期内产生波动，短期的股票交易价格并不能全面反映一个企业的真实价值。考虑到本次交易是一个企业控股权的收购行为，属于中长期的战略投资，而非也无法在股票二级市场进行的短期投资，因此选用上市公司自身近三年的平均数据作为一个价格合理性的分析。

（三）对价支付方式

本次交易为现金收购，资金来源为公司自有资金、华泰紫金自筹资金及公司通过其他法律法规允许的方式筹集的资金。公司自筹资金来源包括自有资金、股东借款和银行借款。其中，股东向上市公司提供借款 15 亿元人民币，招商银行股份有限公司提供等值 18 亿元人民币的欧元贷款。

四、交易节点

2018 年 1 月 30 日，国家发改委利用外资和境外投资司出具《智美创舍家居（上海）有限公司收购挪威家居制造商 Ekornes 100% 股权项目的确认函》（发改外资境外确字〔2018〕204 号），对本次交易项目信息予以确认。

2018 年 5 月 23 日，曲美家居召开第三届董事会第九次会议，审议通过《关于公司要约收购 Ekornes ASA 暨重大资产购买方案的议案》《关于公司向 Ekornes ASA 股东发起要约的议案》《关于同意公司就本次重大资产重组签署交易协议的议案》《关于公司非公开发行 A 股股票方案的议案》《关于提请股东大会授权董事会全权办理本次重大资产重组相关事宜的议案》以及其他与本次交易相关的议案，独立董事就上述董事会会议审议事项发表了肯定性的独立意见。同日，曲美家居发布了《曲美家居集团股份有限公司重大资产购买报告书（草案）》。

2018 年 5 月 23 日，曲美家居召开第三届监事会第八次会议，审议通过《关于公司要约收购 Ekornes ASA 暨重大资产购买方案的议案》《关于公司向 Ekornes ASA 股东发起要约的议案》《关于同意公司就本次重大资产重组签署交易协议的议案》《关于公司非公开发行 A 股股票方案的议案》以及其他与本次交易相关的议案。

2018 年 6 月 4 日，公司收到上交所《关于曲美家居集团股份有限公司重大资产购买报告书（草案）信息披露的问询函》（上证公函〔2018〕0658 号）（以下简称《问询函》），根据《问询函》的要求，公司及中介机构对有关问题进行了认真分析及回复，并于 2018 年 6 月 14 日公告了《问询函》回复。按照《问询函》的要求对《曲美家居集团股份有限公司重大资产购买报告书（草案）》等文件进行了修改及补充。同日，本交易进入自愿要约期。

2018 年 6 月 5 日，本次交易所涉要约收购文件已经奥斯陆交易所审核无异议，曲美家居向挪威奥斯陆证券交易所上市公司 Ekornes ASA 的全体股东发出购买其持有的已发行的标的公司股份的现金收购要约。

2018 年 6 月 14 日，曲美家居召开 2018 年第三次临时股东大会，审议通过《关于公司要约收购 Ekornes ASA 暨重大资产购买方案的议案》《关于公司向 Ekornes ASA 股东发起要约的议案》《关于同意公司就本次重大资产重组签署交易协议的议案》《关于公司非公开发行 A 股股票方案的议案》《关于提请股东大会授权董事会全权办理本次重大资产重组相关事宜的议案》以及其他与本次交易相关的议案。

2018 年 6 月 27 日，国家发改委办公厅出具《境外投资项目备案通知书》[发改办外资备（2018）423 号]，对本次交易予以备案。

2018 年 7 月 2 日，曲美家居召开 2018 年第四次临时股东大会，审议通过《关于进一步向相关金融机构进行融资的议案》《关于进一步提供担保的议案》等议案，就为本次交易融资等事项做出决议。

2018 年 7 月 6 日，上海自贸区管理委员会颁布“企业境外投资证书”（境外投资证第 3109201800072 号），对本次交易予以备案。

2018年7月13日，取得上海自贸区管理委员会颁布的“企业境外投资证书”。

2018年7月30日，本次要约截止。

2018年8月29日，公司完成自愿要约交割结算，公司境外子公司QuMei Investment AS持有标的公司36 288 506股股份，占Ekornes ASA总股本的98.36%。

2018年9月27日，Ekornes ASA全部36 892 989股股份已过户至QuMei Investment AS名下。

2018年10月2日，Ekornes ASA完成挪威奥斯陆证券交易所退市工作。

五、并购影响

（一）对上市公司业务的影响

1. 本次交易有利于曲美家居丰富其家具品牌组合，完善品牌布局

标的公司核心品牌Stressless定位中高端家具市场，是对曲美家居现有产品线的有效补充，同时，标的公司旗下也涵盖针对中端消费群体的IMG以及床垫品牌Svane。标的公司作为全球范围内，尤其是北欧地区较为知名的国际家具品牌，其生产工艺、产品质量在业内处于领先水平，中高端品牌的市场定位与国内中产阶级消费升级的趋势相吻合。依托稳定、优秀的产品质量，结合曲美家居在国内常年的销售经验与渠道优势，标的公司在中国的市场份额可能有较快的提升，同时也将丰富曲美家居的品牌供应体系。此外，本次交易完成后，曲美家居将加大与标的公司研发设计团队的合作，针对新的消费潮流和设计趋势适时推出新的品牌，在全球范围内实现品牌布局。

2. 本次交易有利于曲美家居外延增长拓展海外市场，加快公司全球化战略布局

曲美家居作为中国家居行业的龙头企业，自身专注于产品原创设计、品牌提升和工艺创新，集团将未来发展定位为“成为集设计、

生产、销售、服务于一体的大型、规范化家具集团”。标的公司作为北欧地区最大的家具制造商之一，在产品主要销售的欧洲及美国地区，其核心品牌 Stressless 在躺椅的细分市场享有较高的品牌认知度，在全球范围内分销商广泛，范围涵盖欧洲、北美、亚洲、大洋洲等。本次交易完成后，曲美家居可以有效利用标的公司的国际经销商渠道，快速提升其海外收入份额，有效推进公司的国际化进程，增强公司全球竞争能力，实现公司海外和国内业绩均衡发展的战略目标。

3. 本次交易渠道与供应链匹配度较高，战略协同性强

曲美家居与标的公司的主要产品属于不同细分品类，但又面向相近的客户群体。线上渠道方面，曲美家居在互联网营销方面拥有大量经验，完成此次收购后，将进一步增加标的在中国区域的线上营销能力。线下渠道方面，标的公司 Ekornes 的产品可无缝对接曲美家居在中国现有的门店，通过曲美家居现有的产品与标的公司产品进行组合展示与销售，同时嫁接中国渠道，增强上市公司整体营销能力，进而形成线下、线上渠道协同营销的模式，力求进一步为消费者提供便捷的一站式服务体验，节省消费者对不同家具的协调和搭配的时间。供应链方面，曲美家居在中国拥有完善的供应链体系，在收购标的公司后，将进一步优化其成本结构，在成本水平上更具竞争力。

（二）对上市公司财务的影响

本次交易完成后，标的公司报表将纳入上市公司合并报表范围，在上市公司通过非公开发行完成本次收购后，上市公司合并口径的资产净额、资产总额、营业收入和净利润预计会出现较大增长，公司将在标的公司股权交割完成后 6 个月内尽快完成并向投资者披露按照中国企业会计准则编制的标的公司财务报告及上市公司备考财务报告。如果上市公司在非公开发行完成前通过自筹资金先行完成收购，则在本次收购完成后、非公开发行完成前，公司的债务规模因收购筹集资金将大幅增加。虽然本次交易会对公司造成一定的资金压力和利息成本，但是公司已经与多家金融机构达成战略合作伙伴关系，公司财务安全不会因本次交易而受到不利影响，公司及标

的公司利润能够覆盖相关利息支出，因此，本次交易总体将使上市公司经营业绩有所提升。

六、交易特点

（一）统筹兼顾多项因素，合理设计交易方案

结合审批难度、操作程序和时长、公司诉求、税收考量、未来收益等因素，综合比较“一步走”和“两步走”路径，本次交易确定“一步走”方案，即由上市公司作为牵头方，直接作为收购主体主导收购，并协助搭建了国内—卢森堡 SPV—挪威 SPV 1—挪威 SPV 2 形式的多层交易架构。

（二）积极沟通资金方，确定多位一体融资路径

在国内资金面紧张、资金出境趋严、外汇波动等不利市场环境下，以上市公司为首的买方团与不同资金方积极沟通，资金来源综合考虑了大股东借款、基金联合出资、自有资金、内保外贷、银行境外融资以及后期再融资等多种融资方式，有效保证了资金的顺利筹集、出境和资金的交割。

（三）制订周密执行方案，顺利完成要约收购

曲美家居要约收购 Ekornes ASA，涉及两家上市公司双向尽调、A 股现金重大及非公发行、挪威全面要约及强制要约，兼顾中挪两地资本市场规则、商业博弈、投融资策略、境内外监管审批等，形成了“太空舱对接式”的交易执行方案，自 2018 年 5 月公告、8 月交割到 10 月初标的公司在挪威退市，在短时间内圆满地完成全面现金要约收购 Ekornes ASA 100% 股权的交割和退市工作。

七、案例亮点

（一）交易方案兼顾多项诉求，对中介团队要求高

海外收购涉及交易金额较大，且需全现金支付，如上市公司自有资金有限，涉及较高外部融资需求。海外收购涉及资金出境，ODI 境外投资备案的审批程序又较为复杂，如涉及境外要约和境外退市，

还涉及境外多个监管机构、多个中介机构的协调沟通，需要同时关注境内监管机制与境外商业尽调，以上特点对中介机构的能力有较高要求。上市公司的中介团队需要熟悉境外的商业环境与监管法规，能同卖方中介机构积极交流。需聘请在操作A股上市公司海外收购方面有丰富实践经验的境内外中介团队、融资团队，积极协调各机构推动交易进程。

（二）收购节奏紧凑，时间要求高，信息披露压力大

境外收购往往为市场主体的自主行为，无须行政审批，同时往往进行全球竞标，强调较快的签约与交割节奏。虽然目前中国证监会对纯现金收购豁免审批，但A股上市公司仍需按照《上市公司重大资产重组管理办法》与信息披露准则完成审计评估工作并准备相应披露材料；国内证券监管机构拥有一定的审批权导致中国上市公司需要较长的交割期限，因此中国公司常在谈判中处于弱势地位。

为保护上市公司中小投资者的利益，A股上市公司对境内交易的信息披露有较高的要求，而在跨境并购中，部分披露要求往往难以得到标的公司、交易对方和境外中介机构的理解。所以，根据交易的实际情况可以为客户在谈判中建议合理的交割期限，必要时可通过与监管机构的适当协调以减缓标的公司的压力，协助标的公司以达成商业目的为首要目标。合规尽调时尽量有效地把握与交易对方的沟通节奏，在合适的时间点提出相应需求。对于确实难以取得的信息，需与监管机构积极沟通，申请豁免披露或备案。

案例28：至纯科技（603690）收购波汇科技[①]

一、案例简述

上海至纯洁净系统科技股份有限公司（以下简称“至纯科技”“上市公司”“公司”）主要为泛半导体、生物医药及食品饮料等行业的先进制造业企业提供高纯工艺系统的整体解决方案，业务包括高纯工艺系统、高纯工艺设备、工艺制程设备的设计、加工制造、安装。公司主要发展方向和目标是为上述先进制造领域的客户提供核心的装备、材料及产业链配套。

至纯科技以发行股份和支付现金的方式为对价，收购波汇科技100%股份。经交易双方友好协商，本次交易最终对价由公司和交易对方在参考具有证券期货相关业务资格的资产评估机构出具的资产评估报告中确认的标的资产评估值基础上协商确定，经协商确定为68 000.00万元。本次交易前，至纯科技未持有波汇科技（以下简称“标的公司”）股份，本次交易完成后，波汇科技将成为至纯科技全资子公司。

二、交易背景

（一）国家产业政策

1.《中国制造2025》国家战略

2015年5月8日，国务院正式印发《中国制造2025》，并提出制造业是国民经济的主体，是立国之本、兴国之器、强国之基，我

① 本案例由中信建投证券提供，撰写人：王志宇。

国仍处于工业化进程中，与先进国家相比还有较大差距。制造业大而不强，自主创新能力弱，关键核心技术与高端装备对外依存度高，产业结构不合理，高端装备制造业和生产性服务业发展滞后。

《中国制造 2025》明确了 9 项战略任务和重点，其中包括：(1) 深入推进制造业结构调整，支持重点行业、高端产品、关键环节进行技术改造，引导企业采用先进适用技术，优化产品结构，全面提升设计、制造、工艺、管理水平，促进工程机械等产业向价值链高端发展；(2) 推进信息化与工业化深度融合，把智能制造作为"两化"深度融合的主攻方向，促进工业互联网、云计算、大数据在企业研发设计、生产制造、经营管理、销售服务等全流程和全产业链的综合集成应用，统筹布局和推动智能工程机械等产品研发和产业化；(3) 提高制造业国际化发展水平，推动重点产业国际化布局，引导企业提高国际竞争力，坚持政府推动、企业主导，创新商业模式，鼓励高端装备、先进技术、优势产能向境外转移；(4) 积极发展服务型制造和生产性服务业，推动商业模式创新和业态创新，促进生产型制造向服务型制造转变。

2.《智能制造发展规划（2016—2020 年）》

2016 年，工信部和财政部联合印发《智能制造发展规划（2016—2020 年）》的通知，提出在"十三五"期间同步实施数字化制造普及、智能化制造示范引领，以构建新型制造体系为目标，以实施智能制造工程为重要抓手，着力提升关键技术装备安全可控能力，着力增强基础支撑能力，着力提升集成应用水平。同时，《智能制造发展规划（2016—2020 年）》部署了重点任务，明确支持装备制造企业以装备智能化升级为突破口，推动工业云计算、大数据服务平台建设。针对传统制造系统集成技术、智能制造装备，不断提高生产装备和生产过程的智能化水平。到 2020 年，重点领域数字化研发设计工具普及率达到 70% 以上，关键工序数控化率达到 50% 以上，数字化车间、智能工厂普及率达到 20% 以上。

3.《信息通信行业发展规划物联网分册（2016—2020 年）》

2016 年 12 月，工信部印发《信息通信行业发展规划（2016—2020 年）》及《信息通信行业发展规划物联网分册（2016—2020

年)》，指出“十三五”时期物联网应用需求将全面升级，物联网万亿级的垂直行业市场正在不断兴起。制造业成为物联网的重要应用领域，相关国家纷纷提出发展“工业互联网”和“工业4.0”，我国提出建设制造强国、网络强国，推进供给侧结构性改革，以信息物理系统（CPS）为代表的物联网智能信息技术将在制造业智能化、网络化、服务化等转型升级方面发挥重要作用。同时，《信息通信行业发展规划物联网分册（2016—2020年)》对物联网产业的发展目标进行了明确：到2020年，具有国际竞争力的物联网产业体系基本形成，包含感知制造、网络传输、智能信息服务在内的总体产业规模突破1.5万亿元，智能信息服务的比重大幅提升。物联网技术研发水平和创新能力显著提高，适应产业发展的标准体系初步形成，物联网规模应用不断拓展，泛在安全的物联网体系基本成型。

4.《中国光电子器件产业技术发展路线图（2018—2022年)》

2018年1月2日，工信部印发《中国光电子器件产业技术发展路线图（2018—2022年)》（以下简称《路线图》)，指出加快推动我国光电子器件技术进步和产业发展，已成为发展信息产业的重大战略和必然选择。《路线图》明确要求：到2022年，我国光传感器行业本土品牌的销售规模总额需得到大幅度提高，国产化率达到30%以上，产品门类基本齐全，产品性能和档次接近同时期国际先进企业水平，尖端产品能满足我国军工、航空航天等领域的要求。同时，《路线图》还重点关注了光电子器件中芯片的发展现状，指出目前国内核心的光通信芯片及器件仍然严重依赖于进口。由于芯片行业进入壁垒高，投入大，研发周期长，难度大，尤其是芯片的材料生产、芯片设计、芯片工艺经验积累，迫切需要国家整合国内的产学研融资源，解决行业共性技术、关键技术瓶颈，确保在2022年中低端光电子芯片的国产化率超过60%，高端光电子芯片的国产化率突破20%。

（二）行业发展趋势

至纯科技目前主要为泛半导体、生物医药及食品饮料等行业的先进制造业企业提供高纯工艺系统的整体解决方案，业务包括高纯工艺系统、高纯工艺设备、工艺制程设备的设计、加工制造、安装。

公司主要发展方向和目标是为上述先进制造领域的客户提供核心的装备、材料及产业链配套。

在下游集成电路行业发展方面，随着国家集成电路大战略的实施，国内整个集成电路产业迎来了黄金投资期，给国内有能力提供专业设备、材料、服务等产业供应链配套的企业带来了历史性的机遇。2016 年中国半导体销售额达 1 075 亿美元，占全球比重首次超过 30%，达到 31.72%。根据工信部 2014 年发布的《国家集成电路产业发展推进纲要》提出的发展目标，到 2020 年之前，集成电路全行业销售收入年均增速超过 20%。随着国家对集成电路产业政策性的引导与支持，国家及地方各级基金的陆续投入，集成电路产业国内市场需求旺盛。集成电路产业的供应链中的相关公司将直接受益于产业高景气度，有望在国外技术垄断下实现突围，为行业提供了广阔的发展空间。

在下游光电器件和传感器行业发展方面，光电器件和传感器作为一个整体，从分立器件发展到采用半导体工艺制造的晶圆级光电芯片及核心元器件，这不但是国际光电子技术发展的最新趋势，也是我国产业升级的重要目标。加快推动我国光电子器件技术进步和产业发展，已成为发展信息产业的重大战略和必然选择。

（三）公司发展战略

为进一步增强公司业务市场竞争力，延伸行业价值链，深入贯彻落实《中国制造 2025》中“强化工业基础能力”的要求，公司的发展战略对公司业务的发展目标进行了明确：

公司确立了以高纯工艺技术为核心，逐步提升工艺系统中关键制程设备、工艺生产耗材及核心部件、关键生产环节配套服务及智能生产系统等核心要素的自研、自产比例的发展战略。力争实现公司从高纯工艺系统配套服务商升级成为工艺装备及材料核心供应商，并积极向部分细分新兴下游产业链延伸的战略目标。

在高纯工艺系统及生产系统领域，基于对生产工艺的知识及经验积累，通过优化生产循环、工业数据模拟、安全生产环境的智能化升级，可以实现生产制造全过程的深度感知、动态监控、数据汇聚和智能决策。为实现公司业务发展目标，公司急需强化自身在传感器、智能演算法、软件平台建设等技术领域的能力，在高纯工艺系统的建设过程中，结合上述技术运用可以加强对生产线生产状态信息的实时采集和数据分析，提升效率和质量，提高至纯科技的产品定价能力。

三、交易方案

（一）主要内容

至纯科技以发行股份和支付现金的方式为对价，收购11名交易对方合计持有波汇科技100%股份。本次交易前，至纯科技未持有波汇科技股份，本次交易完成后，波汇科技将成为至纯科技全资子公司。

（二）估值定价

2018年7月18日，上海申威资产评估有限公司出具《上海至纯洁净系统科技股份有限公司拟发行股份及支付现金购买资产所涉及的上海波汇科技股份有限公司股东全部权益价值评估报告》（沪申威评报字〔2018〕第0135号），采用资产基础法和收益法两种方法对交易标的全部权益的市场价值进行评估，最终采用收益法评估结果作为本次交易标的的评估结论。经收益法评估，交易标的于评估基准日2017年12月31日的全部股东权益评估价值为61 300.00万元，较审计后备考合并的归属于母公司股东权益评估增值20 731.56万元，增值率51.10%。

经交易双方友好协商，本次交易最终对价由公司和交易对方在参考具有证券期货相关业务资格的资产评估机构出具的资产评估报告确认的标的资产评估值基础上协商确定，经协商确定为68 000.00万元。

（三）对价支付方式

至纯科技拟通过发行股份及支付现金相结合的方式向波汇科技全体股东收购波汇科技100%股权，波汇科技100%股权的交易对价为68 000.00万元。根据公司第三届董事会第十次会议审议通过的本次重组相关方案，至纯科技合计向本次发行股份及支付现金购买资产的交易对方发行股份26 054 745股，支付现金24 801.23万元。因利润分配，本次重大资产重组中发行股份购买资产的股份发行价格由16.58元/股调整为16.51元/股，本次发行股份购买资产的股份发行数量由原26 054 745股调整为26 165 214股。

（四）盈利补偿安排

1. 业绩承诺安排

业绩承诺方承诺波汇科技2018年度、2019年度及2020年度经审计的合并报表扣除非经常性损益后归属于母公司股东的净利润分别不低于人民币3 200万元、4 600万元、6 600万元。如果本次交易未能在2018年底前完成，则业绩承诺期及承诺净利润不进行调整，业绩承诺方仍按协议约定履行业绩承诺及补偿义务；如果2018年度的业绩承诺未能完成，则补偿义务人仍应按协议履行相应的业绩补偿义务。

2. 业绩承诺补偿安排

波汇科技截至当期期末累积实际净利润数小于截至当期期末累积承诺净利润数的，上市公司应根据规定计算出净利润差额后5个工作日内将计算结果以书面方式通知业绩承诺方，业绩承诺方应按各自在本次交易完成前持有波汇科技的股权相对比例对上市公司进行补偿，业绩承诺方应先以其持有的至纯科技股票进行补偿，股票补偿不足的，以现金进行补偿。

四、交易节点

2018年6月11日，上市公司召开第三届董事会第十次会议，审议通过了《〈上海至纯洁净系统科技股份有限公司发行股份及支付现金购买资产并募集配套资金暨关联交易预案〉及其摘要的议案》等与本次重大资产重组预案相关的议案。

2018年9月9日，上市公司召开第三届董事会第十四次会议，审议通过了《〈上海至纯洁净系统科技股份有限公司发行股份及支付现金购买资产并募集配套资金暨关联交易草案〉及其摘要的议案》等与本次交易相关的议案。

2018 年 9 月 25 日，上市公司召开 2018 年第二次临时股东大会，审议通过《〈上海至纯洁净系统科技股份有限公司发行股份及支付现金购买资产并募集配套资金暨关联交易草案〉及其摘要的议案》等与本次交易相关的由至纯科技第三届董事会第十次会议、第十四次会议提请审议的议案并获得通过。

2018 年 12 月 28 日，上市公司收到中国证监会核发的《关于核准上海至纯洁净系统科技股份有限公司向赵浩等发行股份购买资产并募集配套资金的批复》（证监许可〔2018〕2185 号）。

2019 年 3 月 21 日，波汇科技 100% 股权过户至至纯科技名下的工商变更登记手续办理完毕。

2019 年 3 月 25 日，上市公司已办理完毕本次发行股份购买资产的新增股份登记。同日，本次发行股份购买资产的新增股份上市。

五、并购影响

（一）对上市公司业务的影响

本次交易前，上市公司的主营业务集中于为泛半导体、生物医药及食品饮料等行业的先进制造业企业提供高纯工艺系统的整体解决方案，业务包括高纯工艺系统、高纯工艺设备、工艺制程设备的设计、加工制造、安装。本次交易完成后，交易双方将共同推进标的公司相关技术在高纯工艺系统、核心工艺设备、厂务系统领域的应用。本次交易将有利于发挥业务协同效应，提升上市公司产品价值，有效提升上市公司的产品竞争力和市场空间，具体体现在以下方面：

1. 光电子技术的协同效应

近年来，光电子技术高速发展，进入集成化、芯片化的发展阶段，半导体光电子集成技术也成为技术发展的重要方向。与传统分立光电子元器件技术相比，半导体光电子集成技术能够突破成本和集成度的限制，符合未来流量快速爆发的光通信、数据中心 400G 光互联以及全固态光传感等需求。半导体光电子技术同时结合了光电子技术与半导体生产工艺，对于企业在上述领域的技术储备均有较高要求。

至纯科技已具备半导体工艺制程核心生产技术；波汇科技主要从事光传感及光电子元器件的研发、生产和销售，其已具备领先的光电子领域核心技术。本次重组，至纯科技将以波汇科技光电子技术为支点，实现向下游光电子器件领域的进一步延伸，同时也是至纯科技高纯工艺系统未来发展的必经方向。

波汇科技的光电子技术和至纯科技的半导体生产工艺将有效结合，双方依托波汇科技现有光电子器件、系统等相关领域技术优势，通过上市公司所具备的半导体制程工艺生产优势，实现光电子核心芯片和器件批量化生产。

2. 光传感技术的协同效应

上市公司通过在高纯工艺系统及工艺制程设备中运用波汇科技的光传感技术，实现对温度、压力、溶液浓度、液体泄漏、气体浓度等多参数监测，进一步提升公司高纯工艺系统的市场竞争地位。同时，上市公司可在生产系统及设备运营过程中，结合波汇科技的智能算法及软件平台建设等技术能力，加强对生产线生产状态信息的实时采集和数据分析，汇聚生产数据并进行智能决策，提升生产效率和质量，从而提升上市公司产品附加值。

此外，上市公司可以将波汇科技光纤传感监测产品运用在厂务配套业务的安防监控领域，进一步为客户提供完整的智能厂务配套服务，升级实现工业智能化。

3. 公司管理的协同

在光传感业务领域，由于波汇科技采取销售产品配合安装调试等系统集成的定制化生产经营模式，主要通过招投标、商务谈判的方式承接客户的监测系统集成项目，与上市公司在业务流程、财务特点、内部控制流程上类似，在业务内部管理上可以实现协同效应，更能将两家企业的技术、资本平台进行有效对接，从而保持长期的技术领先与行业领先，发挥业务管理协同效应。

综上所述，上市公司通过本次交易进入下游的光电器件和传感器领域，同时不会与目前收入利润的主要来源——集成电路和分立器件领域的客户竞争，有利于上市公司进一步提高持续盈利能力。

（二）对上市公司财务的影响

根据至纯科技2017年审计报告、2018年1—3月财务报表及众华会计师事务所出具的《上海至纯洁净系统科技股份有限公司备考合并财务报表审阅报告》（众会字〔2018〕第5156号），本次交易完成后（未考虑发行股份募集配套资金的影响），上市公司的资产规模和业务规模均有明显提升。由于标的公司业务收入呈现季节性特征，主要订单及收入都体现在第四季度，2018年1—3月归属于标的公司母公司所有者的净利润为负；与上年同期相比，标的公司2018年1—3月营业收入增长95.37%。因此，本次交易完成后上市公司盈利能力也将有明显提升。

（三）对上市公司股权结构的影响

本次发行前，至纯科技控股股东蒋女士、陆女士、尚纯投资合计持有至纯科技11 653.20万股，持股比例55.40%，蒋女士为上市公司实际控制人。本次交易完成后，不考虑募集配套资金影响，蒋女士、陆女士以及由陆女士任执行事务合伙人的尚纯投资合计持有至纯科技49.27%股份，仍为至纯科技控股股东，蒋女士仍为上市公司实际控制人。

波汇科技实际控制人为赵某及其配偶，赵某及其一致行动人合计持有波汇科技59.30%股份，本次交易完成后将持有上市公司9.56%股份。

六、交易特点

（一）交易难点

1. 本次交易预案至草案阶段，存在独立财务顾问更换事项

本次交易过程中，至纯科技于2018年6月12日披露重组预案，并于2018年7月9日完成交易所问询回复，预案阶段的独立财务顾问为兴业证券股份有限公司。

随着交易进程的不断深化，上市公司与其原独立财务顾问在交易推进以及具体进程的把控上存在诸多分歧。上市公司为了加快推进本次重大资产重组工作，力争早日完成重大资产重组事项，于

2018 年 8 月 9 日发布了《关于变更财务顾问的提示性公告》，与兴业证券解除业务委托关系，同时重新聘请中信建投证券股份有限公司担任独立财务顾问。

针对更换中介机构事项，项目组主要从以下几个方面进行应对：一是上市公司及时进行信息披露；二是上市公司积极协调更换前后的中介机构进行沟通，并交流项目进行中的重大事项；三是更换后的中介机构重新进行尽调，包括独立走访、独立发函等。其中，由于重组项目推进时间紧迫，如何在保质保量的前提下，尽快完成重新尽调，成为更换后中介机构工作的工作难点。

2. 本次交易对方存在较多员工持股平台与私募基金，穿透核查难度较大

本次交易过程中，交易对方中的平湖合波投资管理合伙企业（有限合伙）、平湖波威投资管理合伙企业（有限合伙）、上海蒲锐迪投资合伙企业（有限合伙）、上海颀瑞投资合伙企业（有限合伙）中的合伙人主要是标的公司内部员工，少数为外部投资者，相关合伙企业主要是作为标的公司员工激励持股平台使用。本次交易中，上述合伙企业均逐层穿透至自然人并详细披露了相关自然人的入伙时间、出资比例和出资方式。

交易对方中的宁波杭州湾新区人保远望启迪科服股权投资中心（有限合伙）、珠海融智股权投资合伙企业（有限合伙）为私募投资基金。本次交易中，上述私募投资基金均逐层穿透至自然人、国资委和上市公司，全面核查了最终出资人的关联关系。

3. 本次交易最大交易对方为标的公司高管，转让股份公司股份存在比例限制

本次交易标的为新三板挂牌股份有限公司，最大交易对方为赵某，为交易标的的实际控制人及董事长。根据《公司法》的相关规定，公司高级管理人员每年转让标的公司的股份比例不能超过 25%。为了能顺利解决赵某转让股份的比例限制，同时考虑到交易完成后波汇科技将成为至纯科技全资子公司，本次交易约定："本次交易取得中国证监会核准后，标的资产将由股份有限公司变更为有限责任公司，变更完成后再进行交割。"

（二）交易亮点

1. 本次交易作价高于评估作价

本次交易中波汇科技全部股东权益的收益法评估值为61 300.00万元，本次交易标的公司波汇科技的交易作价为68 000.00万元，交易作价高于评估值6 700万元，溢价率为10.93%。

本次交易作价为68 000.00万元，是交易各方在评估值基础上历经多轮谈判，综合考虑换股价格、股份锁定期、业绩承诺及补偿安排、本次交易的协同效应等因素，通过市场化定价方式形成的。

本次重组上市公司以波汇科技光电子技术为支点，实现向下游光电子器件领域的进一步延伸，同时是至纯科技高纯工艺系统未来发展的必经方向。本次交易完成后，交易双方将共同推进标的公司相关技术在高纯工艺系统、核心工艺设备、厂务系统领域的应用。另外，波汇科技的光电子技术和至纯科技的半导体生产工艺将有效结合，双方依托波汇科技现有光电子器件、系统等相关领域的技术优势，通过上市公司具备的半导体制程工艺生产优势，实现光电子核心芯片和器件批量化生产。

整体来看，虽然本次交易作价高于评估作价，但是本次交易属于同行业上下游整合交易（泛半导体产业）。本次交易完成后，上市公司与标的公司将会产生显著的协同效应，有利于上市公司的长远发展，因此本次交易定价具有一定的合理性。

2. 交易标的内部各方利益的协调

根据本次交易方案，至纯科技以发行股份及支付现金相结合的方式购买波汇科技全体股东持有的波汇科技100%的股份，交易价格参考申威评估出具的评估报告结果，最终协商确定为人民币68 000万元，而作为交易对方的人保远望、珠海融智、珠海启迪基于自身商业利益的考虑，所认可的本次交易标的100%股份的交易价格为人民币74 159万元或按照其初始投资额年化收益率15%计算的金额。

为了能够促成本次交易的达成，标的公司实际控制人赵某做出让步，同意就“发行股份及支付现金购买资产协议”约定的收购事宜实施后，根据差额补偿协议书约定的条款和条件对人保远望、珠海融智、启迪北银中投保分别进行差额现金补足。差额补偿协议书为赵某与人保远望、珠海融智、启迪北银中投保签署的协议，对本次交易最终作价没有影响。

七、案例亮点

本次交易属于一个较为成功的同行业上下游整合交易。交易的成功离不开各参与方共同的努力。

首先，上市公司与标的公司对于彼此的价值观、技术等均较为认同，也清晰地看到了彼此的互补性。基于此，上市公司与标的公司能够积极参与本次交易，共同快速推动本次交易的达成。

其次，本次交易中交易对方众多，且有部分交易对方属于专业的投资基金，交易对方中各个主体利益诉求不统一，交易达成难度大。为了能够顺利促成交易的达成，一方面上市公司做出一定的让步，给予溢价收购标的公司；另一方面，标的公司实际控制人做出一定的让步，运用自有个体资金对专业投资基金进行了利益补偿。

最后，本次交易过程中，涉及独立财务顾问的更换，交易节奏也非常紧凑，需要独立财务顾问具备较高的专业能力以及对整体交易的把控能力。

案例29：司太立（603520）收购海神制药[1]

一、案例简述

浙江司太立制药股份有限公司（以下简称“司太立”“上市公司”“公司”）主要产品为X射线非离子型碘造影剂原料药系列和喹诺酮原料系列，分别在日本、韩国、欧洲等国家和地区注册、销售，并与国内外一些知名医药企业保持长期业务合作关系。公司利用自身的供应链管理、技术、质量和EHS管理优势，为下游企业提供优质API的解决方案，其在X射线造影剂原料药细分领域内已经获得了全球较高的市场认可度和品牌知名度。

本次交易为司太立以支付现金方式向香港西南国际、宁波天堂硅谷、西藏硅谷天堂三名交易对方购买其持有的浙江台州海神制药有限公司94.67%的股权。本次交易前，司太立未持有海神制药（以下简称“标的公司”）的股份，本次交易后，上市公司将持有海神制药94.67%的股份。本次交易的交易对方中，香港西南国际是上市公司实际控制人之一胡某配偶卢女士控制的公司，为上市公司的关联方。

二、交易背景

（一）国内外造影剂市场呈现稳步增长态势，碘造影剂原料药生产厂商面临有利发展机遇

造影剂又称对比剂，通过增加医学成像过程中受验者影像的对

① 本案例由中信建投证券提供，撰写人：陈露萌。

比度，从而更清晰地观察到人体不同器官、细胞组织或躯体腔隙，以便为医疗诊断提供依据。近年来，受人口老龄化加剧，恶性疾病发病率增加，肿瘤、心血管以及神经系统疾病的诊断检查普及和诊断检查适用范围扩大等因素影响，造影剂市场呈现出稳步发展的态势。

在X射线造影剂中，以有机碘化合物造影剂最为常用。有机碘化合物造影剂等的市场规模日益扩大，为上游碘海醇、碘帕醇原料药厂商的发展提供了有利机遇。一方面，碘海醇、碘帕醇原料药的生产具有较高的资金和技术壁垒，造成碘造影剂原料药行业的供给呈现出较高的集中度。以碘海醇原料药为例，根据Newport Premium和中国医药工业信息中心的统计数据，除原研厂商或经销商外，包括司太立、海神制药在内，国内目前仅有6家厂商获得了碘海醇原料药生产许可，碘帕醇原料药的生产和进口厂家则更少。另一方面，近年来下游碘造影剂市场规模的日益扩大以及获得碘海醇、碘帕醇造影剂仿制药生产许可的国内外厂商日益增多，在一定程度上客观地增加了碘海醇、碘帕醇原料药的需求，从而为碘海醇、碘帕醇原料药的生产厂商提供了有利的发展机遇。

(二) 解决同业竞争，发挥规模协同效应，实现优势互补和资源共享

海神制药的实际控制人卢女士为司太立实际控制人之一胡先生的配偶，海神制药所从事的碘海醇、碘帕醇原料药的生产、销售经营活动与司太立的主营业务构成同业竞争。本次交易解决了司太立与实际控制人之间的同业竞争问题，有助于司太立进一步提升规范运作水平、切实保护中小股东利益。

司太立和海神制药两家企业在国内碘造影剂原料药领域均具有较强的影响力，本次交易完成后，有助于发挥双方在采购、生产、销售方面的协同效应，实现产品研发、生产工艺、原料采购、销售渠道和客户资源等方面的优势互补和资源共享。造影剂原料药领域的市场集中度高，司太立与海神制药是国内外碘海醇、碘帕醇原料药的重要供应商，双方合并后的行业地位和市场份额将得到提升，对下游的造影剂制剂生产商的影响力进一步增强，有助于强化议价

能力，提升利润空间。另外，在碘造影剂原料药的生产工艺方面，司太立和海神制药通过多年的研发、生产经验积累，各自具有一定优势。双方合并后将在产品研发、生产流程、制造工艺、质量控制等领域实现技术共享，将有效提升整体工艺水平和产品质量。最后，本次交易还有助于司太立和海神制药销售渠道和市场覆盖的深度融合。

三、交易方案

（一）主要内容

上市公司拟以支付现金的方式向香港西南国际、宁波天堂硅谷、西藏硅谷天堂购买其持有的海神制药 94.67% 的股权。

（二）估值定价

本次交易使用了收益法与资产基础法的两种估值方法，并最终选择收益法评估作为最终评估结论。截至评估基准日 2018 年 6 月 30 日，海神制药经审计的归属于母公司所有者权益（模拟合并报表口径）账面价值为 21 459.97 万元，海神制药股东全部权益采用资产基础法的评估价值为 27 265.27 万元；海神制药股东全部权益采用收益法的评估价值为 75 327.57 万元，评估增值 53 867.60 万元，增值率为 251.01%。

综合考虑本次交易为司太立带来的协同效应，经交易各方协商，海神制药 94.67% 股权的交易作价为 80 471.80 万元，较海神制药 94.67% 股权对应的评估值 71 312.61 万元溢价 12.84%。

（三）对价支付方式

本次交易支付的对价全部为现金。上市公司将在标的资产工商登记过户至上市公司后的 30 个工作日内，向香港西南国际、宁波天堂硅谷、西藏硅谷天堂支付全部现金转让对价。本次交易支付的现金来源为上市公司自有资金与银行并购贷款。

（四）盈利补偿安排

海神制药在 2018 年度、2019 年度、2020 年度、2021 年度拟实现的净利润预测数分别为 3 777.10 万元、5 229.22 万元、6 742.42

万元、8 321.85 万元。如海神制药在 2018 年完成交割，则海神制药承诺在 2018—2020 年实现的累积净利润（该净利润指合并报表扣除非经常性损益后归属于母公司股东的净利润）不低于《资产评估报告》所预测对应的海神制药同期（2018—2020 年）的累积预测净利润数。若不能实现，则海神制药需赔偿上市公司业绩补偿金额。

如标的资产在 2019 年实施交割，则海神制药在 2019—2021 年实现的累积净利润（该净利润指合并报表扣除非经常性损益后归属于母公司股东的净利润）不低于《资产评估报告》所预测对应的海神制药同期（2019—2021 年）的累积预测净利润数。否则，业绩承诺方应按照业绩补偿协议规定的方式向上市公司进行补偿。

业绩承诺方应支付的业绩补偿金额 =（业绩承诺期标的公司累积预测净利润 - 业绩承诺期标的公司实现的累积净利润）÷ 业绩承诺期标的公司累积预测净利润 × 业绩承诺方收取的交易对价

四、交易节点

2018 年 10 月 13 日，司太立公告《关于筹划重大资产重组事项》；

2018 年 10 月 27 日，司太立召开第三届董事会第十九次会议，审议通过了本次重大资产购买暨关联交易的相关议案；

2018 年 11 月 8 日，司太立收到上海证券交易所关于本次交易的问询函；

2018 年 11 月 10 日，相关中介机构公告对上海证券交易所关于本次交易的问询函回复；

2018 年 11 月 15 日，司太立召开 2018 年第四次临时股东大会；

2018 年 11 月 24 日，司太立完成标的资产的过户。

五、并购影响

本次交易完成后，上市公司首先将针对碘海醇、碘帕醇产品的原材料建立集中采购制度，整合采购渠道，与海神制药采购渠道的整合以及采购规模的提升有利于加强与供应商谈判中的议价能力，从而降低采购成本，进一步提升盈利能力。另外，司太立与海神制药将实现研发技术和生产工艺的共享，提升总体的工艺水平；将实施统一质量控制标准，提升产品质量；并优化产能布局，统筹进行产品的生产排期、计划制订、物料供应和仓储运输，有效提高生产效率。同时，司太立与海神制药在终端市场、客户群体、渠道资源等方面存在一定的重合，在海外市场的覆盖国家和销售策略亦有所区别。交易完成后，公司可通过整合双方的客户资源和销售渠道，深度融合客户需求，推动产品的增量销售。同时，整合销售团队和售后服务体系，也有助于节约运营成本。

六、交易特点

（一）交易难点

1. 行业监管严苛，交易时间紧迫

本次交易从上市公司公告《关于筹划重大资产重组事项》到完成标的资产过户仅用时约一个半月，时间紧迫。同时，标的公司海神制药为原料药生产及销售企业，属于医药行业。医药行业因其行业特性直接关系人类生命健康，所以各国监管政策对于医药行业都较为严苛。同时，海神制药的产品主要销往欧盟国家以及印度、日本、韩国等国家，涉及国家广泛。因此，核实海神制药产品在不同国家和地区是否具有完备的资格、是否符合监管标准的要求，程序十分烦琐，加大了本次重组的难度。

2. 上市公司收购海神制药方式由发行股份变更为现金收购

2018 年 4 月 27 日，上市公司公告其发行股份购买海神制药方案，后因故终止。因交易对方在谈判过程中提出对于现金支付的商业诉求，所以本次交易就改为现金支付对价。本次交易改为现金作为支付对价后，上市公司 2017 年的备考每股收益为 1.10 元/股，既高于本次交易假设采用股份支付对价的备考每股收益（0.79 元/股），也高于前次采用"股份 + 现金"支付对价下的备考每股收益（0.92 元/股），重组完成后对上市公司的股东回报最高。

3. 交易作价高于收益法计算的评估价值

海神制药 94.67% 股权的交易作价为 80 471.80 万元，较海神制药 94.67% 股权对应的评估值 71 312.61 万元溢价 12.84%。上市公司与海神制药的协同效应无法在本次收益法评估中得到体现，交易完成后上市公司在碘造影剂领域行业地位的进一步提升，对于上市公司所带来的战略价值也难以在收益法评估中完全予以量化考虑。因此，收益法评估结果无法完全反映海神制药对于上市公司的全部价值。上述在收益法评估中无法完全反映的价值成为本次交易作价相较于评估价值的溢价的构成部分。

(二) 交易亮点

本次交易的实质是上市公司司太立通过实际控制人过桥收购的方式来实现对海外优质资产的收购，与注入上市公司为一揽子交易安排。

标的公司海神制药是碘海醇、碘帕醇原料药领域的领先企业，获得了欧盟碘海醇原料药 CEP 证书以及日本碘海醇原料药和碘帕醇原料药的登录证。海神制药产品行销国内、欧洲、日本等多个国家和地区，主要终端客户包括北陆药业、天衡制药等国内大型造影剂厂商，及日本的 Fuji Pharmaceutical Co. Ltd. 等海外知名客户，形成了稳定的合作关系。在医药行业的细分领域中，海神制药的主要竞争对手为 GE Healthcare AS、Interpharma Praha AS 和司太立。

2017 年 7 月，海神制药原持有人 Hovione Holding Limited 发出了转让 IMAX 香港 100% 股权的竞标邀请。经过审慎研究，上市公司实际控制人认为标的公司对于上市公司的未来发展具有显著的协同效应和战略意义。竞标过程中，Hovione Holding Limited 的实际控制人好利安集团提出在境外迅速以现金交割的商业诉求。根据竞标过程中的沟通，在境外迅速以现金交割的商业诉求是标的公司原股东好利安集团选择买方的重要因素之一。由于海外收购涉及境内外审批环节复杂，交易对方要求的决策窗口期较短，为尽早锁定海外交易标的，增加交易确定性，提升交易效率，故制订了收购分两步进行的具体计划：第一步由上市公司实际控制人关联方控制的实体香港西南国际先行收购标的公司，第二步由上市公司向香港西南国际收购标的公司。

七、案例亮点

司太立对海神制药的收购是典型的同一行业同一细分领域的横向收购。横向收购有利于上市公司迅速占领市场份额，提高采购端的议价能力，并减少单一区域客户带来的风险。通过收购直接竞争对手，司太立减少了其在市场中的竞争，获得了其他国家及地区的销售资质，在巩固自身市场地位的同时打开了新的市场机遇。

上市公司对于海神制药在战略发展上以及协同发展上的需求，使海神制药成为非常优质的标的。但海神制药的控股股东为境外法人，使其在并购交易路径的设计上具有一定的挑战性。海神制药虽然为境内注册公司，但其2007年被葡萄牙好利安集团以其在香港注册控股平台Hovione Holding Limited收购。为满足好利安集团的商业诉求，在初步收购海神制药时，由上市公司实际控制人关联方牵头，在境外迅速以现金交割获得海神制药的控制权。在完成对海神制药的股份控制后，再由司太立对海神制药进行收购并重组整合。本次交易的交易路径在企业进行境外收购上具有一定的可借鉴性，境外现金交割使企业在迅速锁定优秀标的上具有更多的竞争力。

案例30：思维列控（603508）收购蓝信科技[①]

一、案例简述

河南思维自动化设备股份有限公司（以下简称“思维列控”“上市公司”“公司”）主营业务为列车运行控制系统的研发、升级、产业化及技术支持，向客户提供适用于我国铁路复杂运营条件和高负荷运输特点的列车运行控制系统、行车安全监测系统、LKJ安全管理及信息化系统等整体解决方案。

本次交易为思维列控以15.30亿元的价格向赵某、西藏蓝信投资有限公司发行股份及支付现金购买赵某、西藏蓝信合计持有的蓝信科技（以下简称“标的公司”）51%股权。同时，公司拟向不超过10名其他特定投资者发行股份募集配套资金9.80亿元，募集配套资金总额不超过拟购买资产交易价格的100%。

二、交易背景

（一）中国已进入高铁时代，预计未来高铁领域投资仍将保持高位水平

铁路是国民经济大动脉、关键基础设施和重大民生工程，是综合交通运输体系的骨干和主要运输方式之一，在我国经济社会发展中的地位和作用至关重要。其中，高铁作为现代化铁路运输的重要标志，凭借快速通达、舒适便捷、准点高效等优势，已深刻地改变了我国居民的交通出行方式，并给国家和地区的经济发展带来深远

① 本案例由中信建投证券提供，撰写人：刘诗娇。

影响。近年来，我国高铁运营里程、动车组数量及客运量不断增长，并稳居世界第一，中国已正式进入高铁时代。而在“交通强国、铁路先行”的时代背景下，高铁未来仍将作为我国实现“铁路技术装备和创新能力达到世界领先”“铁路运输安全和经营管理水平达到世界领先”发展目标的重要推动者、先行者、引领者，预计未来我国高铁领域投资仍将保持较高水平。

（二）国家大力推进数字化、信息化、智能化铁路建设，以打造发达完善的现代化铁路网，铁路装备智能化水平不断提升成为显著趋势

加强数字化、信息化、智能化建设已成为铁路现代化发展的战略任务。《铁路“十三五”发展规划》强调“推进智能化现代化”，充分发挥信息技术基础性、引领性作用，发展物联网技术，实施大数据战略，加快推进新一代信息技术与铁路融合发展，大力促进数字化、信息化、智能化铁路建设。

《铁路信息化总体规划》《铁路主要技术政策》等各项铁路规划文件，以及各级铁路部门会议内容亦重点突出智能铁路建设目标，拟全面加快铁路信息技术的应用和铁路装备水平的提升。2018 年中国铁路总公司工作会议强调，“促进铁路装备智能化水平全面提升，推动智能动车组、C3 + ATO 列控系统、智能牵引供电、智能调度系统、智能安全保障、智能设备设施检测监测系统、大型养路机械等技术装备的研制和配备实现新突破”。

在国家加强现代化铁路建设、构建现代综合交通运输体系的发展背景下，铁路装备智能化水平不断提升将成为显著趋势，智能装备及服务市场前景广阔。

（三）现代化的铁路安全管理是铁路运输安全的重要保障，智能化、一体化信息集成将是铁路安全管理的发展趋势

安全是铁路发展的生命线。中国铁路经历了六次大提速，且线路里程不断加长、行车密度不断加大，呈现速密重并举的运输组织方式，铁路安全管理压力凸显。在日益复杂的铁路运营条件下，铁路部门正在积极推进信息化、智能化的现代安全管理方式，以有效提升运输效率，提高行车安全控制水平、故障监测检测及分析处理

水平、安全作业防护水平以及应对突发性事件的能力，确保铁路运输安全的持续稳定。

铁路安全管理涉及运输组织、安全生产、客货服务等诸多领域。尽管目前铁路安全管理领域在信息化管理方面取得了长足进展，但仍存在诸多不足。例如：信息共享程度不高，不同部门不同系统之间存在一定的“信息孤岛”效应，阻碍了安全管理效率的提升；信息化应用发展不平衡，以单一类业务应用操作为主，生产层面覆盖不全，管理和决策层面应用薄弱；业务应用深度不足，业务流程再造不够，业务一体化管理水平较低；大数据应用分析欠缺，信息化对业务能力提升支撑不足。

目前，铁路部门正在探索不同体系之间的功能融合、优势互补、数据分享，搭建综合检测监测信息平台，充分挖掘数据价值，在铁路安全领域实施全方位检测、智能化判断和数据化管理，实现整合发展。一体化信息集成的安全管理模式，将推动铁路运输集中化管理和协同化工作，极大地提高了运输组织精准化水平和运营效率，推动我国铁路运输安全和经营管理达到世界领先水平。

（四）蓝信科技专业从事高速铁路运行监测与信息管理，受益于高铁建设及铁路信息化的深入发展，保持持续较快的增长势头

蓝信科技专注于铁路安全领域，专业从事高速铁路运行监测与信息管理，包括动车组列车运行状态、列控系统运行状态、动车组安全操控信息、高速铁路线路环境等全方位的实时状态监测、智能分析和大数据信息管理。主营产品包括列控设备动态监测系统（DMS 系统）、动车组司机操控信息分析系统（EOAS 系统）、高速铁路列控数据信息化管理平台（TDIS 平台）、信号动态检测系统（TJDX 系统）、调车防护系统（ETSP 系统）等，主要应用于高铁领域，核心产品已基本覆盖国内动车组列车。

此外，蓝信科技亦持续在调车防护系统（本务机、轨道车）、高速铁路列车追踪接近预警系统（TCAS）、应答器、应答器报文传输装置（BTM）、高速铁路移动视频等业务及技术领域开展研发投入，产品与服务从高铁领域进一步向包括既有线在内的铁路多方位安全领域拓展，部分项目已具备了产业化基础，为蓝信科技未来的持续

稳定发展奠定了坚实基础。

（五）本次收购，蓝信科技充分契合思维列控围绕铁路安全的战略布局方向

思维列控的主营业务是列车运行控制系统的研发、升级、产业化及技术支持，目前形成LKJ系统和机务安防系统两大核心业务体系，其中“控车”始终为公司技术核心。目前，公司核心产品LKJ列控系统主要面向普通机车和时速不超过250公里的动车组。

进军高铁领域是上市公司长期追求的发展目标。目前，新一代LKJ系统LKJ-15已研制成功，LKJ-15系统具备地面应答器信息的接收与处理能力，具备向更高级别列控系统延伸的技术基础。公司亦计划以此为基础，用2—3年的时间研发并推广CTCS-2级高铁列控车载设备（ATP）系统。蓝信科技专业从事高速铁路运行监测与信息管理，包括动车组列车运行状态、列控系统运行状态、动车组安全操控信息、高速铁路线路环境等全方位的实时状态监测、智能分析和大数据信息管理，掌握了多项高铁配套设备及解决方案的核心技术。蓝信科技核心产品DMS系统、EOAS系统目前均为我国动车组的出厂标准配置，且同业务领域暂无其他市场参与者，竞争优势显著。通过并购蓝信科技，思维列控将实现在高铁领域业务的重要突破。

此外，思维列控在LKJ列控系统核心业务基础上，致力于围绕铁路安全构建多领域、多品类、多层次的产品和服务体系。思维列控业务聚焦于“既有线+控制”，产品核心功能为“列车运行的控制”，蓝信科技业务集中于“高铁+监测”，产品核心功能为“列车运行状态的监测”，主要应用于在电务系统、机务系统领域，并进一步向铁路工务系统、车辆系统、调度系统等领域延伸。本次并购有利于上市公司在既有线、列车控制领域的优势，也有利于蓝信科技在高铁、列车运行状态监测领域优势的发挥，巩固上市公司在电务、机务系统的优势地位，并进一步推动向工务、车辆、供电、调度等系统的业务延伸。充分利用业务协同、技术协同，在安全防护、预警预报和“车-地一体化”方面共同拓展新型业务，以及在安全计算机、列车智能驾驶、应答器技术、图像识别与数据深度分析等方

面实现高效开发并加速推广应用。

综上所述，本次并购充分契合思维列控围绕铁路安全的战略布局方向，是上市公司产业发展的重要举措。

三、交易方案

（一）主要内容

思维列控拟以15.30亿元的价格向赵某、西藏蓝信发行股份及支付现金购买其合计持有的蓝信科技51%的股权。其中，向赵某支付现金对价占比为38.76%，支付股份对价占比为61.24%；向西藏蓝信支付现金对价占比为20.00%，支付股份对价占比为80.00%。

（二）估值定价

依据北京国融兴华资产评估有限责任公司出具的《评估报告》（国融兴华评报字〔2018〕第080048号），评估机构采用市场法和收益法两种评估方法对蓝信科技100%股权进行了评估，最终采用收益法评估结果作为评估结论。根据收益法评估结果，蓝信科技100%股权的评估价值为300 355.22万元，评估增值243 853.05万元，增值率为431.58%。交易双方据此协商确定蓝信科技51.00%股权最终的交易价格为15.30亿元。

（三）对价支付方式

在本次交易中，思维列控将以发行股份以及支付现金的方式向交易对方支付收购对价，其中支付现金对价占比为35.82%，支付股份对价占比为64.18%。根据公司与交易对方已签署的发行股份及支付现金购买资产协议，公司向本次交易对方进行支付。

（四）盈利补偿安排

补偿义务人对公司的利润承诺期为2019年至2021年，承诺扣非后净利润分别为16 900万元、21 125万元、25 350万元。补偿义务人按照如下比例承担利润补偿义务：赵某84.31%，西藏蓝信投资有限公司15.69%。

若蓝信科技2019年至2021年累计实际净利润未达到蓝信科技补偿义务人累计承诺净利润，但不低于蓝信科技补偿义务人累计承诺净利润的80%时，补偿义务人应补偿金额的计算：

补偿金额＝（蓝信科技补偿义务人2019年至2021年累计承诺净利润－蓝信科技2019年至2021年累计实际净利润）×51%

在此情形下，蓝信科技补偿义务人以现金方式向思维列控支付补偿款。公司应在蓝信科技2021年年度审计报告出具后的15个工作日内，书面通知补偿义务人支付上述补偿金额，补偿义务人应在收到公司通知后15个工作日内以现金（包括银行转账）方式支付给公司。

若蓝信科技2019年至2021年累计实际净利润低于蓝信科技补偿义务人累计承诺净利润的80%时：

补偿金额＝（蓝信科技补偿义务人2019年至2021年累计承诺净利润－蓝信科技2019年至2021年累计实际净利润）÷蓝信科技补偿义务人2019年至2021年累计承诺净利润×本次交易价格×90%

在此情形下，蓝信科技补偿义务人须优先以取得的思维列控的股份进行补偿（思维列控以1元回购），不足部分由补偿义务人以现金方式一次性补足。公司应在蓝信科技2021年年度审计报告出具后30个工作日内召开董事会，以人民币1.00元总价回购并注销补偿义务人应补偿的股份，并以书面方式通知补偿义务人。

补偿义务人应补偿的股份数量＝补偿金额÷本次发行股份购买资产的股票发行价格

补偿义务人取得的公司股份总数不足补偿的部分，由补偿义务人以现金补偿。

（五）业绩奖励安排

若蓝信科技2019年至2021年累计实际净利润超过2019年至2021年累计承诺净利润，思维列控向补偿义务人支付的业绩奖励金额如下：

业绩奖励金额＝（蓝信科技2019年至2021年累计实际净利润－蓝信科技补偿义务人2019年至2021年累计承诺净利润）×51%×50%

上述业绩奖励金额最高不超过本次交易价格的20%，即3.06亿元。在蓝信科技2021年度审计报告出具后30个工作日内，思维列控以自有资金向补偿义务人支付业绩奖励金额，各补偿义务人的业绩奖励金额依据其承担的利润补偿义务比例进行计算，业绩奖励产生的相关税费由获得奖励的对象自行承担。

四、交易节点

2018 年 5 月 26 日，思维列控召开第三届董事会第五次会议，审议通过了本次发行股份及支付现金购买资产并募集配套资金暨关联交易预案等相关议案。

2018 年 7 月 13 日，思维列控召开第三届董事会第六次会议，审议通过了本次发行股份及支付现金购买资产并募集配套资金暨关联交易报告书（草案）等相关议案。

2018 年 7 月 30 日，思维列控召开 2018 年第三次临时股东大会会议，审议通过了本次发行股份及支付现金购买资产并募集配套资金暨关联交易报告书（草案）等相关议案。

2018 年 11 月 30 日，本次交易获得中国证监会并购重组委通过，核准河南思维自动化设备股份有限公司向赵某等发行股份购买资产并募集配套资金。

2018 年 12 月 19 日，蓝信科技因本次交易涉及的股权过户事宜已办理完毕，工商变更登记手续也已办理完毕，蓝信科技成为思维列控的全资子公司。

2019 年 1 月 4 日，本次发行股份的新增股份在中国证券登记结算有限责任公司上海分公司办理完毕股份登记手续。

五、并购影响

（一）对上市公司业务的影响

思维列控的主营业务为列车运行控制系统的研发、升级、产业化及技术支持，向客户提供适用于我国铁路复杂运营条件和高负荷运输特点的列车运行控制系统、行车安全监测系统、LKJ 安全管理及信息化系统等整体解决方案。蓝信科技长期以来一直专注于动车组列控系统监控设备的研发和技术支持，其主要产品全面覆盖我国所有动车组和高铁列车，应用于动车、高铁实时动态监测、数据信息化管理等领域。

本次交易有利于上市公司列车运行控制系统资源整合完善和核心竞争力提升，实现高铁业务战略落地，充分利用双方掌握的机车、动车组车载及地面数据资源，加快推进铁路一体化智能安全监测监控系统建设。通过市场空间扩展、技术资源共享，促进双方销售和服务资源整合、生产及质量资源整合，提高双方的核心竞争力和盈利能力，实现公司业务规模和盈利能力的提升，增强公司持续发展能力。

（二）对上市公司财务的影响

公司本次收购资产为蓝信科技51%股权，蓝信科技在高速铁路运行监测与信息管理领域竞争优势显著，盈利能力较为突出。因此，假设本次资产收购已于2017年1月1日完成，测算后公司2017年度、2018年1月至6月模拟的每股收益指标不会被摊薄。标的资产2017年、2018年1月至6月实现的净利润分别为9 968.44万元、5 242.39万元。依据交易对方对标的资产的业绩承诺，2019年度、2020年度、2021年度的净利润将保持持续较快增长，蓝信科技2019年度、2020年度、2021年度扣除非经常性损益后的净利润将不低于1.69亿元、2.1125亿元和2.535亿元。因此，本次收购完成后，上市公司的每股收益指标将有所提升。

六、交易特点

（一）交易难点

2018年3月14日，中国证监会下发《关于不予核准河南蓝信科技股份有限公司首次公开发行股票并在创业板上市申请的决定》（证监许可〔2018〕451号文）。中介机构针对标的公司IPO被否的三点关注问题，进行了相关的核查工作。

（二）交易亮点

1. 上市公司“两步走”差异化估值并购

蓝信科技IPO被否后，部分财务投资者及高龄股东急于退出，并按照 18 亿元估值获得现金对价提前离场；原实际控制人及员工持股平台看好双方未来发展，按照 30 亿元估值以“现金 + 股份”对价方式进行交易，并承担业绩承诺及股份锁定。

独立财务顾问针对两次交易程序的独立性、估值作价依据进行了核查：两次估值差异主要是两次交易作价考量因素的差异、交易对方承担义务的差异、获得对价的形式及权益锁定期不同、交易目的与性质不同等因素共同导致选取的估值方法不同所致。

2. 现金支付进度与配套融资关联

现金支付进度与配套融资关联：（1）自发行股份及支付现金购买资产协议签署之日起 20 个工作日内，公司向赵某预付股权转让款 1.30 亿元；（2）若本次交易配套资金募集净额不低于 5.48 亿元，前述 1.30 亿元预付股权转让款将以配套资金进行置换，剩余现金对价 4.18 亿元由公司在募集资金到位后 10 个工作日内一次性向交易对方支付；（3）若本次交易配套资金募集净额低于 5.48 亿元，前述 1.30 亿元预付股权转让款将以配套资金进行置换，扣除置换资金后剩余的配套资金（如有）应自其募集到位后 10 个工作日内一次性向交易对方支付，不足部分由公司分期支付。

七、案例亮点

相较于一般并购，本次并购协同效应的全面性、落地可行性、可预期性凸显，双方合作的协同增量一目了然：经量化测算，未来 5 年的协同效益（新增利润）达到 10 亿元，其中市场与产品协同效益约 7 亿元、研发协同效益约 1.7 亿元、智能制造协同效益约 1.3 亿元。

蓝信科技于 2018 年 2 月上旬初步确认走并购重组证券化道路后，2 月 23 日中国证监会又发布《关于 IPO 被否企业作为标的资产参与上市公司重组交易的相关问题与解答》，这为蓝信科技的并购重组推进蒙上阴影。本案例因其特殊性与首家示范效应，获得监管机构及市场各方的重点关注，项目推进难度加大。

中信建投长期服务于上市公司思维列控，一方面，在标的资产优异，多方已有接触并展开激烈竞争的情形下，中信建投的投行团队密切联系思维列控与蓝信科技，积极推动二者“联姻”；另一方面，深入研究，制订创新性、建设性的交易方案。契合交易各方诉求，且兼顾中国证监会最新审核精神的并购撮合方案赢得了标的资产的“芳心”，并迅速达成交易。从1月IPO发审委否决并购方案，到确认与思维列控重组合作意向，再到10月底重组委过会，历时仅9个月。其中程序与方法值得总结与借鉴。

案例31：上海沪工（603131）收购航天华宇[①]

一、案例简述

上海沪工焊接集团股份有限公司（以下简称“上海沪工”“上市公司”“公司”）是焊接、切割行业的龙头企业之一，主营业务涵盖了研发、制造、商贸。公司在焊接、切割、自动化成套设备等方面掌握了核心技术，业务与服务覆盖了全球大多数国家和地区。公司产品年出口创汇量连续多年居行业前列。公司产品被广泛应用于工业生产的各行各业，包括航空航天器、大型装备、大型风力发电装置、机械和特种装备制造、大型锅炉、大型管道野外施工、石油天然气工程、化工领域和航海造船等多个领域。

本次交易为上海沪工发行股份及支付现金购买航天华宇（以下简称“标的公司”）100%股权并募集配套资金项目，本次交易标的定价为58 000万元，上市公司通过发行股份支付本次交易对价的48 000万元，通过现金支付本次交易对价的10 000万元，同时募集配套资金14 300万元。

二、交易背景

上海沪工的长期战略目标是致力成为“中国领先的焊接与切割整体解决方案提供商”，将以科技创新、市场导向、管理提升和员工发展为基础，关注客户价值，承担社会责任。未来，上市公司将依托已取得的技术、品牌、渠道和人才优势，在不断提升公司管理水

① 本案例由广发证券提供，撰写人：王磊、向建宇。

平的基础上，充分发挥资本市场的作用，在业务发展方面积极把握国内外的行业并购整合机遇，逐步完善公司产品相关的产业链，加快公司的内生式增长和外延式增长。资本市场为并购提供了股份支付等多样化的并购支付手段，为公司对外扩张创造了有利条件，使公司有能力收购其他具有优势的公司。公司将积极开展资本运作，实现规模扩张，快速提升综合竞争能力和创新发展水平。通过并购有效整合具有行业优势、技术优势和市场优势的相关行业企业是公司发展壮大的重要手段。

航天华宇主营业务是航天军工产品及相关非标准生产设备的设计和研发，并通过子公司河北诚航从事航天飞行器结构件和直属件的生产加工，协助进行部分缩比导弹研制型号装配和试验测试服务。上市公司通过并购的方式拓展航天军工装备零部件制造市场，有助于深入公司焊接与切割产品在下游行业的应用范围，进一步丰富公司产品的多样性，加快航天军工行业军民技术融合，实现外延式发展。

三、交易方案

（一）主要内容

本次交易标的为航天华宇100%股权，交易对方为许某、任某、冯某、陈某四个自然人股东以及武汉中投华建创业投资基金合伙企业（有限合伙）、北京建华创业投资有限公司、辽宁联盟中资创业投资企业（有限合伙）、曲水汇鑫茂通高新技术合伙企业（有限合伙）四家法人股东。

（二）估值定价

评估机构采取收益法和资产基础法对标的公司100%股权进行了评估，并最终选用收益法评估结果作为最终评估结论。

本次交易共经历两次评估，首次评估以2017年8月31日为评估基准日，航天华宇股东全部权益价值为58 034.53万元，较经审计后的航天华宇净资产账面值5 364.36万元，评估增值52 670.17万元，增值率981.85%。经参照评估价值并经交易各方友好协商，航天华宇100%股权的最终交易价格为58 000万元。

因为首次评估基准日为2017年8月31日，评估有效期为一年，至2018年8月31日，本次交易仍在会审核，所以在会期间本次交易进行了一次评估更新。航天华宇100%股权截至评估基准日2017年12月31日的评估价值为59 489.43万元，较经审计后的航天华宇净资产账面值5 294.38万元，评估增值54 195.04万元，增值率1 023.63%。

评估更新后，标的资产净资产价值未发生减值迹象，因此本次交易价格仍沿用原定价，即58 000万元。

（三）对价支付方式

根据评估结果并经交易各方充分协商，本次交易航天华宇100%股权的最终交易价格确定为58 000.00万元。本次交易价格中的48 000.00万元以上市公司向交易对方发行股份的方式支付，其余10 000.00万元由上市公司以现金支付。

（四）业绩承诺与补偿

上海沪工与许某等四个自然人签署了盈利预测补偿协议，对许某等四个自然人盈利补偿事宜进行了约定，许某等四个自然人交易对方为本次交易补偿义务人。根据盈利预测补偿协议，经由上市公司聘请具有证券期货业务资格的会计师事务所审计的航天华宇2017年、2018年、2019年、2020年实现的归属于航天华宇股东的扣除非经常性损益后的合并净利润分别不低于人民币3 000万元、4 100万元、5 500万元和6 700万元，且不低于《评估报告》中的评估盈利预测数，对航天华宇2017年度至2020年度实际净利润数与承诺净利润数的差额将按照签署的盈利预测补偿协议的相关规定进行补偿。

四、交易节点

2017年7月1日，上市公司发布公告称，拟筹划重大事项，该事项可能涉及重大资产重组，并于2017年7月3日停牌。

2017年9月28日，上市公司召开第二届董事会第十三次会议，审议通过了本次发行股份及支付现金购买资产并募集配套资金暨关联交易的议案并披露预案。

2017 年 9 月 29 日，国防科工局出具《国防科工局关于河北诚航机械制造有限公司重组上市涉及军工事项审查的意见》（科工计〔2017〕1142 号），原则同意上海沪工收购河北诚航（航天华宇涉军全资子公司）的股权。

2018 年 5 月 30 日，上市公司召开第三届董事会第四次会议，审议通过了本次发行股份及支付现金购买资产并募集配套资金暨关联交易报告书及相关议案。

2018 年 6 月 19 日，上市公司召开 2018 年第一次临时股东大会，审议通过了本次发行股份及支付现金购买资产并募集配套资金暨关联交易报告书及相关议案。

2018 年 10 月 26 日，本次重大资产重组经 2018 年第 51 次并购重组委工作会议无条件审核通过。

2018 年 11 月 16 日，中国证监会出具了《关于核准上海沪工焊接集团股份有限公司向许某等发行股份购买资产并募集配套资金的批复》（证监许可〔2018〕1900 号），核准本次交易。

五、并购影响

（一）对上市公司业务的影响

1. 上市公司及标的公司主营业务情况

本次交易前，上市公司主要从事焊接与切割设备的研发、生产及销售，是国内规模较大的焊机与切割设备制造商，具有全系列产品生产能力。公司主要产品包括气体保护焊机、氩弧焊机、手工弧焊机、埋弧焊机等弧焊设备系列产品，以及机器人焊接（切割）系统、激光焊接（切割）设备、大型专机及自动化焊接（切割）成套设备等系列产品。

本次收购的标的航天华宇的子公司河北诚航是我国航空航天与国防装备零部件制造商，主营业务是航天军工系统装备的生产，主要从事航天飞行器结构件和直属件的生产、装配和试验测试，是我国多家航天军工单位的装备零部件制造服务商，其制造的部件主要为导弹和运载火箭的结构件和直属件。

2. 航天华宇与上市公司原主营业务协同效应及其具体体现

(1) 业务互补，提升竞争力。在生产加工过程中，航空航天工件呈现出工件壁薄、形状复杂、深型腔铣工艺多的特点，涉及的材料包括钢材料、铜合金、高性能铝合金材料、钛合金材料、陶瓷材料、非金属复合材料等，加工工艺包括切削加工、焊接加工、热表处理等，而且军品的质量要求远远高于民品，这对加工工艺和质量控制要求极高。而目前在航空航天装备零部件制造行业中，部分企业焊接切割加工工艺相对落后，自动化、智能化水平较低。上海沪工的产品线齐全、产业链完整，主要产品已广泛运用于汽车制造、海洋工程、电力电站、航空航天、军工、石化装备、管道建设、轨道交通、新能源等诸多行业，上海沪工的焊接切割设备产品可直接应用于标的公司生产加工当中，有助于提升标的公司的加工工艺水平。

本次交易完成后，上海沪工与航天华宇将展开合作，利用各方在各自领域的技术优势、客户基础，建立“钢铁有色—焊接切割—航空航天装备零部件制造—航空航天整机”产业链，推动智能化、自动化焊接切割系统在航空航天装备零部件制造行业的广泛应用。航空航天市场开发前景广阔，智能化、自动化焊接切割系统替代传统焊接切割系统的市场空间较大，将进一步促进上海沪工销售规模及盈利能力的提升。

(2) 整合客户，调配资源。上市公司服务客户区域广，客户数量多，但由于军工资质尚未取得，无法开拓军工客户，标的公司在长期经营中与军工客户形成了良好的合作关系，但区域较为集中，主要集中在华北地区。本次交易完成后，上市公司可以借助标的公司进入军工客户市场。在新客户开发方面，双方将共同开发和维护新的客户资源，提高市场投入效率，降低客户开拓成本，做到优势互补。

(3) 资本投入，优化生产。标的公司目前主营业务仍以非标准件生产、测试研发为主，随着标的公司参与的在研项目投入应用，标的公司将进行标准化产品的批量生产。本次交易完成后，上市公司将在资金、设备、人员等多方面为标的公司提供支持，协助标的公司建立生产线，优化生产流程。

综上所述，本次交易完成后，上市公司拓展了航天军工领域的相关业务，在军民融合、国防军备体制深入改革以及工业制造升级的背景下，通过本次重组，使上市公司业务产品的结构更加多元化，实现经营规模的外延式扩张，通过收购优质资产来提升公司盈利能力，在借助协同效应获取新的利润增长点的同时，提高了公司整体抗风险能力，并进一步强化了持续盈利能力。

（二）对上市公司财务的影响

本次交易完成后，航天华宇成为上市公司的全资子公司，并纳入上市公司合并财务报表的范围，上市公司的资产、负债、营业收入、净利润均得到了一定程度的提升。若盈利承诺顺利实现，将有助于提高公司资产质量和盈利能力，改善财务状况，增强持续经营能力，符合公司及全体股东的根本利益。

六、交易特点

（一）交易难点

本次交易，标的公司航天华宇的子公司河北诚航机械制造有限公司主要的服务客户是军工企事业单位，其业务具有军工性质。在交易过程中，交易流程的推进、标的公司的核查、对外披露材料的内容均需要符合军工保密要求，主要指导文件是国防科工局于2016年3月2日发布的《涉军企事业改制重组上市及上市后资本运作军工事项审查工作管理暂行办法》（科工计〔2016〕209号）。

军工审批和保密要求的具体体现为：（1）中介机构进场进行尽职调查前，标的公司首先需向国防科工局提出申请；（2）交易达成前需要先获得国防科工局的审批意见；（3）对于涉及军工产品和客户的信息，在对外披露的过程中，通过申请豁免或脱密披露，可以豁免或脱密披露；（4）中介机构核查过程中，需要查看涉军资料的，相关人员需要取得保密资格证书，重组报告书中中介机构的主要签字人员需要取得军工资质证书。

（二）交易亮点

本次交易的背景是上市公司对涉军企业的并购，与时下鼓励涉军企业上市、鼓励军民融合的政策环境贴合。这样的政策环境，一方面为上市公司收购标的公司后的业绩提供了信心，另一方面也有利于上市公司收购完成后的整合。

七、案例亮点

（一）借鉴同行业案例经验教训

同行业可比公司的情况和可比交易案例可以为整个交易提供许多帮助，首先可以帮助上市公司去判断本次交易的估值和定价是否合理，可以帮助中介机构理解标的公司财务指标的变动原因、发现标的公司存在的潜在风险，也可以为披露文件内容提供说服力和可信度。

（二）充分重视并购目标的业绩可实现性

上市公司准备进行并购前，需要首先确定自身的发展战略，对开展并购重组的目标有清晰的认知，这样也有助于上市公司选择并购标的。重组业绩承诺能否实现，一方面直接影响了上市公司并购实施后几年的业绩，另一方面业绩未达标将造成商誉减值，所以对于业绩承诺的可实现性，需要充分论证。

案例32：益丰药房（603939）定增收购新兴药房86.31%股权[①]

一、案例简述

益丰大药房连锁股份有限公司（以下简称“益丰药房”“上市公司”“公司”）是国内区域领先的大型医药零售连锁企业。公司引进了国际先进的信息管理系统（SAP/ERP）、物流管理系统（WMS）、仓库控制系统（WCS），实现了业务、财务、人力资源一体化管理，并建成了行业内自动化、信息化程度数一数二的大型现代医药物流中心。

2018年公司通过重大资产重组收购新兴药房（以下简称“标的公司”）86.31%股权，在此基础上迅速完成周边城市和渠道布局，进一步扩大在华北市场的门店布局密度和广度，提升市场份额，扩大销售规模，提升持续经营能力。

二、交易背景

（一）国家政策开拓药品零售行业增长空间

2016年12月27日国务院发布《关于印发“十三五”深化医药卫生体制改革规划的通知》（国发〔2016〕78号）明确提出：“推动医药分开，医疗机构应按照药品通用名开具处方，并主动向患者提供，不得限制处方外流。探索医院门诊患者多渠道购药模式，患者可凭处方到零售药店购药。推动企业充分竞争和兼并重组，提高市

---

① 本案例由中信证券提供，撰写人：郭卓然。

场集中度，实现规模化、集约化和现代化经营。调整市场格局，使零售药店逐步成为向患者售药和提供药学服务的重要渠道。”2017年2月9日国务院办公厅发布《关于进一步改革完善药品生产流通使用政策的若干意见》（国办发〔2017〕13号）明确提出：“推进医药分开。医疗机构应按药品通用名开具处方，并主动向患者提供处方。门诊患者可以自主选择在医疗机构或零售药店购药，医疗机构不得限制门诊患者凭处方到零售药店购药。具备条件的可探索将门诊药房从医疗机构剥离。”随着公立医院降低药占比、零差率、两票制、医保控费、分级诊疗、医生多点执业等一系列医改措施的稳步推进，“医药分开”“医院处方外流”成为大势所趋，药品零售行业逐步迎来新的增量空间。

（二）行业整合与药店连锁化是行业长期的发展趋势

根据商务部数据显示，截至2017年11月底，我国零售药店的连锁率为50.50%，较2011年底的34.35%有显著提升，而美国零售药店连锁率在75%左右。同时，根据商务部医疗保健行业流通运行快报的数据显示，2017年，药品零售行业7家全国龙头企业市场份额仅为13.96%，14家区域龙头企业的市场份额约8.31%。相较而言，我国医药零售行业连锁率较低，行业整合与药店连锁化是长期发展趋势。

三、交易方案

（一）主要内容

本次交易中，益丰药房通过发行股份及支付现金向卖方购买新兴药房86.31%股权，其中以现金方式购买新兴药房48.96%股权，以发行股份方式购买新兴药房37.35%股权。

益丰药房通过发行14 111 348股益丰药房股份向持有人购买其持有的新兴药房37.35%股权。

（二）估值定价

1. 交易标的估值及估值基础

根据评估机构出具的《评估报告》（东洲评报字〔2018〕第

0566 号），截至评估基准日 2018 年 3 月 31 日，标的公司新兴药房的股东全部权益账面价值为 42 654.65 万元，采用市场法评估的价值为 159 980.00 万元，增值率为 275.06%；采用收益法的评估价值为 140 200.00 万元，增值率为 228.69%。评估结论采用市场法评估结果，新兴药房 100.00% 股权评估值为 159 980.00 万元。

因新兴药房于基准日后经股东大会决议，将其截至 2018 年 3 月 31 日账面累计未分配利润 2 620.00 万元进行分配，进行相应除权、除息调整后的全部股东权益价值为 157 360.00 万元。本次交易标的作价参考东洲评估出具的评估结果，考虑到标的公司对上市公司未来发展的战略意义及良好的协同效应，经交易各方友好协商，标的公司 100% 股权作价合计 160 300.00 万元，新兴药房 86.31% 股权作价为 138 358.71 万元。

2. 对价支付方式

新兴药房 86.31% 股权作价为 138 358.71 万元，其中，新兴药房 48.96% 股权的交易价格为 78 484.18 万元，以现金方式支付；新兴药房 37.35% 股权的交易价格为 59 874.53 万元，以发行股份方式支付。

益丰药房通过支付现金 78 484.18 万元向持有人购买其持有的新兴药房 48.96% 股权。

本次重组由上市公司向与上市公司之间不存在关联关系的交易对方购买资产，属于同行业的资产整合，有利于增强公司的持续发展能力和综合竞争力。为了兼顾交易对方、上市公司及全体股东利益，经交易各方商议决定，本次发行股份的价格确定为董事会决议公告日前 120 个交易日的上市公司股票交易均价的 90%，即 42.43 元/股。

根据上述发行价格计算，上市公司向持有人发行股份 14 111 348 股购买其持有的新兴药房 37.35% 股权。

3. 盈利补偿安排

（1）业绩承诺期间及承诺利润数。经交易各方协商，本次交易业绩承诺期间为 2018 年度、2019 年度以及 2020 年度。根据本次交易的评估结果及交易作价，业绩承诺方承诺 2018 年度、2019 年度以及2020年度标的公司净利润不低于6 500.00万元、8 450.00万元以及9 950.00万元。净利润指标的公司合并报表中扣除非经常性损益后归属于母公司股东的净利润。

（2）业绩补偿的实施。

①现金补偿方案：若上市公司股东大会审议通过，则上市公司在该现金补偿方案经股东大会审议通过后的10个工作日内通知业绩承诺方向上市公司指定账户以现金方式进行补足。

②股份补偿方案：上市公司就业绩承诺方补偿的股份，采用股份回购注销方案。股份补偿的具体实施安排如下：若上市公司股东大会审议通过，则上市公司在该股份补偿方案经股东大会审议通过后的10个工作日内通知业绩承诺方向上市公司实施该股份补偿方案。业绩承诺方应在收到上市公司书面通知之日起10个工作日内，根据中国证券登记结算有限责任公司上海分公司的有关规定，并按照上市公司要求及时向中国证券登记结算有限责任公司上海分公司发出将其应补偿的股份，由中国证券登记结算有限责任公司上海分公司临时保管的指令，且这些股份不拥有表决权，不享有股利分配的权利。

若上述应补偿股份回购并注销事宜获得上市公司股东大会审议通过，则上市公司将以1元总价回购业绩承诺方在业绩承诺期限届满后确定应当补偿的已临时保管的全部股份。

四、交易节点

2018年6月13日，交易方案已经各交易对方同意或内部决策审议通过。

2018年6月13日，标的公司新兴药房的股东会同意了本次交易。

2018年6月21日，上市公司第三届董事会第五次会议审议并通过了本次发行股份及支付现金购买资产交易报告书等相关议案，上市公司独立董事发表了独立意见。

2018年6月21日，上市公司第三届监事会第五次会议审议并通过了本次发行股份及支付现金购买资产交易报告书等相关议案。

2018 年 7 月 12 日，上市公司第三届董事会第六次会议审议并通过了《关于公司与石家庄新兴药房连锁有限公司业绩承诺主体签署附生效条件的〈业绩承诺补偿协议之补充协议〉的议案》。

2018 年 7 月 30 日，上市公司 2018 年第二次临时股东大会审议并通过了本次发行股份及支付现金购买资产交易报告书等相关议案。

2018 年 8 月 10 日，上市公司公告收到国家市场监督管理总局反垄断局出具的《经营者集中反垄断审查不实施进一步审查决定书》（商反垄初审函〔2018〕第 119 号）。

2018 年 11 月 1 日，上市公司收到中国证监会出具的《关于核准益丰大药房连锁股份有限公司向石朴英等发行股份购买资产的批复》（证监许可〔2018〕1754 号）。

2018 年 11 月 6 日，标的资产过户至上市公司名下的工商变更登记手续已办理完毕。

2018 年 11 月 13 日，上市公司就本次增发的 14 111 348 股股份向中国证券登记结算有限责任公司上海分公司提交相关登记材料，并于同日收到其出具的证券变更登记证明。

五、并购影响

（一）对上市公司业务的影响

1. 本次交易有利于公司完善区域布局，提高市场竞争力

相较于单体店而言，连锁药店无论在规模、资金、人才、管理、专业化上都更具备优势，根据发达国家的行业发展轨迹，零售药店连锁化是未来药店发展的趋势。同时，根据商务部医疗保健行业流通运行快报，2017 年我国药品零售行业 7 家全国龙头企业市场份额仅为 13.96%，14 家区域龙头企业约占 8.31%。相比较而言，我国医药零售行业连锁率较低，行业整合与药店连锁化是长期发展趋势。

本次交易前，截至 2018 年 3 月 31 日，益丰药房拥有门店 2 328 家（其中加盟店 95 家），益丰药房的经营区域主要集中于中南地区及华东地区，包括湖南省、湖北省、广东省、江苏省、上海市、浙

江省和江西省。

本次交易完成后，新兴药房的门店将纳入益丰药房的管理范围，益丰药房的门店数量将增至2 790家。同时，河北省及北京市将纳入公司的经营版图，公司的经营区域进一步拓宽至华北地区。

本次交易完成后，益丰药房的门店网络将覆盖我国的中南地区、华东地区和华北地区，门店连锁化率和市场份额将得到显著提升，公司经营规模进一步扩大，有利于公司综合竞争力的增强。

2. 本次交易有利于公司提升对上游的议价能力，实现规模效应，降低采购成本

随着“健康中国”战略的实施和“十三五”深化医药卫生体制改革的推进，医药行业的市场化程度将进一步提高。随着市场化程度的加深，药品连锁企业对上游的议价能力将逐步增加，药品生产企业及批发商借助药品连锁企业专业的销售网络终端进一步提升产品销量，降低销售费用。随着公司门店网络不断扩张，企业采购规模持续增长，对上游药品生产企业和药品批发企业的议价能力愈发加强，有利于降低企业的采购成本。

本次交易完成后，益丰药房的门店数量和覆盖的区域广度都得到较大程度的提升，公司的销售规模和销售半径显著扩大，有利于加强公司对上游供应商的议价能力，降低产品的采购成本。

3. 本次交易有利于公司获取优质的门店资源，加强公司的持续盈利能力

本次交易完成后，将快速提升上市公司在华北地区的市场地位和市场份额，新增位于河北省和北京市正在运营的475家门店，其中，石家庄市222家，北京9家，沧州市74家，衡水市52家，邯郸市51家，廊坊市22家，唐山市16家，张家口市16家，邢台市13家。通过本次重组，上市公司将进一步实现规模经济效益、成本协同效应，巩固核心竞争力。

新兴药房在河北省主要地级市的核心商业地段均设有门店，门店的区位和布局与益丰药房的发展战略和扩张战略相契合，本次交易完成后，益丰药房可在新兴药房门店布局的基础上迅速完成周边城市和渠道布局，进一步扩大在华北市场的门店布局密度和广度，

提升市场份额，扩大公司的销售规模，提升持续经营的能力。

（二）对原股东持股比例的影响

本次交易完成后，上市公司控股股东仍为济康投资，实际控制人仍为高毅，上市公司控股股东和实际控制人未发生变化。

六、交易特点

（一）交易难点

1. 交易标的作价较高，估值合理性需充分论证

本次交易标的为新兴药房 91.00% 的股权，最终评估方法采用市场法，增值率为 275.06%，远高于权益账面价值，交易作价亦略高于评估作价。同时交易作价按照 PE 法估值的倍数远高于同期 A 股市场及医药零售行业。其估值合理性以及未来业绩可实现性方面受到了重点关注。财务顾问结合标的公司所处的全球行业特点、业务模式、市场饱和度以及未来发展趋势进行充分论证，采用定性和定量相结合的方式对未来业绩进行模拟测算，并匹配敏感性分析，得出估值结论。

2. 本次重组完成后，上市公司商誉剧增

医药零售连锁行业无论在国内还是在国外普遍具有通过外延收购扩大品牌效应和摊薄成本的特点。标的公司作为华北区域医药零售连锁龙头企业，报告期内相继收购了一系列非同一控制下的药店，导致其报告期末商誉价值占总资产比例较大（29.93%），标的公司商誉将于本次交易完成后并表入上市公司。同时由于本次交易作价较高，本次交易亦会给上市公司带来巨大商誉。本次交易完成后，报告期末上市公司商誉占资产总额的比例将从 19.59% 上升到 33.65%。本次交易审核时间为 2018 年 10 月，亦是中国证监会严控并购重组中“高承诺、高估值、高商誉”的窗口期。因此，如何就国内外同行业并购和发展趋势及标的业绩承诺可实现性进行充分论证，是本次交易难点之一。

3. 交易对方众多，交易进程节奏把控难度较大

本次交易为市场化谈判的并购，交易对方包括 30 个自然人、1

名法人和6个合伙企业，财务顾问需对其进行全面的穿透核查，其中，道韩投资和长堤投资的控制结构复杂，核查难度较高。财务顾问通过自主查询、调取工商档案，辅以访谈等尽调方式，清晰梳理了交易对方的股权架构和控制关系。

同时，由于本次交易部分对价以股份进行支付，为减少交易不确定性并尽快复牌维护中小股东利益，项目组需尽快推进双方协议内容的谈判和签署，并完成尽职调查工作，项目组执行过程中面临较大的时间压力。

（二）交易亮点

本次交易系同行业的标的收购，系上市公司现有业务的有机整合及发展战略的充分体现。

益丰药房立足湖南，逐步向湖北省、广东省、江苏省、上海市、浙江省和江西省等区域渗透，新兴药房则以河北作为其业务发展的重点区域，在河北地区具有较强的竞争优势和品牌知名度。新兴药房作为河北省医药零售市场的龙头企业，在河北地区建立了较好的品牌知名度。截至2018年6月30日，标的公司下属在运营的门店数量为475家，在医药零售领域属较为稀缺的并购标的。本次并购交易非常符合上市公司的区域聚焦战略。本次交易完成后，新兴药房的门店将纳入益丰药房的管理范围，按照截至2018年6月30日门店数量计算，益丰药房的门店数量将增至2 974家。同时，河北省及北京市将纳入公司的经营版图，公司的经营区域进一步拓宽至华北医药零售行业。

本次交易完成后，双方将在战略布局、供应商渠道、资本支持、管理提升等方面产生显著的协同效应，从而为上市公司注入新的利润增长点，提升上市公司整体价值。

七、案例亮点

在行业层面，本次重组标的和上市公司处于同行业，具有协作和整合的巨大潜力和空间，符合医药零售行业外延并购扩张的固有特征。新兴药房作为河北省医药零售市场龙头企业，在重组完成后将进一步完善上市公司区域布局，提升对上游的议价能力，实现规模效应，降低采购成本，提升持续盈利能力。

在交易定价方面，本次交易标的的评估增值率及交易作价较高，同时，行业特性给上市公司带来了较大商誉，在分析论证过程中对行业特性和趋势的理解和判断是重点。通过对比全球行业业态，说明国内药店连锁率有巨大的提升空间，并解释标的公司的优质性、稀缺性、业绩可实现性，以及与上市公司较强的业务和战略协同性，本次交易最终获得监管认可。

在交易进程控制方面，在较短时间内协调与众多交易对方的交易谈判以及对标的公司的尽职调查是重点，切实保障上市公司与中小股东利益是项目组执行的终极目标。

案例33：金正大（002470）收购农投公司[①]

一、案例简述

金正大生态工程集团股份有限公司（以下简称“金正大”“上市公司”“公司”）主营复合肥、缓控释肥、水溶肥、生物肥、土壤调理剂等土壤所需的全系产品及为种植户提供相关的种植业解决方案服务。

本次交易中，金正大采用发行股份的方式购买农业基金、东富和通、京粮鑫牛、种业基金、谷丰基金合计持有的农投公司66.67%股权。农投公司（以下简称“标的公司”）系持股型公司，其主营业务主要通过其全资子公司农商公司开展，农商公司主要从事农资销售业务。农商公司持有宁波金正大88.89%股权，并享有其30.00%的表决权，宁波金正大未纳入农商公司合并报表范围。宁波金正大为持股型公司，其主营业务通过下属经营实体开展。宁波金正大下属经营实体主要从事园艺消费产品和特种肥料业务。本次交易完成后，公司将持有农投公司100%股权。

二、交易背景

（一）购买方发展目标

标的公司间接持股88.89%的德国金正大下属公司主要从事园艺消费产品的生产与销售、特种肥料的销售业务，在欧洲、亚太地区及其国家地区家庭园艺行业及特种肥料行业具有领先的市场地位和

① 本案例由中信建投证券提供，撰写人：高振宇。

较高的品牌知名度。本次交易完成后，上市公司的产品链得以延伸，由大田作物肥料延伸到园艺肥料、盆栽土和植保产品以及欧洲特种肥料销售等，丰富了上市公司的产品线，推动了上市公司实现产品多元化发展，改善了公司的经营状况，提高了公司的资产质量，实现了上市公司股东的利益最大化。

（二）标的资产发展目标

标的公司下属的农商公司从事农资服务业务，拥有农资产品专业销售和技术人员团队，业务网络健全。农商公司依靠自身的销售网络累积了丰富的农资分销渠道资源和专业的农技服务经验。本次交易后，农商公司将与上市公司现有农资服务业务全面整合，助推公司围绕产品研发升级，全面开展技术营销，为种植业提供高附加值的营养解决方案以及种子、植保、作物管理、农业服务、品牌农产品等一体化的种植业解决方案，推动公司营销转型。

三、交易方案

（一）主要内容

金正大采用发行股份的方式购买农业基金、东富和通、京粮鑫牛、种业基金、谷丰基金合计持有的农投公司66.67%股权。农投公司系持股型公司，其主营业务主要通过其全资子公司农商公司开展，农商公司主要从事农资销售业务。农商公司持有宁波金正大88.89%股权，并享有其30.00%的表决权，宁波金正大未纳入农商公司合并报表范围。

（二）估值定价

本次交易标的为农投公司66.67%的股权，交易对价以中京民信给标的资产出具的资产评估报告认定的资产评估结果为基础，并由交易各方协商确定。根据中京民信出具的《资产评估报告》（京信评报字〔2017〕第427号），本次购买农投公司股权的交易最终选择资产基础法评估结果作为最终评估结论，农投公司100%股权评估值为145 309.64万元，评估增值24 636.74万元，增值率为20.42%，对应农投公司66.67%股权的评估值为96 873.09万元。

农投公司间接持股88.89%的德国金正大采用收益法和市场法进行评估，并最终选择收益法评估结果作为评估结论。根据收益法评估结果，德国金正大股东全部权益账面价值为11 222.26万欧元，评估值为14 615.59万欧元，评估增值率为30.24%。按评估基准日汇率1欧元兑7.8233元人民币折算，德国金正大评估值为114 342.15万元，对应88.89%股权的评估值为101 637.47万元。

（三）对价支付方式

上市公司拟向农业基金、东富和通、京粮鑫牛、种业基金、谷丰基金发行股份购买农投公司66.67%股权。本次发行对象为农业基金、东富和通、京粮鑫牛、种业基金、谷丰基金五名农投公司的股东。发行对象以其分别持有的农投公司的股权认购公司本次发行的股份。

（四）盈利补偿安排

由于标的公司间接持股88.89%的德国金正大以收益法评估结果作为定价依据，上市公司控股股东金正大投资对德国金正大未来3年盈利进行承诺，并承担相应的补偿责任。根据盈利预测补偿协议，本次交易盈利预测补偿期限为2018年、2019年和2020年，金正大投资承诺德国金正大2018年、2019年及2020年实现的净利润分别不低于957.44万欧元、1 110.65万欧元和1 508.19万欧元。

金正大投资当期应补偿的金额和应当补偿的股份数量按照以下公式进行计算：

当期补偿金额 =（截至当期期末累积承诺净利润数 - 截至当期期末累积实现净利润数）÷承诺期限内各年的承诺净利润数总和 × 德国金正大100%股权对应评估值 - 累积已补偿金额

当期应当补偿股份数量 = 当期应当补偿金额 ÷ 本次交易涉及的股份发行价格

当期应补偿股份数量不足1股的按1股计算。

四、交易节点

2018年1月24日，上市公司召开第四届董事会第八次会议，审议通过了本次发行股份购买资产暨关联交易方案等相关议案。

2018 年 2 月 27 日，上市公司召开 2018 年第三次临时股东大会，审议通过了本次发行股份购买资产暨关联交易方案等相关议案。

2018 年 4 月 25 日，上市公司召开第四届董事会第十二次会议，审议通过了调整本次发行股份购买资产暨关联交易发行价格调整机制的相关议案。

2017 年 12 月 25 日，农业基金的基金管理人召开农业基金投资决策委员会会议并做出决议，同意批准本次发行股份购买资产方案。

2017 年 12 月 28 日，东富和通召开投资决策委员会会议并做出决议，同意上市公司发行股份购买东富和通持有的农投公司股权的交易方案。

2018 年 1 月 11 日，京粮鑫牛执行事务合伙人做出决定，同意金正大以发行股份的方式购买京粮鑫牛持有的农投公司股权。

2017 年 11 月 7 日，种业基金的基金管理人召开第二届投资决策委员会 2017 年度第十六次会议并做出决议，同意种业基金以持有的农投公司股权参与金正大非公开发行股份收购农投公司股权的交易。

2017 年 12 月 22 日，谷丰基金召开 2017 年第二次合伙人会议并做出决议，同意金正大以发行股份的方式购买谷丰基金持有的农投公司股权。

本次交易方案已于 2018 年 7 月 26 日经中国证监会《关于核准金正大生态工程集团股份有限公司向中国农业产业发展基金有限公司等发行股份购买资产的批复》（证监许可〔2018〕1181 号）核准。

五、并购影响

（一）对上市公司业务的影响

本次交易完成后，农投公司将成为上市公司全资子公司，且上市公司将取得农商公司、宁波金正大及其下属经营实体的绝对控股权，上市公司资产规模和收入规模将有所提升。宁波金正大下属园艺消费产品和特种肥料业务的注入使上市公司产品组合进一步丰富，产业布局更为合理。随着采购、生产、销售规模的扩大，上市公司将具备一定的规模效应，同时运营效率得到提升，费用控制得以加强，从而提升公司持续盈利能力。

（二）对上市公司财务的影响

从资产结构看，交易完成后上市公司的流动资产占总资产的比重将有所增加，主要是因为标的公司资产以货币资金、应收账款等流动资产为主。本次交易完成后，上市公司资产将具有更高的流动性。从负债结构看，2017 年末，上市公司流动负债占总负债的比例有所上升，主要系标的公司负债全部为应付账款、预收账款、应付职工薪酬、应交税费等流动负债，标的公司无非流动负债。本次交易完成后，由于标的公司账期相对较长，公司应收账款周转率有所下降。公司将持续加强应收账款回收管理，进一步提高资产营运能力。本次交易完成后，公司存货周转率、总资金周转基本持平，整体资金周转能力良好。

（三）对原股东持股比例的影响

本次交易前，金正大投资持有上市公司 38.85% 股份，万某直接持有上市公司 18.15% 股份，并持有金正大投资 28.72% 股份。万某通过直接和间接的方式控制上市公司 57.00% 的股份，为上市公司的实际控制人。本次交易完成后，金正大投资持有上市公司 37.28% 股份，万某直接持有上市公司 17.42% 股份，万某通过直接和间接的方式控制上市公司 54.70% 的股份，仍为上市公司的实际控制人。上市公司控股股东、实际控制人未发生变化。

六、交易特点

考虑到德国金正大在报告期内盈利持续性存在一定波动，为充分保护上市公司股东特别是中小股东的利益，经交易各方协商，决定由金正大投资为标的公司间接持股 88.89% 的德国金正大提供业绩承诺。

本次交易前，上市公司通过控制宁波金正大绝大部分表决权的形式实际控制了德国金正大，并将其纳入上市公司财务报表的合并范围。金正大投资作为上市公司的控股股东，能够实际控制德国金正大。

本次交易完成后，上市公司将通过直接和间接的方式持有德国金正大94%的股权，以享有绝大部分股权和表决权的形式控制德国金正大。金正大投资作为上市公司控股股东，在本次交易完成后能够对德国金正大的生产经营实施控制。

七、案例亮点

业绩补偿方式可以灵活多样。本次交易各方协商确定由金正大投资承担德国金正大业绩补偿责任，由上市公司控股股东金正大投资而非本次交易的交易对方进行业绩承诺，是各方通过市场化协商、谈判形成的符合自身特点、方式更为灵活的业绩补偿方式，体现了上市公司控股股东对公司经营发展的支持和信心。

案例 34：赛腾股份（603283）收购菱欧科技[①]

一、案例简述

苏州赛腾精密电子股份有限公司（以下简称“赛腾股份”“上市公司”“公司”）主要从事智能制造装备的研发、设计、生产、销售及技术服务，为客户实现智能化生产提供系统解决方案。公司产品和服务涉及消费电子、汽车（新能源汽车）、半导体及锂电池等业务领域。目前，赛腾股份的产品主要运用于消费电子行业，适用于智能手机、平板电脑、笔记本电脑、可穿戴设备等产品的智能组装和智能检测。

赛腾股份通过发行可转换债券、股份及支付现金的方式购买张某、陈某、邵某持有的菱欧科技（以下简称“标的公司”）100%的股权。本次交易于 2019 年 1 月 23 日无条件通过中国证监会重组委审核，为市场上首单以发行定向可转债作为并购支付工具的案例。

二、交易背景

（一）上市公司处在积极发展实现战略目标的关键时期

赛腾股份主要从事自动化生产设备的研发、设计、生产、销售及技术服务，为客户实现生产智能化提供系统解决方案。公司抓住国家产业升级及智能装备制造行业大发展的机遇，力争成为国内在智能装备制造市场领域中的领导企业。根据公司的业务规划，公司拟进一步拓宽公司产品种类及应用领域，大力拓展非消费电子行业

① 本案例由华泰联合证券提供，撰写人：吴学孔、孙天驰。

的应用客户及销售渠道，进一步提升公司作为国内领先的智能装备制造企业的综合实力。

（二）并购是公司外延式发展的首选方式

近年来，国内上市公司通过对同行业、产业链上下游优质企业进行并购整合，借助外延式发展的契机，完善业务布局，深化业务结构调整，增强自身发展驱动力，已成为各行业上市公司做大做强、实现跨越式发展的重要手段。为了能够更好地按照公司发展规划积极推进公司的长期发展战略，公司将采取内生式成长与外延式发展并重的方式实现向战略目标的迈进，通过并购具有独特业务优势和竞争实力、能够和公司现有业务产生协同效应的相关公司的方式实现。

（三）标的公司所处行业市场具有良好发展前景

作为业内领先的自动化设备供应商，菱欧科技在报告期内深耕汽车零部件行业及锂电池行业，凭借优秀的产品质量、过硬的技术实力及快速的响应速度与日本电产、索尼（村田制作所）等客户建立起长期稳定的合作关系。报告期内，索尼是菱欧科技锂电池自动化设备的主要客户。2017 年，索尼将旗下锂电池业务板块出售给日本村田制作所，后者与菱欧科技继续保持业务关系。

菱欧科技紧紧抓住新能源汽车产业崛起与锂电池需求爆发的战略机遇，分享了下游行业稳步增长成长红利。未来阶段，菱欧科技仍将继续围绕汽车零部件、锂电池等传统优势领域，积极拓展半导体等应用领域。随着我国制造业产业升级与工业 4.0 进程的不断发展，标的公司所处行业需求预计将保持持续增长，标的公司所处行业市场具有良好的发展前景。

（四）中国证监会试点定向可转债，丰富并购重组融资渠道

2014 年 3 月，国务院发布《关于进一步优化企业兼并重组市场环境的意见》，明确“允许符合条件的企业发行优先股、定向发行可转换债券作为兼并重组支付方式”。2015 年 8 月 31 日，四部委发文鼓励并购重组支付工具和融资方式创新，推出定向可转债作为并购支付工具。2018 年 11 月 1 日，中国证监会发布《证监会试点定向可转债并购支持上市公司发展》的公告，鼓励上市公司在并购重组中

定向发行可转换债券作为支付工具，积极推进以定向可转债作为并购重组交易支付工具的试点，支持包括民营控股上市公司在内的各类企业通过并购重组做优做强。

定向发行可转换债券作为支付工具，有利于增加并购交易谈判弹性，为交易提供更为灵活的利益博弈机制，有利于有效缓解上市公司现金压力及大股东股权稀释风险，丰富并购重组融资渠道。

三、交易方案

（一）主要内容

赛腾股份通过发行可转换债券、股份及支付现金的方式购买张某、陈某、邵某持有的菱欧科技100%的股权，同时向不超过10名特定对象非公开发行股份募集配套资金，募集配套资金总额不超过14 000万元，不超过本次交易中以发行可转换债券及股份方式购买资产的交易价格的100%。

本次交易分为发行可转换债券、股份及支付现金购买资产与募集配套资金两个部分。

1. 发行可转换债券、股份及支付现金购买资产

赛腾股份通过发行可转换债券、股份及支付现金的方式购买菱欧科技100%的股权。以上述评估值为基础，交易各方确定标的资产的交易金额为21 000万元。其中，以发行可转换债券的方式支付交易对价的60%，即12 600万元；以发行股份的方式支付交易对价的10%，即2 100万元；以现金方式支付交易对价的30%，总计6 300万元。同时，赛腾股份拟通过询价方式向其他不超过10名特定投资者发行股份募集配套资金，募集配套资金总额不超过14 000万元，不超过本次交易中以发行可转换债券及股份方式购买资产的交易价格的100%。

2. 发行股份募集配套资金

本次交易中，上市公司拟通过询价方式向不超过10名特定对象发行股份募集配套资金，募集配套资金总额不超过14 000万元，不超过本次交易中以发行可转换债券及股份方式购买资产的交易价格

的100%。募集配套资金发行股份数量不超过本次交易前上市公司总股本的20%，即不超过32 552 780股。所募集的配套资金拟用于支付本次交易中的现金对价和重组相关费用，并用于上市公司补充流动资金及偿还银行贷款。

本次募集配套资金以发行可转换债券、股份及支付现金购买资产为前提条件，但募集配套资金成功与否并不影响发行可转换债券、股份及支付现金购买资产的实施，募集配套资金的最终发行数量将以公司股东大会批准并经中国证监会核准的发行数量为准。若募集配套资金未能实施，则公司将以自有资金支付现金对价及重组费用。

本次交易于2019年1月23日无条件通过中国证监会重组委审核，为市场上首单以发行定向可转债作为并购支付工具的案例。

（二）估值定价

1. 交易标的的估值及估值基础

本次交易以标的资产的评估结果作为本次交易的定价依据。依据申威评估出具的《评估报告》（沪申威评报字〔2018〕第1275号），评估机构采用收益法和资产基础法两种评估方法对菱欧科技股东全部权益价值进行评估，最终选用收益法评估结果作为评估结论。以2018年10月31日为基准日，菱欧科技100%股权采用收益法评估的评估值为21 100万元，增值率555.77%。经协议各方协商一致，本次交易拟购买资产的交易价格为21 000万元。

2. 对价支付方式

本次募集配套资金以发行可转换债券、股份及支付现金购买资产为前提条件，但募集配套资金成功与否并不影响发行可转换债券、股份及支付现金购买资产的实施，募集配套资金的最终发行数量将以公司股东大会批准并经中国证监会核准的发行数量为准。若募集配套资金未能实施，则公司将以自有资金支付现金对价及重组费用。

（三）盈利补偿安排

根据本公司与业绩承诺人签署的交易协议，张某、陈某、邵某作为补偿义务人承诺如下：补偿义务人承诺标的公司在2018年度、2019年度、2020年度的净利润分别不低于1 500万元、1 700万元、2 100万元。业绩承诺中的净利润均指经具有证券业务资格的会计师事务所（以下简称“审计机构”）审计的扣除非经常性损益后的归属于母公司所有者的净利润。自本次资产重组实施完毕后，赛腾股份将聘请审计机构每年对标的公司在盈利预测补偿期间实际净利润与同期承诺净利润的差异情况进行专项审核（以下简称“专项审核”），并出具专项审核报告。实际净利润与承诺净利润的差额以审计机构的专项审核报告为准。

四、交易节点

2018 年 11 月 8 日，上市公司召开第二届董事会第六次会议，审议通过了本次发行可转换债券、股份及支付现金购买资产并募集配套资金的相关议案。同时，上市公司与菱欧科技股东签署了《发行可转换债券、股份及支付现金购买资产协议》。

2018 年 12 月 5 日，上市公司召开 2018 年第六次临时股东大会，审议通过本次交易。

2019 年 2 月 28 日，上市公司收到《关于核准苏州赛腾精密电子股份有限公司向张某等发行股份、可转换公司债券购买资产并募集配套资金的批复》（证监许可〔2019〕270 号），本次交易获中国证监会核准。

2019 年 5 月 31 日，本次交易标的完成交割，菱欧科技 100% 股权已过户至上市公司名下，相关工商变更登记手续已办理完毕，菱欧科技取得了苏州市吴中区市场监督管理局换发的营业执照（统一社会信用代码：91320500768279205E）。变更完成后，上市公司持有菱欧科技 100% 股权。

2019 年 7 月 16 日，本次交易非公开发行股份募集配套资金完成。

2019 年 7 月 26 日，上市公司完成本次交易非公开发行股份登记。

2019 年 12 月 2 日，上市公司完成本次发行股份购买资产新增股份登记。

2019 年 12 月 24 日，上市公司完成本次发行可转换债券购买资产新增可转换债券登记。

五、并购影响

（一）对上市公司业务的影响

上市公司目前是国内消费电子自动化设备行业的龙头企业。上市公司总体发展战略是在消费电子已有业务基础上，进一步拓宽产品线，致力于成为智能制造领域的领军企业。本次交易标的菱欧科技与上市公司同属于智能制造行业，菱欧科技下游客户所处行业包括汽车零部件、锂电池、医疗等多个领域，能够在产品结构、客户渠道等方面与上市公司产生较强的互补性。

交易完成后，双方能够在采购渠道、技术开发、客户资源等各方面产生协同效应，上市公司能够进一步拓展客户群体，增强抗风险、抗周期能力，同时，菱欧科技能够借助上市公司平台，缓解资金压力，通过集约采购、交叉营销等方式降低生产成本，提高运营效率，并借助赛腾股份资本平台拓宽融资渠道，进入发展快车道。

在客户群体方面，上市公司可以通过菱欧科技迅速拓展公司客户群体，在现有苹果、微软等客户的基础上，直接与日本电产、索尼（村田）等日系知名客户建立合作关系，进入汽车、锂电池等领域，丰富客户群体的多样性。

在产品结构方面，上市公司能够在原有的消费电子产品线外，横向拓展汽车零部件及锂电池、医疗等行业，有力地补足上市公司产品较为单一的短板。随着未来汽车电动化、智能化、互联网化的趋势以及物联网技术的发展，上市公司有望能够通过健全的产业链条和产品结构，具备对客户的整体方案解决能力。本次交易能够实现上市公司的战略布局，提前布局新能源汽车与消费电子的融合趋势。

在管理协同方面，上市公司与菱欧科技同属自动化设备行业，交易完成后，上市公司将给予菱欧科技现有管理团队较为充分的授权和经营发展空间。通过制定合适有效的人力资源政策，双方各自优秀的管理经验可以在两者之间得到有效的借鉴，并在此基础上衍生出新的管理经验，从而带来企业总体管理能力和管理效率的提高。未来上市公司可能会采取股权激励计划等多样化的激励手段对公司核心管理团队及研发、采购、生产、销售人员进行有效激励。

（二）对上市公司财务的影响

本次交易完成后，上市公司的业务规模得以扩大，产品线更加丰富。不同行业客户的景气程度、交货期限等可能存在差别，交易完成后，公司的资金安排将更加灵活；公司可以通过内部资源调配，使内部资金流向效益更高的投资机会，将有效降低公司整体投资风险，提高公司资金利用效率。菱欧科技成立以来一直依赖于自有资金、银行借款发展，本次交易完成后，菱欧科技能够借助资本市场平台，抓住行业发展的有利时机，进一步提升在汽车零部件、锂电池自动化设备制造市场的竞争力，加快菱欧科技和上市公司的业务发展。

2018 年至 2020 年，菱欧科技承诺净利润分别为 1 500 万元、1 700 万元、2 100 万元，如上述承诺净利润顺利完成，上市公司盈利能力将明显提高，进一步促进公司可持续发展。

（三）对原股东持股比例的影响

由于本次交易中募集配套资金采取询价方式，最终发行价格暂时无法确定，假设募集配套资金发行价格为上市公司本次交易停牌前一个交易日的收盘价 16.81 元/股，本次募集配套资金非公开发行股票拟发行的股份数量为 8 328 376 股。考虑配套融资及可转债转股影响的情况下，本次交易完成后，原公司实际控制人仍将直接持有上市公司约 62.45% 的股权，仍为上市公司实际控制人。

六、交易特点

（一）交易难点

1. 交易方案无先例，方案设计难度大

此次交易为市场上首例定向可转换债券案例，监管部门尚未出台定向可转债的相关管理办法及发行条件的具体实施细则。本案主要参考并购重组法律法规体系、债券发行相关管理办法以及公开发行可转债的相关要求。

定向可转债作为创新型支付方式，具备债权和股权的双重性质，给予交易双方更大的灵活性，增加了并购交易谈判的弹性，也增大了方案设计的难度。此次方案设计通过大量内部博弈预演，又讨论了各种条款情况下的权利及利益影响，充分论证方案，以保障本次交易谈判的顺利进行。

2. 交易谈判时间紧迫，标的公司股东诉求存在差异

标的公司小股东诉求存在一定差异，本次交易需要充分了解各股东可能的诉求及影响情况，挖掘交易谈判中交易对方的真实诉求，平衡各股东的关系，以降低交易风险。另外，在试点通知公布后，项目组必须在极短的时间内协调交易各方了解定向可转债的背景、内涵以及对各方利益的影响，并迅速推动各方就采用定向可转债作为支付工具达成一致。

（二）交易亮点

本次交易为市场上首次在并购重组中运用定向可转换债券作为支付工具，结合公开发行可转债、私募公司债、双创债等条款进行博弈条款的灵活运用和设计。此外，本次交易开创性地使用向上修正条款及有条件强制转股条款，并对提前回售条款和向下修正条款进行了针对性的借鉴，从而实现交易各方利益的动态平衡。

本次交易中，交易对方业绩补偿优先以定向可转债补偿，而在当前资本市场实践中，当标的公司承诺业绩不达标，交易对手无法补偿的案例并不鲜见，本次交易的一大亮点在于将业绩达标设置为定向可转债的解锁条件，在交易对方未能满足业绩条件时，上市公司追偿权有所改善。与现金补偿相比，定向可转债只是未来的付款承诺，并不对交易对方的现金流造成负担，并且由于可转债同时具有债券属性，其价值有债券的本息作为保底，相对股份而言具有更稳定的价值，因此上市公司及其股东得到的保护也更为周全。

1. 转股价格向上修正条款

在本次发行的可转换债券存续期间，当交易对方提交转股申请日前 20 日，赛腾股份股票交易均价不低于当期转股价格 150% 时，则当次转股时应按照当期转股价的 130% 进行，但当次转股价格最高

不超过初始转股价格的130%。

鉴于可转换债券在保证交易对方基础收益的同时赋予了交易对方看涨期权，如果在债券存续期内股票价格大幅高于初始转股价格，则行使转股权可能显著影响上市公司原有股东的利益，对原股东摊薄效应较为明显。向上修正条款的设计，使在股价上升时交易对方享有看涨期权收益的同时，上市公司原有股东也能够在一定程度上分享股价上涨的收益，避免原股东股权过度稀释，从而实现双方利益的平衡。另外，设置向上修正条款也能够起到促进交易对方积极转股，降低上市公司未来现金压力的效果。

2. 有条件强制转股条款

在本次发行的可转换债券存续期间，如果公司股票连续30个交易日的收盘价格不低于当期转股价格的130%时，上市公司董事会有权提出强制转股方案，并提交股东大会表决。该方案须经出席股东大会的股东所持表决权的三分之二以上通过方可实施。股东大会进行表决时，持有本次发行的可转换债券的股东应当回避。通过上述程序后，上市公司有权行使强制转股权，将满足解锁条件的可转换债券按照当时有效的转股价格强制转化为赛腾股份普通股股票。

作为兼具股票属性和债券属性的创新支付工具，股价下跌时交易对方可以选择以债券方式获得确定性现金回报，在股价上涨时交易对方可以选择转换为股票获取股权增值收益。从交易出发点来看，提供债券支付方式的目的是保障交易对方在股价下跌时的利益诉求，为此上市公司承担了一定程度的潜在现金压力。当股价长期显著运行在转股价以上时，交易对方可以将满足解锁条件的可转换债券通过转股卖出等方式实现收益，此时应当适当考虑上市公司的潜在偿债能力及财务状况，通过强制转股条款减轻上市公司未来现金压力，提高上市公司财务稳健性，适当保护中小股东利益。

3. 提前回售条款（利率浮动条款）

当交易对方所持可转换债券满足解锁条件后，如公司股票连续30个交易日的收盘价格均低于当期转股价格的80%，则交易对方有权行使提前回售权，将满足解锁条件的可转换债券的全部或部分以面值加当期应计利息的金额回售给上市公司。从各年度首次达到提前回售权行使条件时起，交易对方的提前回售权进入行权期，行权期长度为10个交易日（含达到提前回售权行使条件的当天），如交易对方在行权期内未行使提前回售权，则交易对方至下一考核期审计报告出具前不应再行使提前回售权。行权期满后，交易对方所持满足解锁条件的可转换债券中未回售的部分，自行权期满后第一日起，按照0.6%年利率计算利息。

提前回售条款在借鉴原有公开发行可转换公司债券的基础上进行了针对性的创新，将回售触发前提与标的公司业绩实现性及二级市场股价联动，从而能够在交易谈判过程中解除交易对方后顾之忧，保障交易对方的基本收益。同时，为了鼓励交易对方积极持有可转换债券，降低上市公司现金压力，提前回售条款也创造性地设置了利率浮动条款，从而鼓励交易对方长期持有可转换债券，保留后续转股可能性。

七、案例亮点

（一）聚焦交易痛点，成为定向可转债设计范本

目前定向可转债仍处于试点阶段，监管部门也尚未出台关于定向可转债的相关管理办法及发行条件的具体实施细则。作为国内市场上首例定向可转债案例，本项目中全部可转债条款是在财务顾问撮合引导下由市场主体充分博弈自发形成，作为独立财务顾问，项目组在方案设计中充分考虑交易各方的担忧和顾虑，结合标的公司行业特点、交易对方差异化的诉求以及并购重组市场的深刻理解，聚焦交易痛点，在较短的时间里设计了交易各方均充分认可的交易方案。

本次交易中交易条款的设定、特殊条款的安排基本上奠定了市场上后续定向可转债的制度框架和博弈空间。我们欣喜地看到，自赛腾股份披露预案后，市场上后续的数十家定向可转债案例中，绝大多数都借鉴甚至直接引用了本次交易中的定向可转债设计安排。可以说，本次交易已经成为国内市场上定向可转债交易设计的经典范本。

（二）动态平衡各方诉求，交易设计获得监管机构的高度认可

通过创造性地设计强制转股、向上修正等创新条款，本次交易方案的设计综合平衡了双方利益，建立起一套随着业绩承诺、股价表现动态平衡的调整机制，在增加并购交易谈判弹性、为交易提供更为灵活的利益博弈机制的同时，有效缓解了上市公司现金压力及大股东股权稀释风险，丰富了并购重组融资渠道，实现了定向可转债的理想价值和制度目的。例如，向上修正条款一定程度上照顾了股价涨幅较大时上市公司原股东的利益；提前回售条款则站在交易对方角度，保护了业绩实现情况下交易对方的保底收益；强制转股条款则在促进转股实现交易双方利益绑定的同时，进一步减轻了上市公司现金压力；向下修正条款使整个定向可转债在存续期间能够反映二级市场变化，动态调整各方利益。

从本次交易的执行进度情况来看，上市公司于 2018 年 11 月 2 日停牌，11 月 9 日公布本次交易预案，11 月 20 日公布本次交易报告书草案，本次交易于 2019 年 1 月 23 日无条件过会，从项目申报到过会仅用时不到 6 周，可见，本次交易方案的内容设计以及其体现出的对政策的把握、对交易的理解都获得了监管机构的高度认可，符合监管机构对定向可转债设计的理想预期。

（三）深刻理解定向可转债内涵，为并购重组支付工具选择提供理想思路

支付工具的选择在并购交易中的重要性毋庸置疑，甚至直接关系到一项并购交易的成败与效率。而传统的现金支付和股份支付虽然仍是主流，但都有着不可忽视的天然缺陷，前者会给并购公司带来巨大的现金流压力，且缺乏对目标公司股东的激励性，后者会稀释原股东的股权，摊薄原股东的即期收益。作为新型支付工具的定向可转债可以比较妥善地解决上述问题，如果设计得当，定向可转债能够平衡并购双方不同的利益诉求，增加谈判弹性，促使双方协同发展，实现更为良好的并购效果。深刻理解定向可转债在促进谈判达成、平衡双方利益、保障交易安全的重要作用，有助于我们在并购重组交易中灵活设计各种支付工具，尽可能锁定交易风险，促进交易整合，更好地实现定向可转债试点的政策初衷。

案例35：拓尔思（300229）收购科韵大数据[①]

一、案例简述

拓尔思信息技术股份有限公司（以下简称“拓尔思”“上市公司”“公司”）主营业务包括软件平台产品研发，行业应用系统解决方案和大数据 SaaS/DaaS 云服务，涵盖大数据、人工智能、互联网内容管理、网络信息安全和互联网营销等领域方向。

本次交易中，拓尔思拟通过发行股份的方式购买四个自然人持有的科韵大数据（以下简称“标的公司”）35.43%股权，交易作价6 378.26万元。为支付本次交易的中介机构费用以及投入标的资产在建项目建设费用，上市公司拟通过询价方式向不超过五个特定对象非公开发行股份募集配套资金，募集资金总额预计不超过4 800.00万元，其中1 000.00万元用于支付本次交易中介机构费用，3 800.00万元用于标的资产在建项目建设。

二、交易背景

（一）上市公司发展目标

上市公司一直以来的战略重点是利用自身核心技术，拓展公共安全等行业应用，实现核心技术向行业应用的价值链转化。在安全领域，本次收购的科韵大数据致力于大数据一体化平台技术在公共安全和政府领域的应用，与上市公司在公共安全领域已经具备了明显的协同效应，收购剩余股权将进一步深化公司在泛安全领域的布局。

① 本案例由中信建投证券提供，撰写人：高振宇。

（二）标的资产发展目标

拓尔思的产品和服务已被国内外5 000多家机构用户广泛使用，覆盖80%的国家部委和60%的省级政府机关，超过300家传统媒体和新媒体机构，众多金融、通信、能源、制造等大中型企业和科研教育单位，以及公安、军队等安全涉密用户。其中，知名客户包括湖南日报社、中国社会科学出版社、中国经济日报社、浙报集团、国家知识产权局、兰州政府智慧城市项目组、公安大数据云搜索项目组等。科韵大数据的客户则包括了广州市政府大数据综合应用管理平台项目组和广州市信息化服务中心大数据分析支持系统项目组等公安、政法及负责网络信息安全的第三方机构。本次交易完成后，上市公司可以对科韵大数据的客户资源进行更为充分的整合，充分发挥协同效应，实现交叉营销和更大范围的客户覆盖。

三、交易方案

（一）主要内容

2013年2月至2015年12月，上市公司分三次使用超募资金及自有资金增资和收购了科韵大数据，目前上市公司持股比例达51%，进一步加强了在结构化数据方面的处理和分析能力，同时也加强了公司核心大数据技术在公安、政法及负责网络信息安全的第三方机构等涉及公共安全的领域的应用，提升了双方的竞争力。

本次收购中，拓尔思拟通过发行股份的方式购买四个自然人持有的科韵大数据35.43%股权，交易作价6 378.26万元。为支付本次交易的中介机构费用以及投入标的资产在建项目建设费用，上市公司拟通过询价方式向不超过五个特定对象非公开发行股份募集配套资金，募集资金总额预计不超过4 800.00万元，其中，1 000.00万元用于支付本次交易中介机构费用，3 800.00万元用于标的资产在建项目建设。

（二）估值定价

科韵大数据的股东全部权益价值在评估基准日所表现的市场价值，采用市场法评估结果20 840.00万元，收益法评估结果

18 020.00 万元，两种评估方法确定的评估结果差异为 2 820.00 万元。市场法评估结果比收益法评估结果高 15.65%。考虑到市场法和收益法两种不同评估方法的优势与限制，分析两种评估方法对本项目评估结果的影响程度，再根据本次特定的经济行为，认为收益法评估结果更有利于报告使用人对评估结论做出合理的判断。因此，本次评估以收益法评估结果作为最终评估结论。经评估，科韵大数据股东全部权益价值为人民币 18 020.00 万元。

（三）对价支付方式

本次交易，上市公司需向交易对方支付股份对价 6 378.26 万元。本次交易发行股份购买资产的发行股份价格为 12.50 元/股，不低于董事会决议公告日（购买资产的股票发行定价基准日）前 60 个交易日公司股票交易均价的 90%。

（四）盈利补偿安排

上市公司已与标的公司的股东签署了盈利预测补偿协议，交易对方承诺 2018 年至 2020 年每年分别完成扣非净利润 1 260.00 万元、1 580.00 万元、1 885.00 万元。

双方约定，如果科韵大数据在承诺年度内累计实现净利润未达到承诺年度内累计承诺净利润数，补偿义务主体应就累计实现净利润未达到累计承诺净利润数的部分对拓尔思进行补偿。补偿原则为：补偿义务主体以其在本次交易中认购的甲方股份数量为限进行补偿，拓尔思有权以总价人民币 1 元的价格回购补偿股份。

四、交易节点

2018 年 8 月 27 日，上市公司召开第四届董事会第七次会议，审议通过了《关于公司发行股份购买资产并募集配套资金符合相关法律法规规定条件的议案》《关于公司发行股份购买资产并募集配套资金方案的议案》《关于〈拓尔思信息技术股份有限公司发行股份购买资产并募集配套资金报告书〉及其摘要的议案》《关于签署附生效条件的交易协议的议案》及其他相关议案，并提交公司股东大会表决。

2018 年 9 月 17 日，上市公司召开 2018 年第一次临时股东大会，审议通过了《关于公司发行股份购买资产并募集配套资金方案的议案》《关于〈拓尔思信息技术股份有限公司发行股份购买资产并募集配套资金报告书〉及其摘要的议案》《关于签署附生效条件的交易协议的议案》等与本次交易相关的议案。

2018 年 10 月 10 日，上市公司召开第四届董事会第十一次会议，审议通过了《关于调整公司资产重组募集配套资金方案的议案》，同意对本次交易方案进行调整。

2018 年 8 月，科韵大数据召开股东会，审议通过了与本次交易相关的议案。

2018 年 10 月 31 日，公司收到中国证监会《关于北京拓尔思信息技术股份有限公司向江南等发行股份购买资产并募集配套资金的批复》（证监许可〔2018〕1729 号），核准发行股份购买资产和非公开发行募集配套资金事宜。

五、并购影响

（一）对上市公司业务的影响

上市公司坚定执行“大数据 + 行业”和“大数据 + 服务”的长期发展战略，主动开拓大数据云服务业务。上市公司沿“大数据 + 人工智能”的战略发展方向挖掘标的，以实现深化产业布局，打通产业链上下游，增加总体技术和市场实力，提升产业掌控力。通过并购标的公司，有利于实现在“大数据 + 人工智能”领域的高科技项目储备和产业布局，通过投资人工智能技术和项目，使公司与国内外领先的人工智能技术保持同步或者领先，发挥公司大数据技术及人工智能产业人才聚集优势，围绕培育产业升级业态，塑造企业竞争优势，提高公司在大数据与人工智能领域的投资水平，为公司战略升级提供项目储备及支持。

（二）对上市公司财务的影响

本次交易中，拓尔思拟以发行股份的方式购买四个自然人持有的科韵大数据 35.43% 股权。本次交易完成后，拓尔思将持有科韵大数据 86.43% 的股权。本次交易前后，上市公司资产构成未发生变化。本次交易前后，上市公司负债情况未发生变化。本次交易完成后，上市公司2017年度和2018年一季度的归属于母公司所有者的净利润由15 813.84万元和186.20万元分别上升至16 176.14万元和223.33万元。

（三）对原股东持股比例的影响

本次交易前后，上市公司的控股股东均为信科互动，实际控制人均为李女士，本次交易未导致上市公司实际控制人发生变更。

六、交易特点

上市公司发行股份购买资产不构成重大资产重组，且满足下列情形之一的，即可适用“小额快速”审核，中国证监会受理后直接交并购重组委审议：（1）最近12个月内累计交易金额不超过5亿元；（2）最近12个月内累计发行的股份不超过本次交易前上市公司总股本的5%且最近12个月内累计交易金额不超过10亿元。

有下列情形之一的，不适用“小额快速”审核：（1）募集配套资金用于支付本次交易现金对价的，或募集配套资金金额超过5 000万元的；（2）按照“分道制”分类结果属于审慎审核类别的。

拓尔思发行股份购买资产作为首单并购重组“小额快速”案例无条件过会，从受理到无条件过会全程仅不到15个工作日，耗时大大缩短。

七、案例亮点

“小额快速”审核充分体现了中国证监会对优质上市公司收购小规模优质标的的高速审核和效率提升，也反映出监管机构对实体经济的大力支持。未来，中介机构应当积极响应监管政策，为优质客户服务，帮助企业更快更好地推进并购重组项目。同时，作为中介机构，在重组审核效率提高的背景下，应当始终牢牢把握审核要点，兼顾效率与效果，积极发挥好资本市场“看门人”的作用。

第三章
多元化战略案例

多元化战略，也称跨界并购，主要是生产技术和工艺上没有直接关联关系，产品也不完全相同的企业之间发生的并购，通常收购方与被收购方分属不同行业或产业链。这样的并购以拓展业务领域、寻求新的利润增长点或规避经营风险为目的。从跨界并购的动机来说，一些上市公司在原有主业发展到一定阶段时，面临进入“瓶颈期”问题，往往就产生通过多元化战略来分散经营风险、促进业务转型的需求。2015 年至 2016 年，国内上市公司跨界并购达到一个高峰，跨界并购“双刃剑”的作用也彰显出来。一些公司通过并购实施多元化发展战略，在原有业务基础上形成新的增长点和竞争优势，但也有部分公司偏离了主业，盲目追逐热点，实施跨界并购。近两年，并购后遗症逐渐显现，重组后内部整合效果低于预期，财务负担过大，高溢价带来一定商誉减值风险。2018 年以来，上市公司多元化并购趋于理性，案例数量和规模持续下降。

从政策导向看，监管机构对跨界并购的监管较为严格，目的是遏制借跨界并购为名，进行“忽悠式”重组或“炒概念”“蹭热点”“讲故事”等市场乱象，鼓励上市公司聚焦主业，深耕主业。2019 年《科创板上市公司重大资产重组审核规则》也体现了这一精神，该规则要求凡是科创板上市公司实施重大资产重组或者发行股份购买资产的，标的资产应当符合科创板定位，所属行业应当与科创公司处于同行业或者产业链上下游，且与科创公司主营业务具有协同效应。同时，近年来，IPO 审核提速和试点注册制改革，使质地较好的标的资产有了更通畅的证券化通道，在上市路径上有了更多选择，客观上减少了通过跨界并购实现上市的需求。

本章选取 6 个跨界并购案例，分析这些案例可以看出，跨界并购并不是凭空另起炉灶或者盲目更换赛道，上市公司与并购标的虽然不属于产业链上下游或同一细分行业，但大都属于某一产业大类，在客户、经营模式上存在一定关联或重叠，收购后能够共享渠道、技术或者项目经验，产生一定协同效应，帮助上市公司在所属行业布局更长远发展。例如，西王食品（000639）收购北美食品巨头 Kerr，收购方与标的公司均属于健康食品行业。西王食品联合财务投资者春华资本设立并购基金实现杠杆收购，并同步推进非公开发行置换过桥贷款，成功收购盈利规模远大于自身的 Kerr，拓展上市公司在健康食品领域的业务体系，为后续发展引入了源头活水。

案例36：哈工智能（000584）收购天津福臻[①]

一、案例简述

江苏友利投资控股股份有限公司（以下简称“友利控股”“上市公司”“公司”）（现已更名江苏哈工智能机器人股份有限公司）原主业为销售新型纺织及包装材料、自有房屋租赁、宾馆旅游项目投资等，公司于2017年1月完成实际控制人变更，并启动对汽车制造自动化装备领域的龙头企业天津福臻工业装备股份有限公司的全资收购，开始了由传统产业向智能制造和人工智能领域的转型。

本次交易方案为友利控股以现金9亿元购买天津福臻100%的股权。本次交易完成后，友利控股持有天津福臻100%的股权，天津福臻成为友利控股的全资子公司。

二、交易背景

（一）购买方发展目标

上市公司总体发展战略是，在做好现有业务的同时，通过投资并购发展汽车焊接自动化业务；在控制风险的前提下，稳步推进现有房地产的销售；坚持规范治理、强化内控，狠抓经营、开拓市场，增强公司核心竞争力。

在《中国制造2025》和“十三五”产业规划的政策支持下，公

① 本案例由中信建投证券提供，撰写人：顾京洪。

司将抓住智能制造装备行业的发展契机，以企业发展为目标、以市场为导向、以人才技术为核心、保质量、重口碑，以汽车自动化焊接智能装备为切入点，通过自主研发、收购等方式往汽车工业智能装备上下游延伸，尤其是针对新能源汽车核心部件的智能制造装备。

（二）标的资产情况

天津福臻是国内较早专业从事汽车车身智能化柔性生产线的设计、研发、生产和销售的综合解决方案供应商之一，是国内为数不多的能够提供全方位、智能化和定制化柔性生产线综合解决方案的企业，是国内汽车车身智能化柔性焊装生产线细分领域的领先企业。凭借与重庆长安汽车股份有限公司等国内知名汽车厂商的多年合作经验，天津福臻在智能焊装生产线方案设计、技术研发、模拟仿真、工艺创新等关键环节形成了深厚的行业经验积累和技术沉淀，能够为客户提供成线化、模块化和柔性化的符合特定需求的个性化定制生产线。

天津福臻研发的汽车车身智能化柔性生产线有助于提高汽车焊接生产线的通用性，使多平台多品种车型能共线生产，节省了设备占地面积，从而降低了汽车厂商换型生产的投资成本。同时，天津福臻的产品具备较强的针对性，符合客户特定自动化生产的构想与需求，有助于客户提升生产效率，提高精确度，降低误差和降低劳动成本。

经过多年发展，天津福臻成功研发并实施了一批高端车身装备制造技术，主要包括智能柔性总拼、高速传输和柔性切换系统、夹具高速柔性切换技术、激光技术、包边技术、冲铆技术等，处于国内领先地位。

三、交易方案

（一）主要内容

本次交易方案为友利控股以现金 90 000.00 万元购买天津福臻 100% 的股权。本次交易完成后，公司将持有天津福臻 100% 的股权，天津福臻将成为公司的全资子公司。

（二）估值定价

1. 交易标的的估值及估值基础

本次评估中，分别采用资产基础法与收益法对标的进行了评估。

采用资产基础法对交易标的进行评估，截至评估基准日 2016 年 9 月 30 日，天津福臻总资产账面价值为 55 556.28 万元，评估价值为 60 797.25 万元，增值额为 5 240.97 万元，增值率为 9.43%；总负债账面价值为 27 454.76 万元，评估价值为 27 454.76 万元，无增减变化；股东全部权益账面价值为 28 101.52 万元（账面值已经天衡会计师审计），评估价值为 33 342.49 万元，增值额为 5 240.79 万元，增值率为 18.65%。

采用收益法对交易标的进行评估，截至评估基准日 2016 年 9 月 30 日，天津福臻总资产账面价值为 55 556.28 万元，负债账面价值为 27 454.76 万元，股东全部权益账面价值为 28 101.52 万元（账面价值已经天衡会计师事务所审计），股东全部权益评估值为 88 019.00 万元，增值 59 917.48 万元，增值率 213.22%。

本次评估结论采用收益法评估结果，即天津福臻的股东全部权益价值评估结果为 88 019.00 万元。

2. 对价支付方式

本次交易中，上市公司以现金方式向交易对方支付本次交易对价的全部金额，交易各方同意按照下述支付方式分期支付。

（1）诚意金：上市公司应在资产购买协议签订后的 10 个工作日向交易对方支付本次交易价款的 5%（即人民币 45 000 000.00 元）作为诚意金。在资产购买协议生效条件满足的情况下，前述诚意金应自动转为上市公司已支付的交易对价的一部分。若资产购买协议在交割日前发生终止情形，则交易对方应在终止之日起 5 日内向上市公司返还全部诚意金。

（2）第一期交易对价：在下述交割条件全部满足的情况下，上市公司应在交割日后的 20 个工作日内（或双方另行协商的日期）向交易对方支付本次交易对价的 55%（即人民币 495 000 000.00 元）。交割条件为：①标的公司 100% 的股权变更登记到上市公司名下的工商变更登记手续已完成；②标的公司及其下属公司的董事会成员变更、章程变更的工商登记手续已完成。

(3) 第二期交易对价：在上市公司聘请的具有从事证券业务资格的会计师事务所出具关于标的公司 2017 年度的专项合并财务审计报告后的 20 个工作日内，上市公司应向交易对方支付本次交易对价的 30%（即人民币 270 000 000.00 元）。

(4) 第三期交易对价：在上市公司聘请的具有从事证券业务资格的会计师事务所出具关于标的公司 2019 年度的专项合并财务审计报告、减值报告正式出具后（以孰晚者为准）的 20 个工作日内，上市公司应向交易对方支付本次交易对价的 10%（即人民币90 000 000.00 元）。

(5) 若标的公司未能完成业绩补偿协议约定的盈利承诺，则上市公司有权直接从当期应付业绩补偿协议项下业绩补偿方的本次交易对价中扣除业绩补偿方按照业绩补偿协议约定应向上市公司支付的补偿金额。

（三）盈利补偿安排

1. 承诺净利润

交易对方承诺，标的公司在 2016 年至 2019 年的每一年内实现的净利润应分别不低于 4 323.21 万元、6 051.55 万元、7 134.96 万元、8 178.77 万元。

2. 补偿金额的确定

(1) 如果在业绩承诺期内的任何一个年度，标的公司实现净利润低于约定的相应年度的承诺净利润，则业绩补偿方应以现金方式向上市公司进行补偿。补偿金的计算公式如下：

当年应补偿的现金金额 =（截至当年期末的承诺净利润总额 - 截至当年期末的实现净利润总额）÷业绩承诺期内各年度的承诺净利润总和 × 交易总对价 - 已补偿金额

(2) 标的公司减值测试与另行补偿。业绩承诺期届满后，上市公司将聘请具有证券从业资格的会计师事务所对标的资产进行资产减值测试，并在上市公司披露其当年的年度报告后的 30 个工作日内出具专项审核意见，即：使用与本次交易资产评估相同的方法，对标的公司股权进行评估，确认相对本次交易标的资产的评估值是否存在减值损失。若标的资产期末减值额大于已补偿现金金额（如有），则业绩补偿方应给予上市公司另行补偿。标的资产期末减值额为交易总对价减去期末标的资产的评估值并扣除业绩承诺期内标的资产增资、减资、接受赠予以及利润分配的影响。

根据减值测试而产生的另行补偿应按以下公式计算确定：

另行补偿的现金金额 = 标的资产期末减值额 − 已补偿现金数额

另行补偿的现金金额小于 0 时，按 0 取值。

3. 超额业绩奖励

如果 2016 年度、2017 年度、2018 年度、2019 年度实现净利润总额超出承诺净利润总额，则上市公司承诺将超出部分的 60% 作为奖励（但累计奖励金额以交易总对价的 20% 为限）支付给截至 2019 年 12 月 31 日仍在标的公司任职的管理层人员。管理层人员应自行承担超额业绩奖励所产生的相关税费。可享有该奖励的管理层人员具体名单由标的公司董事会审议批准。

四、交易节点

2017 年 3 月 2 日，上市公司召开第十届董事会第三次会议，审议通过了《关于同意公司收购天津福臻 100% 股权暨重大资产购买的议案》等本次交易相关议案。同日，上市公司与交易对方签订了资产购买协议、业绩补偿协议。

2017 年 4 月 20 日，上市公司召开 2016 年度股东大会，审议通过了《关于同意公司收购天津福臻 100% 股权暨重大资产购买的议案》等本次交易相关议案。

2017 年 5 月 11 日，天津福臻 100% 股权过户至友利控股的备案手续办理完成。天津福臻已完成本次交易的工商变更手续，上市公司已持有天津福臻 100% 股权。

五、并购影响

（一）对上市公司业务的影响

近年来，随着产能无序扩张现象突出，同行竞争日趋激烈，国内氨纶行业周期性波动明显。2016 年以来，国内经济增速放缓，制造业经济大环境整体仍旧低迷。氨纶行业受国内宏观经济环境影响，下游需求持续低迷，氨纶市场供过于求，氨纶企业库存压力突出，氨纶价格持续下跌。短期内，氨纶新增货源入市数量将继续增加，供应端处于较高水平，氨纶市场基本面将继续恶化。

注入汽车车身焊装生产线优质资产，实现多元化战略布局，是实现公司长期战略目标的重要举措。汽车制造业是工业机器人应用最为广泛的行业之一，《关于开展 2015 年智能制造试点示范专项行动实施方案》特别强调指出，“在数字化车间方面，汽车领域可以组织开展数字化车间试点示范项目建设，推进装备智能化升级、工艺流程改造、基础数据共享等试点应用。”通过本次并购，上市公司将战略性进入智能装备制造行业，实现多元化战略布局，可以充分利用公司实际控制人在智能装备制造领域积累的资源，以天津福臻为业务平台拓展新的业务领域，进一步加强公司的核心竞争力。本次并购表明公司向智能装备制造业全面转型的坚定决心。未来，公司将以天津福臻为业务平台不断进行战略拓展，紧紧抓住《中国制造2025》的重大历史性机遇，进入更多的智能制造细分领域。

（二）对原股东持股比例的影响

本次交易不涉及发行股份，不影响上市公司的股本总额及股权结构。

六、交易特点

（一）交易难点

1. 需要协调交易对方的不同交易需求

本次重大资产购买中，天津福臻成立时间较早，各股东有不同的利益诉求。经交易各方友好协商，确定了差异化的退出方案：天津福臻实际控制人之一李某、员工持股平台奥特博格资产管理、福臻资产承诺，在其收到上市公司本次交易向其支付的第一期交易对价之日起 24 个月内，将其收到的交易对价税后剩余金额的一定比例用于增持上市公司的股票，且自其分别增持上市公司股票之日起至各自完成所承诺的全部股票增持之日后的36个月内，其不减持通过前述方式所获得的上市公司的股票，且同意将其通过前述方式所获得的上市公司股票质押给上市公司的控股股东，用于担保业绩补偿方在业绩补偿协议项下的补偿义务。担保期限至业绩补偿方前述补偿义务履行完毕之日。天津福臻其他股东则无须进行增持上市公司股票，以现金方式实现退出。

2. 天津福臻为拟IPO企业，IPO周期长，不确定性高

天津福臻为拟IPO企业并于2016年9月变更为股份有限公司，由于市场环境变化以及自身业务发展需要，且独立IPO周期长，不确定性高，经天津福臻管理层及董事会慎重考虑，最终决定通过与上市公司并购重组的方式实现登陆资本市场的目的。

（二）交易亮点

1. 天津福臻的交易对价高于评估值

根据天健兴业出具的《评估报告》（天兴评报字〔2017〕第0070号），截至评估基准日2016年9月30日，天津福臻总资产账面价值为55 556.28万元，负债账面价值为27 454.76万元，股东全部权益账面价值为28 101.52万元（账面值已经天衡会计师事务所审计），股东全部权益评估值为88 019.00万元。本次交易标的资产的交易价格参考天健兴业出具的评估结果，经交易各方友好协商，确定天津福臻100%股权交易对价为90 000.00万元。本次交易定价与评估结果之间不存在显著差异。

本次交易存在溢价收购，主要是由于收益法评估结果无法完全反映天津福臻对于上市公司的价值，以及天津福臻是上市公司未来发展规划及战略的重要步骤和关键环节，交易价格比评估值溢价2.25%是交易各方以评估值为基础，为促成本次交易进行市场化谈判的结果。本次交易价格充分考虑了天津福臻对上市公司智能制造业务拓展的战略意义，具备商业合理性。

2. 上市公司承诺交易完成后12个月并无变更主营业务的计划

在完成收购天津福臻100.00%股权的交易股权交割日之后的12个月内，上市公司承诺并无将氨纶业务相关的主要资产进行剥离的计划。

3. 上市公司实际控制人做出关于延长锁定期的承诺

鉴于乔徽、艾迪及无锡哲方哈工智能机器人投资企业（有限合伙）（以下简称“无锡哲方”）、无锡联创人工智能投资企业（有限合伙）（以下简称“无锡联创”）于2017年1月5日分别出具了关于不减持友利控股股份的《股份锁定承诺函》。乔徽及艾迪作为友利控股的实际控制人，进一步承诺如下：

在《股份锁定承诺函》承诺的36个月锁定期及此后的24个月内，乔徽保证不丧失对无锡哲方的控制权，艾迪保证不丧失对无锡联创的控制权。

在《股份锁定承诺函》承诺的36个月锁定期届满后的24个月内，乔徽及艾迪应保证其所控制的马鞍山哲方智能机器人投资管理有限公司、宁波联创灏瀚投资管理有限公司、北京来自星的创业投资管理有限公司不会按照无锡哲方、无锡联创的合伙协议中关于变现合伙份额的约定，要求无锡哲方或无锡联创出售其合伙份额所对应的友利控股的股份。

七、案例亮点

天津福臻成立时间较早，各股东有不同的利益诉求。经项目组沟通协调、交易各方友好协商，确定了差异化的退出方案，还约定了员工持股平台将部分交易对价增持上市公司股份，达到稳定管理层及员工的目的。同时，由于本次交易为现金交易，针对项目不同的阶段，确定了分期支付的方式，满足了上市公司及交易各方的诉求。

案例 37：西王食品（000639）收购北美食品巨头 Kerr[①]

一、案例简述

西王食品股份有限公司（以下简称“西王食品”“上市公司”“公司”）是目前国内最大的玉米胚芽油生产基地，主要生产销售西王牌系列健康食用油，被中国食品工业协会冠名“中国玉米油城”。同时，公司开发了葵花籽油、玉米橄榄油、菜籽油、亚麻籽油、花生油等健康油种。随着我国居民“追求健康、消费升级”意识的觉醒，含有高“非饱和脂肪酸”的玉米油等健康油种越来越受到消费者青睐，成为食用油产业多年保持高速增长的领域。

2016 年 6 月 13 日，西王食品与 The Toronto Oak Trust（以下简称“Oak Trust”）、Kerr Investment Holding Corp.（以下简称“Kerr”“标的公司”）签署股权购买协议。根据股权购买协议，西王食品与春华景禧（天津）投资中心（有限合伙）（以下简称“春华资本”）合资设立境外 SPV，先行收购 Kerr 80% 股权，并在未来 3 年逐步收购 Kerr 剩余的 20% 股权。首期股权交易完成后，西王食品通过合资公司持有 Kerr 60% 股权。

二、交易背景

在本次收购前，深圳证券交易所上市公司西王食品是国内领先

① 本案例由华泰联合证券提供，撰写人：李威、钟恒森。

的玉米油品牌企业，其主要产品为小包装玉米油、散装玉米油和玉米油加工的副产品胚芽粕。

Kerr Investment Holding 是加拿大安大略省的一家专注于运动营养产品和体重管理产品的非上市公司，主营业务为体重管理产品（Weight Management）和运动营养产品（Sports Nutrition）的研发和销售，拥有 Hydroxycut 等 4 个主要体重管理产品品牌和 MuscleTech 等 7 个主要运动营养产品品牌。Kerr 在保健食品行业处于市场领先地位，产品销往 130 多个国家，在北美市场具有较高的知名度。

西王食品确立了品牌建设“三步走”的长期发展战略：第一步是成为中国玉米油第一品牌；第二步是打造中国高端食用油第一品牌；第三步是塑造中国健康食品第一品牌。在本次收购前，西王食品已经建立起面向全国的营销渠道，玉米油领导地位已经初步确立，为了更高效利用现有渠道，增加利润增长点，西王食品同期也在积极寻求新品类的拓展。本次交易为西王食品实现“塑造中国健康食品第一品牌”发展战略的重要举措，通过外延增长拓展市场，为最终实现“三步走”战略目标奠定了坚实基础。

三、交易方案

（一）主要内容

2016 年 6 月 13 日，西王食品与 Oak Trust、标的公司 Kerr 签署了股权购买协议。根据股权购买协议，西王食品与春华资本合资设立境外 SPV，先行收购 Kerr 80% 股权，并在未来 3 年逐步收购 Kerr 剩余的 20% 股权。首期股权交易完成后，西王食品通过合资公司持有 Kerr 60% 股权。

西王食品支付现金收购 Oak Trust 和 2158068 Ontario Inc. 合计持有的 Kerr 100% 的股权，包括：

1. 标的公司首期 80% 股权收购

西王食品联合春华资本共同收购交易对方 Oak Trust 与 2158068 Ontario Inc. 合计持有的 Kerr 80% 的股权。

西王食品与春华资本共同设立境内合资公司西王食品（青岛）

有限公司（以下简称“西王青岛”），其中西王食品持股75%，春华资本持股25%。西王青岛在加拿大设立全资子公司 Xiwang Iovate Holdings Company Limited（加拿大 SPV 1），后者设立全资子公司 Xiwang Iovate Health Science International Inc.（加拿大 SPV 2）。由加拿大 SPV 2 收购标的公司 Kerr 80%的股权。标的公司首期 80%股权收购完成后，西王食品通过境内外子公司合计持有 Kerr 60%的股权，春华资本间接持有 Kerr 20%的股权。

根据交易双方协议约定，本次交易标的公司 100%股权的基础交易价格为 7.30 亿美元（折合人民币约为 487 537.80 万元①），本次交易中标的公司首期 80%股权收购价格相当于该价格的 80%，即 5.84 亿美元，折合人民币约 390 030.24 万元。

2. 标的公司剩余 20%股权后续收购安排

股权购买协议同时约定了公司将在标的公司首期 80%股权完成后三年内分期向卖方收购 Kerr 剩余的 20%股权，交易价格为“10×EBITDA×当期收购的股权比例”。截至 2019 年 6 月 30 日，西王食品已完成标的公司第二期 5%股权的收购，西王食品直接及/或间接合计持有 Kerr 65%的股权，春华资本间接持有 Kerr 20%的股权。

（二）估值定价

1. 交易标的的估值及估值基础

以合并报表口径，Kerr 在估值基准日 2016 年 5 月 31 日的股东全部权益价值估值为 7.8501 亿美元，据中国外汇交易中心 2016 年 5 月 31 日公布的人民币汇率中间价 6.5790 美元/人民币将其折算为人民币 516 458.08 万元。

本次交易中，资产评估机构采用收益法和市场法对 Kerr 及下属各子公司的全部权益价值进行估值，并最终采用了收益法估值结论。

收益法估值结果：在估值基准日 2016 年 5 月 31 日，Kerr 股东全部权益的估值价值为 7.8501 亿美元，据中国外汇交易中心 2016 年 5 月 31 日公布的人民币汇率中间价 6.5790 美元/人民币将其折算

① 汇率参照中国人民银行授权中国外汇交易中心公布的 2016 年 9 月 19 日（即西王食品第十一届董事会第三十二次会议召开日）人民币汇率中间价（汇率为 1 美元兑人民币 6.6786 元）计算。

为人民币 516 458.08 万元，较标的公司合并财务报告股东权益账面值 48 275.27 万元，增值 468 182.81 万元，增值率 969.82%。

市场法估值结果：在估值基准日 2016 年 5 月 31 日，Kerr 股东全部权益价值市场法估值为 7.9273 亿美元，据中国外汇交易中心 2016 年 5 月 31 日公布的人民币汇率中间价 6.5790 美元/人民币将其折算为人民币 521 537.07 万元，较标的公司合并财务报告股东权益账面值 48 275.27 万元，增值 473 261.80 万元，增值率为 980.34%。

2. 对价支付方式

本次交易首期 80% 股权初始交易对价为基准交易对价（7.3 亿美元）的 80%，即 5.84 亿美元，以上对价均为现金支付。

3. 盈利补偿安排

本次交易不适用盈利补偿安排。

四、交易节点

2016 年 5 月 27 日，西王食品因筹划重大资产购买停牌。

2016 年 6 月 12 日，西王食品与交易对方 Oak Trust 签署股权购买协议。

2016 年 9 月 19 日，西王食品董事会审议通过本次交易及非公开发行的相关议案。

2016 年 10 月 17 日，西王食品召开临时股东大会审议通过本次交易及非公开发行的相关议案。

2016 年 10 月 31 日，交易各方签署《交割备忘录》，随后 Kerr 80% 股权均已登记在加拿大 SPV 2 名下。

2017 年 6 月 27 日，中国证监会发行审核委员会审核通过了西王食品非公开发行股票的申请。

2017 年 9 月 21 日，西王食品收到了中国证监会出具的《关于核准西王食品股份有限公司非公开发行股票的批复》。

2019 年 3 月 22 日，西王食品公告完成剩余 Kerr 5% 股份的交割，本期交割完成后，西王食品通过 Xiwang Iovate Health Science International Inc. 合计持有 Kerr 85% 的股份。

五、并购影响

（一）对上市公司业务的影响

1. 本次交易有利于西王食品获取运动营养及体重管理健康食品优质资产，增加西王食品整体实力

西王食品发展战略清晰，确立了品牌建设“三步走”的长期发展战略。通过本次收购，一方面，西王食品增加了运动营养与体重管理健康食品业务，进一步完善在健康食品领域的布局；同时 Kerr 拥有的国际化品牌、技术和经验，有助于公司现有业务的国际化进程。另一方面，西王食品可利用其国内销售网络及团队，加快标的公司业务在中国市场的推广，提升其收入及盈利水平。

标的公司为一家北美地区领先的运动营养与体重管理健康食品经营商，具备良好的品牌形象与市场知名度。本次交易有利于公司借助国内运动营养与体重管理健康食品行业快速发展的契机，扩展消费群体和产品知名度，进一步提高市场占有率和盈利能力。

2. 本次交易能够拓展西王食品的健康食品产业布局

通过本次收购，西王食品能够获得全球知名的运动营养及体重管理健康食品研发及销售企业，将提高西王食品在健康食品相关产品方面在全球的研发和销售能力。此次收购能够进一步拓展公司在健康食品领域的业务体系，构建多元化健康食品产业的竞争优势。

通过本次交易，公司可进一步深入了解境外健康食品行业的市场、经营、法律环境，丰富海外并购和跨国企业管理经验。借助成熟市场健康食品行业经营经验，为西王食品的发展打开新的增长源泉。

交易双方通过进一步整合，将 Kerr 旗下产品推广至中国境内，新的增长点促使主营业务收入规模和净利润水平相应提升，有助于公司进一步提升盈利能力。

3. 本次交易有利于西王食品增强盈利能力

通过本次交易，公司成功进入运动营养与体重管理健康食品市场，运动营养与体重管理健康食品业务已成为公司新的利润增长点。

标的公司具有良好的盈利能力，本次收购可增强公司的盈利能力，并增加公司资产规模。

同时，国内运动营养与体重管理健康食品市场规模可期，通过本次交易，公司与标的公司原业务体系进行了融合，利用西王食品国内销售网络及团队，加快标的公司业务在中国市场的推广，提升其收入及盈利水平。

标的公司经营业绩具有良好的可预见性，进而推高西王食品业绩，给股东带来更好的回报，为最终实现公司“三步走”战略目标奠定坚实基础。

（二）对西王食品财务的影响

1. 交易前后收入规模、利润水平及其变化分析

2016 年 10 月，本次交易首期 80% 股权完成转让后，除 2016 年度归属于母公司所有者的净利润因并购当年财务费用、管理费用显著增长而下降外，西王食品的各项业绩指标均有所提高，主要系标的公司营业收入的增长及较好的盈利能力提高了西王食品的业绩指标。2017 年营业收入、归属于母公司所有者的净利润分别为 56.18 亿元、3.43 亿元，同比分别增长 66.46%、154.63%。

2. 对原股东持股比例的影响

西王食品以现金支付交易对价，原股东持股比例未发生变动。

六、交易特点

（一）交易难点

1. 跨境并购中对交易对方和收购标的未来业绩的管理及激励

基于跨境收购的惯例，一般涉及境外标的的交易不会设计业绩对赌的安排。考虑到本次交易的交易对方 Oak Trust Kerr 及 2158068 Ontario Inc. 的实际控制人、标的公司的创始人 Paul Gardiner 在 Kerr 核心管理层任职，拥有丰富的行业经验，对标的公司的经营有重大影响。为了保证标的公司交易前后管理层的稳定，并激励 Paul Gardiner 及其管理层更好地完成业绩，本次交易采用 Earn – out 方案预留 Kerr 20% 股份分三年交割，其交易作价与 Kerr 后续三年的经营业

绩（EBITDA）挂钩。此外，采用分期支付的方式，也从另一个层面缓解了西王食品的资金压力。

本次交易中，交易对方未做出业绩承诺，一方面是标的公司的历史业绩不错，并体现了不错的现金流水平；另一方面是后续的收购计划采取了 Earn - out 收购法，即使没有业绩承诺，也可激励交易对手改善经营。

2. 估值基准日至资产交割日标的公司损益的安排和约定

（1）本次交易收购方式实为无现金无负债（Debt Free Cash Free）收购，体现了买卖双方对标的公司过渡期间损益归属的约定。根据交易双方在“股权购买协议”及“补充协议（二）”中的约定，本次交易标的公司 100% 股权的基础交易价格为 7.30 亿美元（折合人民币约为 487 537.80 万元），本次交易中标的公司首期 80% 股权收购价格相当于该价格的 80%，即 5.84 亿美元，并依据“股权购买协议”约定的交易对价调整机制进行调整。

本次交易的调整事项包括现金余额、负债余额及其他营运资本的调整金额，收购方式实为无现金无负债（Debt Free Cash Free）收购，体现了买卖双方对标的公司过渡期间损益归属的约定。无现金无负债收购是一种较为常见的收购方式。在该种收购方式下，交易买卖双方在谈判过程中需就标的公司资产负债表中现金资产及负债项目逐一确认，以达成对标的公司的无现金无负债估值。无现金无负债收购方式除去了交割时标的公司现金和负债对其企业价值的影响，能够较为准确地反映标的公司的企业价值。

根据交易各方于 2016 年 6 月 12 日（多伦多时间）签署的“股权购买协议”，本次交易对价的具体调整方式如下：

本次交易首期 80% 股权收购于交割日，向交易对方支付的对价（即交割日交易对价）应为基准交易对价（73 000 万美元）的 80%，即为 58 400 万美元：

①如果流动资金少于目标流动资金，减去相关差额；

②减去任何卖方支出金额（但由卖方支付或承担的卖方支出除外）；

③减去结算函中列出的公司债务金额（如有）；

④减去相关税金金额（如有）；

⑤如果流动资金高于目标流动资金，加上相关差额；

⑥加上相当于净现金的金额（支付上述结算函中列出的公司债务后调整计算得出）。

上述约定将保证西王食品所收购的标的资产在估值基准日至资产交割日期间的良好运营。如果到交割日，标的公司债务无法得到清偿，有相关尚需支付的税务或者流动资金少于目标值，对价将相应予以调减，西王食品利益得到保证。相反，如果流动资金高于目标值，或者净现金大于零，西王食品将增加相应的对价金额。但增加的金额可视为获得了标的公司等同的价值，因此对西王食品也不存在利益的损害。

（2）过渡期间损益归属的具体情况。参照国际惯例，经交易各方充分协商，本次交易中并购双方并未在股权购买协议中明确规定“过渡期损益归属”。

由于交割时买方需向卖方支付标的公司的现金余额、负债余额等差额，故本次交易过渡期间的收益由卖方享有。

（3）交易对价调整方式原因及合理性。在国际并购惯常的市场化安排中，由于买卖双方信息不对称可能性较高的特殊性，交易双方通常通过并购方式（交割日无现金无负债）、交易对价调整机制等条款，对西王食品过渡期间利益进行约定和充分保护。

本次交易中对价调整的方式，是类似跨境并购案例中常见的安排。例如，洛阳钼业（603993）收购 AAFB 等公司股权与资产、青岛海尔（600690）收购通用电气家电业务相关资产、海普瑞（002399）收购 Cytovance Biologics, Inc. 、紫光股份（000938）收购香港华三、华昌达（300278）收购 Dearborn Mid - West（DMW）等一系列近期 A 股上市公司跨境并购交易案例，均没有披露通常意义上的过渡期间损益安排，其原因正是因为交易中设置了上述综合且全面的价格调整机制。

公司为收购 Kerr 公司股权支付的交易对价所涉及的调整事项及调整程序是遵守本次交易收购协议相关规定的体现，符合国际并购的商业惯例。

3. 上市公司借力 PE 实现跨境并购

根据股权购买协议，本次交易标的公司 100% 股权的基础交易价格为 7.30 亿美元，本次交易中标的公司首期 80% 股权收购价格相当于该价格的 80%，即 5.84 亿美元，交易金额较大。同时，本次交易为西王食品首次跨境收购，Kerr 公司经营范围与西王食品存在一定差异。为减小本次交易中的融资压力与财务风险，并有效控制跨境交易风险与交易完成后的整合风险，西王食品与春华资本合资设立西王青岛收购 Kerr，旨在充分利用春华资本在资金实力、交易能力及专业判断等方面的所长，保证本次交易的顺利完成。

春华资本作为知名的投资机构，具备较强的资金实力与投后管理能力及较丰富的跨境收购经验，为西王食品的本次交易提供了良好的补充，有助于西王食品有效降低本次交易的财务风险、交易风险与整合风险。

（二）交易亮点

1. "上市公司 + PE" 共同设立合资公司进行收购

西王食品同春华资本联合设立境内合资公司西王青岛，并拟通过西王青岛的子公司加拿大 SPV 1 及孙公司加拿大 SPV 2 收购标的公司 Kerr 首期 80% 的股份。

西王食品持有西王青岛 75% 的股权，春华景禧持有西王青岛 25% 的股权。西王食品首期能通过西王青岛间接持有 Kerr 60% 股权，实现并表。

通过 "上市公司 + PE" 的交易结构，西王食品可以在一定程度上缓解自身出资的压力。同时，西王食品可以借助春华资本在相关行业及跨境并购等方面的专业经验，保障交易的执行效率和成功概率。

2. 多层次多种类的融资安排实现大规模收购

本次交易首期 80% 股权初始交易对价为基准交易对价（7.3 亿美元）的 80%，即 5.84 亿美元，本次收购的交易价款筹集渠道包括：

（1）西王食品及春华资本向西王青岛出资 225 700 万元人民币，其中西王食品出资 169 275 万元人民币；西王青岛以上述资金向加拿大 SPV 1 与 SPV 2 依次注入 32 867 万美元。

（2）加拿大 SPV 2 取得招商银行股份有限公司离岸金融中心贷款 24 967 万美元（交割后通过加拿大 SPV 2 及其孙公司在境外借款置换偿还）。

上述筹资合计为 57 834 万美元，均已于 2016 年 10 月完成出境。本次收购的交易价款主要通过以下渠道筹集与出境：

西王食品及春华资本对西王青岛出资 225 700 万元人民币，并由西王青岛向 SPV 1 与 SPV 2 注入 32 867 万美元。西王青岛以 169 610 万元人民币存款等提供担保，加拿大 SPV 2 取得招商银行股份有限公司离岸金融中心贷款 24 967 万美元，交割后通过加拿大 SPV 2 及其孙公司在境外借款置换偿还。

本次交易的资金来源可分为以下四类：

一是公司自有资金 6.8775 亿元；

二是春华资本出资 5.6425 亿元；

三是债权融资，包括公司向信善投资借入用于向西王青岛的出资 10.05 亿元（贷款一）；借款方为西王青岛，贷款方为信善投资（贷款二）的 16.75 亿元；

四是非公开发行拟募集资金 16.70 亿元，用于置换前期先行投入的自有资金和并购贷款（贷款一）。

本次交易中，西王食品自有资金出资 6.8775 亿元，在不同层级子公司选择了多元的融资方式，既有境内合资公司的股权融资锁定春华资本共担风险、分享收益，又有多层的债权融资放大杠杆，成功收购盈利规模远大于自身的 Kerr，灵活安排不同的融资形式以达到节约资金成本、提高资金使用效率的目的。

3. 灵活的资金出境安排保证交易顺利完成

本次交易的资金出境分为两条途径：

一是西王食品及春华资本对西王青岛出资 225 700 万元人民币，并由换汇出境的方式经西王青岛向 SPV 1 与 SPV 2 注入 32 867 万美元；

二是西王青岛获得信善投资借款 16.75 亿元，经由内存外贷的形式，由招商银行离岸金融中心向加拿大 SPV 2 贷款发放贷款

24 967 万美元。

在不确定的海外投资及外汇政策的大环境下，西王食品充分研判当时的政策环境和各类资金出境方式，最终选择“换汇 + 内存外贷”的形式实现跨境并购，后续境内的贷款由非公开发行偿还，境外贷款主要由标的公司经营现金注入偿还，充分利用了各类融资工具和出境方式的优势，最大限度地降低了后期融资成本对公司经营业绩的影响。

七、案例亮点

（一）并购优质海外标的，助力西王食品“塑造中国健康食品第一品牌”

本次交易前，西王食品聚焦于食用玉米油品牌产品。我国消费量最大的油种分别为豆油、菜籽油、棕榈油等，玉米油市场占有率不到10%，为小油种。豆油、棕榈油、菜籽油、花生油等油种已由益海嘉里、中粮集团、鲁花等大型食用油生产企业耕耘多年，竞争较为激烈。在激烈的行业竞争格局下，西王食品选择收购加拿大保健品巨头 Kerr 为公司实现“塑造中国健康食品第一品牌”发展战略的重要举措。一方面，西王食品可扩展运动营养与体重管理健康食品业务，进一步完善在健康食品领域的布局，同时 Kerr 拥有的国际化品牌、技术和经验有助于公司现有业务的国际化进程；另一方面，标的公司为一家北美地区领先的运动营养与体重管理健康食品经营商，具备良好的品牌形象与市场知名度，西王食品可利用其国内销售网络及团队，加快标的公司业务在中国市场的推广，提升其收入及盈利水平。

（二）多元化的资本市场工具、创新的交易方案保证西王食品精准锁定交易，达成商业目的

在交易结构上，西王食品同春华资本联合设立境内合资公司西王青岛，并通过西王青岛的子公司加拿大 SPV 1 及孙公司加拿大 SPV 2 收购标的公司 Kerr 首期 80% 的股份。西王食品持有西王青岛 75% 股权，春华景禧持有西王青岛 25% 股权。西王食品首期能通过

西王青岛间接持有 Kerr 60% 股权，实现并表。通过“上市公司 + PE”的交易结构，西王食品可以在一定程度上缓解自身出资的压力。同时，西王食品可以借助春华资本在相关行业及跨境并购等方面的专业经验，保障交易的执行效率和成功概率。

在融资渠道上，西王食品自有资金出资 6.8775 亿元，在不同层级子公司选择了多元的融资方式，既有境内合资公司的股权融资锁定春华资本共担风险、分享收益，又有多层的债权融资放大杠杆，同期推进非公开发行以置换前期先行投入的自有资金和并购贷款，成功收购盈利规模远大于自身的 Kerr，灵活安排不同的融资形式以达到节约资金成本、提高资金使用效率、缓解自身资金压力的目的。

（三）中加两国总理见证明星交易，促进两国经贸发展

国务院总理李克强和加拿大总理特鲁多于 2016 年 9 月 22 日在加拿大国会大厦共同出席了两国合作文件签字仪式。在两国总理的见证下，两国代表签署了 14 份合作协议，覆盖贸易、投资、金融、旅游、教育、司法合作等诸多领域。西王食品作为唯一一家民营企业，参加了此次签字仪式，签署收购加拿大知名保健品企业 Kerr 的股权收购协议。

近年来，国际上贸易保护主义和排他主义兴起，市场不确定性显著提升，而中国与加拿大双边经贸合作一直保持良好发展势头。双边贸易、投资与金融合作及高层互访机制方面都获得了显著的成果。西王食品作为一家民营企业，坚定践行自身发展战略，拓展提升国际化格局，通过本次交易为中加经贸合作与发展做出了贡献。

案例 38：盈峰环境（000967）收购中联环境[1]

一、案例简述

盈峰环境科技集团股份有限公司（以下简称“盈峰环境”“上市公司”“公司”）是国内领先的高端装备制造和环境综合服务商，重点发展高端风机装备、环境在线监测、烟气治理、水治理、固废处理、危废处理及生态修复等业务，致力成为国内领先的高端装备制造和综合环保服务商。

2018 年 7 月，盈峰环境以发行股份购买资产的方式购买 8 个交易对方持有的中联环境（以下简称“标的公司”）100% 股权，交易对价为 152.50 亿元，全部由上市公司以发行股份的方式支付，发行价格为 7.64 元/股，不低于市场参考价的 90%，共计发行 1 996 073 294 股。

二、交易背景

（一）上市公司积极布局环保行业，将通过本次交易成为环卫龙头企业

上市公司的战略定位是成为受人尊敬和信赖的国内领先的高端装备制造和环境综合服务商。上市公司通过加大对环保行业投入、外部并购等方式进军环保领域行业，快速实现了产业升级及战略转型。2015 年，上市公司通过重组收购了环境监测企业宇星科技进入环保行业，全面拉开了转型环保领域的大幕。之后，上市公司继收购绿色东方进军垃圾焚烧发电领域，收购大盛环球、明欢有限、亮

① 本案例由广发证券提供，撰写人：李泽明、岳亚兰、尹玥、张博文。

科环保等布局污水处理及流域治理领域。本次交易前，上市公司已打造了环境监测、水环境综合治理、大气治理、固废治理等环保行业布局。

通过本次交易，上市公司将强化固废全产业链的业务布局，将中联环境的环卫装备、环卫运营服务等业务与上市公司的环保板块进行产业链协同，打造“固废全产业链解决方案”的业务体系。上市公司和中联环境将通过产业优势的充分互补以及商业模式的相互融合，谋求在商业和客户领域的价值最大化，增强上市公司与中联环境环卫设备业务板块和环卫服务业务板块的协同交互，拓展信息化、智能化、自动化的“智慧环卫”战略发展版图。

（二）标的公司在环卫装备行业中有较强的龙头优势

中联环境作为国内最大的环卫装备和环卫服务提供商之一，依托强大的科研实力和国内领先的环卫装备生产制造能力，为客户提供道路清扫保洁、垃圾收集转运、下水道市政养护、除冰雪服务等整体解决方案，是国内环卫装备行业稳固的龙头企业。从环卫装备的销售收入情况来看，中联环境 2017 年度环卫装备营业收入为 59.64 亿元，远高于同行业上市公司龙马环卫 24.32 亿元（环卫装备制造业板块）、启迪桑德 17.88 亿元（环卫服务业务板块）、航天晨光 7.70 亿元（环卫设备板块），处于行业领先地位。同时，中联环境的环卫服务业务量亦不断增加，根据统计易标通及环境司南数据，中联环境 2016 年初至 2018 年 4 月份的城乡环卫一体化 PPP 项目中标数量及合同总金额排名均为行业前十。

（三）环卫装备行业需求巨大，市场将持续发展

首先，随着我国近年来频繁的城市最低工资的调整，对于环卫服务企业的运营成本影响较大，传统人力环卫服务模式中的运营成本较高，作业效率较低，加大了环卫运营企业的运营压力。此外，根据全国老龄人口委员会预测，到 2020 年我国老龄化水平将达到 17.17%，老龄化趋势将加大环卫服务领域的劳动力短缺压力。因此，提高环卫机械化率，扩大环卫装备使用范围既是劳动力市场紧缺的现实所需，也是城市环卫水平发展的要求。

其次，根据国家统计局数据，从 2007 年到 2017 年我国城镇化

率从45.9%增长到58.52%，预计2020年末我国城镇化率将达60%。我国城镇化高速发展使环卫清扫面积增加，垃圾产量增大，垃圾处置能力需求提升等，这些均逐步扩大了对环卫装备及服务的市场需求，从而促进环卫产业规模不断扩大。

最后，环卫产业机械化率提升可降低环卫作业成本，减轻政府及企业的财政负担。随着我国城乡道路清扫保洁面积的不断扩增，环卫产业机械化率将逐步提高。根据《2016年城乡建设统计公报》显示，截至2016年末，全国城市道路机械清扫率为59.7%，全国县城道路机械清扫率为50.7%。而发达国家城市环卫机械化率通常可达80%，与之相比，我国环卫产业机械化水平仍有较大发展空间。未来环卫作业机械化将成为国内环卫市场的主要发展方向，市场前景尚好。

三、交易方案

（一）主要内容

上市公司以发行股份购买资产的方式购买中联环境100%股权，交易完成后中联环境成为上市公司的全资子公司。

1. 前次交易

中联环境原为中联重科（000157）的全资子公司，2017年5月盈峰控股联合粤民投盈联、弘创投资、绿联君和合计受让中联环境80%的股权，交易对价为116亿元，全部以现金方式支付。

2. 本次交易

本次交易的交易对方为宁波盈峰、中联重科、弘创投资、粤民投盈联、绿联君和、宁波盈太、宁波中峰和宁波联太。上市公司购买8个交易对方持有的中联环境100%股权，交易对价为152.50亿元，全部以发行股份的方式支付，发行价格为7.64元/股，不低于市场参考价的90%，共计发行1 996 073 294股。

（二）估值定价

1. 交易标的的估值及估值基础

本次交易的作价由交易各方参考评估师出具的《资产评估报告》

（中瑞评报字〔2018〕第000493号）中确认的标的公司的评估值并经协商一致确定。评估师结合标的公司的资产、经营状况等因素确定采用资产基础法和收益法进行评估。经比较分析，评估师认为收益法的评估结果能更全面、更合理地反映中联环境的市场价值。

根据《资产评估报告》，中联环境在评估基准日2018年4月30日按收益法评估的评估价值为152.74亿元。经盈峰环境与宁波盈峰等8个交易对方协商一致，确定中联环境100%股权的交易价格为152.50亿元。

2. 对价支付方式

本次交易的交易对价上市公司全部以发行股份的方式支付，交易各方同意标的资产的交易价格为152.50亿元，共计发行1 996 073 294股。

本次发行股份购买资产的定价基准日为上市公司首次审议本次交易相关议案的董事会决议公告日。本次发行股份购买资产的发行价格按定价基准日前120个交易日的上市公司股票交易均价作为市场参考价（8.5778元/股）。鉴于盈峰环境2017年股东大会审议通过每10股派发0.9元的权益分派方案，并于2018年6月29日除权除息，市场参考价相应调整为8.4878元/股。参考市场参考价的90%，即7.6390元/股，交易各方确认本次发行价格为7.64元/股。

3. 盈利补偿安排

（1）业绩承诺情况。宁波盈峰等8个交易对方承诺：若标的公司股权交割于2018年完成的，则中联环境承诺2018年度、2019年度、2020年度的净利润（即“扣除非经常性损益后归属于母公司的净利润”）分别为不低于9.97亿元、12.30亿元、14.95亿元；若标的公司股权交割于2019年完成，则中联环境承诺2018年度、2019年度、2020年度、2021年度的净利润（即“扣除非经常性损益后归属于母公司的净利润”）分别不低于9.97亿元、12.30亿元、14.95亿元、18.34亿元。

（2）盈利差额补偿安排。

①股份补偿。中联环境在利润承诺期内实现的净利润数未达到承诺净利润数的，则由宁波盈峰等8个交易对方按照补偿顺位及其

相对持股比例向盈峰环境优先进行股份补偿，即盈峰环境将以总价人民币 1 元的价格回购应补偿的股份数量并注销该部分回购股份。宁波盈峰等 8 个交易对方应在《鉴证报告》出具之日起规定期限内，发出将应补偿的股份划转至盈峰环境设立的专门账户并对这些股份进行锁定的指令，由盈峰环境董事会负责办理盈峰环境以总价人民币 1 元的价格向宁波盈峰等 8 个交易对方回购并注销当期应补偿股份的具体手续。

宁波盈峰等 8 个交易对方应予补偿的股份数量计算公式如下：

当期补偿金额 =（截至当期期末累积承诺净利润数 - 截至当期期末累积实现净利润数）÷ 补偿期限内各年的承诺净利润数总和 × 标的资产交易价格 - 累积已补偿金额

当期应补偿的股份数量 = 当期补偿金额/本次股票发行价格

②现金补偿。在承诺期限内，如中联环境实现净利润未达到约定要求，宁波盈峰等 8 个交易对方应优先以股份补偿方式向盈峰环境进行补偿；股份不足以补偿的，应以现金进行补偿。宁波盈峰等 8 个交易对方应予补偿的现金补偿金额计算公式如下：

当期现金补偿金额 = 当期补偿金额 - 当期股份补偿金额

③补偿顺序及补偿时间。

第一顺位：宁波盈峰、宁波盈太、宁波中峰、宁波联太。

第二顺位：中联重科、弘创投资、粤民投盈联、绿联君和。

在触及业绩承诺补偿或减值测试补偿时，首先由第一顺位补偿义务人按本次交易前其在标的公司相对持股比例分别地、不连带地履行股份补偿义务。股份补偿不足的，第一顺位补偿义务人按本次交易前其在标的公司相对持股比例分别地、不连带地履行现金补偿义务。

第一顺位补偿义务人应在《鉴证报告》出具之日起 30 个工作日内向上市公司进行足额补偿（含股份补偿及现金补偿）。第一顺位补偿义务人在《鉴证报告》出具之日起 30 个工作日内未足额补偿的，由第二顺位补偿义务人在《鉴证报告》出具之日起 50 个工作日内进行足额补偿（含股份补偿及现金补偿）。第二顺位补偿义务人股份补偿不足时，可以以现金进行等额补偿。

四、交易节点

2018 年 7 月 17 日，上市公司召开第八届董事会第十八次临时会议，同意上市公司筹划重大资产重组事项，审议通过了《盈峰环境科技集团股份有限公司发行股份购买资产暨关联交易（草案）》及相关议案，并签署了发行股份购买资产协议及盈利补偿协议。

2018 年 7 月 30 日，上市公司召开第八届董事会第十九次临时会议，审议通过了《盈峰环境科技集团股份有限公司发行股份购买资产暨关联交易（草案）修订稿》及相关议案，并签署了“盈利补偿协议补充协议（一）”。

2018 年 8 月 10 日，上市公司召开第八届董事会第二十次临时会议，审议修订了《盈峰环境科技集团股份有限公司发行股份购买资产暨关联交易（草案）修订稿》的相关内容。

2018 年 8 月 15 日，上市公司召开 2018 年第三次临时股东大会审议通过了《盈峰环境科技集团股份有限公司发行股份购买资产暨关联交易（草案）修订稿》及相关议案。

2018 年 9 月 28 日，上市公司召开第八届董事会第二十三次临时会议，审议通过了《关于公司与相关交易对方签署〈关于发行股份购买资产之盈利补偿协议补充协议（二）〉的议案》，并签署了“盈利补偿协议补充协议（二）”。

2018 年 10 月 24 日，本次重大资产重组经中国证监会 2018 年第四十九次并购重组委工作会议有条件审核通过。

2018 年 11 月 26 日，中国证监会出具了《关于核准盈峰环境科技集团股份有限公司向宁波盈峰资产管理有限公司等发行股份购买资产的批复》（证监许可〔2018〕1934 号），核准本次交易。

五、并购影响

（一）对上市公司业务的影响

上市公司在环境监测、大气治理、水环境综合治理、固废处理、土壤修复等环保领域拥有完善的产业链条，而标的公司中联环境作为领先的城乡固废整体解决方案提供商之一，构建了较为完善的环卫装备产品线和成熟的环卫运营服务能力，为客户提供道路清扫保洁、垃圾收集转运、下水道市政养护、除冰雪服务等整体解决方案。

通过本次交易，上市公司与标的公司有望在业务、市场、技术等多个方面达成显著的协同效应，提高本次交易的整合绩效及上市公司的持续盈利能力。

1. 业务协同

在固废领域，中联环境与上市公司可形成较强的业务协同布局。产业链定位及提供产品服务方面，中联环境主要聚焦于环卫装备业务和环卫一体化服务业务领域，而盈峰环境原有环保业务布局在垃圾处置环境监测领域。在经营模式方面，中联环境的环卫装备业务主要以政府采购和环卫服务商采购为主，环卫一体化服务业务则通过招标、邀标等方式获取政府项目，而盈峰环境原有环保业务主要通过招标、邀标等方式获取项目。在客户类型方面，中联环境的下游客户主要为政府环卫部门以及民营环卫服务企业，而盈峰环境原有环保业务的客户主要为政府环保部门以及住建主管部门等。

本次交易完成后，盈峰环境和中联环境的主营业务将形成协同效应，使上市公司现有的垃圾处置业务向上游环卫装备领域和环卫一体化服务领域延伸的同时，实现双方在业务布局、项目经验、渠道资源等方面的交互补充。一方面，上市公司将强化固废管理全产业链的业务布局，将中联环境与盈峰环境进行产业链上下游的协同串联，实现“环卫装备—环卫一体化服务—垃圾焚烧”固废全产业链解决方案的战略布局。另一方面，盈峰环境深耕环保行业多年，项目经验丰富、环保资质领先，可以为中联环境进一步拓展环卫一体化服务业务提供成熟的项目运营经验支撑。

2. 市场协同

上市公司子公司宇星科技形成了覆盖全国 31 个省的销售网络；上市公司子公司绿色东方目前已中标、签订 9 个垃圾处理焚烧发电 BOT 项目，服务范围覆盖广东、湖北、江西、安徽、河南等省份。而中联环境也在环卫产业深耕多年，现已在全国 33 个省、直辖市、自治区、特别行政区布局营销网点。

通过本次交易，将中联环境的环卫装备研发能力和环卫一体化服务能力与上市公司环境业务进行嫁接，将上市公司垃圾焚烧、环境监测实力与中联环境提供的“环卫装备+环卫服务”等环卫一体化服务相融合。一方面，在上市公司遍布全国的项目群中优选具有区域示范作用的项目进行业务深度开发，提升上市公司的品牌附加值及与客户间的合作黏性。同时，上市公司积淀的广域覆盖的环保资源亦可带动中联环境主业，并形成较大的成本协同作用，切实增强上市公司和标的公司在同业竞争中的议价能力。

3. 技术协同

在技术方面，上市公司在环保领域的技术优势主要在环境监测和环境治理领域，技术涵盖气体监测、水质监测、流体计量、废气处理、污水处理、固废处理、生态修复等领域；而中联环境的技术优势则主要在于清扫车、压缩车、转运车等高端环卫装备的提供以及垃圾清运、道路保洁等环卫一体化服务运营方面。因此，双方在技术上存在一定程度的上下游关系：上市公司主要的技术优势在于下游的垃圾处置、方案设计，而中联环境的优势则主要在于上游的环卫设备的研发、生产、销售与环卫运营的服务和管理。通过本次交易，双方在技术上实现整合与协同，推动上市公司构建由环卫设备、环卫服务再到垃圾处置的固废全产业链技术体系，实现技术上的共享与互补，提升上市公司的自主研发能力以及提供整套固废解决方案的综合实力。

（二）对上市公司财务的影响

本次交易完成后，上市公司将持有中联环境100.00%的股权，中联环境将成为上市公司的全资子公司并纳入合并报表范围。

根据备考合并利润表，本次交易后上市公司营业收入和净利润提升幅度较大，2017年度营业收入、净利润比重组前分别增长130.95%、204.69%。标的公司目前处于快速发展阶段，预计未来几年的收入和利润将呈现持续较快增长态势，对上市公司盈利能力提升形成推动作用。

本次交易完成后，上市公司的销售毛利率、销售净利率、基本每股收益均较交易前有所增加，本次交易有利于提升上市公司可持续经营能力及盈利能力，改善上市公司的财务状况。

本次交易完成后上市公司资产负债率持平，但受标的公司经营性资产和负债占比较高的因素影响，流动比率、速动比率有所下降，上市公司的短期偿债能力仍处于合理水平。

（三）对原股东持股比例的影响

本次交易，上市公司向交易对方宁波盈峰、中联重科、弘创投资、粤民投盈联、绿联君和、宁波盈太、宁波中峰、宁波联太发行1 996 073 294股。

本次交易前，盈峰控股持有上市公司35 959.9756万股，占总股本比例的30.8143%，为上市公司的控股股东。何某直接持有上市公司6 351.4690万股，占总股本比例的5.4426%，此外，何某同时通过盈峰控股间接持有上市公司30.8143%的股份，何某直接和间接合计持有上市公司36.2569%的股份，为上市公司的实际控制人。

本次交易后，盈峰控股的全资子公司宁波盈峰持有上市公司101 799.7382万股，持股比例为32.1839%，将成为上市公司控股股东。何某直接持有上市公司股份6 351.4690万股，持股比例为2.0080%；通过盈峰控股间接持有上市公司股份35 959.9756万股，持股比例为11.3687%；通过宁波盈峰间接持有上市公司股份101 799.7382万股，持股比例为32.1839%。因此，本次交易完成后，何某通过直接和间接持有上市公司144 111.1828万股，持股比例为45.5607%。因此，虽然本次交易将导致上市公司控股股东由盈峰控股变更为宁波盈峰，但盈峰控股、宁波盈峰均系何某的控股子公司，本次交易前后，何某通过直接和间接方式持有的上市公司的控股比例由36.2569%提升到45.5607%，其实际控制人地位未发生变化，本次交易前后上市公司的实际控制人均为何某。通过本次重组，何某对上市公司的控制力得到进一步提升。

六、交易特点

（一）交易难点

1. 标的公司的内部重组

2017 年 5 月，宁波盈峰等以现金向中联重科收购了中联环境 80% 股权，并约定中联重科将其下属的环卫资产分部注入中联环境（即标的公司的内部重组）。其中，中联环境主要负责销售环卫装备，而中联重科下属的环卫资产分部则负责环卫装备的生产和销售。中联重科将与环卫机械业务相关的所有资产和业务划转/过户至中联环境，不存在保留环卫相关资产和业务的情形，重要相关方已承诺不再从事环境业务。

2. 标的公司境外子公司剥离

停牌期间（2018 年 7 月），标的公司做出决议，将其境外子公司剥离，并在上报中国证监会反馈回复之前完成境外子公司的股权转让工商变更。标的公司剥离境外子公司是因为将业务规模小、管理难度大、难以产生协同效应的境外子公司剥离，专注于集中资源整合中联环境的环卫装备和环卫服务业务。

（二）交易亮点

1. 交易对方在业绩承诺履行期内，质押上市公司股票进行融资

本次交易中，主要交易对方宁波盈峰、宁波盈太、宁波中峰、宁波联太等持有的标的公司股权在交易前均质押给相关金融机构以获得前次交易的并购贷款。同时，相关交易对方与金融机构约定，未来将以换股获得的上市公司股份继续为并购融资提供担保并办理质押手续。

由于交易对方将其换股获得的上市公司股份质押给金融机构，若标的公司的业绩未达预期，可能引起业绩承诺补偿不足。因此，上市公司实际控制人及其关联方盈峰控股、美的控股承诺给相关交易对方提供借款或者担保，保证其解质押股份并足额补偿上市公司，确保上市公司利益。

2. 盈利补偿设置了不同的补偿顺序

本次交易中，宁波盈峰、宁波盈太、宁波中峰、宁波联太为第一顺位补偿义务人，中联重科、弘创投资、粤民投盈联、绿联君和为第二顺位补偿义务人。在触及业绩承诺补偿或减值测试补偿时，首先由第一顺位补偿义务人进行补偿，未足额补偿时再由第二顺位补偿义务人进行补偿。

上述不同补偿顺序的设置系多方协商的结果。第一顺位补偿义务人中，宁波盈峰是上市公司控股股东的全资子公司，宁波盈太、宁波中峰、宁波联太为标的公司核心管理团队的持股平台，对标的公司未来经营管理起关键作用，而第二顺位补偿业务人均为一般财务投资者，不参与标的公司的经营管理。因此，设置了不同的补偿顺序符合各方利益安排。

七、案例亮点

标的公司原属于中联重科，于2017年中出售给宁波盈峰为主的机构，并于2018年中启动注入上市公司的事项。在宁波盈峰控制标的公司的一年中，标的公司进行了内部重组、业务规划，因此，在注入上市公司之后，可以跟上市公司的固废业务等有效协同，属于典型的产业并购案例。

案例39：南山控股（002314）换股收购吸收合并深基地[①]

一、案例简述

深圳市新南山控股（集团）股份有限公司（以下简称“南山控股”“上市公司”“公司”）是一家以现代高端仓储物流为战略性主业，以房地产开发为支撑性主业，以产城综合开发为培育性主业的综合性企业集团。本次交易中，南山控股发行A股股份以换股方式吸收合并深圳赤湾石油基地股份有限公司（以下简称“深基地”“标的公司”）。本次换股吸收合并完成后，深基地将终止上市并注销法人资格，南山控股将承继及承接深基地的全部资产、负债、业务、人员、合同及其他一切权利与义务。

本次交易前，中国南山开发（集团）股份有限公司（以下简称“中国南山集团”）持有深基地51.79%股权，为深基地控股股东和实际控制人，此外，中国南山集团直接及间接持有南山控股合计75.77%的股份。本次交易完成后，中国南山集团对南山控股直接及间接持股比例由75.77%降低至68.42%，仍为上市公司控股股东及实际控制人。

二、交易背景

（一）响应国家政策号召

① 本案例由中信证券提供，撰写人：李威、苏琦峰。

2014年10月，国务院正式印发《物流业发展中长期规划(2014—2020年)》，提出要大力提升物流社会化、专业化水平，部署发展智能物流基础设施，建设区域性仓储配送基地。《“十三五”规划纲要》指出“十三五”期间将大力发展第三方物流和绿色物流、冷链物流、城乡配送；深入实施区域发展总体战略，完善对外开放战略布局，推进“一带一路”建设，构建国际物流大通道。

本次换股吸收合并完成后，南山控股将响应国家政策，利用上市平台充分释放存续公司物流业务活力，依托现有物流园区优势，大力发展物流园区开发运营业务，实现仓库布局规模化、设备管理数据化、仓运配套服务延伸一体化。

（二）本次交易符合市场发展趋势

房地产开发运营业务市场已逐步进入平稳发展时期，行业竞争加剧，处于房地产行业细分市场的产业地产尤其是物流地产，成为众多房地产企业谋求转型发展的重要方向，“房地产+物流地产”已成为传统地产企业升级转型的新趋势。电商、高端制造业、现代批发零售业等下游行业对仓储、物流需求持续增长，物流地产未来增长空间巨大。

三、交易方案

（一）交易方案说明

南山控股拟发行A股股份以换股方式吸收合并深基地，即南山控股向深基地的所有换股股东发行股票交换这些股东所持有的深基地B股股票。本次换股吸收合并完成后，深基地将终止上市并注销法人资格，南山控股将承继及承接深基地的全部资产、负债、业务、人员、合同及其他一切权利与义务。

（二）交易定价

1. 南山控股换股价格

本次合并中，南山控股于定价基准日前20个交易日的股票交易均价为6.48元/股。综合考虑历史股价、经营业绩、市值规模以及可比公司股价等因素，经公平协商，最终确定南山控股的换股价格为定价基准日前 20 个交易日南山控股股票交易均价的 90%，即 5. 83 元/股。

2016 年 5 月 23 日，南山控股 2015 年股东大会审议通过《利润分配方案》，以 1 877 530 273 股为基数，向全体股东每 10 股派发现金红利 1. 88 元（含税），送红股 0 股，不以公积金转增股本，上述分红除息于 2016 年 6 月 23 日实施完成，南山控股换股价格调整为 5. 64 元/股。

2017 年 5 月 26 日，南山控股 2016 年股东大会审议通过《利润分配方案》，以 1 877 530 273 股为基数，向全体股东每 10 股派发现金红利 2. 07 元（含税），送红股 0 股，不以公积金转增股本，上述分红除息于 2017 年 7 月 21 日实施完成，南山控股换股价格调整为 5. 43 元/股。

2. 深基地换股价格

本次合并中，深基地于定价基准日前 20 个交易日的股票交易均价为 16. 62 港元/股。综合考虑历史股价、经营业绩、市值规模、同类交易溢价率等因素，经公平协商，深基地股东的换股价格以定价基准日前 20 个交易日的交易均价为基础，并在此基础上给予 40% 的换股溢价率确定股价，即 23. 27 港元/股。采用 B 股停牌前一交易日即 2016 年 3 月 4 日中国人民银行公布的人民币兑换港币的中间价（1 元港币 = 0. 8403 元人民币）进行折算，折合人民币 19. 55 元/股。

3. 换股比例

根据上述换股价格，深基地股份与南山控股股份的换股比例为 1∶3. 6004，即每股深基地 B 股股票可以换得 3. 6004 股南山控股股票。计算公式为：

每股深基地 B 股股票可以换得南山控股股票数 = 深基地的换股价格/南山控股的换股价格

四、交易节点

2016 年 6 月 30 日，南山控股第四届董事会第十九次会议和深基地第八届董事会第一次会议分别审议通过本次重组草案及其他相关议案。

2016 年 7 月 28 日，国务院国资委批准本次交易。

2016 年 8 月 3 日，南山控股 2016 年第三次临时股东大会审议通过本次交易。

2016 年 8 月 4 日，深基地 2016 年第三次临时股东大会审议通过本次交易。

2016 年 8 月 12 日，南山控股第四届董事会第二十次会议和深基地第八届董事会第三次通信会议分别审议通过本次重组方案调整的相关议案。

2016 年 8 月 22 日，商务部出具《商务部关于原则同意深圳市新南山控股（集团）股份有限公司换股吸收合并深圳赤湾石油基地股份有限公司的批复》（商资批〔2016〕765 号），原则同意本次交易。

2017 年 7 月 14 日，南山控股第五届董事会第二次会议和深基地第八届董事会第十六次通信会议分别审议通过延长本次交易有效期相关议案。

2017 年 8 月 1 日，南山控股 2017 年第一次临时股东大会审议通过延长本次交易有效期。

2017 年 8 月 2 日，深基地 2017 年第二次临时股东大会审议通过延长本次交易有效期。

2017 年 11 月 27 日，南山控股第五届董事会第六次会议和深基地第八届董事会第二十一次通信会议分别审议通过调整本次交易方案相关议案。

2018 年 2 月 12 日，中国证监会核准本次交易。

2018 年 6 月 15 日，深基地终止了在 B 股市场上市，完成换股股权登记。

五、并购影响

（一）对上市公司股权结构的影响

本次交易前，南山控股的总股本为 18 亿股，深基地的总股本为 2.3 亿股，南山控股因本次合并将发行 A 股股票 8.3 亿股吸收合并深基地。

本次合并完成后，存续的南山控股的总股本将增至 27 亿股，其中，中国南山集团直接及间接持有 18 亿股（不考虑南山控股及深基地股东行使现金选择权的情况），合并前后，中国南山集团直接及间接合计持股比例由 75.77% 降低至 68.42%。

（二）对上市公司业务的影响

本次交易结合南山控股在房地产开发方面的优势和经验，提升存续公司物流业务的开发建设能力，在土地资源稀缺的背景下，提升开发建设过程中的土地利用效率以及对物流园区的运营管理能力。与此同时，借助深基地在物流领域的规模优势、资源优势及品牌影响力，可增强南山控股土地资源的获取能力，打通物流地产、住宅地产的产业链，提升协同效应。

（三）对深基地的影响

基于个人消费增长、电商崛起等带来的旺盛物流仓储需求，未来物流业务将迎来较大发展机遇，物流园区建设项目的投资门槛高，资金需求也较高，对融资能力要求也较高。

自 1995 年深基地 B 股上市后，深基地未通过增发或配股等股权方式向市场融资。截至本报告书签署日，深基地仅有流通 B 股，而 B 股市场在我国实际上已逐渐失去正常的融资功能。此次南山控股换股吸收合并深基地，实现了深基地 B 转 A，将彻底改善深基地的融资能力，促进深基地物流业务跨越式发展。

六、交易特点

（一）交易难点

1. 本次交易属于创新案例，涉及面较广，沟通难度大

在监管层面，本次交易具有创新性，是 A 股市场第二例、深交所第一例纯 A 股公司换股吸收合并 B 股公司案例，因涉及 B 股一事一议报批事项，财务顾问与监管层面进行了充分沟通并详细论证了交易的必要性、合理性，排除了诸多技术难点，最终成功通过审核。

在中小股东层面，本次交易双方均为中国南山开发集团控制的

上市公司，交易方案需取得中小股东的同意。对于深基地中小股东来说，深基地处于B股市场，其二级市场估值相较于A股市场估值有一定劣势，但深基地资产优质，因此本次方案的核心在于合理设置换股比例及溢价率，平衡南山控股、深基地中小股东利益。本次交易通过复杂的定价及换股模型设计，很好地平衡了南山控股与深基地的中小股东利益，创造了双方股东共赢的局面。

在债权人沟通层面，由于深基地曾发行债券，本次吸收合并方案深基地需召开债权人大会，并取得债权人关于本次方案的同意。财务顾问通过合理的债权债务安排方案，使本次方案获得了所通知债权人的100%的支持，未出现要求赎回或提供担保的情况，保障了项目的顺利实施。

2. 换股执行工作难度大

因本次交易涉及深基地B股股东的投资者类型较多，涉及境外多个国家和地区的投资人及境内投资者，不同投资者B股账户转换为A股账户涉及的业务操作各不相同。为顺利实施转换，财务顾问与深交所、中国证券登记结算深圳分公司成立联合项目团队，在复杂的账户信息统计基础上，设计了合理合规的A股账户开立、托管等程序。

（二）交易亮点

1. 成功实现深基地B股转A股，打造A股市场首支物流地产股

本次交易解决了深基地B股问题，打通了其股权融资渠道，彻底改善了深基地的融资能力。在个人消费增长、电商崛起等带来的旺盛物流仓储需求的背景下，融资能力的恢复将促进深基地物流业务跨越式发展。同时，南山控股通过吸收合并深基地，成为A股市场首支“地产开发+物流地产”的上市公司，住宅地产与物流地产的产业链得以打通，协同效应显著提升。一方面，南山控股在房地产开发方面的优势和经验有助于提升存续公司物流业务的开发建设能力，物流业务活力得以充分释放；另一方面，深基地在物流领域的规模优势、资源优势及品牌影响力也使存续公司的土地获取能力得以加强。未来，存续公司将依托现有物流园区优势，逐步形成仓库布局规模化、设备管理数据化、仓运配套服务延伸一体化的发展

格局，传统地产开发业务将向“房地产+物流地产”转型，双轮驱动下，存续公司的盈利能力将得以增强。

2. 实现国有资产保值增值，创造共赢局面

深基地处于B股市场，其二级市场估值相较A股市场处于劣势，但其资产质量优异、行业品牌影响力较大，资源储备较强，中小股东对深基地的估值期望较高。通过本次交易，深基地优质资产回购A股市场，利于其估值水平的提升，促进国有资产增值。同时，本次交易方案通过复杂的交易模型设置了合理的换股溢价率，很好地平衡了南山控股与深基地中小股东的利益，并获得股东大会高票通过，创造了双方股东共赢的局面。

3. 市场创新案例

本次交易属于A股市场第二例、深交所第一例纯A股公司换股吸收合并B股公司的案例，在方案细节设计、股东沟通、B股账户转A股账户等方面为其他上市公司提供了重要参考，是后续解决B股问题的典范。

七、案例亮点

本次交易方案为同一国企平台下两家上市公司的整合，A股公司南山控股通过换股方式实现了对B股公司深基地的吸收合并，为解决B股问题提供了重要的案例参考。

从本次交易的目的及意义来说，本次交易实现了中国南山开发集团既定的双重战略目标：一是实现了深基地B股回归A股资本市场的目标，打通了公司的股权融资渠道，实现了国有资产保值增值；二是可借助深基地在物流领域的规模优势、资源优势及品牌影响力，增强南山控股土地资源的获取能力，打通物流地产、住宅地产产业链，提升协同效应，实现A股上市公司的产业升级发展。

从本次交易的方案设计来说，因涉及两家上市公司的关联交易事项及B股一事一议审批事项，财务顾问通过复杂的定价及换股模型设计，最终确定了本次交易方案，很好地平衡了双方中小股东的利益，同时与监管层、债权人等进行了充分的多方沟通，确保交易

方案顺利通过。

从本次交易的实施来说，上市公司、财务顾问与深交所、中国证券登记结算深圳分公司密切合作，明确了深交所 B 股转 A 股的操作规则及程序，并成为后续类似案例的操作典范。

案例40：华锋股份（002806）收购理工华创[①]

一、案例简述

广东华锋新能源科技股份有限公司（以下简称“华锋股份”“上市公司”“公司”）及其前身自成立以来即从事铝电解电容器的关键原材料电极箔的研发、生产及销售。电极箔为铝电解电容器用铝箔材料，根据原国家信息产业部《电子信息产业行业分类》，属于电子信息产品专用材料工业行业中的“电子元件材料制造行业”中的“电容器用铝箔材料”。公司在国内同行业中较早介入电极箔的研发和生产，有着多年研发生产腐蚀箔和化成箔的经验，是享受国家政策支持的高新技术企业。

华锋股份向30个交易对方以非公开发行股份购买其合计持有的理工华创100%的股权，交易作价82 736万元。同时，上市公司拟向不超过10名特定投资者募集配套资金5.36亿元。本次交易构成重大资产重组，且因理工华创控股股东林某交易完成后在上市公司中的持股比例超过5%，构成关联交易，但不构成重组上市。

二、交易背景

（一）上市公司寻求新的利润增长点

上市公司的主要产品为各系列电极箔，其作为铝电解电容器的关键基础原材料，被广泛应用于家用电器、计算机、通信、工业控制、电动汽车、电力机车及军事和航空设备中。上市公司在其主营

① 本案例由中信建投证券提供，撰写人：孟婧。

业务领域技术成熟，低压化成箔的产量、产品质量及产品系列规格在国内同行业中名列前茅，是目前国内少数能向国际市场出口低压化成箔产品的企业之一。但受市场的整体规模和增长的纵深影响，盈利能力持续上升的空间相对有限，为进一步拓展市场，同时为公司注入新的利润增长点，拟在新能源汽车领域积极寻求具有先进技术、成熟管理团队、行业资源整合能力强的优质标的企业。

（二）理工华创拥有核心竞争力，寻求借助资本市场平台做大做强

理工华创（以下简称“标的公司”）系新能源汽车领域中的优质企业，是国内最早在新能源汽车动力系统平台领域开始技术创新并实现产业化的企业之一。其长期致力于新能源汽车关键技术的研究，在整车动力学控制、电动车动力系统平台、分布式驱动、电池成组及高压安全和车辆智能网联等领域掌握了一系列核心技术，主要产品涵盖了整车控制器、功率转换集成控制器、电驱动与传动系统等新能源汽车的核心部件，为新能源整车企业提供电动汽车动力系统平台解决方案及相应的产品和技术服务。

随着国家新能源汽车项目支持相关政策的引导与落实，我国已经初步形成了从原材料供应、动力电池、电机、电控等关键零部件的研发生产，到整车设计制造以及充电基础设施的配套建设等完整的产业链。但受到宏观调控、补贴政策及其退坡的影响，近年来新能源汽车产业链上下游亦处于整合期。理工华创拟通过重组方式实现证券化，借助上市公司平台拓宽融资渠道，进一步突出技术优势，加强行业整合能力。

三、交易方案

（一）交易背景及交易方案说明

上市公司以发行股份的方式，购买30个交易对方持有的理工华创100%股权。

本次交易前，各交易对方与上市公司不存在关联关系。

（二）估值定价

根据中威正信出具的《资产评估报告》（中威正信评报字〔2017〕第1059号），本次交易采用收益法和资产基础法两种方法对标的资产进行评估，评估基准日为2017年7月31日。

按照资产基础法，截至评估基准日，理工华创母公司报表净资产账面价值为6 607.88万元，评估值为14 442.37万元，评估增值7 834.49万元，增值率118.56%。鉴于理工华创账面所有者权益中包含5.74万元归属于北京理工大学的国家独享资本公积，剔除该影响因素后，理工华创于评估基准日2017年7月31日经资产基础法评估后股东全部权益价值为14 436.63万元。

按照资产基础法，截至评估基准日，理工华创的股东全部权益价值为82 736.00万元，较母公司报表净资产账面价值6 607.89万元增值76 128.11万元，增值率1 152.08%。

考虑到标的公司在行业中建立了一定知名度，且积累了较丰富的经营经验、较稳定的高素质业务团队和营销渠道，未来的盈利能力有较大提升空间，故最终选用收益法评估结果作为最终评估结论。

（三）对价支付方式

林某等30个交易对方以其分别持有的理工华创的股权认购公司本次发行的股份。

（四）盈利补偿安排

1. 盈利预测及补偿

理工华创所有股东承诺2017年度、2018年度、2019年度、2020年度净利润分别不低于2 050万元、4 000万元、5 200万元、6 800万元。净利润指经审计的扣除非经常性损益后归属于母公司股东的净利润，但同时还应当包括理工华创当期取得或分摊的与新能源汽车领域相关并按照会计准则计入当期损益的政府科研经费。

当期应补偿的金额和应当补偿的股份数量按照以下公式进行计算：

应补偿金额 = 业绩补偿期间累计承诺净利润数 – 业绩补偿期间累计实现净利润数

如果在业绩补偿期间，理工华创累计实现实际净利润数低于累计承诺净利润数，业绩补偿义务人各方之间按照本次交易前持有标的公司的股权比例分摊补偿金额。业绩补偿义务人同意以现金方式向上市公司支付补偿金额，现金不足以补偿的，由业绩补偿义务人以股份补偿，该部分补偿股份将由上市公司以人民币1元的总价回购并予以注销。

2. 超额业绩奖励

若标的公司在业绩补偿期间累计实现的净利润总额超过累计承诺净利润总额，超过部分的50%作为对林某等各股东超额业绩的奖励，超过部分的30%作为对标的公司管理团队的奖励。上述超额业绩奖励金额总额不应超过林某等各股东在本次交易中取得的总对价的20%。

四、交易节点

2016年12月23日，上市公司披露筹划重大事项停牌。

2017年3月14日，上市公司终止筹划重大资产重组并复牌。

2017年6月19日，上市公司披露筹划重大事项停牌。

2017年10月9日，上市公司召开第四届董事会第六次会议，披露《发行股份购买资产并募集配套资金暨关联交易预案》。

2017年10月18日，深交所下发许可类重组问询函。

2017年11月2日，上市公司完成交易所问询函的回复，同时当天复牌。

2018年3月13日，上市公司变更独立财务顾问。

2018年3月30日，上市公司召开第四届董事会第十二次会议，披露《发行股份购买资产并募集配套资金暨关联交易报告书（草案）》。

2018年4月16日，上市公司召开2018年第二次临时股东大会，审议通过了本次发行股份购买资产并募集配套资金暨关联交易方案的相关议案。

2018年5月2日，上市公司召开2018年第三次临时股东大会，审议通过了本次发行股份购买资产并募集配套资金暨关联交易其他议案。

2018 年 5 月 10 日，上市公司重组事项由中国证监会受理。

2018 年 5 月 29 日，上市公司收到中国证监会一次反馈。

2018 年 6 月 22 日，上市公司回复中国证监会一次反馈。

2018 年 7 月 6 日，经中国证监会上市公司并购重组审核委员会 2018 年第三十三次并购重组委工作会议审核，上市公司本次重大资产重组事项获得有条件通过。

2018 年 7 月 11 日，上市公司回复中国证监会审核意见，并决定调减募集配套资金金额。

2018 年 7 月 18 日，上市公司回复中国证监会第二次审核意见，并决定取消募集配套资金。

2018 年 8 月 18 日，中国证监会出具《关于核准肇庆华锋电子铝箔股份有限公司向林某等发行股份购买资产的批复》（证监许可〔2018〕1309 号）。

2018 年 9 月 8 日，上市公司完成资产过户。

五、并购影响

（一）对上市公司业务的影响

1. 布局新能源汽车产业，提升上市公司核心竞争力

2015 年以来，我国新能源汽车市场进入快速增长阶段，作为新能源汽车核心构成的动力系统平台及其主要产品，也将随着新能源汽车的快速发展进入高速增长期。本次收购理工华创 100% 股权是华锋股份大力发展新能源产业的重要举措，有利于公司布局新能源汽车产业，为公司注入新的利润增长点，提升公司整体盈利能力和核心竞争力。

2. 发挥协同效应

理工华创是一家具有自主研发能力和显著技术优势的新能源汽车动力系统平台技术、产品及服务提供商，为以新能源商用车为主的新能源汽车提供定制化的动力系统平台解决方案，并提供相应的产品销售和技术服务。本次交易完成后，双方将在业务、生产与供

应链、营销与服务、资本等方面产生协同效应，为公司注入新的利润增长点，提升上市公司整体价值。

（二）对上市公司财务的影响

本次交易完成后，上市公司的营业收入、归属于上市公司股东的净利润等指标均将得到较大提升，基本每股收益有所提高，公司的抗风险能力进一步增强。

（三）对原股东持股比例的影响

本次重组前，谭某持有华锋股份42.44%的股权，为上市公司实际控制人；本次交易完成后，在不考虑募集配套资金的前提下，谭某持有上市公司33.01%的股权，在考虑募集配套资金的前提下，谭某持有上市公司28.57%的股权，上市公司实际控制人仍然为谭某，未发生变更。

六、交易特点

（一）交易难点

上市公司曾于2017年初筹划收购标的资产理工华创股权事项，但受到2017年上半年新能源汽车政策调整等影响，交易双方经审慎考虑，认为重组事项不具备继续推进的条件。于是上市公司于2017年3月14日发布《关于终止筹划重大资产重组暨复牌公告》，决定终止筹划重大资产重组事项。本次交易属于再次筹划对同一标的的购买行为。

（二）交易亮点

上市公司及独立财务顾问在披露文件中详尽阐述了使前次重组不具备条件的市场因素的消除。因2017年初以来国家新能源汽车政策处于调整期，之前享受财政补贴的新能源汽车车型需重新申报并核定，同时一般上半年是新能源商用车行业的淡季，上述因素导致理工华创2017年上半年取得的新能源整车厂订单有所延后，从而对理工华创2017年业绩的实现产生了一定的不确定性。随着2017年上半年车型陆续申报完毕并完成核定，整个新能源汽车行业，包括理工华创在内自2017年7月起产销量开始恢复，2017年第三季度销量远高于2017年上半年，2017年第四季度销量超过全年的50%。

在此基础上，上市公司及独立财务顾问在披露文件中对标的企业所处市场业务显著的季节性特征进行了着重分析。与新能源乘用车终端客户为个人消费者不同，新能源商用车终端客户主要是市政公交部门、企事业单位、物流公司等，其采购一般年初制定预算，集中在下半年实施采购。此外，由于近几年财政补贴政策调整较为频繁，新能源商用车企业一般每年初结合新的财政补贴政策及相关技术参数要求申请新车型认定，而新车型认定一般需4—6个月的时间，上述政策背景导致新能源商用车企业销售一般集中在下半年。基于前述行业经营特征，新能源商用车主要集中在下半年实现销售。根据中国汽车协会发布的统计数据，2015年、2016年、2017年，新能源商用车下半年实现销量占比分别为83.76%、71.17%、84.19%，呈现出明显的季节性特征。

基于此，上市公司及独立财务顾问结合市场地位、主要竞争对手情况、目前在手订单、订单转化情况以及未来市场空间情况等，重点补充披露了标的资产的业绩承诺，尤其是2018年业绩承诺的可实现性。充分阐明了当下政策现状对标的资产的影响，证明其具有可持续盈利能力，从而保证业绩承诺期内业绩的实现。

七、案例亮点

本案例的精华在于深度挖掘了标的资产经营中的季节周期性特征，详尽分析了标的公司拥有的核心竞争力，结合市场外部因素及自身业务开展情况，充分论证了承诺业绩的可实现性。

案例41：量子高科（300149）收购上海睿智化学①

一、案例简述

江门量子高科生物股份有限公司（以下简称“量子高科”“上市公司”“公司”）[现已更名量子高科（中国）生物股份有限公司]是一家专业从事益生元系列产品研发、生产、销售的高新技术企业，是国家发改委宏观院所属机构公众营养与发展中心唯一认定的低聚糖研发基地。上市公司自成立以来始终以益生元等微生态营养制品为主营业务，致力于开发益生元在人体微生态调节中的作用，改善人体健康。以微生态营养制品为基础，上市公司开拓了微生态医疗服务业务，不断探索微生态营养制品在慢性病治疗中的应用。

量子高科以发行股份及支付现金相结合的方式，向交易对方China Gateway Life Science (Holdings) Limited（以下简称“CGHK”）、上海睿昀企业管理中心（有限合伙）（以下简称“睿昀投资”）、上海睿钊企业管理中心（有限合伙）（以下简称“睿钊投资”）、Mega Star Centre Limited（以下简称“Mega Star”）、张某、曾某购买持有的上海睿智化学研究有限公司（以下简称“睿智化学”）90%股权，本次交易作价为21.44亿元。本次交易不安排配套募集资金，现金对价将由上市公司自有及自筹资金支付。

① 本案例由广发证券提供，撰写人：俞汉平、高枫。

二、交易背景

睿智化学系由 HUI MICHAEL XIN（惠欣）先生创立，主要从事 CRO 和 CMO 业务。睿智化学的 CRO 业务为临床前 CRO，主要为客户提供新药研发的外包服务，具体专业范围涵盖化学服务、生物制药服务、药代动力学服务、生物服务等。睿智化学的 CRO 业务属于国内领先水平。睿智化学覆盖了化学药、生物药等不同的药物种类，涵盖化学药和生物药的发现、筛选、分析等一系列过程，可以为客户提供化学药和生物药的药物开发临床前的整合服务，提升客户新药研发的效率。

睿智化学的 CMO 业务主要是为客户提供小分子化学药的工艺开发和外包生产，以及大分子生物药的细胞株构建等工艺开发服务。睿智化学的 CMO 业务与 CRO 业务结合，可以为客户提供涵盖药物研发、生产工艺开发、临床实验用原料药生产等方面的一站式服务。

（一）延伸产业链，扩充研发能力，推进上市公司生物、医药与健康产业战略升级

本次交易是上市公司拓展生物、医药与健康产业版图的重要布局。结合上市公司益生元业务及上市公司筹划实施中的微生态医疗健康业务，通过本次交易，上市公司将由原有的优质益生元研发、生产及销售为基础的微生态营养、健康配料形态，全面升级为以微生态营养产品、微生态医疗健康服务、医药研发外包服务为主营业务的国内领先企业。上市公司的业务得以进一步丰富，研发能力得以进一步提升，有助于上市公司向包括微生态等生物、医药与健康产业延伸拓展。

睿智化学以医药外包服务为主要收入来源，具有较强的研发能力和高水平的人才团队，在 CRO 领域处于国内领先水平。睿智化学的医药研发领域广泛，研发项目涵盖化学药开发、生物药开发、药代动力学分析、药物筛选等诸多方面，研发经验涉及肿瘤、神经系统疾病、ADC（抗体偶联药物）、免疫炎症、代谢等多个前沿领域。

本次交易完成后，上市公司可充分整合睿智化学的医药研发能

力，利用其国际视野建设人才队伍，进一步夯实上市公司在生物、医药与健康领域发展，特别是微生态健康领域所需的技术积累，深度开发益生元产品在特医食品、消化系统、肠道微生态医疗和健康领域的新应用，带动以益生元业务为基础的微生态营养、健康配料业务和微生态医疗健康业务的快速发展，从而进一步提升上市公司竞争力。

同时，上市公司通过给睿智化学嫁接规范的公司管理体系及精细化管理理念，有助于进一步优化睿智化学的规范运作及经营管理，进一步提高日常经营的效率。此外，睿智化学将融入上市公司的财务体系，依托上市公司较强的融资能力和上市公司体系内的资金综合筹划，提高上市公司与睿智化学的资金使用效率，发挥资源整合效应，夯实业务发展基础。

（二）睿智化学行业地位突出，未来发展前景可期

睿智化学是国内较早进入CRO行业的公司之一，已形成CRO和CMO两大业务主线，为客户提供涵盖化学服务、生物制药服务、药代动力学服务、生物服务等化学药、生物药临床前研发外包服务，以及生产工艺研发、临床实验用原料药生产等工艺开发和外包生产服务，可以实现新药研发的临床前实验全流程服务。2015年至今，睿智化学为全球超过500家客户累计执行超过6 000项FFS模式的CRO项目和CMO项目。睿智化学的客户覆盖大型制药企业、医药初创企业、大学及研究机构等不同类型，2015年至今已与全球前20名制药企业中的18家开展业务。

CRO和CMO属于典型的技术密集型行业。新药的发现、筛选、分析、生产工艺开发等均对技术提出了较高要求。经过多年积累，睿智化学已经建立起一支拥有高学历、高水平的研发队伍，其中，博士200名，拥有硕士及以上学历的员工占到了约50%。

（三）扩展收入来源，提升盈利能力

本次交易完成后，上市公司将新增CRO和CMO业务，收入规模和盈利能力将有所提升，有利于保护全体股东特别是中小股东的利益。

根据《审计报告》（普华永道中天审字〔2018〕第25429号）

中经审计的财务报表及附注，睿智化学 2015 年、2016 年和 2017 年分别实现净利润 5 566.66 万元、8 889.15 万元和 12 047.42 万元，盈利情况良好。本次交易有利于优化和改善上市公司的业务组合和盈利能力，扩大上市公司盈利空间，切实提升上市公司的价值，保障中小投资者的利益。

三、交易方案

（一）主要内容

量子高科以发行股份及支付现金相结合的方式，向交易对方购买持有的睿智化学 90% 股权，本次交易作价为 21.44 亿元。本次交易不安排配套募集资金，现金对价将由上市公司自有及自筹资金支付。

本次量子高科以发行股份及支付现金相结合的方式收购睿智化学 90% 股权，是为了完成睿智化学的境外股东退出，解决交易前睿智化学实际控制人 HUI MICHAEL XIN（惠欣）的境内外资金需求，巩固交易完成后上市公司控制权稳定性。本次交易实施了“两步走”方案。

第一步，完成睿智化学直接及间接股东层面调整。

（1）HUI MICHAEL XIN（惠欣）家族通过其控制的境外主体 OTC，收购 TPG Star Charisma Limited、TPG Biotech II Charisma Limited（以下简称“TPG 下属基金”）间接持有睿智化学 30% 股权。

（2）HUI MICHAEL XIN（惠欣）及其家族通过 CGHK 向 Mega Star、张某和曾某等投资者转让睿智化学 35% 股权，共获得约 8 亿元对价，用于：①偿还关联方应付睿智化学 5.07 亿元的借款；②偿还 2.75 亿元借款，以解除睿智化学股权质押；③CGHK 缴纳税款约 1.76 亿元。

（3）出于股权内部调整需要，CGHK 向同受 HUI MICHAEL XIN（惠欣）及其家族控制的睿昀投资转让睿智化学 35% 股权。此外，为增强睿智化学员工的凝聚力，CGHK 向员工持股平台睿钊投资转让睿智化学 5% 股权。

(4) 为进一步锁定交易标的，上市公司成立量子磁系基金，受让睿昀投资、张某分别持有的睿智化学5%股权。

第二步，上市公司以发行股份及支付现金相结合的方式收购睿智化学90%股权。本次交易不安排配套募集资金，现金对价将由上市公司自有及自筹资金支付。

本次交易前，曾某夫妇直接或间接持有上市公司102 804 495股权，占公司总股本的24.36%，为上市公司实际控制人。本次交易完成后，上市公司实际控制人曾某夫妇直接和间接合计持有上市公司20.58%的股权，睿智化学实际控制人HUI MICHAEL XIN（惠欣）及其家族间接合计持有上市公司10.39%的股权，本次交易新增股份占上市公司总股份的15.51%。

本次交易完成后，曾某夫妇的持股比例较HUI MICHAEL XIN（惠欣）及其家族的持股比例高10.19%，较本次交易新增股份总数所占比例高5.07%，显著高于其他股东的持股比例，实际控制权稳固。

（二）估值定价

本次交易的标的资产为睿智化学90%股权。根据东洲评估出具的《评估报告》（东洲评报字〔2017〕第0663号），东洲评估采用资产基础法和收益法对标的公司进行评估，并采用收益法的评估结果作为评估结论。截至评估基准日2017年3月31日，睿智化学股东全部权益的评估价值为234 000万元，账面净资产值为41 822.51万元，评估增值率为459.51%。睿智化学90%股权对应的评估值为210 600万元。因前述评估报告有效期于2018年3月31日届满，东洲评估以2017年12月31日为加期评估基准日出具了加期评估报告。经评估，截至2017年12月31日睿智化学100%股权的评估值为248 000万元，与前次评估相比未发生贬值。经交易各方协商，本次交易仍以2017年3月31日评估结果为基础。

考虑到本次交易完成后，上市公司可充分整合、利用睿智化学的医药研发能力和全球业务网络，进一步夯实上市公司在生物、医药与健康领域发展所需要的技术积累和人才队伍，深度开发优质益生元产品在特医食品、消化系统、肠道微生态医疗和健康领域的新应用，进一步提升上市公司产品竞争力、医疗服务能力。经交易各方协商，睿智化学90%股权的交易作价确定为214 400万元，较评估值溢价约1.80%。其中，本次交易的股份对价为124 050万元，拟发行77 482 821股；现金对价为90 350万元。

（三）对价支付方式

本次交易的交易对价由股份与现金相结合。其中，本次交易股份发行价格选择上市公司第三届董事会第三十九次会议的决议公告日前60个交易日的均价，即16.01元/股。根据上述发行股份价格确定方式及各方诉求，上市公司本次向交易对方发行股份数量合计为7 748万股，支付现金合计9.03亿元。

（四）盈利补偿安排

根据上市公司与补偿义务人、担保方签署的盈利预测补偿协议及补充协议，交易各方同意本次补偿义务人为睿昀投资、睿钊投资、曾某。补偿义务人承诺，睿智化学2017—2020年度实现的净利润数额（净利润数额以扣除非经常性损益后为准，下同）分别不低于1.35亿元、1.65亿元、2亿元、2.39亿元，其中，2017年度承诺净利润需扣除标的公司实施员工股权激励对净利润的影响。本次交易的业绩承诺期为4年，充分考虑到了2017年本次交易可能无法实施完毕的影响，有助于保障上市公司和广大股东的利益。

1. 2017—2019年度补偿安排

当标的公司2017年度、2018年度、2019年度累计实现的净利润总额达到补偿义务人2017年度、2018年度及2019年度承诺净利润总额的97%以上（含97%）时，上市公司同意豁免补偿义务人于2017年度、2018年度、2019年度的补偿义务。

当标的公司2017年度、2018年度、2019年度累计实现的净利润总额低于补偿义务人于2017年度、2018年度、2019年度的补偿义务的97%时，补偿义务人需承担业绩补偿责任。

睿昀投资、睿钊投资合计向上市公司承担95.5%的补偿责任，曾某向上市公司承担4.5%的补偿责任。睿昀投资、睿钊投资应优先以其通过本次交易获得的股份按照95%、5%的比例向上市公司承担补偿责任。如果睿昀投资已按上述比例用本次交易获得的全部股份向上市公司承担补偿责任，则睿钊投资在按照上述比例承担赔偿责任之后，应以其通过本次交易获得的剩余股份继续向上市公司承担补偿责任；曾某应以其通过本次交易获得的现金对价为上限向上市公司承担补偿责任，并应于标的公司2020年度专项审计报告出具后一次性计算补偿金额。

2. 2020年度补偿安排

若标的公司2020年度实现的净利润总额达到补偿义务人2020年度承诺净利润总额的97%以上（含97%）时，上市公司同意豁免补偿义务人于2020年度的补偿义务。

若标的公司2020年度实现的净利润总额低于补偿义务人2020年度承诺净利润总额的97%时，补偿义务人应当按照以下方式/比例向上市公司承担补偿责任：睿昀投资、睿钊投资合计向上市公司承担95.5%的现金补偿责任，曾某向上市公司承担4.5%的现金补偿责任。

3. 交易对方角色不同导致承担补偿计算方式不同

曾某作为上市公司实际控制人，对业绩承诺承担统一的现金补偿标准，即按照2017年度、2018年度、2019年度、2020年度四年累计业绩承诺差额加乘估值系数及曾某应承担的补偿比例进行补偿；睿昀投资、睿钊投资对业绩承诺承担分段补偿，即2017年度、2018年度、2019年度按照三年累计业绩承诺差额加乘估值系数及睿昀投资、睿钊投资应承担的补偿比例进行补偿，2020年度按照当期业绩承诺差额加乘睿昀投资、睿钊投资应承担的补偿比例进行补偿。

（五）其他安排

本次交易设置了超额业绩奖励。各方约定，若标的公司在2017—2020年度累计实现的净利润数额超过7.6117亿元（即7.39亿元×103%）（扣除2017年度睿智化学实施员工股权激励对净利润的影响），则超额部分的35%×95.5%（但不得超过标的资产最终交易价格的20%）可用于奖励标的公司届时在职的主要管理人员。可分配的超额盈利奖励具体计算公式如下：

可分配的超额盈利奖励金额=（盈利承诺期限内各年度累计实现的净利润总额-盈利承诺期限内各年度承诺净利润总额）×35%

设置业绩奖励有利于激发睿智化学核心人员发展标的公司业务的动力，维持睿智化学核心人员的稳定性和积极性，实现上市公司、睿智化学和睿智化学核心人员的利益绑定，在完成业绩承诺外勤勉经营，实现睿智化学业绩持续的增长，进而为上市公司股东提供合理回报。

四、交易节点

2016 年 12 月 15 日，公司公告正在筹划重大事项，公司股票自 2016 年 12 月 15 日起连续停牌。

2017 年 6 月 12 日，上市公司召开第三届董事会第二十八次会议，审议通过了本次交易的预案及相关议案。

2017 年 9 月 19 日，上市公司召开第三届董事会第三十四次会议，审议通过了《关于公司中止本次发行股份及支付现金购买资产并募集配套资金暨关联交易方案的议案》以及《关于量子磁系产业基金受让睿智化学 10% 股权暨关联交易的议案》。

2017 年 10 月 10 日，上市公司召开 2017 年第三次临时股东大会，审议通过了量子磁系基金受让睿昀投资、张天星持有的睿智化学合计 10% 股权的议案。

2018 年 1 月 12 日，上市公司召开第三届董事会第三十九次会议，审议通过了本次交易的报告书及相关议案。

2018 年 1 月 31 日，上市公司召开 2018 年第一次临时股东大会，审议通过了本次交易的报告书及相关议案。

2018 年 4 月 26 日，本次重大资产重组经中国证监会上市公司并购重组审核委员会召开的 2018 年第二十次并购重组委工作会议审核，获得无条件通过。

2018 年 5 月 22 日，中国证监会出具了《关于核准量子高科（中国）生物股份有限公司向上海睿昀企业管理中心（有限合伙）等发行股份购买资产的批复》（证监许可〔2018〕831 号），核准本次交易。

五、并购影响

（一）对上市公司业务的影响（业务、销售、研发）

交易完成后，上市公司的各项主营业务将呈现相互促进、协同并进的局面。睿智化学的研发能力、人才团队将为微生态营养制品业务、微生态医疗健康业务提供更强的技术和人才基础，提供坚实的研发能力支持；上市公司也将与睿智化学开展管理和财务整合，向睿智化学嫁接规范的公司管理体系及精细化管理理念，提升其经营效率。

根据上市公司的发展规划，本次交易完成后上市公司拟建立事业部制度，分别管理微生态营养制品、微生态医疗健康、CRO 和 CMO 业务、新产业孵化四项业务。其中，微生态营养制品、CRO 和 CMO 业务是上市公司的主要业务，微生态医疗健康是探索微生态营养制品、微生态诊疗干预技术在慢性病治疗中的应用，新产业孵化是探索微生态营养制品的横向与纵向延伸，探索微生态营养、微生态诊疗技术与生物医药间的融合。

（二）对上市公司财务的影响

本次交易完成后，上市公司的营业收入和盈利水平将有显著提升，上市公司可持续发展能力进一步增强。

（三）对原股东持股比例的影响

本次交易前，曾某夫妇直接或间接持有上市公司 102 804 495 股权，占公司总股本的 24.36%，为上市公司实际控制人。

本次交易完成后，上市公司实际控制人曾某夫妇直接和间接合计持有上市公司 20.58% 的股权，睿智化学实际控制人 HUI MICHAEL XIN（惠欣）及其家族间接合计持有上市公司 10.39% 的股权，本次交易新增股份占上市公司总股份的 15.51%。

本次交易完成后，曾某夫妇的持股比例较 HUI MICHAEL XIN（惠欣）及其家族的持股比例高 10.19%，较本次交易新增股份总数所占比例高 5.07%，显著高于其他股东的持股比例，实际控制权稳固。

六、交易特点

本次交易涉及的标的公司睿智化学无论是在总资产、净资产、收入、净利润都较上市公司量子高科有过之而无不及。在交易估值上，睿智化学总体20亿元以上的估值也相当于量子高科在交易前约80亿元市值的近四分之一强。在传统的交易模式下，睿智化学注入量子高科将导致上市公司控制权的不稳定。

在本次交易前，通过挖掘交易对方需求，以解决标的资金占用以及境外股东退出问题，睿智化学得以引进新的战略投资者参与到本次交易内。在本次交易中，交易对方、上市公司实际控制人做出一系列维持上市公司控制权稳定的承诺。这一系列措施使上市公司实际控制人在股权上保持了显著的控股地位，并在交易完成后的一段期间内得以保持，从而使其保持了在董事会、高级管理人员任命上的控制地位。

七、案例亮点

在上市公司并购项目中，标的企业的持续盈利能力，不仅是项目能够顺利通过审核的关键，而且是项目能得到市场认可的核心。睿智化学自身具备较强的盈利能力，且其所处的医药研发外包行业也符合国家医药改革目标，是助力国内医药企业转型的重要抓手，符合国家整体战略。因此，在面临交易方案设计的困难以及短期内政策不明朗冲击时，交易双方仍然能够同舟共济、矢志不渝，最终达成了合并目标。

第四章 其他案例

本章为其他类型并购案例，主要包括借壳上市、类借壳和整体上市等。这些案例和产业整合有较大差异，因此本书择其要者设专章予以介绍。其中，类借壳是指投资者获得上市公司控制权后置入资产，剥离原有资产，但未达到《上市公司重大资产重组管理办法》规定的“重组上市”标准。在借壳上市或类借壳案例中，上市公司一般作为实现资产上市的平台和渠道，因此，其原有产业价值相对次要，一般来说也没有实现协同效应的强烈需求。近年来，随着新股发行常态化、注册制改革、优化退市制度以及借壳上市监管趋严，借壳上市案例有增长放缓的趋向，但从市场现状和经济发展的角度看，借壳上市仍不失为为优质资产配置融资渠道、提高上市公司质量的有效方式。近年来，市场上出现的借壳上市案例，交易方案更加精细巧妙，引起了更广泛的关注。值得注意的是，2019 年开始允许高新技术产业和战略性新兴产业资产在创业板借壳上市，借壳上市服务科技创新的作用必将更好地发挥，也将为下一步创业板改革夯实基础。

本章案例中，鼎泰新材（002352）收购顺丰控股案例的市场关注度较高。顺丰控股在 2016 年 IPO“堰塞湖”的背景下选择借壳上市，作价433亿元，并募集配套资金80亿元，赢得了资本支持和发展先机。再如，双汇发展（000895）吸收合并双汇集团案例中，标的金额高达391亿元，通过巧妙的方案设计，同时达到简化股东持股结构的目的，实现了相关资产注入，达到较好的税收筹划效果，为大型集团公司整体上市提供了示范。

案例42：鼎泰新材（002352）收购顺丰控股100%股权[①]

一、案例简述

本次交易为马鞍山鼎泰稀土新材料股份有限公司（以下简称“鼎泰新材”“上市公司”“公司”）通过资产置换与发行股份的方式购买深圳明德控股发展有限公司（以下简称“明德控股”）、嘉强顺风（深圳）股权投资合伙企业（有限合伙）（以下简称“嘉强顺风”）、深圳市招广投资有限公司（以下简称“招广投资”）、苏州工业园区元禾顺风股权投资企业（有限合伙）（以下简称“元禾顺风”）、苏州古玉秋创股权投资合伙企业（有限合伙）（以下简称“古玉秋创”）、宁波顺达丰润投资管理合伙企业（有限合伙）（以下简称“顺达丰润”）、宁波顺信丰合投资管理合伙企业（有限合伙）（以下简称“顺信丰合”）合计持有的深圳顺丰泰森控股（集团）有限公司（以下简称“顺丰控股”“标的公司”）100%股权。

根据江苏银信出具的《评估报告》（苏银信评报字〔2016〕第056号）的评估结论，截至评估基准日2015年12月31日，拟置出资产母公司报表经审计净资产账面价值为70 393.37万元，拟置出资产的全部资产及负债评估价值为81 153.03万元，较审计后账面净资产增值10 759.66万元，增值率为15.29%。经交易双方友好协商，本次交易中拟置出资产最终作价79 600.00万元（经分红调整后）。

根据坤元评估出具的《评估报告》（坤元评报〔2016〕239号），截至评估基准日2015年12月31日，顺丰控股母公司报表经审计净

① 本案例由中信证券提供，撰写人：周江、曾彦森。

资产账面价值为 1 447 157. 50 万元，顺丰控股股东全部权益评估价值为 4 483 000. 00 万元，评估增值 3 035 842. 50 万元，增值率 209. 78%。经交易双方友好协商，本次交易中拟购买资产最终作价 4 330 000. 00 万元（经分红调整后）。

经交易各方协商一致，本次交易中拟置出资产最终作价 79 600. 00 万元，拟购买资产最终作价 4 330 000. 00 万元，两者差额为 4 250 400. 00 万元。购买资产与置出资产的差额部分由公司以发行股份的方式自顺丰控股全体股东处购买。

同时，鼎泰新材采用询价发行方式向不超过 10 名符合条件的特定对象非公开发行股份募集配套资金，总金额不超过 800 000 万元。募集配套资金扣除中介费用及相关税费后将用于标的公司航材购置及飞行支持项目、冷运车辆与温控设备采购项目、信息服务平台建设及下一代物流信息化技术研发项目、中转场建设项目。

二、交易背景

（一）上市公司成长性较弱，未来发展前景不明朗

上市公司的主营业务为生产、销售稀土合金镀层钢丝、钢绞线和 PC 钢绞线等金属制品。近年来，我国经济已经由高速增长转向中高速增长，不仅表现为经济增速的放缓，更表现为增长动力的转换、经济结构的再平衡。我国制造业也面临经济转型、整体出口下降、国内经济下行压力持续增加、国内制造业去库存压力增大等不利环境。受此影响，2013 年、2014 年和 2015 年，上市公司实现的净利润分别为 4 028. 10 万元、2 412. 44 万元和 2 513. 06 万元，整体呈快速下滑趋势。在市场竞争激烈、客户需求变化等多重背景下，公司现有主营业务未来的盈利成长性不容乐观。

鉴于上述情况，为了保护广大股东的利益，使上市公司的盈利能力能够保持持续健康的发展，上市公司决定进行本次重大资产重组，从传统的金属制品制造商转型成为国内领先的快递物流综合服务提供商，将现有资产出售，同时注入持续盈利能力较强的快递物流业务优质资产，保护上市公司广大股东特别是中小股东的利益。

（二）快递行业发展前景广阔

通过本次交易，上市公司将转型成为国内领先的快递物流综合服务提供商，进入快递行业。2015 年，我国快递市场业务量达到 206.7 亿件，业务收入达到 2 769.60 亿元，分别比 2014 年增长 48.07% 和 35.41%，目前，我国已成为全球最大的快递市场。此外，快递上游产业不断转型升级，农业、制造业、其他服务业等行业也逐步与快递接轨，快递上游需求空间继续膨胀。

随着农村市场、西部地区、跨境网购、食品生鲜领域和医药领域快递需求的释放，无论是市场拓展还是区域扩张，未来快递行业都将保持高速增长。根据《国务院关于促进快递业发展的若干意见》（国发〔2015〕61 号）提出的发展目标，到 2020 年，我国快递市场规模稳居世界首位，快递年业务量达到 500 亿件，年业务收入达到 8 000 亿元。我国快递行业发展存在以下有利因素：

1. 我国经济稳定增长将带动快递行业的持续发展

地区人均收入水平与快递行业的发展密切相关。2015 年，中国人均国内生产总值（GDP）达 7 990 美元，全球排名第 72 位，已接近人均 GDP10 000 美元的发达国家标准。《中共中央关于制定国民经济和社会发展第十三个五年规划的建议》提出“到 2020 年实现国内生产总值和城乡居民人均收入比 2010 年翻一番”，为实现这一目标，“十三五”时期，GDP 每年平均增长速度需保持在 6.5% 以上。宏观经济的持续稳定增长将带动快递行业的快速发展。

2. 宏观政策大力支持快递行业发展

国家大力支持快递行业发展。2014 年 9 月，国务院下发《物流业发展中长期规划（2014—2020 年）》，要求着力降低物流成本，提升物流企业规模化、集约化水平，加强物流基础设施网络建设，大力提升物流社会化、专业化水平。2015 年 10 月，国务院下发《国务院关于促进快递业发展的若干意见》（国发〔2015〕61 号），要求到 2020 年，基本建成普惠城乡、技术先进、服务优质、安全高效、绿色节能的快递服务体系，形成覆盖全国、联通国际的服务网络，要求各级政府深入推进简政放权，优化快递市场环境，加大政策支持力度，改进快递车辆管理，鼓励各类资本依法进入快递领域，支持快递企业兼并重组、上市融资。

3. 交通设施的持续改善为快递行业发展提供保障

2015 年底，全国铁路营业里程达到 12.1 万公里，比 2014 年末增长 8.2%，其中，高铁营业里程超过 1.9 万公里；全国公路总里程 457.73 万公里，比 2014 年末增加 11.34 万公里；全国民用运输机场 210 个，比 2014 年末增加 8 个。我国交通运输基础设施网络的日趋完善有力保障了快递行业的快速发展。

4. 我国人均快递支出和使用量仍然较低，发展空间巨大

根据国家邮政局公布的历年邮政行业运行情况，我国人均快递使用量从 2008 年的 1.1 件上升至 2015 年的 15.0 件，年人均快递支出从 2008 年的 30.8 元上升至 2015 年的 201.5 元，虽然有较大幅度上升，但相比美国和日本同期年人均快递使用量仍有较大差距，我国人均使用快递量还有很大的发展空间。人均使用快递量的上升也会带动人均快递支出上升。

5. 网络购物的快速发展为行业提供了新的需求

中国网购人数从 2007 年的不到 5 000 万人迅速增加到 2015 年的 4.13 亿人，网民使用网络购物的比例达到 60.00%，网络购物日益普及。据艾瑞咨询统计，2008 年至 2015 年间，我国网络购物市场高速增长，年均增长率超过 56%，2015 年我国网络购物市场交易规模已达到 3.8 万亿元。据统计，60%—70% 的网络购物需要依靠快递给予支撑和保障。未来 5 年，我国网购市场仍将以较快速度增长。网络购物的持续繁荣必将带动快递产业的高速增长。

6. 信息化、自动化水平的提高提升了快递企业的经营效率和盈利水平

信息化和自动化水平的提高，是快递行业降低运营成本、提高服务质量和盈利水平的关键因素之一。随着自动分拣设备及条码扫描和读码系统、电子面单等设备和技术的推广应用，我国快递行业信息化、自动化水平快速提高，综合竞争力不断增强。我国快递企业正从粗放式的扩张模式，向提升服务质量和运营效率的集约化发展模式转变。

（三）顺丰控股系国内领先的快递物流综合服务提供商，拟借助A股平台实现进一步发展

顺丰控股系国内领先的快递物流综合服务提供商，不仅可以为客户提供全方位的物流服务，而且提供包括信息服务、仓储服务等在内的一体化供应链解决方案。

经过多年发展，顺丰控股已在物流圈构建了集物流和信息流为一体的开放生态系统。在物流方面，顺丰控股可以为客户提供全方位多品类的物流快递服务，包括商务快递、国际快递、电商快递、仓储配送、逆向物流等多种快递服务，以及物流普运、重货快运等重货运输服务，同时，还为食品和医药领域的客户提供冷链运输服务。在物流服务基础上，顺丰控股提供保价、代收货款等多种增值服务，以满足客户个性化需求。信息流方面，顺丰控股提供的快递服务不但已经实现全业务流程信息跟踪查询和管控、投递路线动态优化、运力预警、车辆运输异常警告等功能，而且信息处理能力也位居行业前列。同时，顺丰控股利用大数据分析等技术，可以协助客户提供信息类增值服务。

运输网络方面，顺丰控股建立了覆盖全国及海外重点国家的服务网络，拥有全国最大的民营货运航空公司顺丰航空，自有全货机34架，并依托航空货运网和陆路运输网形成了通达国内外的运输能力，为快件的高效中转运输提供了有力的支持。

业务经营模式方面，顺丰控股采用直营的经营模式，由总部对各分支机构实施统一经营、统一管理，在开展业务的范围内统一组织揽收投递网络和集散处理、运输网络，并根据业务发展的实际需求自主调配网络资源。同时，公司大量运用信息技术保障全网执行统一规范，建立多个行业领先的业务信息系统，提升了网络整体运营质量。

在快递行业持续快速发展的背景下，具备规模优势、专业服务能力的顺丰控股的行业龙头地位将更加突出。顺丰控股作为国内领先的快递物流服务商迎来了难得的发展机遇。为顺应行业发展趋势，顺丰控股拟通过本次交易取得A股资本市场运作平台，未来可积极运用A股资本市场平台实现融资、并购整合功能，为顺丰控股长远

发展奠定良好的基础。

三、交易方案

(一) 交易方案说明

本次交易方案包括重大资产置换、发行股份购买资产、募集配套资金。上述重大资产置换和发行股份购买资产互为条件，共同构成本次交易不可分割的组成部分，其中任何一项交易如果因为没有获得监管机构批准而无法付诸实施，则其他交易均不能实施。募集配套资金是在前两项交易的基础上实施的，募集配套资金最终成功与否不影响前两项交易的实施。

1. 重大资产置换

本次交易中，鼎泰新材以截至拟置出资产评估基准日全部资产及负债与顺丰控股全体股东持有的顺丰控股100%股权的等值部分进行置换。

根据江苏银信出具的《评估报告》（苏银信评报字〔2016〕第056号），以2015年12月31日为基准日，选用资产基础法评估结果作为最终评估结论，本次交易的拟置出资产评估值为81 153.03万元。考虑2015年度现金分红1 634.45万元的影响，根据“重大资产置换及发行股份购买资产协议”，经交易各方友好协商，以拟置出资产评估值为基础并扣减上述已实施的现金股利分配，本次交易拟置出资产最终作价79 600.00万元。

根据坤元评估出具的《评估报告》（坤元评报〔2016〕239号），以2015年12月31日为基准日，选用收益法评估结果作为最终评估结论，本次交易的拟购买资产顺丰控股100%股权的评估值为4 483 000.00万元，评估增值3 035 842.50万元，增值率209.78%。2016年5月3日，顺丰控股召开股东大会，决议现金分红150 000.00万元。根据“重大资产置换及发行股份购买资产协议”，经交易各方友好协商，以拟购买资产评估值为基础并扣减上述拟实施的现金股利分配，本次交易顺丰控股100%股权的最终作价为4 330 000.00万元。

2. 发行股份购买资产

经交易各方协商一致，本次交易中拟置出资产最终作价 79 600.00 万元，拟购买资产最终作价 4 330 000.00 万元，两者差额为4 250 400.00 万元。购买资产与置出资产的差额部分由公司以发行股份的方式自顺丰控股全体股东处购买。

3. 募集配套资金

为提高本次重组绩效，增强重组完成后上市公司的盈利能力和可持续发展能力，上市公司拟采用询价发行方式向不超过 10 名符合条件的特定对象非公开发行股份募集配套资金，总金额不超过 800 000 万元。本次募集配套资金扣除中介费用及相关税费后将用于标的公司航材购置及飞行支持项目、冷运车辆与温控设备采购项目、信息服务平台建设及下一代物流信息化技术研发项目、中转场建设项目。本次非公开发行股份募集配套资金总额不超过拟购买资产交易价格的 100%，未用于补充流动资金。

本次配套融资发行股份的定价基准日为公司第三届董事会第十三次会议决议公告日，发行价格不低于定价基准日前 20 个交易日公司股票交易均价的 90%，即不低于 22.19 元/股，经除权除息调整后发行价格不低于 11.03 元/股。根据募集配套资金上限和发行底价计算，本次交易募集配套资金所发行股份数量不超过 725 294 650 股。

（二）估值定价

1. 置出资产的估值与定价

江苏银信采用资产基础法及收益法对拟置出资产进行评估，并选择资产基础法的评估结果作为最终结论。根据江苏银信出具的《评估报告》（苏银信评报字〔2016〕第 056 号）的评估结论，截至评估基准日 2015 年 12 月 31 日，拟置出资产母公司报表经审计净资产账面价值为 70 393.37 万元，拟置出资产的全部资产及负债评估价值为 81 153.03 万元，较审计后账面净资产增值 10 759.66 万元，增值率为 15.29%。经交易双方友好协商，本次交易中拟置出资产最终作价 79 600.00 万元（经分红调整后）。

2. 置入资产的估值与定价

评估机构坤元评估采用收益法和资产基础法对顺丰控股 100% 股

份的价值进行评估，并选择收益法的评估结果作为最终评估结论。根据坤元评估出具的《评估报告》（坤元评报〔2016〕239 号），截至评估基准日 2015 年 12 月 31 日，顺丰控股母公司报表经审计净资产账面价值为 1 447 157.50 万元，顺丰控股股东全部权益评估价值为 4 483 000.00 万元，评估增值 3 035 842.50 万元，增值率 209.78%。经交易双方友好协商，本次交易中拟购买资产最终作价 4 330 000.00 万元（经分红调整后）。

3. 对价支付方式

经交易各方协商一致，本次交易中拟置出资产最终作价 79 600.00 万元，拟购买资产最终作价 4 330 000.00 万元，两者差额为 4 250 400.00 万元。购买资产与置出资产的差额部分由公司以发行股份的方式自顺丰控股全体股东处购买。

本次发行股份购买资产的定价基准日为公司第三届董事会第十三次会议决议公告日，本次发行股份购买资产的股份发行价格为 21.66 元/股，不低于定价基准日前 60 个交易日股票均价的 90%。

2016 年 5 月 17 日，公司召开 2015 年度股东大会，审议通过《关于 2015 年度利润分配预案的议案》，公司向 2016 年 5 月 25 日深交所收市后中登公司登记在册的全体股东每 10 股派发现金红利 1.40 元（含税），现金分红总额为 1 634.45 万元，同时以资本公积向全体股东每 10 股转增 10 股。经除权、除息调整后，本次购买资产的股份发行价格为 10.76 元/股。据此计算，公司向顺丰控股全体股东发行股份的数量为 3 950 185 873 股。

本次配套融资发行股份的定价基准日为公司第三届董事会第十三次会议决议公告日，发行价格不低于定价基准日前 20 个交易日公司股票交易均价的 90%，即不低于 22.19 元/股，经除权除息调整后发行价格为不低于 11.03 元/股。根据募集配套资金上限和发行底价计算，本次交易募集配套资金所发行股份数量不超过 725 294 650 股。

（三）盈利补偿安排

1. 业绩承诺期间及承诺利润数

根据上市公司与交易对方签署的盈利预测补偿协议，本次交易的业绩补偿期为 2016 年度、2017 年度和 2018 年度。顺丰控股全体股东承诺本次重大资产重组实施完毕后，顺丰控股在 2016 年度、2017 年度和 2018 年度预测实现的合并报表范围扣除非经常性损益后归属于母公司所有者的净利润分别不低于 218 500 万元、281 500 万元和 348 800 万元。

考虑到本次重大资产重组配套募集资金会对标的公司净利润水平产生影响，鉴于本次募集资金投入项目并不直接产生收益，鼎泰新材与顺丰控股全体股东对于顺丰控股业绩承诺约定如下：

（1）本次募集资金自募投项目实际投入运营之日起，按照同期银行贷款基准利率及募投项目实际运营天数（按照募投项目实际投入运营之日起计算）计算资金使用费，顺丰控股全体股东对顺丰控股承诺净利润以扣除上述资金使用费后的净利润为准，资金使用费计算公式如下：

资金使用费 = 实际投入的募集资金金额 × 同期银行贷款基准利率 × 募投项目实际运营天数 ÷ 360

（2）顺丰控股本次募集资金专户存储或现金管理所产生的利息等收益，不计入乙方对标的资产的承诺净利润范围内。

2. 实际净利润数的确定

鼎泰新材将分别在利润补偿期间相应年度的年度报告中，单独披露顺丰控股实现净利润数与前述承诺净利润数的差异情况。上述实现净利润数，以鼎泰新材聘请的具有证券期货从业资格的审计机构出具的专项审计报告中披露的扣除非经常性损益后归属于顺丰控股母公司所有者的净利润数计算。

3. 利润补偿方式及数额

（1）补偿金额的确定。根据鼎泰新材聘请的且经双方认可的会计师事务所对顺丰控股出具的审计报告，在利润补偿期间，如果顺丰控股截至每个会计年度期末实际净利润数（累计数）未能达到承诺净利润数（累计数），则鼎泰新材应在该年度的年度报告披露之日起 10 日内，以书面方式通知交易对方关于顺丰控股截至该年度末实现净利润数（累计数）小于承诺净利润数（累计数）的事实，以及应补偿的股份数量和应补偿的现金金额。交易对方在各承诺年度的具体股份补偿数额和现金补偿金额的计算方式如下（下述股份补偿数额和现金补偿金额由交易对方按照其各自原持有的顺丰控股的股份比例相应承担）：

当期应补偿股份数 =（顺丰控股截至每一利润补偿期末承诺净利润累计数 - 顺丰控股截至每一利润补偿期末实际净利润累计数）÷顺丰控股业绩承诺期间内各年度的承诺净利润数总和 × 标的股权作价 ÷ 本次购买资产的股份发行价格 - 已补偿股份数量

当期应补偿现金金额 =（每一承诺期间当期应补偿股份数 - 每一承诺期间当期已补偿股份数）× 本次购买资产的股份发行价格

在承诺年度内，鼎泰新材如果有资本公积金转增股本或分配股票股利等除权事项的，则应补偿股份数量相应调整为：

当期应补偿股份数（调整后）= 当期应补偿股份数（调整前）×（1 + 转增或送股比例）

前述公式中的"本次购买资产的股份发行价格"亦进行相应调整。

在承诺年度内，鼎泰新材如果有现金分红等除息事项的，则交易对方按上述公式计算的应补偿股份数在回购股份实施前上述年度累积获得的分红收益，应随之赠送给鼎泰新材。

在计算利润补偿期间相应年度期末的应补偿股份数或应补偿金额时，若应补偿股份数或应补偿金额小于 0，则按 0 取值，已经补偿的股份及金额不冲回。

（2）补偿方式。顺丰控股在利润补偿期间实现的净利润数未达到承诺净利润数的，顺丰控股全体股东应首先以本次交易取得的鼎泰新材股份进行补偿，当股份补偿的总数达到本次发行股份购买资产发行的股份总数的 90% 后，顺丰控股全体股东以现金进行补偿。具体补偿方式如下：

在鼎泰新材聘请的具有证券期货从业资格的审计机构出具上年度审计报告之日起 60 日内，由顺丰控股全体股东向鼎泰新材支付该年度需补偿给鼎泰新材的全部股份和现金，未能在前述期限之内补偿的，应当继续履行补偿责任，并按日计算延迟支付的利息，日利率为未付部分的万分之五。

（3）顺丰控股全体股东向鼎泰新材支付的补偿总额不超过标的股权作价。

（4）如触发股份补偿条件，经股东大会审议通过，由鼎泰新材董事会负责办理鼎泰新材按照人民币 1 元的总价回购顺丰控股全体股东持有的这些应补偿股份并按照有关法律规定予以注销。

（5）承诺期限届满后的减值测试及补偿。在利润补偿期届满后三个月内，鼎泰新材应聘请具有证券期货业务资格的会计师事务所依照中国证监会的规则及要求，对顺丰控股出具《减值测试报告》。除非法律有强制性规定，《减值测试报告》采取的估值方法应与《拟购买资产评估报告》保持一致。如顺丰控股期末减值额大于"已补偿股份总数×对价股份的发行价格"，则补偿义务人应对鼎泰新材另行补偿股份。

因顺丰控股减值而应补偿股份数的计算公式为：

减值测试应补偿的股份数＝期末减值额÷本次购买资产的股份发行价格－利润补偿期间内已补偿股份总数

补偿时，先以本次交易取得的对价股份进行补偿。如果按照"减值测试应补偿的股份数"的计算公式计算的补偿股份数量，超过了交易对方所获得的鼎泰新材的对价股份，则差额部分应由交易对方用现金进行补偿：

补偿现金＝（减值测试应补偿的股份数－交易对方届时实际补偿股份数量）×对价股份的发行价格

上述股份补偿数额、现金补偿金额由交易对方按照其各自原持有的顺丰控股的股份比例相应承担。

在利润补偿期内，如果鼎泰新材有资本公积金转增股本或分配股票股利等除权事项，则减值测试应补偿股份数量相应调整为：减值测试应补偿股份数（调整前）×（1＋转增或送股比例），前述公式中的"本次购买资产的股份发行价格"亦进行相应调整。

在利润补偿期内，如果鼎泰新材有现金分红等除息事项，顺丰控股全体股东按上述公式计算的减值测试应补偿股份数在回购股份实施前上述年度累积获得的分红收益，应随之赠送给鼎泰新材。

无论如何，顺丰控股减值补偿与利润补偿合计不应超过标的公司的购买价格。

四、交易节点

2016 年 5 月 22 日，鼎泰新材召开第三届董事会第十三次会议，审议通过了本次重大资产重组预案相关议案。

2016 年 6 月 14 日，鼎泰新材召开第三届董事会第十四次会议，审议通过了本次重大资产重组草案相关议案，并同意与交易对方签署相关协议。

2016 年 6 月 30 日，鼎泰新材召开 2016 年第一次临时股东大会，审议通过了本次重大资产重组草案相关议案，审议通过了豁免明德控股本次交易触发的要约收购义务的议案。

2016 年 7 月 25 日，公司召开了第三届董事会第十五次会议，审议通过了本次重大资产重组方案调整的相关议案。

2016 年 9 月 27 日，召开了第三届董事会第十八次会议，审议通过了本次重大资产重组方案调整的相关议案。

2016 年 10 月 11 日，中国证监会上市公司并购重组审核委员 2016 年第七十五次并购重组委工作会议审核通过本次交易。

2016 年 12 月 12 日，中国证监会核准本次交易。

2016 年 12 月 23 日，顺丰控股完成工商变更登记。

2016 年 12 月 26 日，鼎泰新材履行完毕拟置出资产交付义务。

2017 年 1 月 18 日，中国证券登记结算有限责任公司深圳分公司出具了“股份登记申请受理确认书”。

五、并购影响

（一）对上市公司持续经营能力的影响

根据本次交易结构安排，上市公司将置出原有资产和负债，并置入顺丰控股的 100% 的股权。交易前上市公司的主营业务为稀土合金镀层钢丝、钢绞线和 PC 钢绞线等金属制品的生产和销售。交易完成后，上市公司将转型进入快递物流行业。置入资产顺丰控股是国内领先的速运物流综合服务提供商，通过在快递物流行业多年的深耕细作，形成了完备的快递网络和良好的业界口碑等竞争优势，资产规模和盈利能力均处于业界领先地位。未来，随着公司在航材及飞行支持、冷运车辆及温控设备、信息化系统及中转场建设等方面的持续投入，置入资产的盈利能力和资产规模有望进一步提升，为上市公司的持续经营提供坚实保障。

（二）对上市公司财务的影响

1. 资产负债结构与偿债能力

根据普华永道出具的《备考审计报告》（普华永道中天特审字〔2016〕第1837号）和瑞华出具的《审计报告》（瑞华审字〔2016〕48380037），本次交易完成后，上市公司截至2016年6月30日的资产负债率为51.70%，其中，流动资产1 971 941.75万元，占总资产比为53.16%；非流动资产1 737 586.43万元，占总资产比为46.84%；流动负债1 431 713.74万元，占总负债比为74.66%；非流动负债485 973.20万元，占总负债比为25.34%。截至2015年12月31日的资产负债率为60.37%，其中，流动资产1 858 248.76万元，占总资产比为53.53%；非流动资产1 613 408.57万元，占总资产比为46.47%；流动负债1 642 409.94万元，占总负债比为78.37%，非流动负债453 361.10万元，占总负债比为21.63%。总体来看，本次交易完成后，上市公司资产负债结构和资产负债率均处于合理水平，偿债能力较好。随着本次交易配套募集资金到位，上市公司的财务风险将有所下降，资产负债结构和偿债能力也将得到进一步优化和增强。

2. 未来融资能力

根据本次交易安排，上市公司将置出原有全部资产和负债。置入资产顺丰控股在业界有着优良口碑，盈利能力处于行业前列，与各大银行保持着紧密的合作关系，在各家银行均获得了较高的评级。预计交易完成后，随着上市公司资本实力的增强，上市公司间接融资的能力将会进一步加强。此外，交易完成后，上市公司的资产规模和盈利能力将会大幅提升，获取直接融资的能力也将进一步加强。因此，预计上市公司未来融资能力将得到有效强化。

3. 对上市公司股权结构的影响

本次交易前，上市公司总股本为 233 492 340 股。不考虑配套融资因素，本次交易完成后，王某控制的明德控股将持有公司总股本的 64.58%；考虑配套融资因素，本次交易完成后，王某控制的明德控股将持有公司总股本的 55.04%（募集配套资金发行价格按照发行底价测算）。明德控股将成为本公司控股股东，王某为公司实际控制人。

六、交易特点

（一）交易难点

1. 重大资产重组申请提交中国证监会后，因公司战略调整转让了部分子公司股权

为保证本次重大资产重组顺利实施，依据公司战略的调整和监管市场环境的变化，2016 年 7 月 25 日，顺丰控股、顺丰科技和顺丰香港分别做出股东决定，同意顺丰控股将持有的合丰小贷 100% 股权、顺丰科技将其持有的乐丰保理 100% 股权、顺丰香港将持有的顺诚融资租赁 100% 股权转让给明德控股或其指定的除顺丰控股及其子公司外的第三方。

在持续经营前提下，三家公司（对外业务）的估算价值共计 22 100 万元。顺丰控股将合丰小贷、乐丰保理和顺诚融资租赁 100% 股分别以 29 932.04 万元、5 057.46 万元和 36 705.15 万元的价格转让给明德控股或其指定的第三方，转让价格高于上述模拟的收益法测算结果，能够有效保护上市公司和中小股东的利益，重组方案调整不影响本次交易作价。

2. 关于现金收款的风险控制和内控措施

因快递业务面向的客户部分为个人消费者，因单票金额较小，个人消费者多习惯于选择用现金支付。由于部分以现金结算的营业款会暂时留存于收派员及业务人员处，在规范期间，资金存在未能及时汇入顺丰控股账户的情形。为最大限度地保证营业资金的安全，顺丰控股制定了一系列管理规范制度及流程管理措施以监控资金流转过程，保证资金安全，主要包括：

(1) 严格规定各类款项的缴款周期及方式;

(2) 通过信息系统对业务流程进行严格控制;

(3) 严格的处罚措施确保资金安全。

此外,公司采取以下措施从根本上逐步解决营业款现金回收过程中存在的资金风险问题:

一是拓展微信收款等多种结算方式,降低现金交易比例;

二是加强与银行合作,推广营业款委托代扣模式,每日定时自动从关联的收派员及业务员个人银行卡账户划扣相应资金至顺丰控股账户。

通过上述方式,有效加强了内控,降低了现金收款风险。

(二) 交易亮点

1. 进一步奠定了顺丰控股作为综合物流服务商的行业龙头地位

在快递行业出现兼并整合的情况下,具备规模优势、专业服务能力强的行业龙头企业的规模成本优势更加明显。为顺应行业发展趋势,顺丰控股通过本次交易取得了A股资本市场运作平台,一方面确立了顺丰作为物流快递领域最大的上市公司的市场地位;另一方面,通过积极运用A股资本市场平台实现融资、并购整合功能,为顺丰控股长远发展奠定了良好的基础,进一步夯实了顺丰控股作为综合物流服务商的行业龙头地位。

2. 募集资金投向高科技、大数据领域,进一步提升公司的核心竞争力

通过定向增发募资80亿元,顺丰控股将投入航材购置及飞行支持项目、冷运车辆与温控设备采购项目、信息服务平台建设及下一代物流信息化技术研发项目、中转场建设项目,顺丰控股将进一步在重资本、高科技、大数据上发力,实现降本增效,进一步提升公司的核心竞争力。

3. 提高上市公司的资产质量和盈利能力,有利于保护全体股东的利益

本次交易将上市公司原有盈利能力较弱,未来发展前景不明的业务整体置出,同时注入盈利能力较强、发展前景广阔的快递物流相关业务,实现上市公司主营业务的转型,从根本上改善了上市公

司的经营状况，增强了上市公司的持续盈利能力和发展潜力，提高了上市公司的资产质量和盈利能力，有利于保护全体股东特别是中小股东的利益。

七、案例亮点

面临物流快递行业日益激烈的竞争以及竞争对手纷纷上市带来的挑战，顺丰控股通过本次交易取得了A股资本市场平台，为顺丰控股全方位布局奠定了扎实的环境基础，为进一步巩固物流快递行业的龙头地位创造了有利条件。除此之外，于上市公司而言，本次交易从根本上改善了上市公司的经营状况，充分保护了上市公司中小股东的利益。

案例 43：双汇发展（000895）吸收合并双汇集团[①]

一、案例简述

河南双汇投资发展股份有限公司（以下简称“双汇发展”“上市公司”“公司”）是我国肉类行业内规模最大、实力最强的龙头企业。双汇发展具有悠久的行业历史，双汇开创中国肉类品牌，是中国肉制品加工行业最具影响力的品牌之一，是中国猪肉企业中的领军者。双汇发展具有严格的质量控制体系，全面实时监控生产和销售流程的各个环节，代表的是值得信赖的产品质量。双汇发展业务涉及猪肉产业链中的各个方面，从上游的饲料、生猪养殖，到中游的生猪屠宰及生鲜冻品、肉制品加工，再到下游的商业零售等，其主要从事生猪屠宰及生鲜冻品业务、肉制品业务及其他业务（包括饲料、生猪养殖等）。

为进一步聚焦肉业主业，更好地落实“调结构、扩网络、促转型、上规模”的发展战略，优化治理结构，双汇发展通过向控股股东河南省漯河市双汇实业集团有限责任公司（以下简称“双汇集团”“标的公司”）的唯一股东罗特克斯有限公司（以下简称“罗特克斯”）发行股份的方式对双汇集团实施吸收合并。

二、交易背景

（一）优势企业的行业整合是肉类行业的发展方向

中国是世界上猪肉消费量最大的国家，也是人均猪肉消费量最

① 本案例由华泰联合证券提供，撰写人：林俊健、彭海娇。

大的国家，但中国肉业领域目前呈现集中度低、大企业少、小企业多的现状。行业集中度低已成为制约肉类行业整体实力提升的关键因素之一。优势企业通过对行业的整合提升产业集中度已成为行业发展的方向，也受到行业政策的大力支持，行业集中度预计将在未来持续提升。

（二）肉业企业亟须转型升级以应对需求结构变化

猪肉是我国肉类消费的核心，在我国肉类消费中占比约三分之二。近年来，中国经济持续向消费和服务驱动型经济转型，消费升级的趋势已逐步形成，消费者对肉制品也提出了更高的要求。

在消费升级大背景下，肉制品行业参与者需保持对产品的持续创新，保持对品牌体系的持续塑造，不断提升在物流、信息化管理等方面的综合实力，打造更具竞争力的肉业相关产业链，以应对市场的变化以及日益加剧的竞争环境。

（三）双汇发展需在引领行业变革过程中持续发展

双汇发展为万洲国际有限公司（以下简称“万洲国际”）下属企业。万洲国际是全球最大的猪肉食品企业，在猪肉产业链的主要环节均占据全球领先地位。万洲国际拥有全球垂直一体化平台、全球最大的猪肉行业分销网络。双汇发展可依靠万洲国际在全球范围内有效匹配供给与需求的能力，发挥中外协同效应。双汇发展结合股东支持，利用优质资源对产业链进行持续整合，切实落实“调结构、扩网络、促转型、上规模”发展战略，在引领行业变革的过程中不断发展壮大。

三、交易方案

（一）重组方案介绍

本次交易具体方式为双汇发展通过向控股股东双汇集团的唯一股东罗特克斯发行股份的方式对双汇集团实施吸收合并。双汇发展为吸收合并方，双汇集团为被吸收合并方。本次吸收合并完成后，双汇发展为存续方，将承继及承接双汇集团的全部资产、负债、人员、业务、合同及其他一切权利与义务，双汇集团将注销法人资格，双汇集团持有的上市公司股份将被注销，罗特克斯将成为上市公司的控股股东。

本次发行股份购买资产的市场参考价为定价基准日前60个交易日的公司股票交易均价，即22.59元/股。经各方友好协商，股份发行价格为20.34元/股，不低于市场参考价的90%。根据2019年4月10日双汇发展2018年股东大会审议通过的分红方案，上市公司以总股本为基数，每股发放现金股利0.55元（含税），本次发行股份购买资产的股份发行价格根据上述分红方案进行相应调整后，股份发行价格为19.79元/股。

本次交易完成后，上市公司控股股东将变更为罗特克斯，实际控制人仍为兴泰集团。

为保护双汇发展全体股东的利益，本次吸收合并将赋予双汇发展除双汇集团以及罗特克斯及其一致行动人以外的异议股东现金选择权。有权行使现金选择权的股东可以向本次吸收合并的现金选择权提供方提出收购其持有双汇发展股份的要求。现金选择权的价格与发行股份购买资产的价格一致，现金选择权提供方为双汇发展。在本次现金选择权申报期内，没有投资者进行有效申报。

（二）估值定价

1. 交易标的的估值及估值基础

本次重组中，上市公司聘请中联资产评估集团有限公司（以下简称“中联评估”）以2018年12月31日为评估基准日对标的资产进行评估，并出具《资产评估报告》（中联评报字〔2019〕第249号）。本次评估以资产基础法对双汇集团进行评估，并以此评估结果作为本次交易的定价依据。根据《资产评估报告》，双汇集团以2018年12月31日为评估基准日的股东全部权益评估值为4 016 674.37万元。

2019年3月14日，双汇集团做出董事会决议，向罗特克斯进行分红，分红金额为107 556.60万元。本次吸收合并的交易对价根据双汇集团评估值扣除双汇集团对罗特克斯利润分配金额后确定。根据双汇集团董事会通过的分红方案，双汇集团扣除利润分配影响后的对价为3 909 117.77万元。

2. 对价支付方式

根据上述评估作价情况，本次吸收合并对价为 3 909 117.77 万元，根据本次发行股份的价格测算，双汇发展通过向交易对方新发行共计 1 975 299 530 股 A 股股份支付本次吸收合并的全部对价，本次交易不涉及现金支付。

3. 盈利补偿安排

本次交易中，双汇集团控股子公司漯河双汇海樱调味料食品有限公司（以下简称“海樱公司”）采用收益法进行评估及定价。根据中国证监会相关规定，双汇发展与交易对方就海樱公司未来业绩实现情况进行业绩承诺，罗特克斯承诺海樱公司 2019 年、2020 年、2021 年净利润金额分别不低于 3 065.48 万元、3 352.46 万元、3 713.65 万元。

四、交易节点

上市公司于 2019 年 1 月 25 日召开第七届董事会第五次会议，于 2019 年 3 月 14 日召开第七届董事会第七次会议，审议通过本次交易相关的议案。

2019 年 4 月 10 日，上市公司召开 2018 年年度股东大会，审议通过本次交易相关的议案。

2019 年 7 月 30 日，上市公司收到中国证监会核发的《关于核准河南双汇投资发展股份有限公司吸收合并河南省漯河市双汇实业集团有限责任公司的批复》（证监许可〔2019〕1394 号），本次交易获中国证监会核准。

2019 年 9 月 1 日，上市公司与双汇集团签订“河南双汇投资发展股份有限公司与河南省漯河市双汇实业集团有限责任公司关于以发行股份方式吸收合并相关事宜的交割协议”及“河南双汇投资发展股份有限公司与河南省漯河市双汇实业集团有限责任公司关于以发行股份方式吸收合并相关事宜的交割确认书”。双方确认，以 2019 年 9 月 1 日为本次吸收合并的交割日，以 2019 年 8 月 31 日为交割审计日，于该交割审计日由双汇发展聘请安永华明会计师事务所（特殊普通合伙）对过渡期间损益进行审计并出具审计报告。

2019年9月16日，上市公司就本次吸收合并事项所涉及的股份增发及股份注销事宜向中国证券登记结算有限责任公司深圳分公司提交相关登记材料。

2019年9月26日，上市公司本次交易新增股份上市。

五、并购影响

（一）对上市公司业务的影响

本次交易实施后，海樱公司、漯河双汇意科生物环保有限公司（以下简称“意科公司”）、漯河双汇计算机软件有限责任公司（以下简称“软件公司”）将注入上市公司，同时，通过注入双汇集团持有的河南双汇集团财务有限公司（以下简称“财务公司”）40%股权，财务公司将成为双汇发展的全资子公司。海樱公司的注入将更好地发挥肉制品业务与调味料业务之间的协同效应，有利于实现双汇发展产品结构升级，增强产品创新优化的能力，以创新促转型。软件公司的注入将为双汇发展信息智能化提供技术支持，有利于促进工业信息化、大数据平台建设以及扩大渠道网络，有利于支持双汇发展在生产、管理以及市场开拓方面的全面升级。意科公司的注入有助于使其在未来进一步开发利用有机废水资源等，为上市公司实现清洁生产和绿色发展，实现更大的社会价值。同时，财务公司成为双汇发展全资子公司后，有利于双汇发展利用金融服务为下属企业日常经营及战略发展提供支持。

（二）对上市公司财务的影响

根据安永华明会计师事务所（特殊普通合伙）（以下简称“安永华明”）出具的双汇发展财务报表《审计报告》[安永华明（2019）审字第61306196－R01号]及安永华明出具的双汇发展备考合并财务报表《审阅报告》[安永华明（2019）专字第61306196－R04号]，本次交易完成后，上市公司的资产总额增长51 661.03万元，增长的主要原因在于交易完成后上市公司将双汇集团直接持股的海樱公司、软件公司、意科公司纳入合并报表范围，并合并了双汇集团母公司持有的双汇大厦、货币资金等资产。

本次交易完成后，上市公司的负债总额增长 81 064.87 万元，增长的主要原因在于本次吸收合并完成后，上市公司将双汇集团直接持股的海樱公司、软件公司、意科公司纳入合并报表范围，并将承担双汇集团母公司负债。

本次交易完成后，归属于母公司所有者权益上升 6 739.07 万元。

2018 年，上市公司归属于母公司所有者净利润备考数较交易前上市公司归属于母公司所有者净利润减少 260.89 万元，变动幅度为 -0.05%，归属于母公司所有者净利润、基本每股收益在交易前后基本保持不变。

六、交易特点

本次交易的特点主要在于交易方案的设计，方案需要达到简化股东持股结构和实现相关资产注入的目的，同时需要实现较好的税收筹划效果。在资产注入方面，上市公司可采用向双汇集团发行股份、支付现金、吸收合并等方式进行，可选途径较多；在简化持股结构方面，可以通过双汇集团向罗特克斯转让双汇发展股权、罗特克斯吸收合并双汇集团、双汇发展吸收合并双汇集团等方式。考虑到双汇集团持有双汇发展的市值较高，采用协议转让方式的税收成本较高。另外，由于双汇集团的股东罗特克斯是境外公司，在境内法律层面对于跨地区、跨法域的公司间吸收合并并无可操作的实施程序。因此，最终设计成双汇发展向罗特克斯发行股份吸收合并双汇集团的方案。

七、案例亮点

万洲国际是全球最大的猪肉食品企业，本次重组完成后双汇发展将成为万洲国际在境内的唯一业务平台，使上市公司能够更好地落实“调结构、扩网络、促转型、上规模”的发展战略，为中国肉业的稳定健康发展提供更好的基础。

本次交易的规模高达 391 亿元，市场影响较大，市场关注度较高。本次交易的方案设计为有股东持股结构调整、资产注入资本运作诉求的类似上市公司提供了示范案例。此外，因为本次交易涉及境外公司以及双汇发展的境外投资者，所以本次交易也进一步丰富了在此情况下现金选择权方案的实施、吸收合并、交割等事宜的具体业务实践。

案例 44：维信诺（002387）重大资产购买及重大资产出售[①]

一、案例简述

维信诺科技股份有限公司（以下简称“维信诺”“上市公司”“公司”）原是全国大型的豆奶粉生产企业和国内最具核心竞争力的营养麦片生产企业之一，主要从事大豆及谷物类营养饮品的研发、生产和销售，后经过重大资产重组，公司置出全部食品饮料资产。云谷固安和霸州云谷主要面向金融企业提供信息领域的规划咨询、项目管理、项目开发及运营维护管理服务，为软件和信息技术服务业。目前公司经营范围包括受托资产管理、投资管理等。集团业务涵盖了食品、高新产业、软件和信息技术服务、资产管理、投资管理等多行业，在大数据、大健康、新能源、高新技术等方面也加大了投入，公司前景远大。

2018 年 8 月，维信诺拟进行重大资产购买和重大资产出售，具体如下：

（一）重大资产购买

本次重大资产购买包括上市公司拟在苏州产交所竞买江苏维信诺显示科技有限公司（以下简称“江苏维信诺”）合计 44.80% 的股权，以及公司控股子公司昆山国显光电有限公司（以下简称“国显光电”）拟购买昆山维信诺显示技术有限公司（以下简称“维信诺显示”）合计 43.87% 的股权。

昆山国创投资集团有限公司（以下简称“昆山国创”）、昆山阳

① 本案例由中信建投证券提供，撰写人：赵立昌。

澄湖文商旅集团有限责任公司（以下简称“阳澄湖文商旅”）、昆山创业控股集团有限公司（以下简称“昆山创控”）在苏州产交所公开挂牌转让其合计持有的江苏维信诺44.80%的股权，上市公司拟以不超过40亿元参与前述股权转让项目的竞买。其中，江苏维信诺除持有国显光电股权外，不存在其他持股或业务经营活动。如该项资产购买实施完成，公司将直接持有江苏维信诺100%的股权。

公司控股子公司国显光电拟以支付现金的方式分别向信冠国际有限公司（以下简称“信冠国际”）、冠京控股有限公司（以下简称“冠京控股”）购买其持有的维信诺显示30.40%、13.47%的股权。如该项资产购买实施完成，国显光电持有维信诺显示95.07%的股权。

（二）重大资产出售

公司控股子公司国显光电拟向昆山和高信息科技有限公司（以下简称“昆山和高”）出售其持有的昆山维信诺科技有限公司（以下简称“维信诺科技”）40.96%的股权，昆山和高以现金方式支付；如该项资产出售完成，国显光电不再持有维信诺科技股权。

上述两项重大资产购买之间、重大资产购买与重大资产出售之间不互为前提。

本次交易完成后，上市公司将集中精力发展AMOLED业务，并置出市场规模及成长性较小的PMOLED业务，积极布局新产品、新技术，更好地实施业务整合和产业布局，精准地对接消费品显示市场、专业显示市场和新兴市场的需求，加速完成产业升级，提升产品附加值，持续扩大先发优势。

二、交易背景

（一）OLED产业战略意义重大，国家产业政策大力支持

OLED属于平板显示行业，涉及半导体、微电子、光电子、材料加工制造、装备制造等多个领域，产业链关联范围广泛，具有重要的战略意义。

近年来，我国政府出台多项政策支持OLED产业发展。2012年，

《“十二五”国家战略性新兴产业发展规划》明确提出，“加快推进有机发光二极管（OLED）等新一代显示技术研发和产业化。攻克发光二极管（LED）、OLED产业共性关键技术和关键装备、材料，提高LED、OLED照明的经济性”。2014年，国家发展和改革委员会、工业和信息化部联合颁布的《2014—2016年新型显示产业创新发展行动计划》，强调新型显示是信息产业重要的战略性和基础性产业，推动新型显示成为新一代信息技术产业创新发展的重要支撑。2016年，《“十三五”国家战略性新兴产业发展规划》明确提出，“实现主动矩阵有机发光二极管（AMOLED）、柔性显示等技术国产化突破及规模应用”；国家发改委和工信部联合发布《实施制造业升级改造重大工程包》，提出重点发展低温多晶硅、氧化物、有机发光半导体显示等新一代显示量产技术，建设高世代生产线。

国家一系列政策措施的出台，为我国OLED产业的加速发展奠定了坚实的政策基础。OLED技术的产业化将对国家和地区技术、经济的发展起到举足轻重的作用，在很大程度上也将影响国家和地区在电子信息高新技术领域的竞争力。

（二）AMOLED市场持续增长，柔性显示屏优势凸显

OLED具有主动发光、超薄、无视角限制、可卷曲、高画质（高对比度、高亮度、高色域）、全固态、低功耗和工作温度范围宽等特点，相关产品已被广泛应用于手机、平板电脑、笔记本电脑、电视、车载显示等传统平板显示应用领域，而在最新兴起的智能可穿戴设备、VR/AR（虚拟显示/增强现实）设备等应用领域，更成为主流显示技术。根据驱动方式的不同，OLED器件可以分为无源驱动型OLED（PMOLED）和有源驱动型OLED（AMOLED）。AMOLED因较PMOLED更适合全彩色动态图像显示，是未来OLED显示的发展方向。根据IHS数据，全球2018年AMOLED显示面板销售额较2017年增长约53%，达到约346亿美元；到2022年，AMOLED显示面板销售额将达到约566亿美元，保持持续增长态势。

随着消费者对移动智能终端设备的个性化需求越来越高，柔性显示技术逐渐成为显示技术发展的新方向，而OLED由于其原理结构上的优势，成为目前柔性显示的唯一选择。AMOLED柔性显示屏

2014 年开始批量进入市场，在曲面智能手机及智能手表上获得成功应用，并迅速被市场所认可。据 IHS 预测，2018 年 AMOLED 柔性屏销售额较 2017 年增长约 88%，达到约 231 亿美元；到 2022 年 AMOLED，柔性屏销售额预计将实现 414 亿美元，应用领域则会从曲面智能手机、智能手表扩展到其他智能穿戴设备显示、平板电脑、笔记本电脑和车载视窗显示等更为广泛的领域。

（三）全球面板厂商积极扩产，争取 OLED 产业主动权

近年来，全球各大厂商积极投入 OLED 显示产业，国内厂商 OLED 面板渗透率持续小幅度提升，但仍以韩系产能为主。随着国内产线的陆续投产，OLED 产销量将出现快速增长。

从发展态势看，OLED 工艺技术不断发展成熟，市场需求急剧增加，产品质量快速提升，产品成本逐渐下降，消费者对 OLED 产品的认知度和接纳程度不断提高，OLED 产业已经进入产业成长期。因此，在市场需求与技术发展的驱动下，把握时机，发挥优势，积极参与 OLED 全球产业竞争，拓展新领域，开发新产品，对企业发展、提升竞争力具有重要意义。

（四）公司完成非公开发行股票融资，产业布局进展顺利

2018 年 3 月公司完成非公开发行股票募集资金，用于合资设立江苏维信诺并投资第 5.5 代有源矩阵有机发光显示器件（AMOLED）扩产线、第 6 代有源矩阵有机发光显示器件（AMOLED）面板生产线、第 6 代有源矩阵有机发光显示器件（AMOLED）模组生产线。

公司产线建设及运营情况良好。第 5.5 代 AMOLED 生产线一期于 2015 年点亮，目前已实现量产；2017 年 8 月底第 5.5 代 AMOLED 扩产项目点亮，2017 年底已实现出货。云谷固安第 6 代 AMOLED 产线于 2017 年 8 月完成主体结构封顶，2018 年 5 月 17 日启动运行，并预计于 2018 年底逐步投产。

第 5.5 代 AMOLED 扩产项目位于江苏省昆山市，将国显光电第 5.5 代 AMOLED 一期生产线的玻璃基板加工能力由 4 000 片/月增加至 15 000 片/月，巩固并增强国显光电第 5.5 代 AMOLED 项目的竞争优势；公司第 6 代 AMOLED 面板生产线项目和第 6 代 AMOLED 模组生产线项目为新建项目，分别坐落于河北省固安及霸州，相较于

第5.5代AMOLED生产线项目，不仅将产线世代提升至6代线，更大幅度地提升了柔性显示屏生产能力，增强了公司竞争能力。

综上所述，通过本次交易，维信诺将把握AMOLED行业快速发展的机遇期，继续加快项目建设，积极响应和满足市场需求。

三、交易方案

（一）主要内容

1. 重大资产购买

本次重大资产购买包括公司拟在苏州产交所竞买江苏维信诺合计44.80%股权，以及公司控股子公司国显光电拟购买维信诺显示合计43.87%股权。

昆山国创、阳澄湖文商旅、昆山创控在苏州产交所公开挂牌转让其合计持有的江苏维信诺44.80%股权，上市公司拟以不超过40亿元参与前述股权转让项目的竞买。其中，江苏维信诺除持有国显光电股权外，不存在其他持股或业务经营活动。如该项资产购买实施完成，公司将直接持有江苏维信诺100%的股权。

公司控股子公司国显光电拟以支付现金的方式分别向信冠国际、冠京控股购买其持有的维信诺显示30.40%、13.47%的股权。如该项资产购买实施完成，国显光电将持有维信诺显示95.07%的股权。

2. 重大资产出售

公司控股子公司国显光电拟向昆山和高出售其持有的维信诺科技40.96%的股权，昆山和高以现金方式支付。如该项资产出售完成，国显光电不再持有维信诺科技股权。

上述两项重大资产购买之间、重大资产购买与重大资产出售之间不互为前提，其中任何一项内容因未获得政府主管部门或监管机构批准等而无法付诸实施，都不影响本次交易其他内容的实施。本次交易不涉及发行股份，不会导致公司股权结构发生变化，不会导致公司控股股东和实际控制人发生变更，本次交易不构成重组上市。

（二）估值定价

1. 江苏维信诺

根据天健兴业出具的《资产评估报告书》（天兴评报字〔2018〕第0540号），本次评估以2018年3月31日为评估基准日，采用资产基础法进行评估，在持续经营的假设条件下，江苏维信诺100%股权的净资产账面价值为579 725.57万元，评估值为682 605.67万元，评估增值102 880.10万元，评估增值率为17.75%。

昆山国创、阳澄湖文商旅、昆山创控于苏州产权交易所公开挂牌转让其合计持有的江苏维信诺44.80%的股权，上市公司拟以不超过400 000万元的价格参与竞买。根据《产权转让公告》，至公告挂牌期满，若产生一个意向受让方，经转让方主管国资部门批准后，双方直接签约；若征集到两个或两个以上符合条件的意向受让方时，将采用电子竞价的方式确定最终受让方。本次公开挂牌转让标的资产江苏维信诺44.80%股权的挂牌底价为316 070.37万元，具体转让价格以最终竞买结果为准。

2. 维信诺显示

根据天健兴业出具的《资产评估报告书》（天兴评报字〔2018〕第0542号），本次评估以2018年3月31日为评估基准日，采用资产基础法进行评估，在持续经营的假设条件下，维信诺显示100%股权的净资产账面价值为15 156.89万元，评估值为50 140.67万元，评估增值34 983.78万元，评估增值率为230.81%。

根据拟购买资产的评估结果，本次拟购买的维信诺显示43.87%股权的评估值为21 996.71万元，经交易各方协商确定，本次交易的对价为21 996.71万元。

3. 维信诺科技

根据天健兴业出具的《资产评估报告书》（天兴评报字〔2018〕第0541号），本次评估以2018年3月31日为评估基准日，采用资产基础法与收益法进行评估。在持续经营的假设条件下，经资产基础法评估，维信诺科技100%股权的净资产账面价值为48 876.97万元，评估值为59 650.01万元，评估增值10 773.04万元，评估增值率为22.04%；经收益法评估，维信诺科技100%股权的净资产账面价值为 48 876.97 万元，评估值为 60 110.29 万元，评估增值 11 233.32 万元，评估增值率为 22.98%。

本次评估最终选用收益法评估结果，本次拟出售的维信诺科技 40.96% 股权的评估值为 24 621.17 万元，经交易双方协商确定，本次交易的对价为 24 621.17 万元。

（三）对价支付方式

本次交易涉及的所有交易对价均以现金方式支付。

1. 购买江苏维信诺 44.80% 的股权

根据《产权转让公告》，至公告挂牌期满，若产生一个意向受让方，经转让方主管国资部门批准后，双方直接签约；若征集到两个或两个以上符合条件的意向受让方时，将采用电子竞价的方式确定最终受让方。竞买人被确定为受让方后，应按照竞价实施方案的要求签订国有产权转让合同。

国有产权转让合同生效之日起 5 个工作日内，受让方应将江苏维信诺 44.80% 股权的交易对价一次性划入苏州产权交易所指定的专用账户。

2. 购买维信诺显示 43.87% 的股权

在维信诺显示完成股权变更登记手续之日起 90 日内，且不晚于 2019 年 1 月 31 日，国显光电应将约定的交易价款向信冠国际、冠京控股一次性支付。

3. 出售维信诺科技 40.96% 的股权

在维信诺科技完成股权变更登记手续之日起 90 日内，且不晚于 2019 年 1 月 31 日，昆山和高应将约定的交易价款向国显光电一次性支付。

（四）期间损益安排

1. 购买江苏维信诺 44.80% 的股权

根据《产权转让公告》及国有产权转让合同范本，交易各方不得以交易期间（从评估基准日起至标的产权权属变更完成期间）标的企业经营性损益等理由对已达成的交易条件和交易价格进行调整。具体损益安排将以公司最终竞买成功后与昆山国创、阳澄湖文商旅、昆山创控签订的正式国有产权转让合同的约定内容为准。

2. 购买维信诺显示 43.87% 的股权

自评估基准日至资产交割日，维信诺显示如实现盈利或因其他原因而增加的净资产的相应部分由国显光电享有；自评估基准日至资产交割日，维信诺显示如因发生亏损或因其他原因而减少的净资产部分，由信冠国际、冠京控股分别按照交割日前持有的维信诺显示股权比例以等额现金向国显光电补足。

3. 出售维信诺科技 40.96% 的股权

自标的资产维信诺科技 40.96% 股权的评估基准日至股权交割日为过渡期。过渡期间，标的资产维信诺科技 40.96% 股权的损益归属于昆山和高。

四、交易节点

2018 年 7 月 19 日，国显光电召开股东会并做出决议，同意国显光电以支付现金的方式向信冠国际和冠京控股购买其所持有的维信诺显示股权；同意国显光电向前海永旭或其下属子公司转让所持有的维信诺科技股权。

2018 年 8 月 10 日，上市公司召开第四届董事会第三十二次会议，审议并通过本次重大资产购买及重大资产出售报告书（草案）等与本次交易有关的议案。

2018 年 8 月 29 日，上市公司召开第四届董事会第三十四次会议，审议并通过了本次重大资产购买及重大资产出售报告书（草案）（修订稿）等与本次交易有关的议案。

2018 年 9 月 17 日，上市公司召开 2018 年第七次临时股东大会，审议并通过了本次重大资产购买及重大资产出售报告书（草案）（修订稿）等与本次交易有关的议案。

2018 年 10 月 15 日，苏州产权交易所出具《江苏维信诺显示科技有限公司股权公开转让鉴证报告书》确认至公告期届满，征集到唯一意向受让方维信诺，经过相关程序，由维信诺以 316 070.37 万元人民币受让江苏维信诺 44.80% 股权。

2018 年 10 月 25 日，交易双方已完成了江苏维信诺 44.80% 股权过户事宜，相关工商变更登记手续已办理完毕，上市公司合计持有江苏维信诺100%的股权。

2018年11月5日，交易双方已完成了维信诺显示43.87%股权过户事宜，相关工商变更登记手续已办理完毕，国显光电合计持有维信诺显示95.07%的股权。

2018年11月21日，交易双方已完成了维信诺科技40.96%股权过户事宜，相关工商变更登记手续已办理完毕，国显光电不再持有维信诺科技股权。

五、并购影响

（一）对上市公司股权结构的影响

本次交易全部为现金支付，不涉及公司的股权变动，因此本次交易不会导致公司股权结构发生变化。

（二）对上市公司主营业务的影响

公司的主营业务是显示器及模块产品的研发、生产、销售、技术咨询、技术服务、货物及技术的进出口业务。

基于AMOLED产业巨大的市场需求、较高的增长速度，以及公司在AMOLED产业技术积累、产线建设、人才储备等方面的优势，公司在对行业格局进行深入分析的基础上，拟通过本次重大资产重组，集中精力发展AMOLED业务，并置出市场规模及成长性较小的PMOLED业务，积极布局新产品、新技术，能够更好地实施业务整合和产业布局，从而精准地对接消费品显示市场、专业显示市场和新兴市场的需求，加速完成产业升级，提升产品附加值，持续扩大先发优势。通过核心技术的产业化，将快速占据AMOLED市场份额，有效丰富AMOLED面板供应，提升国内高端显示产品的国产化水平，逐步提升市场占有率，降低国内下游厂商供应风险，支撑国内消费电子企业的快速崛起。

（三）对上市公司财务的影响

根据大华会计事务所出具的上市公司2017年《审计报告》（大华审字〔2018〕001398）、《备考审阅报告》（大华核字〔2018〕

003591号）以及上市公司2018年1月至3月财务报告，本次交易完成后公司营业收入实现显著增长，2017年及2018年1月至3月公司备考报表营业收入较公司实际营业收入增幅分别为1 318.57%及2 035.94%；但由于第5.5代AMOLED生产线量产时间相对较短，相关产品及生产工艺仍在不断改进，产品良率亦需逐步提升。同时，固定资产折旧相对较大，投产后财务费用及管理费用较高，故江苏维信诺存在阶段性整体业绩亏损，上市公司备考报表归属于母公司净利润为负。

但是长期来看，随着第5.5代AMOLED生产线不断磨合优化，生产线的稼动率将显著提升，有助于整体产能实现较大提升。此外，江苏维信诺致力于不断优化工艺流程，缩短试制及产能爬坡期，这将加快实现盈利。公司收购江苏维信诺、维信诺显示少数股权，有利于进一步增强上市公司的控制力，有利于上市公司整体资源配置，有利于各盈利指标的优化，公司整体盈利能力将随之进一步提高。

（四）对公司同业竞争的影响

本次交易前，公司与控股股东西藏知合、实际控制人及其控制的企业不存在相同或相近的业务，不存在同业竞争。公司控股股东、实际控制人出具了《关于避免同业竞争的承诺函》。

（五）对公司关联交易的影响

本次交易前，交易对方昆山国创、阳澄湖文商旅、昆山创控、信冠国际、冠京控股、昆山和高与上市公司不存在关联关系。本次交易完成后，上市公司也将认真分析关联交易的必要性，严格遵循公司制定的有关关联交易的内部控制制度，完善关联交易的信息披露，减少不必要的关联交易。

为充分保护交易完成后上市公司的利益，规范可能存在的关联交易，公司控股股东、实际控制人、董事、监事、高级管理人员以及交易对方信冠国际、冠京控股、昆山和高出具了《关于减少和规范关联交易的承诺函》。

六、交易特点

（一）资产收购与资产出售同步进行

在本次重组的资产收购环节，一方面，维信诺在苏州产交所竞买江苏维信诺合计44.8%的股权，完成后公司将直接持有江苏维信诺100%的股权。江苏维信诺除持有国显光电86.39%的股权外，不存在其他持股或业务经营活动。另一方面，维信诺控股子公司国显光电购买维信诺显示合计43.87%的股权。具体而言，国显光电拟以支付现金的方式分别向信冠国际、冠京控股购买其持有的维信诺显示30.4%、13.47%的股权，交易完成后，国显光电将持有维信诺显示95.07%的股权。

资产出售方面，国显光电此次拟向昆山和高出售其持有的维信诺科技40.96%的股权，如该项资产出售完成，国显光电将不再持有维信诺科技股权。

需要指出的是，上述两项重大资产购买之间、重大资产购买与重大资产出售之间不互为前提，其中任何一项内容因未获得政府主管部门或监管机构批准等而无法付诸实施，并不影响本次交易其他内容的实施。

（二）全部现金支付，无配套融资

本次交易涉及的所有交易对价均以现金方式支付。

1. 购买江苏维信诺44.80%的股权

根据《产权转让公告》，至公告挂牌期满，若产生一个意向受让方，经转让方主管国资部门批准后，双方直接签约；若征集到两个或两个以上符合条件的意向受让方，则采用电子竞价的方式确定最终受让方。竞买人被确定为受让方后，应按照竞价实施方案的要求签订国有产权转让合同。

国有产权转让合同生效之日起5个工作日内，受让方应将江苏维信诺44.80%股权的交易对价一次性划入苏州产权交易所指定的专用账户。

2. 购买维信诺显示 43.87% 的股权

在维信诺显示完成股权变更登记手续之日起 90 日内，且不晚于 2019 年 1 月 31 日，国显光电应将约定的交易价款向信冠国际、冠京控股一次性支付。

3. 出售维信诺科技 40.96% 的股权

在维信诺科技完成股权变更登记手续之日起 90 日内，且不晚于 2019 年 1 月 31 日，昆山和高应将约定的交易价款向国显光电一次性支付。

（三）无业绩承诺安排

交易对方未进行业绩承诺安排。

七、案例亮点

交易完成后，江苏维信诺将成为维信诺的全资子公司，维信诺加码布局 AMOLED 产业的目的十分明显。2015 年底，“知合系”王某借壳黑牛食品成立维信诺；10 个月后，定增 180 亿元（最后募资 150 亿元）大转型到 OLED 产业，取得标的公司国显光电控制权，“买壳、转型、定增”一气呵成，大举布局正值风口的 AMOLED 产业。此次交易完成后，国显光电原股东将实现退出，维信诺对国显光电核心技术的掌控力也将更强。

本案例因其特殊性且重大资产收购和重大资产出售同步进行，获得了监管机构及市场各方的重点关注，项目推进难度大。作为财务顾问中信建投，深入研究，制定创新性、建设性的交易方案，保障了方案的顺利实施，充分体现了独立财务顾问的专业能力。

案例45：露天煤业（002128）收购霍煤鸿骏[1]

一、案例简述

内蒙古霍林河露天煤业股份有限公司（以下简称“露天煤业”“上市公司”“公司”）前身是霍林河矿务局，是全国94家国有重点局矿之一，是全国五大露天煤矿之一。公司主营业务为煤炭产品生产、加工及销售。煤炭生产采用单斗汽车—半固定式破碎站—带式输送机半连续工艺，剥离生产采用单斗汽车间断工艺、单斗汽车—半固定式破碎站—带式输送机—排土机工艺，机械化程度100%。公司先后荣获“质量标准化二级矿井”“质量标准化一级矿井”“质量标准化特优级矿井”“现代化露天煤矿”“全国煤炭工业双十佳煤矿”“高产高效煤矿”“全国五一劳动奖状”“先进基层党组织”“模范职工之家”“自治区级文明单位”等荣誉称号。2018年，公司购买霍煤鸿骏51%股权。霍煤鸿骏主要从事电解铝的生产及销售，公司快速进入电解铝业务领域，并通过上市公司平台为霍煤鸿骏的发展提供支持，以期将电解铝业务打造为公司未来重要的业务增长点，形成“煤—电—铝”联动。

2017年7月29日，露天煤业披露了《内蒙古霍林河露天煤业股份有限公司发行股份及支付现金购买资产并募集配套资金暨关联交易预案》（以下简称《预案》），露天煤业拟向蒙东能源发行股份及支付现金购买其持有的霍煤鸿骏51%股权和通辽盛发90%股权。同时，募集配套资金不超过140 000.00万元，扣除中介机构费用后将用于支付本次交易的现金对价。本次交易完成后，露天煤业将持

---

① 本案例由中信建投证券提供，撰写人：李然。

有霍煤鸿骏51%的股权和通辽盛发90%的股权。

2018年3月31日，上市公司对交易方案进行了调整，标的资产由霍煤鸿骏51%股权和通辽盛发90%股权改为霍煤鸿骏51%股权。交易方案调整不涉及新增交易对方、交易标的以及新增配套募集资金事项。交易方案调整后，标的资产中涉及变更事项的交易对价占原交易对价的15.60%，减少的交易标的的交易作价、资产总额、资产净额及营业收入占原标的资产相应指标总量的比例均未超过20%。根据中国证监会发布的“上市公司拟对重大资产重组方案中的交易对象、交易标的等做出变更的，通常如何认定是否构成对重组方案的重大调整”的答复和《上市公司监管法律法规常见问题与解答修订汇编》中“六、上市公司公告重大资产重组预案后，如对重组方案进行调整，有什么要求?”的答复，方案调整不构成对本次重组方案的重大调整。

调整后的交易方案为露天煤业向蒙东能源发行股份及支付现金购买其持有的霍煤鸿骏51%股权，同时募集配套资金不超过133 000.00万元，扣除中介机构费用后将用于支付本次交易的现金对价。

本次交易完成后，露天煤业将持有霍煤鸿骏51%的股权。

本次交易的完成有利于进一步提升公司的综合竞争能力，增强抗风险能力和可持续发展的能力，有助于公司产业链延伸和扩张，有利于上市公司减少关联交易。

二、交易背景

（一）推动国企整体改革，提高资产证券化水平

2015年以来，中共中央、国务院先后出台了《关于深化国有企业改革的指导意见》《关于改革和完善国有资产管理体制的若干意见》等一系列国企改革文件，鼓励国有企业积极实行改革、提高国有资本流动性。国资委也出台文件要求“央企要加大资本运作力度，推动资产证券化”，提高国有资产证券化率是国资国企改革的重要手段之一。

2015年6月，国务院国资委发布《关于进一步做好中央企业增收节支工作有关事项的通知》，要求“央企要加大内部资源整合力度，推动相关子企业整合发展，并加大资本运作力度，推动资产证券化，用好市值管理手段，盘活上市公司资源，实现资产价值最大化”。2015年9月，中共中央、国务院下发《关于深化国有企业改革的指导意见》，明确提出“支持企业依法合规通过证券交易、产权交易等资本市场，以市场公允价格处置企业资产，实现国有资本形态转换，变现的国有资本用于更需要的领域和行业”。

本次交易完成后，蒙东能源旗下资产证券化率进一步提升，有利于进一步推进国有企业改革，通过中央企业内部国有资产资源整合，提升国有资产价值。

（二）延长产业链，增强上市公司综合实力

上市公司主营业务为煤炭、电力的生产及销售，业务集中于煤炭产业链的上游，业绩和未来盈利能力主要受市场煤炭供求状况和市场价格的影响。本次交易标的霍煤鸿骏以煤为原料进行火力发电，并以自己生产的电力继续从事电解铝业务。通过本次收购，上市公司煤炭产业链条得以有效延长，有利于完善产业布局，降低行业周期性波动的风险。本次交易完成后，上市公司将实现煤炭、电力、电解铝的“煤—电—铝”产业链布局，有利于增强上市公司的综合实力与可持续发展能力。

综上，本次交易将标的资产注入上市公司有利于完善上市公司产业链，增强上市公司的综合实力与可持续发展能力，具备合理性。

（三）交易标的注入上市公司符合国家供给侧改革、去产能的相关政策和规定

2017年，国家发展和改革委员会、工业和信息化部等16部委联合印发《关于推进供给侧结构性改革　防范化解煤电产能过剩风险的意见》的通知（发改能源〔2017〕1404号），鼓励煤炭、电力等产业链上下游企业发挥产业链协同效应，支持企业和企业通过资产重组、股权合作、资产置换、无偿划转等方式整合煤电资源。

本次交易将标的资产霍煤鸿骏51%股权注入上市公司，有助于与上市公司现有业务形成良好协同效应，符合上市公司发展战略。

本次交易完成后，上市公司进入电解铝业务领域，同时火电业务规模得以进一步扩大，形成用煤发电、用电炼铝、以铝带电、以电促煤的“煤—电—铝”一体化的循环经济产业链。

综上所述，将交易标的注入上市公司有利于增强上市公司可持续发展能力，符合国家供给侧改革、去产能的相关政策和规定。

三、交易方案

（一）主要内容

露天煤业向蒙东能源发行股份及支付现金购买其持有的霍煤鸿骏51%股权，同时募集配套资金不超过133 000.00万元，扣除中介机构费用后将用于支付本次交易的现金对价。本次交易完成后，露天煤业将持有霍煤鸿骏51%的股权。

在不考虑配套募集资金的情况下，本次交易前，上市公司总股本为1 634 378 473股，控股股东蒙东能源持有967 861 119股，占比为59.22%。本次交易股份对价支付后，蒙东能源持有公司股份的数量为1 122 022 721股，占比为62.73%。

公司计划在本次重大资产重组的同时，拟向不超过10名特定对象非公开发行股份募集配套资金，募集资金总额不超过133 000.00万元，且不超过本次拟购买资产交易价格的100%，用于支付本次购买标的资产的现金对价和中介机构费用。募集配套资金将以发行期首日作为定价基准日，假设募集配套资金的发行价格为9.05元/股，则募集配套资金实施完毕后蒙东能源的持股比例将下降至57.97%。

本次交易不会导致公司控股股东和实际控制人发生变化。

（二）估值定价

根据国友大正出具的《内蒙古霍林河露天煤业股份有限公司拟向中电投蒙东能源集团有限责任公司购买资产所涉及的内蒙古霍煤鸿骏铝电有限责任公司股东全部权益价值项目资产评估报告》（大正评报字〔2018〕第026A号），评估机构采用资产基础法和收益法两种评估方法对霍煤鸿骏100%股权进行了评估，最终采用资产基础法评估结果作为评估结论。

（三）对价支付方式

在本次交易中，露天煤业将以发行股份以及支付现金的方式向交易对方支付收购对价，交易总对价为270 516.25万元，其中，股份对价为139 516.25万元，现金对价为131 000.00万元。

（四）盈利补偿安排

1. 业绩承诺

根据公司与蒙东能源签订的业绩承诺补偿协议，蒙东能源承诺霍煤鸿骏2018年、2019年、2020年预计可实现的净利润总数（净利润以扣除非经常性损益后归属于母公司的净利润为准，以下简称“预测净利润总额”）不低于131 216.14万元。

2. 实际盈利数的确定

上市公司将在业绩补偿期间内的每一个会计年度结束以后，聘请具有证券业务资格的会计师事务所（以下简称“会计师事务所”），对补偿期内的各年年末的实际净利润情况进行专项审核，并出具《专项审核报告》。标的资产在补偿期内的实际净利润以《专项审核报告》确定的数值为准，实际净利润与承诺净利润的差额数根据《专项审核报告》确定。

3. 补偿期间

双方同意，蒙东能源根据协议对上市公司的业绩补偿期间为2018年、2019年、2020年。

如监管部门要求对前述业绩承诺的补偿期限予以调整，则双方一致同意根据监管部门的要求予以相应调整，并另行签署相应的业绩承诺补偿协议的补充协议，对相关补偿事宜进行约定。

4. 补偿方式

业绩补偿于业绩补偿期间结束后统一实施，根据会计师事务所出具的《专项审核报告》，如果业绩补偿期间霍煤鸿骏累积实现净利润总额低于承诺的预测净利润总额，则上市公司应在最后一年业绩补偿期间结束后的上市公司年度审计报告披露之日起5日内，以书面方式通知蒙东能源，要求蒙东能源按照约定进行补偿。

若在承诺期末，霍煤鸿骏累积实现净利润总额低于承诺的预测净利润总额，则蒙东能源应向上市公司现金支付补偿。补偿金额按照如下方式计算：

补偿金额 =（承诺净利润总额 - 累计实际净利润审计数）×51%。

业绩承诺期内，若因青岛市中级人民法院〔2015〕青执字第353 - 17号、〔2015〕青执字第353 - 18号执行裁定书而使霍煤鸿骏遭受损失，根据《中电投蒙东能源集团有限责任公司关于霍煤鸿骏铝电公司诉讼纠纷的承诺函》，蒙东能源已按股权转让比例对上市公司进行了补偿。在此情形下，计算补偿金额时，应扣除蒙东能源已对上市公司进行的补偿额，避免重复补偿。

在最后一年业绩补偿期结束后，上市公司聘请的审计机构就标的资产的业绩事项出具《专项审核报告》之日起30个工作日内，蒙东能源将应补偿上市公司的现金划转入上市公司指定的账户。

四、交易节点

2017年7月29日，露天煤业召开2017年第七次临时董事会，审议通过了本次发行股份及支付现金购买资产并募集配套资金暨关联交易预案等相关议案。

2018年6月16日，露天煤业召开2018年第五次临时董事会，审议通过了本次发行股份及支付现金购买资产并募集配套资金暨关联交易报告书（草案）等相关议案。

2018年7月13日，露天煤业发行股份及支付现金购买资产并募集配套资金项目获得国务院国资委批复。

2018年7月14日，露天煤业召开2018年第二次临时股东大会会议，审议通过了本次发行股份及支付现金购买资产并募集配套资金暨关联交易报告书（草案）等相关议案。

2018年11月8日，本次交易获得中国证监会并购重组委通过。

2019年5月21日，标的资产因本次交易涉及的股权过户事宜已办理完毕工商变更登记手续，霍煤鸿骏铝电公司成为露天煤业的子公司。

2019年6月12日，本次发行股份的新增股份在中国证券登记结算有限责任公司深圳分公司办理完毕股份登记手续。

五、并购影响

（一）本次交易对上市公司股权结构的影响

本次交易前，上市公司总股本为1 634 378 473股，控股股东蒙东能源持有967 861 119股，占比为59.22%。

本次交易股份对价支付后，蒙东能源持有公司的股份的数量为1 122 022 721股，占比为62.73%。

上市公司计划在本次重大资产重组的同时，拟向不超过10名特定对象非公开发行股份募集配套资金，募集资金总额不超过133 000.00万元，且不超过本次拟购买资产交易价格的100%，用于支付本次购买标的资产的现金对价和中介机构费用。募集配套资金将以发行期首日作为定价基准日，假设募集配套资金的发行价格为9.05元/股，则募集配套资金实施完毕后蒙东能源的持股比例将下降至57.97%。

本次交易不会导致公司控股股东和实际控制人发生变化。

（二）本次交易对上市公司主要财务指标的影响

根据天职国际出具的《备考审阅报告》，本次交易完成后，上市公司销售毛利率、销售净利率均有所下降，本次交易对上市公司销售毛利率、销售净利率的影响主要受标的公司与上市公司毛利率差异影响所致。

本次交易完成后，上市公司的负债规模、资产负债率的增幅均较高，主要是标的公司负债规模较大、资产负债率高于上市公司同期数据所致。

（三）本次交易对上市公司主营业务的影响

本次交易前，公司形成了“煤+电”的主营业务布局。公司拥有霍林河矿区一号露天矿田和扎哈淖尔露天矿田的采矿权，年煤炭产销量4 600万吨左右，属于国内大型现代化露天煤矿。经过多年的发展，公司已经成为蒙东和东北地区褐煤龙头企业，形成了较好的品牌形象，与客户和铁路保持着良好的合作关系。公司全资子公司通辽霍林河坑口发电有限责任公司的2×600MW机组是东北电网直调火电厂主力调峰机组，目前该机组正处于良好运营期。随着机组的综合升级改造，机组的能耗水平进一步降低，整体运行效率进一步提升。公司煤矿资源优势明显，在不断巩固发展煤炭业务的基础上，公司响应控股股东“用煤发电，用电炼铝，以铝带电，以电促煤”的发展思路，积极布局火电等相关行业，提升竞争力。

本次交易，公司拟购买霍煤鸿骏 51% 股权。霍煤鸿骏主要从事电解铝的生产及销售，截至目前，霍煤鸿骏拥有年产 86 万吨电解铝生产线、装机容量 180 万千瓦火电机组、30 万千瓦风电机组。电耗为电解铝成本的重要组成部分，霍煤鸿骏自备电厂具有距离煤炭产地近的优势，就近消纳煤炭有利于促进当地能源经济的发展，从而形成较好的产业链带动效应。将电解铝业务注入上市公司，有助于与上市公司现有业务形成良好协同效应，符合上市公司发展战略。本次交易完成后，公司可以快速进入电解铝业务领域，并通过上市公司平台为霍煤鸿骏的发展提供支持，以期将电解铝业务打造为公司未来重要的业务增长点，形成“煤—电—铝”联动。

综上所述，本次交易的完成有利于进一步提升公司的综合竞争能力，增强抗风险能力和可持续发展的能力，有助于公司产业链延伸和扩张，符合上市公司重大资产重组管理办法第十一条第五款的规定。

（四）本次交易对上市公司关联交易的影响

霍煤鸿骏从上市公司购买发电用燃煤，构成两者之间主要的关联交易。本次交易完成后，该交易因合并消除，有利于减少与上市公司采购煤炭的关联交易。

除上市公司外，霍煤鸿骏其余的关联交易主要为从国家电投旗下的贸易公司采购氧化铝、阳极炭等原材料，以及向该类贸易公司和其他关联方销售铝产品等。

本次交易完成后，上市公司关联交易的金额将有所增加，但日常关联交易占比总体保持稳定。

针对目前存在的关联交易情况，国家电投、蒙东能源分别出具《关于减少和规范关联交易的承诺》，以减少和规范关联交易。

（五）本次交易对上市公司同业竞争的影响

本次交易前，上市公司主营业务为煤炭开采和火力发电，霍煤鸿骏的主营业务为电解铝，本次交易完成后，上市公司将新增电解铝业务。截至目前，除霍煤鸿骏外，蒙东能源旗下其他未注入上市公司的电解铝资产为中电投霍林河煤电集团铝业股份有限公司76.89%的股权。

目前，霍林河铝业公司处于持续亏损状态，暂不具备注入上市公司的条件。

为了提高国有资本配置效率，逐步兑现蒙东能源将相关资产注入露天煤业的承诺，充分整合资源，发挥规模效应，国家电投于2017年3月将其在内蒙古区域所属公司经营性资产的经营权和所属公司投资所形成的股权（其中蒙东能源持有露天煤业的股权除外）委托给露天煤业管理。因此，本次交易完成后，蒙东能源旗下所有电解铝业务实质上都由上市公司进行统一管理，霍林河铝业的生产经营不会损害上市公司的利益。本次交易完成后，上市公司不会新增实质性的同业竞争企业。

六、交易特点

（一）标的资产调整增强交易可实现性

最初交易方案为露天煤业向蒙东能源发行股份及支付现金购买其持有的霍煤鸿骏51%股权和通辽盛发90%股权，同时，公司拟向不超过10名特定对象非公开发行股份募集配套资金，募集资金总额不超过140 000.00万元，且不超过本次拟购买资产交易价格的100%。后交易方案改为露天煤业向蒙东能源发行股份及支付现金购买其持有的霍煤鸿骏51%股权，同时，公司拟向不超过10名特定对象非公开发行股份募集配套资金，募集资金总额不超133 000.00万元，且不超过本次拟购买资产交易价格的100%。标的资产减少一个，基准日由2017年2月28日改为2018年2月28日。

本次交易调整的原因是：

1. 公司无法在6个月内发出召开股东大会的通知

露天煤业本次重组于2017年3月17日开市起停牌，2017年7月28日公司召开2017年第七次临时董事会会议，审议通过了《关于发行股份及支付现金购买资产并募集配套资金暨关联交易方案的议案》等与本次资产重组相关的议案。之后，由于标的资产办理不动产权证等原因，公司无法在6个月内完成本次重组的国资委评估备案，从而召开董事会并发出股东大会通知。鉴于此，公司于2018年3月30日召开了2018年第二次临时董事会，并以2018年2月28日为本次重组的基准日，相应调整重组方案。

2. 通辽盛发2017年亏损

通辽盛发2016年、2017年营业收入为41 899.13万元、42 589.39万元，2016年、2017年净利润为1 425.30万元、-2 647.08万元。报告期内，通辽盛发出现亏损，所以为保障本次重组的顺利推进，经交易各方友好协商，决定不再收购通辽盛发90%股权。

（二）上市公司股东提出避免同业竞争的总体性计划

本次交易拟注入霍煤鸿骏51%股权，霍煤鸿骏主营业务为电解铝。本次交易完成后，上市公司将新增电解铝业务。

2014年8月，蒙东能源、国家电投出具了《关于避免内蒙古霍林河露天煤业股份有限公司同业竞争的总体规划》，承诺露天煤业是蒙东能源在内蒙古东部煤炭、火力发电资源整合的唯一平台和投资载体，并将旗下白音华二号、三号露天矿的煤炭经销权委托给露天煤业，后续择机启动白音华二号露天矿、三号露天矿、通辽第二发电有限责任公司、内蒙古大板发电有限责任公司注入露天煤业的工作。

七、案例亮点

通过识别优质标的资产，并将具有良好发展前景、富有战略发展意义的标的资产注入上市公司，可以帮助上市公司做大做强。本次交易后，2019年上半年标的资产共为公司贡献营业收入51.76亿元，占公司总营收的54.29%，实现利润总额1.2亿元，占公司利润总额的7.47%。霍煤鸿骏目前共拥有电解铝产能121万吨，其中，实际运行产能86万吨，在建产能35万吨。未来35万吨的在建产能投产之后，上市公司电解铝板块收入水平将进一步提升。

本次交易是上市公司全业务一体化的最后拼图，通过本次交易，上市公司打造了煤电铝一体化产业链，有利于业绩持续提升。电耗为电解铝成本的重要组成部分，霍煤鸿骏自备电厂具有距离煤炭产地近的优势，自备电厂和低廉煤价使得霍煤鸿骏铝生产的电力成本较低，在电解铝行业具备长期竞争优势。此次收购完成后，公司基本打通了从上游煤炭生产洗选到中游燃煤发电，最后到下游生产、加工电解铝的全业务一体化产业链，形成了“煤—电—铝”联动。

案例 46：隆盛科技（300680）收购微研精密[1]

一、案例简述

无锡隆盛科技股份有限公司（以下简称“隆盛科技”“上市公司”“公司”）长期致力于在发动机节能减排领域为下游客户提供符合柴油机动车减排需要和汽油机动车节能需要的废气再循环处理方案。隆盛科技的主营业务为发动机废气再循环（EGR）系统的研发、生产和销售，主要产品为发动机废气再循环（EGR）系统产品，包括 EGR 阀、控制单元（ECU）、传感器、EGR 冷却器等。

上市公司以发行股份及支付现金的方式，购买微研精密（以下简称“标的公司”）100% 股权。拟通过询价的方式向不超过 5 名符合条件的特定投资者发行股份募集配套资金，募资金额为 11 600.00 万元，且发行的股份数量不超过 13 600 000 股。但由于中国证监会对于配套募集资金的必要性有较大疑问，最终取消了募集配套资金。

二、交易背景

（一）延伸产业链，完善主营业务结构

标的公司微研精密是上市公司的上游企业，其产品作为 EGR 系统的原材料，发挥着重要作用。本次交易有利于上市公司保证原材料的充足供应、价格稳定。交易完成后，微研精密将成为上市公司的全资子公司，上市公司将完成对上游行业的业务布局，实现从

① 本案例由中信建投证券提供，撰写人：李中生。

EGR系统产品到上游精密冲压零部件的产业链的延伸。交易完成后，上市公司将与微研精密进行资源的有效整合，充分发挥双方在品牌、技术、研发等方面的协同效应，牢牢把握我国新能源汽车行业快速发展的重大契机以及《中国制造2025》的重大历史机遇，实现跨越式发展。

（二）注入优质资产，切实提高上市公司盈利能力

经过多年发展，微研精密积累了一定的客户资源，具有良好的可持续盈利能力。

上市公司2017年度基本每股收益有一定提高，整体盈利能力得以提升。本次交易有利于增厚公司每股收益，提升股东回报，从而充分保障上市公司及股东的利益。

（三）标的公司微研精密的竞争优势

1. 优秀的研发能力和综合解决方案

金属冲压就是依靠冲压设备与模具对金属施加外力使之成形的工艺，模具的设计与制造是该工艺的关键。微研精密始终以技术创新为核心、自主研发为先导，建立了较为完备的研发体系，设立独立的研发中心，配备一批经验丰富、知识全面、技术扎实的研发人员，同时聘请拥有经验丰富的外籍产品开发技术人员作为微研精密模具设计和开发的指导。

微研精密不仅能提供单一的精密零件产品，还积极参与到客户产品的前期开发工作，根据客户的要求开发出多工位机械手、自动送料机和在线检测器等多种非标准生产线，为客户非标定制化产品的生产提供先进的模具、工艺及产线规划等综合解决方案。

2. 精益化生产优势

精益化生产是一种以最大限度减少企业生产所占用的资源，最大限度降低企业管理和运营成本为主要目标的生产方式，精益化生产的特点是力求在大批量的生产中实现多品种和高品质的低成本生产。

微研精密高度重视生产制造的精益化，提倡“Safety + 5S”的生产理念，不仅对生产线进行优化，降低生产成本，而且减少了新生产线引入所造成的工时浪费。此外，微研精密在生产过程中定期对

模具进行保养，提高了模具的使用寿命。精益化生产方式降低了微研精密的生产成本，有效提高了其竞争力。

3. 品牌与客户资源优势

微研精密始终专注于精密冲压模具、精密型腔模具、光电子器件、冲压件、塑料制品的生产与销售。经过多年发展，凭借其强大的技术研发实力、稳定的产品性能、全面完善的售后服务体系，微研精密在行业内赢得了良好的口碑，形成了优越的品牌效应。目前，微研精密的客户主要以汽车行业内的顶级部件供应商为主，如联合汽车电子有限公司、日本 ALPS 电气株式会社（无锡阿尔卑斯电子有限公司）、无锡理昌科技有限公司、德国博泽集团［博泽（上海）汽车零部件制造有限公司］、舍弗勒（中国）有限公司、盖茨胜地汽车水泵产品（烟台）有限公司、延锋安道拓座椅机械部件有限公司等。

4. 严谨的质量保证体系

零部件的质量决定着整机产品的质量，产品质量达标并保持稳定，是专业化的零部件制造企业获得订单的重要原因。质量是企业的生命线，是企业获得订单和健康快速发展的基石。微研精密先后通过 ISO9001、IATF16949、ISO14001：2015 体系认证。生产经营过程中，微研精密始终坚持国际性质量标准来设计生产、管理流程，广泛运用工具显微镜、投影机、轮廓和粗糙仪、涂层测厚仪、拉力测试仪、三坐标测量机等多种高精密检测设备以及完善的后道处理工艺及设备，使产品的质量得到可靠保证。

三、交易方案

（一）方案说明

上市公司以发行股份及支付现金的方式，购买微研精密 100% 股权，交易价格 30 000.00 万元。

本次交易完成后，隆盛科技将持有微研精密 100% 的股权，微研精密将成为隆盛科技的全资子公司。

本次交易对价的 35% 以现金支付，65% 以股份支付。最终发行股票数量为6 312 721股。交易对方谈某所得股份的锁定期为36个月，其他交易对方锁定期为12个月。过渡期盈利由上市公司享有，亏损以现金方式由交易对方按持股比例承担。

（二）估值定价

1. 交易标的的估值及估值基础

根据北京中企华资产评估有限责任公司出具的《资产评估报告》[中企华评报字（2018）第1007号]，分别采用资产基础法与收益法对标的进行了评估。

采用资产基础法对交易标的进行评估，截至评估基准日2017年10月31日，微研精密总资产账面价值为19 638.22万元，评估价值为24 612.46万元，增值额为4 974.24万元，增值率为25.33%；总负债账面价值为9 603.74万元，评估价值为9 458.56万元，增值额为-145.18万元，增值率为-1.51%；净资产账面价值为10 034.48万元，股东全部权益评估价值为15 153.90万元，增值额为5 119.42万元，增值率为51.02%。

采用收益法对交易标的进行评估，截至评估基准日2017年10月31日，微研精密总资产账面价值为19 638.22万元，总负债账面价值为9 603.74万元，净资产账面价值为10 034.48万元。收益法评估后的股东全部权益价值为30 116.98万元，增值额为20 082.50万元，增值率为200.13%。

本次评估结论采用收益法评估结果，即微研精密的股东全部权益价值评估结果为30 116.98万元。采用收益法评估结果的主要原因为：资产基础法评估结果针对被评估企业账面反映的资产和负债，通常是从重置的角度反映企业各项资产、负债的现行价值，与企业经营收益能力关系较小。而收益法则将企业视作一个整体，侧重于被评估企业未来预期收益能力，范围涵盖了商誉、客户资源、管理团队等不可确指的无形资产在内的企业所有资产，并且收益法评估中涵盖了资产基础法中未能考虑的所开发新产品的贡献因素，得出的评估值能更合理地反映企业的股东全部权益价值。

2. 同类交易案例的估值比较

结合A股市场发行股份收购资产的同类交易，与本次隆盛科技收购微研精密100%股权相关的案例包括天润曲轴收购东莞鸿图100%股权、双林股份收购双林投资100%股权、华锋股份收购理工华创100%股权、模塑科技收购道达饰件100%股权。

上述可比交易案例资产评估采用的折现率为10.70%～13.94%，平均为11.70%，本次资产评估采用的折现率为12.75%，高于可比交易案例的平均折现率。

上述可比案例的市净率PB范围为1.41～12.52，平均为5.57，本次资产交易的市净率PB为3.03，低于可比交易案例的平均PB。

上述可比案例交易当年的市盈率PE范围为13.53～40.36，平均值为23.52倍，微研精密评估基准日当年PE为24.56，略高于可比交易案例平均PE。

微研精密承诺期第1年至第3年PE分别为13.61、10.45、7.77，均低于可比交易案例平均值13.79、11.06、8.79。

综上所述，本次交易标的资产的定价合理。

（三）对价支付方式

发行股份定价基准日为公司第二届董事会第十六次会议决议公告日，发行价格为定价基准日前60个交易日公司A股股票交易均价的90%，即31.09元。2018年5月14日，公司召开2017年股东大会，审议通过《关于公司2017年度利润分配预案的议案》，公司2017年年度权益分派方案为以公司现有总股本6 800万股为基数，向全体股东每10股派2.00元人民币现金（含税）。鉴于公司2017年度权益分派方案已实施完毕，公司本次发行股份购买资产的股份发行价格由原31.09元/股调整为30.89元/股，公司本次向交易对方发行的股票数量由6 272 110股调整为6 312 721股。

本次交易对价的35%以现金支付，65%以股份支付。其中，向谈某支付现金3 225万元、支付股份3 885 723股，向凯利投资支付现金2 250万元、支付股份728 391股，向秦某支付现金2 478万元、支付股份637 099股，向王某支付现金882万元、支付股份1 061 508股，向姚某支付现金1 665万元。合计支付现金10 500万元、支付股份6 312 721股。

(四) 盈利补偿安排

1. 盈利预测及补偿

经审计的微研精密2018年、2019年、2020年实现的归属于微研精密股东的扣除非经常性损益后的合并净利润分别不低于人民币2 204.24万元、2 870.14万元和3 863.43万元。在本次交易中，补偿义务人为谈某，业绩补偿比例为100%。秦某、王某作为保证人，均不可撤销地同意为补偿义务人应承担的一切补偿责任（含补偿义务人因违约而需承担的责任）共同提供连带责任保证。

在盈利补偿期间内，上述当年承诺利润数未实现的，可以补偿期内的前年度利润数累计超额实现部分进行补足（已使用的超额部分利润累计数不能重复使用），补足后仍无法实现当年承诺利润的，则需要进行业绩补偿。

在利润补偿期届满时，由隆盛科技聘请具有证券业务资格的会计师事务所对标的公司进行减值测试，并在标的公司利润补偿期最后一年专项审计报告出具日后30个工作日内出具减值测试报告。如标的公司期末减值额大于利润补偿期内已补偿股份总数乘以向补偿义务人发行股份的价格，则补偿义务人应向隆盛科技进行资产减值的补偿。

2. 支付方式和计算方式

补偿义务人首先应以股份补偿的方式履行业绩补偿承诺。如果按上述方法补偿完毕之后仍有不足，不足部分以现金补偿。上市公司就补偿义务人补偿的股份，应采用股份回购注销方案。具体股份补偿数额和现金补偿金额按照下列计算公式计算：

股份补偿数量＝［（截至当期期末累计承诺净利润数－截至当期期末累计净利润数）×拟购买资产的交易价格÷补偿期限内各年的承诺净利润数总和］÷本次发行价格－已补偿股份数量

如果补偿期内隆盛科技有现金分红，则当期应补偿股份在上述期间累计获得的分红收益，应随补偿股份赠送给隆盛科技；如果补偿期内隆盛科技以转增或送股方式进行分配而导致补偿义务人持有的股份数发生变化，则隆盛科技回购股份的数量应调整为“按上述公式计算的回购股份数×（1＋转增或送股比例）”。

3. 超额业绩奖励

利润承诺期内，微研精密实际实现的净利润总和超出承诺期承诺净利润总和的，超出部分净利润的20%奖励给补偿义务人及补偿义务人指定的管理人员；承诺期内奖励总金额不超过交易总额的20%。上述奖励方案不影响微研精密现有的考核奖励机制。

4. 2018年的完成情况

根据立信会计师事务所（特殊普通合伙）出具的《无锡微研精密冲压件有限公司业绩承诺实现情况专项审核报告（2018年度）》（信会师报字〔2019〕第ZA12626号），标的公司2018年度归属于母公司所有者的净利润为2 375.46万元，扣除非经常性损益后归属于母公司的净利润为2 300.92万元，已达到承诺的2018年度业绩目标。

四、交易节点

2017年10月27日，微研精密实际控制人谈某向上市公司实际控制人倪某提出寻求并购的意向，本次交易开始进入筹划阶段。

2017年11月3日，上市公司披露筹划重大事项停牌。

2018年1月19日，上市公司召开第二届董事会第十六次会议，审议通过了本次发行股份及支付现金购买资产并募集配套资金暨关联交易的相关议案。

2018年1月22日，上市公司披露《发行股份及支付现金购买资产并募集配套资金暨关联交易报告书（草案）》。

2018年1月30日，深交所下发许可类重组问询函。

2018年2月12日，上市公司完成深交所问询函的回复，同时当天复牌。

2018年2月26日，上市公司召开2018年第一次临时股东大会，审议通过了本次发行股份及支付现金购买资产并募集配套资金暨关联交易的相关议案。

2018年3月16日，上市公司重组事项获得中国证监会受理。

2018年3月30日，上市公司收到中国证监会一次反馈。

2018 年 4 月 20 日，上市公司完成中国证监会一次反馈。

2018 年 5 月 3 日，经中国证监会上市公司并购重组审核委员会 2018 年第二十三次并购重组委工作会议审核，上市公司本次重大资产重组事项获得有条件通过。

2018 年 5 月 10 日，上市公司完成中国证监会审核意见的回复。

2018 年 5 月 23 日，上市公司完成会后二次反馈意见的回复。

2018 年 6 月 4 日，上市公司第二届董事会第二十次会议审议通过了《关于取消公司资产重组方案中有关募集配套资金的议案》。

2018 年 7 月 4 日，经中国证监会上市公司并购重组审核委员会 2018 年第三十二次并购重组委工作会议审核，公司本次重大资产重组事项获得无条件通过。

2018 年 7 月 24 日，中国证监会出具《关于核准无锡隆盛科技股份有限公司向谈某等发行股份购买资产的批复》（证监许可〔2018〕1175 号）。

2018 年 8 月 6 日，上市公司完成资产过户。

2018 年 8 月 18 日，上市公司完成发行股份。

五、并购影响

（一）对上市公司业务的影响

1. 产业链方面

本次交易完成后，微研精密将成为上市公司的全资子公司，上市公司将完成对上游行业的业务布局，实现从 EGR 系统产品到上游精密冲压零部件的产业链延伸，可以充分发挥上市公司和微研精密在品牌、技术、研发等方面的协同效应。作为精密制造类高新技术企业，微研精密通过多年累积的精密零件的开发技术和制造经验，可以为上市公司 EGR 系统产品提供质量好、可靠性强、性能稳定的精密冲压零部件，同时还可以为上市公司 EGR 系统的新产品开发提供技术支持，保证上市公司 EGR 系统产品质量的稳定与提升。

作为国内领先的 EGR 系统解决方案供应商，上市公司长期致力于发动机节能减排领域，为下游客户提供符合柴油机动车减排需要和汽油机动车节能需要的废气再循环处理方案，经过多年的经营积累和市场开拓，目前上市公司已与国内知名的汽车整车厂和发动机厂建立了良好的长期合作关系，上市公司主要产品已配套多个国内主要汽车及发动机制造商，在行业中积累了较为丰富的客户资源。上市公司可以利用其积累的整车厂资源，帮助微研精密拓展更多的销售渠道，促进精密冲压件业务的增长。

2. 研发方面

本次交易完成后，上市公司将完成对上游行业的业务布局，实现从 EGR 系统产品到上游精密冲压零部件的产业链延伸，形成精密冲压零部件业务为 EGR 系统产品提供支持、EGR 系统业务发展带动精密冲压零部件业务发展的良性发展局面。上市公司与微研精密的研发团队可以在各自领域发挥技术优势，以现有双方研发团队为基础，整合双方研发资源，完善研发体系，共同商定研发方向，促进同步开发能力，加快新产品投放速度，缩短产品研发周期，保证上市公司在 EGR 系统产品和精密冲压零部件领域的技术优势。

（二）对上市公司财务的影响

根据上市公司 2016—2017 年度审计报告，以及立信会计师事务所出具的《审阅报告》（信会师报字〔2018〕第 ZA15218 号），本次交易完成后，上市公司 2017 年度的营业收入、利润总额、归属于母公司所有的净利润、基本每股收益均有一定提高，整体盈利能力得以提升。

（三）对原股东持股比例的影响

本次交易完成前后，上市公司股本总额及股权结构变化如下：倪某持股比例从交易前的 30.57% 下降到交易后的 27.97%，降低 2.6 个百分点，仍为公司的实际控制人。

六、交易特点

（一）交易难点

募集配套资金的必要性：

本次交易原方案中包含配套募集资金 1.16 亿元，用于支付现金对价及中介费用、相关税费。募集资金的必要性是在中国证监会审核中关注的重点问题之一。

上市公司隆盛科技于2017年7月IPO上市，实际募集资金总额1.2亿元，截至2017年10月底，公司货币资金为9 136.68万元，同时存在7 166.91万元理财产品，因此，在中国证监会一次反馈中被要求“补充披露本次募集配套资金是否符合《创业板上市公司证券发行管理暂行办法》第十一条的规定”以及“补充披露募集资金的合理性和必要性”。本次交易有条件通过并购重组委审核后，要求“进一步说明本次募集配套资金合规性和必要性的依据”，并购重组委会后二次反馈意见为“进一步说明本次募集配套资金是否符合《创业板上市公司证券发行管理暂行办法》第十一条的规定及相关措施”。二次答复完成后，仍未取得并购重组委的审核通过。根据相关规定，本次交易需要二次上会。二次上会前，上市公司最终取消了本次交易的配套融资，并于第二次上会时无条件通过。

可以看到，中国证监会十分关注刚IPO的企业募集资金的合理性和必要性，根据《创业板上市公司证券发行管理暂行办法》第十一条：

“上市公司募集资金使用应当符合下列规定：

（一）前次募集资金基本使用完毕，且使用进度和效果与披露情况基本一致；

（二）本次募集资金用途符合国家产业政策和法律、行政法规的规定；

（三）除金融类企业外，本次募集资金使用不得为持有交易性金融资产和可供出售的金融资产、借予他人、委托理财等财务性投资，不得直接或者间接投资于以买卖有价证券为主要业务的公司；

（四）本次募集资金投资实施后，不会与控股股东、实际控制人产生同业竞争或者影响公司生产经营的独立性。”

根据会后二次反馈的回复，截至2018年5月22日，上市公司已累计使用募集资金8 780.83万元，占前次募集资金净额的73.14%，符合“前次募集资金基本使用完毕，且使用进度和效果与披露情况基本一致”同时，对于《创业板上市公司证券发行管理暂行办法》第十一条的第（二）、（三）、（四）进行了详细分析，认为本次配套募集资金符合《创业板上市公司证券发行管理暂行办法》第十一条，中介机构独立财务顾问和律师发表了明确的核查意见。

在必要性方面，公司认为其无法以自有资金支付本次交易的现金对价、本次交易中的中介机构费用及相关税费，若以自有资金及银行借款支付本次交易的现金对价，将使上市公司的资产负债率出现一定程度的上升，加大上市公司的偿债风险，认为本次募集资金有利于交易的顺利实施，具有必要性。

但由于中国证监会对 IPO 完成仅一年即再次募集资金的必要性存在较大疑问，最终上市公司进行了综合考虑，取消了配套募集资金计划，二次上会便获得无条件通过。

（二）交易亮点

1. 同行业上下游并购，有利于增强企业抗风险能力，增强上市公司的盈利能力

标的公司微研精密是上市公司的上游企业，其产品作为 EGR 系统的原材料，发挥着重要作用。本次交易有利于上市公司保证原材料的充足供应、价格稳定。交易完成后，微研精密将成为上市公司的全资子公司，上市公司将完成对上游行业的业务布局，实现从 EGR 系统产品到上游精密冲压零部件的产业链延伸。交易完成后，上市公司将与微研精密进行资源的有效整合，充分发挥双方在品牌、技术、研发等方面的协同效应，牢牢把握我国新能源汽车行业快速发展的重大契机以及《中国制造 2025》的重大历史机遇，实现跨越式发展。

同时，经过多年发展，微研精密积累了一定的客户资源，具有良好的可持续盈利能力。上市公司 2017 年度基本每股收益有一定提高，整体盈利能力得以提升。本次交易有利于增厚公司每股收益，提升股东回报，从而充分保障上市公司及股东的利益。

2. IPO 后 12 个月内的重大资产重组不会导致上市公司出现《证券发行上市保荐业务管理办法》第七十二条第（四）项的情形

本次重组的上市公司隆盛科技于 2017 年 7 月上市，本次重大资产重组中，标的资产作价占上市公司净资产的比例为 149.19%。

《证券发行上市保荐业务管理办法》第七十二条第（四）项："首次公开发行股票并上市之日起12个月内累计50%以上资产或者主营业务发生重组。"

本次交易为《上市公司重大资产重组管理办法》规定的上市公司重大资产重组行为，并不涉及上市公司自身资产或者主营业务的出售、置换、剥离等重组安排，因此不属于《证券发行上市保荐业务管理办法》第七十二条第（四）项规定的情形。

3. 新三板企业通过重组实现A股的证券化

标的公司2016年1月29日在新三板挂牌，2017年11月3日起与上市公司筹划本次重组，2017年12月6日在新三板终止挂牌，最终通过本次交易实现了在A股资本市场的证券化。

在中国证监会审核过程中，主要关注了标的资产在新三板挂牌期间信息披露的合规性，标的公司是否受到了处罚或被采取了监管措施，以及本次注入上市公司的审计报告与标的公司在新三板挂牌时披露的财务报表是否存在差异等。

七、案例亮点

本次交易为上市公司的产业并购，标的公司微研精密是上市公司的上游企业，同行业上下游并购，有利于增强企业抗风险能力。同时，标的公司拥有良好的可持续盈利能力，本次交易有利于增厚公司每股收益，提升股东回报，从而充分保障上市公司及股东的利益。

但是，在整个项目审核过程中，审核部门对IPO不足一年、资产负债率不足30%、前次募集资金未完全使用完毕的上市公司，通过非公开发行股份募集资金的情形，存在较大的疑问，并进行了反复问询，最终上市公司从交易整体考虑，取消了配套募集资金，获取了中国证监会并购重组委的无条件通过。

因此，在项目执行过程中，上市公司及中介机构应积极与监管部门沟通，才能顺利推进项目的进程。

附　　件

附件1：奋达科技（002681）收购富诚达参考数据

2015—2018年奋达科技各项财务指标

指标	2015年	2016年	2017年	2018年
营业总收入（亿元）	17.24	21.04	32.10	33.46
净利润（亿元）	2.94	3.87	4.44	-7.82
归属母公司股东的净利润（亿元）	2.93	3.85	4.43	-7.80
经营现金流净额（亿元）	2.33	3.59	3.50	5.87
投资现金流净额（亿元）	-4.15	-4.11	-15.16	-3.80
筹资现金流净额（亿元）	3.15	5.06	9.00	0.04
净资产收益率（%）	16.38	14.48	9.86	-13.70
总资产报酬率（%）	15.06	12.37	8.23	-8.30
投入资本回报率（%）	15.82	12.99	9.06	-11.27
商誉（亿元）	9.10	9.10	34.56	28.00
商誉减值损失（亿元）	—	—	—	6.56

2017—2019年富诚达承诺业绩与实际业绩

承诺报告期	承诺净利润（亿元）	实际净利润（亿元）	实际净利润差额（亿元）	实际净利润差额占比（%）
2017/12/31	2.00	1.99	-0.01	0.00
2018/12/31	2.60	2.48	-0.12	-0.05
2019/12/31	3.50	—	—	—

2017—2019 年奋达科技二级市场股价表现

附件 2：中矿资源（002738）收购 Tanco、CSF Inc. 及 CSF Limited 参考数据

2015—2018 年中矿资源各项财务指标

指标	2015 年	2016 年	2017 年	2018 年
营业总收入（亿元）	3.45	3.59	5.41	8.67
净利润（亿元）	0.45	0.53	0.55	1.10
归属母公司股东的净利润（亿元）	0.49	0.53	0.55	1.11
经营现金流净额（亿元）	-0.55	-0.57	0.07	0.15
投资现金流净额（亿元）	-0.45	-0.13	-0.78	0.90
筹资现金流净额（亿元）	0.14	0.88	0.26	2.55
净资产收益率（%）	8.42	8.80	8.21	7.82
总资产报酬率（%）	6.51	7.57	6.51	6.79
投入资本回报率（%）	7.10	8.16	7.40	7.60
商誉（亿元）	0.02	0.06	0.06	12.33
商誉减值损失（亿元）	—	—	—	—

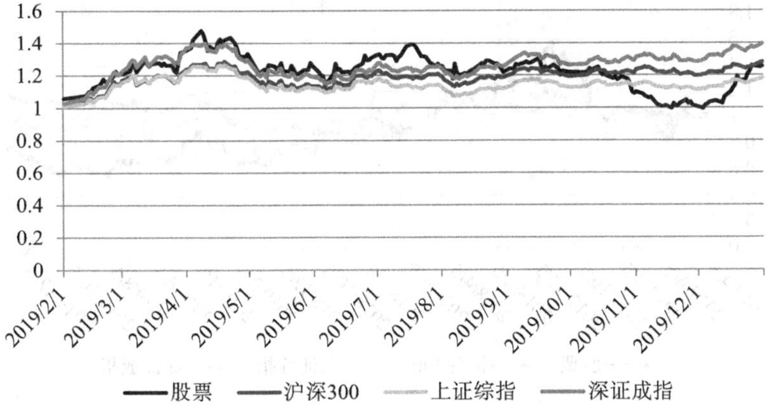

2019 年中矿资源二级市场股价表现

附件3：木林森（002745）收购朗德万斯参考数据

2015—2018 年木林森各项财务指标

指标	2015 年	2016 年	2017 年	2018 年
营业总收入（亿元）	38.82	55.20	81.69	179.52
净利润（亿元）	2.58	4.85	6.76	7.28
归属母公司股东的净利润（亿元）	2.56	4.73	6.69	7.20
经营现金流净额（亿元）	4.41	5.08	10.88	2.95
投资现金流净额（亿元）	-10.77	-38.08	-34.49	1.91
筹资现金流净额（亿元）	14.46	34.96	20.67	13.23
净资产收益率（%）	12.84	12.20	12.01	9.33
总资产报酬率（%）	5.22	6.01	6.38	4.80
投入资本回报率（%）	10.17	9.66	9.60	6.86
商誉（亿元）	—	0.17	0.17	17.59
商誉减值损失（亿元）	—	—	—	—

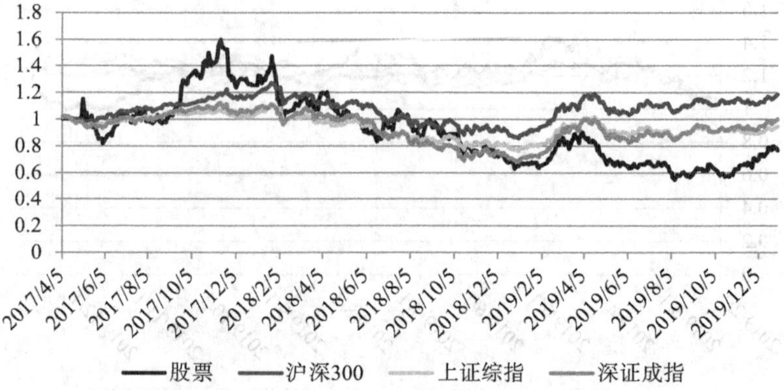

2017—2019 年木林森二级市场股价表现

附件 4：启迪设计（300500）收购深圳嘉力达参考数据

2015—2018 年启迪设计各项财务指标

指标	2015 年	2016 年	2017 年	2018 年
营业总收入（亿元）	3.32	3.92	5.08	10.94
净利润（亿元）	0.52	0.66	0.84	1.27
归属母公司股东的净利润（亿元）	0.51	0.62	0.70	1.12
经营现金流净额（亿元）	0.29	1.02	0.85	0.81
投资现金流净额（亿元）	-0.08	-1.02	-1.06	-2.80
筹资现金流净额（亿元）	-0.12	3.15	-0.18	2.50
净资产收益率（%）	15.51	12.00	9.67	10.93
总资产报酬率（%）	13.61	10.66	10.13	9.75
投入资本回报率（%）	14.74	11.56	10.69	10.89
商誉（亿元）	0.06	1.24	1.24	4.01
商誉减值损失（亿元）	—	—	—	—

2017—2020 年深圳嘉力达承诺业绩与实际业绩

承诺报告期	承诺净利润（亿元）	实际净利润（亿元）	实际净利润差额（亿元）	实际净利润差额占比（%）
2017/12/31	0.42	0.42	0.00	0.01
2018/12/31	0.54	0.54	0.00	0.00
2019/12/31	0.68	—	—	—
2020/12/31	0.68	—	—	—

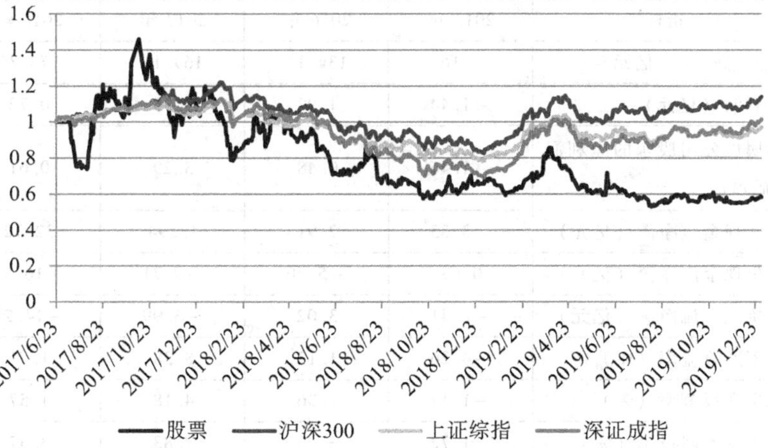

2017—2019 年启迪设计二级市场股价表现

附件5：闻泰科技（600745）收购安世半导体参考数据

2015—2018 年闻泰科技各项财务指标

指标	2015 年	2016 年	2017 年	2018 年
营业总收入（亿元）	7.16	134.17	169.16	173.35
净利润（亿元）	-1.44	1.92	3.35	0.72
归属母公司股东的净利润（亿元）	-1.46	0.48	3.29	0.61
经营现金流净额（亿元）	-3.33	2.91	13.94	32.72
投资现金流净额（亿元）	0.68	-5.40	-9.71	-16.39
筹资现金流净额（亿元）	-2.41	3.02	-3.99	-14.24
净资产收益率（%）	-4.26	1.12	8.38	1.71
总资产报酬率（%）	-1.12	2.36	4.18	1.57
投入资本回报率（%）	-1.72	3.23	7.83	3.57
商誉（亿元）	13.00	13.00	13.00	13.00
商誉减值损失（亿元）	—	—	—	—

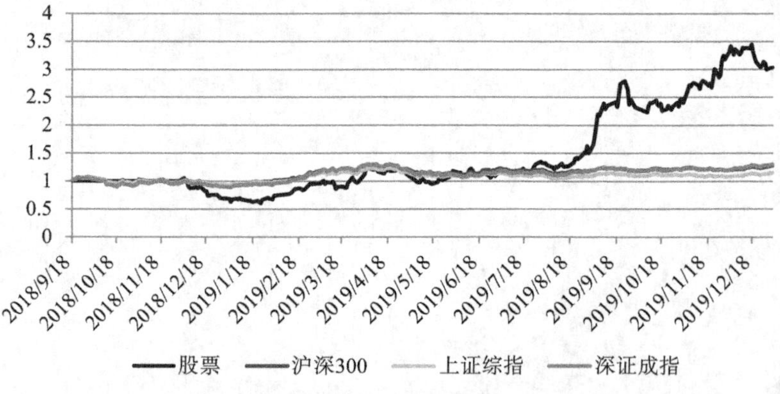

2018—2019 年闻泰科技二级市场股价表现

附件6：渤海汽车（600960）收购TRIMET Automotive Holding GmbH参考数据

2015—2018年渤海汽车各项财务指标

指标	2015年	2016年	2017年	2018年
营业总收入（亿元）	10.25	17.69	24.99	38.78
净利润（亿元）	0.15	1.43	2.33	1.24
归属母公司股东的净利润（亿元）	0.22	1.18	2.38	1.39
经营现金流净额（亿元）	1.94	2.00	-0.57	-0.66
投资现金流净额（亿元）	-2.34	-6.24	-6.70	-8.63
筹资现金流净额（亿元）	-0.36	20.26	-0.33	14.23
净资产收益率（%）	1.10	3.73	5.42	2.99
总资产报酬率（%）	1.38	3.91	4.67	2.69
投入资本回报率（%）	1.55	4.28	4.63	2.48
商誉（亿元）	—	—	—	0.07
商誉减值损失（亿元）	—	—	—	—

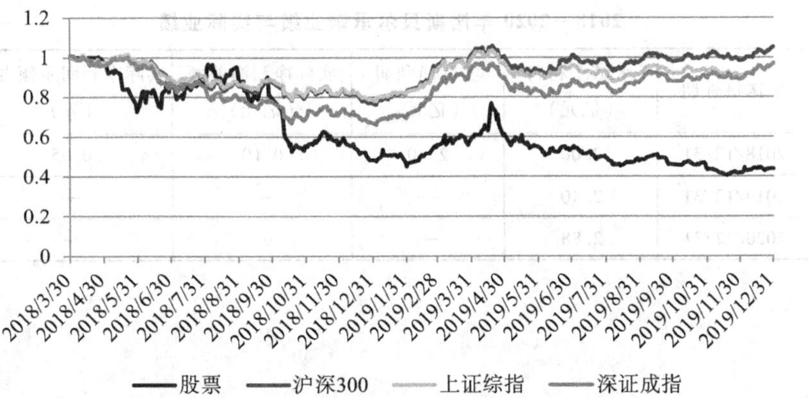

2018—2019年渤海汽车二级市场股价表现

附件7：青松股份（300132）收购诺斯贝尔化妆品ODM参考数据

2015—2018年青松股份各项财务指标

指标	2015年	2016年	2017年	2018年
营业总收入（亿元）	5.89	5.57	8.11	14.22
净利润（亿元）	0.11	0.33	0.95	4.00
归属母公司股东的净利润（亿元）	0.11	0.33	0.95	4.00
经营现金流净额（亿元）	1.00	0.75	-0.05	0.45
投资现金流净额（亿元）	0.72	-0.11	-0.17	0.20
筹资现金流净额（亿元）	-1.77	-0.64	0.86	0.38
净资产收益率（%）	1.82	5.30	13.91	43.57
总资产报酬率（%）	1.88	4.68	13.08	38.88
投入资本回报率（%）	2.03	4.48	13.13	39.11
商誉（亿元）	—	—	—	—
商誉减值损失（亿元）	0.12	—	—	—

2018—2020年诺斯贝尔承诺业绩与实际业绩

承诺报告期	承诺净利润（亿元）	实际净利润（亿元）	实际净利润差额（亿元）	实际净利润差额占比（%）
2018/12/31	2.00	2.10	0.10	0.05
2019/12/31	2.40	—	—	—
2020/12/31	2.88	—	—	—

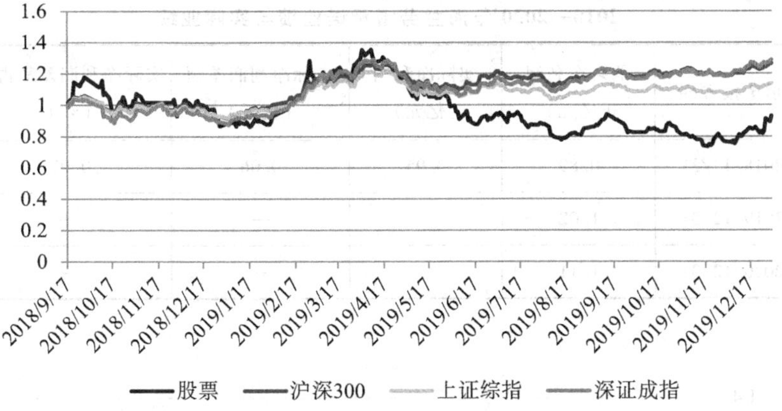

2018—2019 年青松股份二级市场股价表现

附件 8：海兰信（300065）发行股份购买海兰劳雷 45.62% 股权参考数据

2015—2018 年海兰信各项财务指标

指标	2015 年	2016 年	2017 年	2018 年
营业总收入（亿元）	3.28	7.17	8.05	7.70
净利润（亿元）	0.36	1.11	1.57	1.37
归属母公司股东的净利润（亿元）	0.35	0.82	1.03	1.06
经营现金流净额（亿元）	0.56	1.57	1.38	1.08
投资现金流净额（亿元）	2.04	-2.39	1.25	-2.51
筹资现金流净额（亿元）	0.11	-0.75	1.17	-1.80
净资产收益率（%）	3.98	6.71	8.33	7.25
总资产报酬率（%）	3.30	7.81	9.66	6.62
投入资本回报率（%）	3.37	7.45	9.21	6.44
商誉（亿元）	2.30	3.02	3.02	3.02
商誉减值损失（亿元）	—	—	—	—

2018—2020 年海兰劳雷承诺业绩与实际业绩

承诺报告期	承诺净利润（亿元）	实际净利润（亿元）	实际净利润差额（亿元）	实际净利润差额占比（%）
2018/12/31	0.89	0.95	0.06	0.07
2019/12/31	1.02	—	—	—
2020/12/31	1.11	—	—	—

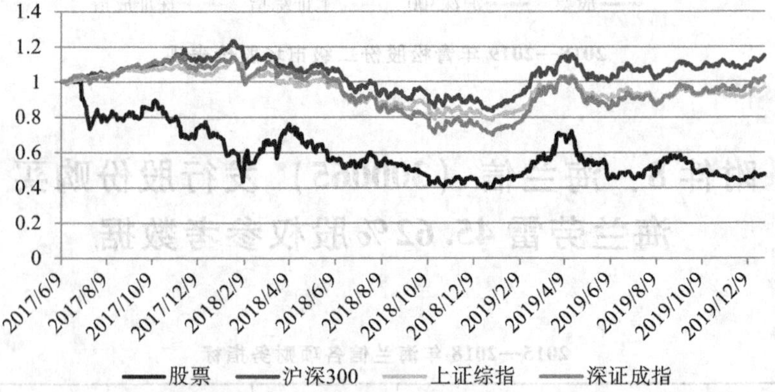

2017—2019 年海兰信二级市场股价表现

附件9：汤臣倍健（300146）子公司收购 Life - Space 100%股权参考数据

2015—2018 年汤臣倍健各项财务指标

指标	2015 年	2016 年	2017 年	2018 年
营业总收入（亿元）	22.66	23.09	31.11	43.51
净利润（亿元）	6.20	5.08	7.67	9.08
归属母公司股东的净利润（亿元）	6.35	5.35	7.66	10.02
经营现金流净额（亿元）	6.35	6.85	9.54	13.49
投资现金流净额（亿元）	-22.14	2.36	0.77	-40.41
筹资现金流净额（亿元）	14.83	-3.47	-3.79	17.44
净资产收益率（%）	18.13	11.58	15.67	18.75
总资产报酬率（%）	18.08	11.98	14.54	13.87
投入资本回报率（%）	16.46	10.28	14.66	13.58
商誉（亿元）	—	—	—	21.66
商誉减值损失（亿元）	—	—	—	—

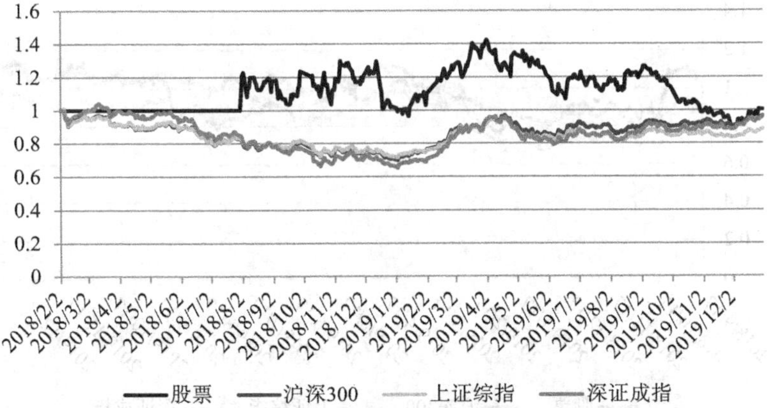

2018—2019 年汤臣倍健二级市场股价表现

附件10：三诺生物（300298）定增收购三诺健康64.98%股权参考数据

2015—2018年三诺生物各项财务指标

指标	2015年	2016年	2017年	2018年
营业总收入（亿元）	6.46	7.96	10.33	15.51
净利润（亿元）	1.43	1.14	2.58	3.10
归属母公司股东的净利润（亿元）	1.44	1.15	2.58	3.10
经营现金流净额（亿元）	1.22	2.03	2.44	3.19
投资现金流净额（亿元）	-3.74	-3.03	-1.03	-1.89
筹资现金流净额（亿元）	-0.36	-1.00	-1.12	3.41
净资产收益率（%）	12.24	9.17	19.36	15.47
总资产报酬率（%）	11.85	9.43	19.22	15.06
投入资本回报率（%）	11.36	8.83	19.10	15.33
商誉（亿元）	0.13	0.13	0.13	4.66
商誉减值损失（亿元）	—	—	—	—

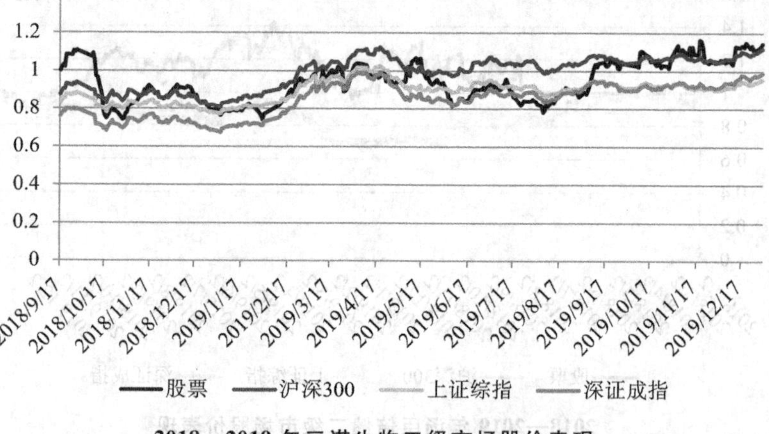

2018—2019年三诺生物二级市场股价表现

附件11：同有科技（300302）收购鸿秦科技参考数据

2015—2018年同有科技各项财务指标

指标	2015年	2016年	2017年	2018年
营业总收入（亿元）	3.61	4.72	3.80	3.77
净利润（亿元）	0.66	1.29	0.51	0.20
归属母公司股东的净利润（亿元）	0.66	1.29	0.51	0.20
经营现金流净额（亿元）	2.81	-0.70	0.52	-0.31
投资现金流净额（亿元）	-0.16	-0.01	-3.22	-0.55
筹资现金流净额（亿元）	0.62	-0.11	-0.22	-0.11
净资产收益率（%）	12.22	19.91	6.83	2.55
总资产报酬率（%）	9.20	15.84	6.10	2.10
投入资本回报率（%）	11.19	18.95	6.40	2.30
商誉（亿元）	—	—	—	—
商誉减值损失（亿元）	—	—	—	—

2018—2021年鸿秦科技承诺业绩与实际业绩

承诺报告期	承诺净利润（亿元）	实际净利润（亿元）	实际净利润差额（亿元）	实际净利润差额占比（%）
2018/12/31	0.29	0.30	0.01	0.02
2019/12/31	0.46	—	—	—
2020/12/31	0.59	—	—	—
2021/12/31	0.71	—	—	—

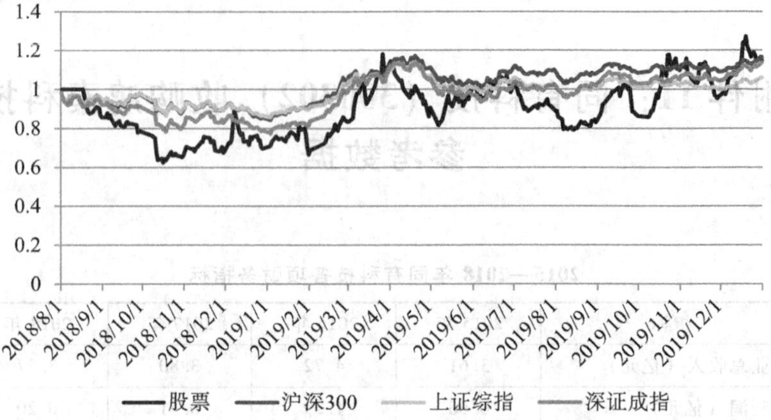

2018—2019 年同有科技二级市场股价表现

附件 12：东杰智能（300486）发行股份收购常州海登 100%股权参考数据

2015—2018 年东杰智能各项财务指标

指标	2015 年	2016 年	2017 年	2018 年
营业总收入（亿元）	3. 66	1. 99	5. 08	6. 98
净利润（亿元）	0. 36	-0. 50	0. 36	0. 63
归属母公司股东的净利润（亿元）	0. 36	-0. 49	0. 37	0. 64
经营现金流净额（亿元）	-0. 71	0. 38	1. 04	0. 09
投资现金流净额（亿元）	-0. 96	-1. 08	-1. 52	-0. 87
筹资现金流净额（亿元）	2. 77	0. 30	0. 20	0. 52
净资产收益率（%）	6. 82	-7. 48	5. 69	7. 25
总资产报酬率（%）	4. 97	-6. 16	3. 83	4. 91
投入资本回报率（%）	6. 73	-9. 33	5. 49	7. 03
商誉（亿元）	—	—	—	2. 89
商誉减值损失（亿元）	—	—	—	—

2017—2019 年常州海登承诺业绩与实际业绩

承诺报告期	承诺净利润（亿元）	实际净利润（亿元）	实际净利润差额（亿元）	实际净利润差额占比（%）
2017/12/31	0.35	0.35	0.00	0.01
2018/12/31	0.46	0.48	0.02	0.05
2019/12/31	0.60	—	—	—

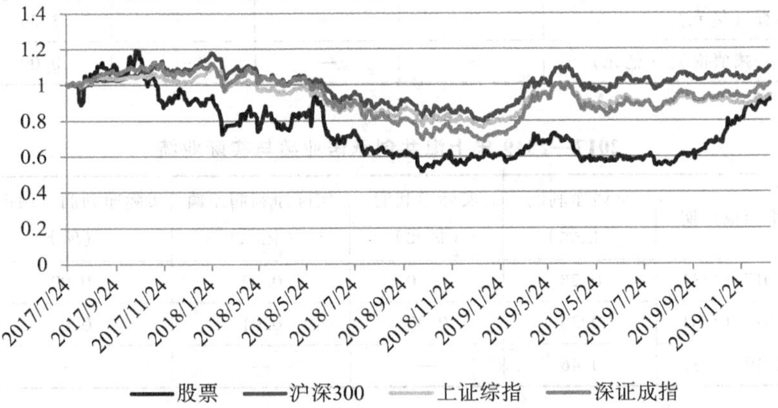

2017—2019 年东杰智能二级市场股价表现

附件 13：中通国脉（603559）收购上海共创参考数据

2015—2018 年中通国脉各项财务指标

指标	2015 年	2016 年	2017 年	2018 年
营业总收入（亿元）	4.09	4.94	5.43	7.23
净利润（亿元）	0.41	0.43	0.28	0.49
归属母公司股东的净利润（亿元）	0.41	0.43	0.28	0.49
经营现金流净额（亿元）	0.34	0.46	-0.68	-1.17

续表

指标	2015 年	2016 年	2017 年	2018 年
投资现金流净额（亿元）	-0.03	-1.08	0.54	-0.34
筹资现金流净额（亿元）	-0.20	1.71	-0.10	1.61
净资产收益率（%）	14.31	10.47	5.29	7.03
总资产报酬率（%）	10.73	8.94	4.62	5.04
投入资本回报率（%）	13.19	10.03	5.10	6.55
商誉（亿元）	—	—	—	3.25
商誉减值损失（亿元）	—	—	—	0.00

2017—2019 年上海共创承诺业绩与实际业绩

承诺报告期	承诺净利润（亿元）	实际净利润（亿元）	实际净利润差额（亿元）	实际净利润差额占比（%）
2017/12/31	0.28	0.30	0.02	0.09
2018/12/31	0.36	0.37	0.01	0.02
2019/12/31	0.46	—	—	—

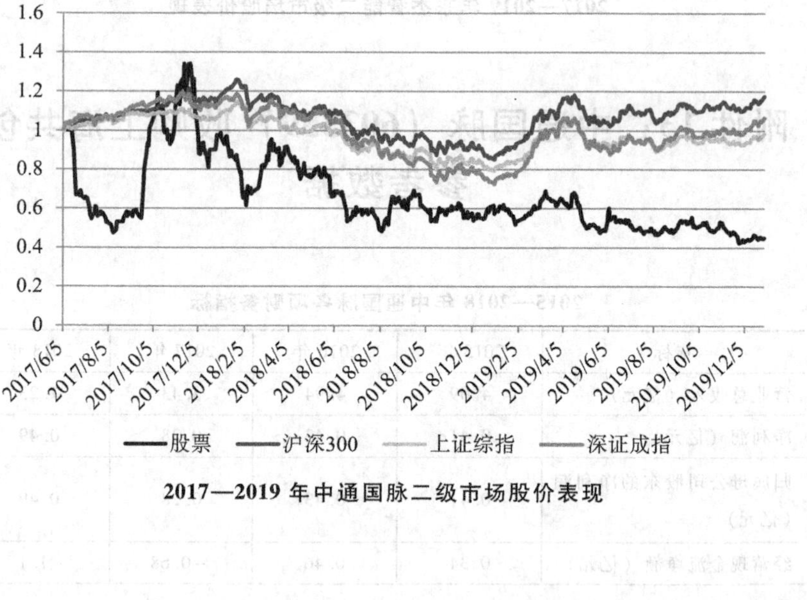

2017—2019 年中通国脉二级市场股价表现

附件14：蓝黛传动（002765）并购台冠科技参考数据

2015—2018年蓝黛传动各项财务指标

指标	2015年	2016年	2017年	2018年
营业总收入（亿元）	7.83	11.61	12.15	8.67
净利润（亿元）	0.73	1.26	1.25	0.03
归属母公司股东的净利润（亿元）	0.74	1.29	1.26	0.03
经营现金流净额（亿元）	-0.06	-0.75	1.03	2.94
投资现金流净额（亿元）	-0.35	-1.74	-0.88	-2.49
筹资现金流净额（亿元）	2.79	3.37	-0.25	-1.02
净资产收益率（%）	9.42	12.44	10.90	0.22
总资产报酬率（%）	7.25	8.30	6.89	0.86
投入资本回报率（%）	8.04	10.65	9.76	0.46
商誉（亿元）	—	—	—	—
商誉减值损失（亿元）	—	—	—	—

2018—2020年台冠科技承诺业绩与实际业绩

承诺报告期	承诺净利润（亿元）	实际净利润（亿元）	实际净利润差额（亿元）	实际净利润差额占比（%）
2018/12/31	0.70	0.82	0.12	0.17
2019/12/31	0.80	—	—	—
2020/12/31	0.90	—	—	—

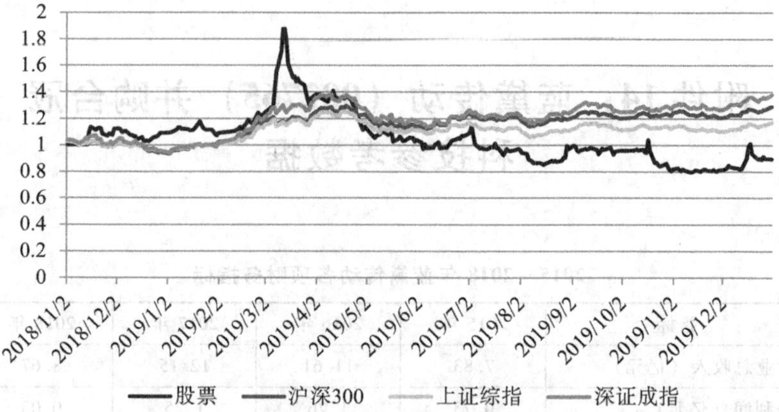

2018—2019 年蓝黛传动二级市场股价表现

附件 15：超频三（300647）收购炯达能源参考数据

2015—2018 年超频三各项财务指标

指标	2015 年	2016 年	2017 年	2018 年
营业总收入（亿元）	3.36	3.44	4.11	5.13
净利润（亿元）	0.49	0.55	0.40	0.28
归属母公司股东的净利润（亿元）	0.48	0.53	0.34	0.10
经营现金流净额（亿元）	0.70	0.54	-0.83	0.41
投资现金流净额（亿元）	-0.78	-0.82	-1.45	-2.76
筹资现金流净额（亿元）	-0.03	0.49	4.38	1.58
净资产收益率（%）	24.89	21.82	8.64	1.84
总资产报酬率（%）	19.99	16.57	6.12	3.55
投入资本回报率（%）	23.42	19.25	7.19	4.49
商誉（亿元）	—	—	1.02	1.09
商誉减值损失（亿元）	—	—	—	—

2018—2020 年炯达能源承诺业绩与实际业绩

承诺报告期	承诺净利润（亿元）	实际净利润（亿元）	实际净利润差额（亿元）	实际净利润差额占比（%）
2018/12/31	0.35	0.40	0.05	0.14
2019/12/31	0.40	—	—	—
2020/12/31	0.45	—	—	—

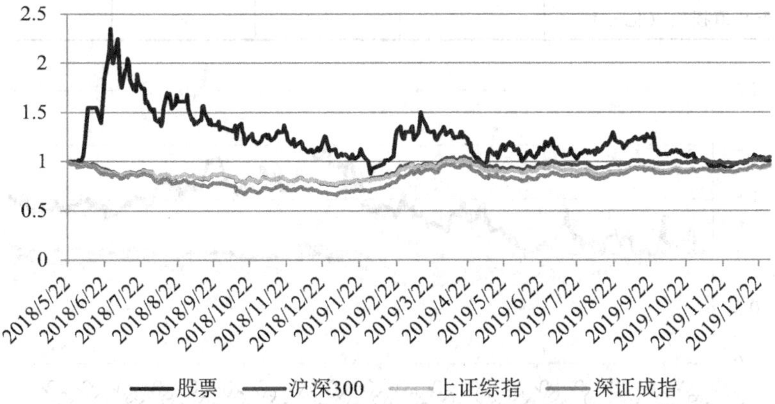

2018—2019 年超频三二级市场股价表现

附件 16：科锐国际（300662）收购 Investigo 参考数据

2015—2018 年科锐国际各项财务指标

指标	2015 年	2016 年	2017 年	2018 年
营业总收入（亿元）	7.32	8.68	11.35	21.97
净利润（亿元）	0.68	0.64	0.85	1.37
归属母公司股东的净利润（亿元）	0.66	0.62	0.74	1.18
经营现金流净额（亿元）	0.36	0.20	0.93	1.33
投资现金流净额（亿元）	0.38	-0.08	-0.32	-3.02

续表

指标	2015 年	2016 年	2017 年	2018 年
筹资现金流净额（亿元）	-0.16	-0.18	2.58	-0.09
净资产收益率（%）	30.11	22.62	16.20	17.40
总资产报酬率（%）	22.69	17.78	14.91	15.32
投入资本回报率（%）	29.49	22.03	17.11	17.41
商誉（亿元）	0.33	0.33	0.33	1.44
商誉减值损失（亿元）	—	—	—	—

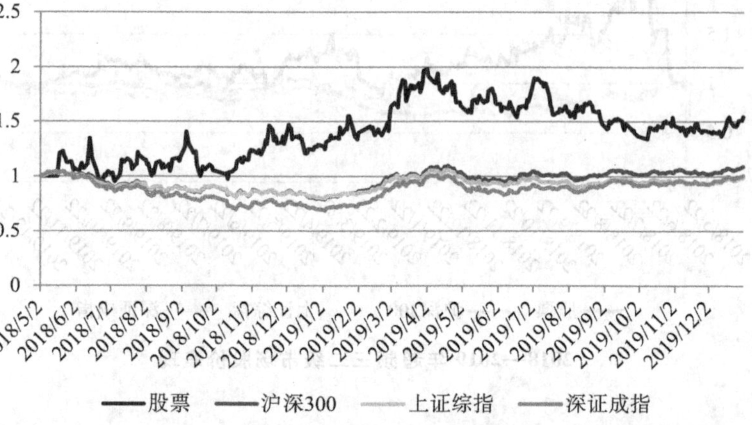

2018—2019 年科锐国际二级市场股价表现

附件 17：朗新科技（300682）定增收购易视腾科技 96%股权及邦道科技 50%股权参考数据

2015—2018 年朗新科技各项财务指标

指标	2015 年	2016 年	2017 年	2018 年
营业总收入（亿元）	6.18	7.50	7.83	10.15
净利润（亿元）	0.72	1.22	1.38	1.12
归属母公司股东的净利润（亿元）	0.72	1.22	1.39	1.34

续表

指标	2015 年	2016 年	2017 年	2018 年
经营现金流净额（亿元）	0.26	0.54	0.49	0.03
投资现金流净额（亿元）	-0.51	-0.22	-0.01	-0.54
筹资现金流净额（亿元）	-0.54	-0.26	3.54	1.91
净资产收益率（%）	10.17	16.03	14.14	10.62
总资产报酬率（%）	7.51	12.97	10.45	6.37
投入资本回报率（%）	9.40	15.50	13.53	8.14
商誉（亿元）	0.24	0.24	0.31	0.31
商誉减值损失（亿元）	—	—	—	—

2018—2020 年易视腾科技、邦道科技承诺业绩与实际业绩

承诺报告期	承诺净利润（亿元）	实际净利润（亿元）	实际净利润差额（亿元）	实际净利润差额占比（%）
2018/12/31	1.99	—	—	—
2019/12/31	2.55	—	—	—
2020/12/31	3.18	—	—	—

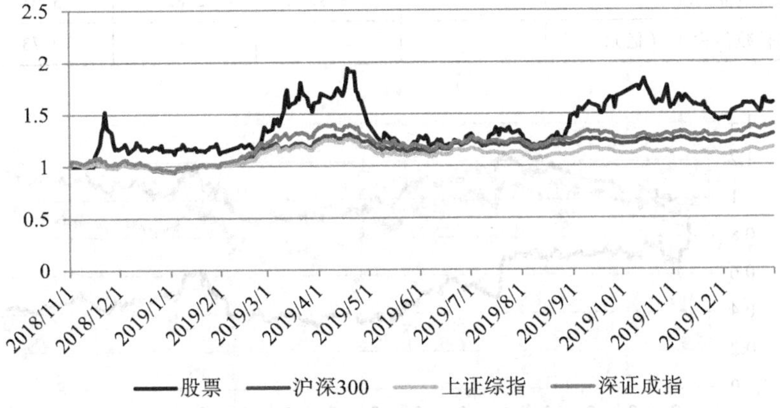

2018—2019 年朗新科技二级市场股价表现

附件 18：航天机电（600151）收购韩国 erae AMS 热交换业务参考数据

2015—2018 年航天机电各项财务指标

指标	2015 年	2016 年	2017 年	2018 年
营业总收入（亿元）	40.40	54.48	66.57	67.01
净利润（亿元）	1.80	2.13	-3.48	0.32
归属母公司股东的净利润（亿元）	1.73	2.02	-3.09	0.39
经营现金流净额（亿元）	1.23	10.46	-1.50	-1.76
投资现金流净额（亿元）	-12.35	-11.89	-3.24	-10.45
筹资现金流净额（亿元）	9.98	21.26	7.00	-5.78
净资产收益率（%）	4.39	3.96	-5.23	0.66
总资产报酬率（%）	3.65	3.54	-1.20	1.35
投入资本回报率（%）	5.31	4.76	-1.99	1.37
商誉（亿元）	—	2.82	2.82	3.63
商誉减值损失（亿元）	—	—	—	0.73

2017—2019 年航天机电二级市场股价表现

附件19：克劳斯（600579）收购装备卢森堡股份及三明化机、华橡自控资产参考数据

2015—2018年克劳斯各项财务指标

指标	2015年	2016年	2017年	2018年
营业总收入（亿元）	6.90	4.82	4.46	113.04
净利润（亿元）	0.36	0.06	-0.47	1.91
归属母公司股东的净利润（亿元）	0.36	0.06	-0.47	1.91
经营现金流净额（亿元）	-0.31	-0.25	-0.16	5.66
投资现金流净额（亿元）	-0.39	-0.07	-0.23	-4.33
筹资现金流净额（亿元）	0.16	1.87	-0.03	-1.77
净资产收益率（%）	5.18	0.65	-3.98	5.58
总资产报酬率（%）	4.63	1.46	-3.27	4.85
投入资本回报率（%）	5.00	1.48	-4.19	5.52
商誉（亿元）	—	—	—	34.49
商誉减值损失（亿元）	—	—	—	—

2018—2020年装备卢森堡承诺业绩与实际业绩

承诺报告期	承诺净利润（亿元）	实际净利润（亿元）	实际净利润差额（亿元）	实际净利润差额占比（%）
2018/12/31	3.71	3.63	-0.08	-0.02
2019/12/31	3.72	—	—	—
2020/12/31	4.45	—	—	—

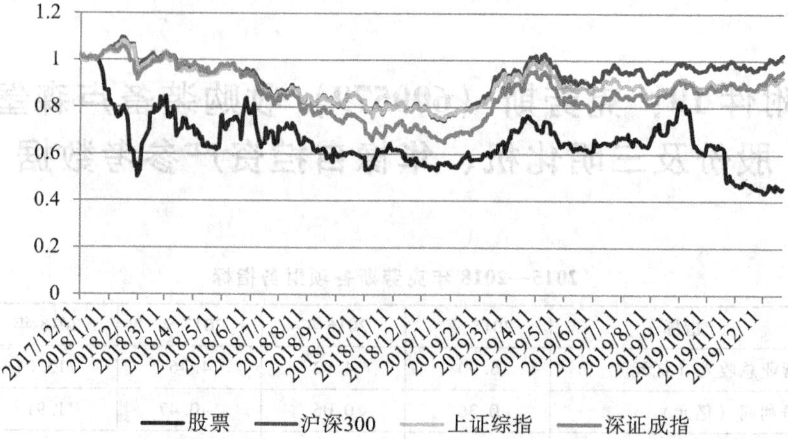

2017—2019 年克劳斯二级市场股价表现

附件 20：中嘉博创（000889）收购嘉华信息参考数据

2015—2018 年中嘉博创各项财务指标

指标	2015 年	2016 年	2017 年	2018 年
营业总收入（亿元）	22.16	18.15	21.07	30.31
净利润（亿元）	1.54	2.20	2.29	2.53
归属母公司股东的净利润（亿元）	1.54	2.20	2.29	2.53
经营现金流净额（亿元）	1.41	1.48	0.43	-0.89
投资现金流净额（亿元）	-8.01	5.78	-0.13	-1.20
筹资现金流净额（亿元）	6.02	-6.13	-0.23	5.43
净资产收益率（%）	7.05	9.35	8.94	8.07
总资产报酬率（%）	9.97	8.03	8.26	7.15
投入资本回报率（%）	6.15	8.18	8.69	7.61
商誉（亿元）	17.39	17.39	17.39	29.72
商誉减值损失（亿元）	—	—	—	—

2017—2020 年嘉华信息承诺业绩与实际业绩

承诺报告期	承诺净利润（亿元）	实际净利润（亿元）	实际净利润差额（亿元）	实际净利润差额占比（%）
2017/12/31	1.02	1.09	0.07	0.06
2018/12/31	1.34	1.40	0.06	0.04
2019/12/31	1.67	—	—	—
2020/12/31	2.01	—	—	—

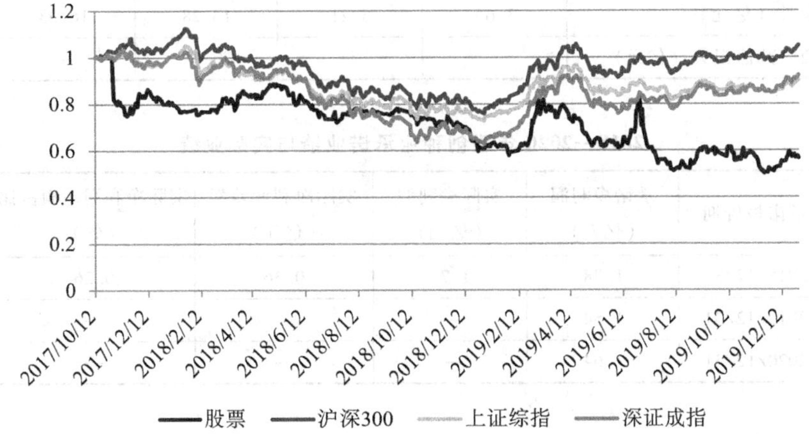

2017—2019 年中嘉博创二级市场股价表现

附件 21：隆平高科（000998）收购联创种业参考数据

2015—2018 年隆平高科各项财务指标

指标	2015 年	2016 年	2017 年	2018 年
营业总收入（亿元）	20.26	22.99	31.90	35.80
净利润（亿元）	4.67	5.02	8.92	9.03
归属母公司股东的净利润（亿元）	4.91	5.01	7.72	7.91

续表

指标	2015 年	2016 年	2017 年	2018 年
经营现金流净额（亿元）	3. 50	3. 14	5. 20	-0. 14
投资现金流净额（亿元）	-4. 52	-22. 67	-35. 93	7. 64
筹资现金流净额（亿元）	1. 58	24. 70	28. 27	3. 59
净资产收益率（%）	23. 01	12. 53	13. 34	12. 38
总资产报酬率（%）	12. 67	8. 48	9. 52	8. 25
投入资本回报率（%）	16. 00	10. 06	10. 46	9. 19
商誉（亿元）	3. 66	5. 21	13. 28	16. 33
商誉减值损失（亿元）	—	—	—	—

2018—2020 年联创种业承诺业绩与实际业绩

承诺报告期	承诺净利润（亿元）	实际净利润（亿元）	实际净利润差额（亿元）	实际净利润差额占比（%）
2018/12/31	1. 38	1. 74	0. 36	0. 26
2019/12/31	1. 54	—	—	—
2020/12/31	1. 64	—	—	—

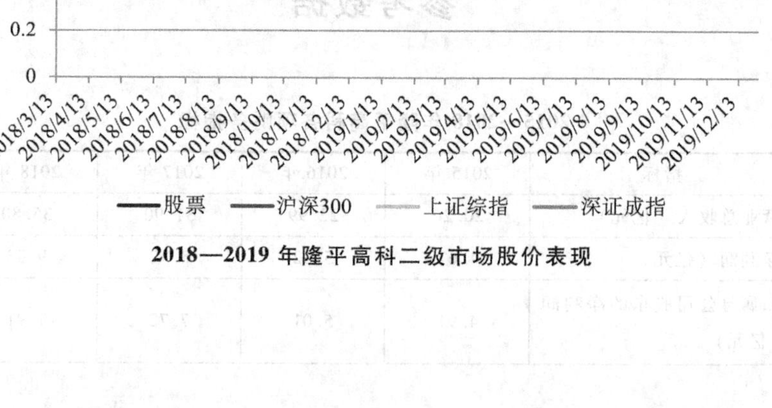

2018—2019 年隆平高科二级市场股价表现

附件 22：深赤湾 A（001872）收购招商局港口参考数据

2015—2018 年深赤湾 A 各项财务指标

指标	2015 年	2016 年	2017 年	2018 年
营业总收入（亿元）	18.73	19.05	24.56	97.03
净利润（亿元）	6.53	6.70	7.14	28.86
归属母公司股东的净利润（亿元）	5.28	5.32	5.04	10.90
经营现金流净额（亿元）	9.78	8.28	11.62	42.89
投资现金流净额（亿元）	0.00	-0.90	-0.97	-151.49
筹资现金流净额（亿元）	-7.72	-10.06	-7.71	88.75
净资产收益率（%）	12.34	11.64	10.47	6.11
总资产报酬率（%）	11.36	11.82	12.06	7.32
投入资本回报率（%）	11.15	11.07	10.99	6.49
商誉（亿元）	0.11	0.11	0.11	83.36
商誉减值损失（亿元）	—	—	—	—

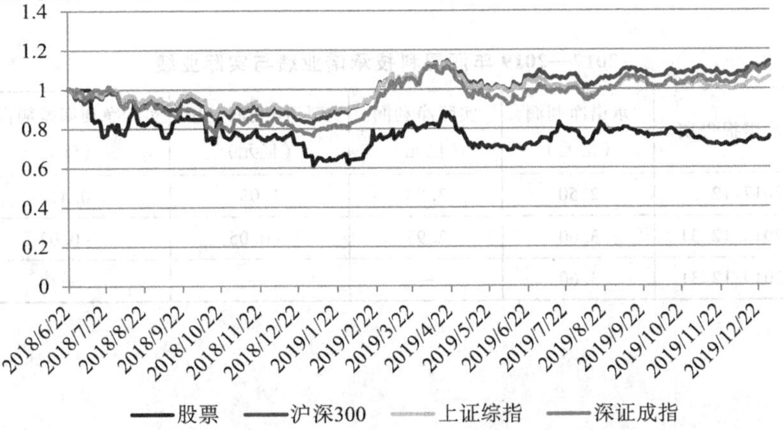

2018—2019 年招商港口二级市场股价表现

附件23：华东重机（002685）收购润星科技参考数据

2015—2018年华东重机各项财务指标

指标	2015年	2016年	2017年	2018年
营业总收入（亿元）	15.36	21.40	50.02	99.48
净利润（亿元）	0.22	0.52	1.64	3.23
归属母公司股东的净利润（亿元）	0.22	0.30	1.32	3.08
经营现金流净额（亿元）	-1.54	1.71	-2.55	-2.27
投资现金流净额（亿元）	-0.04	-2.21	-4.48	-3.97
筹资现金流净额（亿元）	0.80	3.93	8.59	1.74
净资产收益率（%）	2.72	2.80	4.67	6.86
总资产报酬率（%）	2.63	4.59	5.16	6.81
投入资本回报率（%）	2.79	4.60	5.50	6.83
商誉（亿元）	0.01	0.01	22.45	22.45
商誉减值损失（亿元）	—	—	—	—

2017—2019年润星科技承诺业绩与实际业绩

承诺报告期	承诺净利润（亿元）	实际净利润（亿元）	实际净利润差额（亿元）	实际净利润差额占比（%）
2017/12/31	2.50	3.53	1.03	0.41
2018/12/31	3.00	2.95	-0.05	-0.02
2019/12/31	3.60	—	—	—

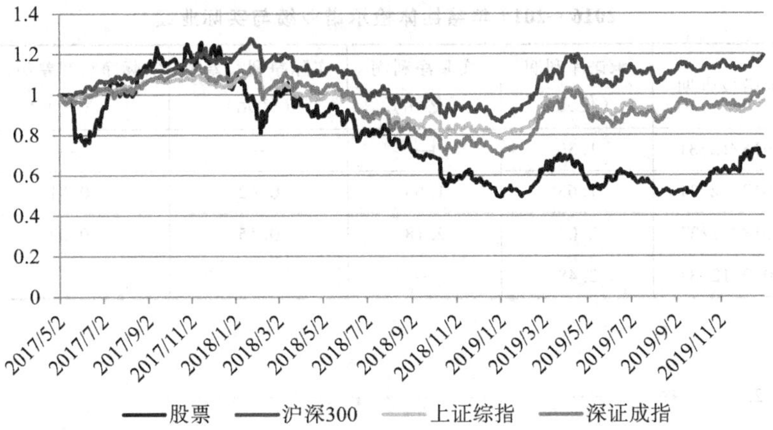

2017—2019 年华东重机二级市场股价表现

附件 24：美年健康（002044）收购慈铭体检参考数据

2015—2018 年美年健康各项财务指标

指标	2015 年	2016 年	2017 年	2018 年
营业总收入（亿元）	21.01	30.82	62.33	84.58
净利润（亿元）	2.86	3.79	6.94	9.73
归属母公司股东的净利润（亿元）	2.60	3.39	6.14	8.21
经营现金流净额（亿元）	3.30	7.07	14.45	15.39
投资现金流净额（亿元）	-15.69	-11.61	—20.14	-27.81
筹资现金流净额（亿元）	17.67	4.51	15.59	12.42
净资产收益率（%）	15.12	10.64	12.51	12.56
总资产报酬率（%）	14.45	10.18	10.78	10.48
投入资本回报率（%）	13.46	9.31	10.46	10.12
商誉（亿元）	4.17	7.10	40.46	47.39
商誉减值损失（亿元）	—	—	—	—

2016—2019 年慈铭体检承诺业绩与实际业绩

承诺报告期	承诺净利润（亿元）	实际净利润（亿元）	实际净利润差额（亿元）	实际净利润差额占比（%）
2016/12/31	1.30	—	—	—
2017/12/31	1.63	1.65	0.02	0.01
2018/12/31	2.03	2.18	0.15	0.07
2019/12/31	2.48	—	—	—

2016—2019 年美年健康二级市场股价表现

附件25：长川科技（300604）收购新加坡集成电路封测设备公司 STI 参考数据

2015—2018 年长川科技各项财务指标

指标	2015 年	2016 年	2017 年	2018 年
营业总收入（亿元）	1.02	1.24	1.80	2.16
净利润（亿元）	0.25	0.41	0.50	0.36
归属母公司股东的净利润（亿元）	0.25	0.41	0.50	0.36
经营现金流净额（亿元）	0.01	0.17	0.11	0.12
投资现金流净额（亿元）	-0.05	-0.10	-0.36	-1.10
筹资现金流净额（亿元）	0.78	—	1.85	0.19
净资产收益率（%）	20.22	20.38	15.62	8.20
总资产报酬率（%）	18.86	18.04	12.43	5.03
投入资本回报率（%）	19.58	19.39	14.66	6.73
商誉（亿元）	—	—	—	—
商誉减值损失（亿元）	—	—	—	—

2018—2019 年长川科技二级市场股价表现

附件 26：海南橡胶（601118）收购 R1 国际参考数据

2015—2018 年海南橡胶各项财务指标

指标	2015 年	2016 年	2017 年	2018 年
营业总收入（亿元）	84.00	88.77	108.18	67.55
净利润（亿元）	-9.83	0.64	-2.76	2.21
归属母公司股东的净利润（亿元）	-9.90	0.61	-2.64	2.29
经营现金流净额（亿元）	-2.38	5.36	-0.77	5.55
投资现金流净额（亿元）	-8.70	-5.89	-2.95	1.25
筹资现金流净额（亿元）	10.28	8.83	1.44	6.63
净资产收益率（%）	-11.67	0.77	-3.34	2.60
总资产报酬率（%）	-7.29	1.71	-0.82	2.06
投入资本回报率（%）	-8.35	1.43	-0.97	2.29
商誉（亿元）	0.15	0.17	0.15	0.24
商誉减值损失（亿元）	—	—	0.12	—

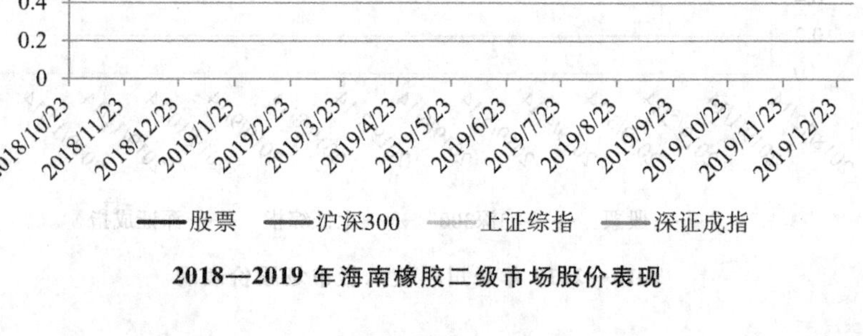

2018—2019 年海南橡胶二级市场股价表现

附件 27：曲美家居（603818）收购挪威 Ekornes 参考数据

2015—2018 年曲美家居各项财务指标

指标	2015 年	2016 年	2017 年	2018 年
营业总收入（亿元）	12.55	16.64	20.97	28.92
净利润（亿元）	1.17	1.85	2.46	-0.57
归属母公司股东的净利润（亿元）	1.17	1.85	2.46	-0.59
经营现金流净额（亿元）	1.84	2.94	2.54	3.12
投资现金流净额（亿元）	-5.71	0.62	1.94	-44.25
筹资现金流净额（亿元）	3.49	-0.24	0.03	34.97
净资产收益率（%）	12.63	14.21	16.52	-4.02
总资产报酬率（%）	13.04	14.17	15.34	1.60
投入资本回报率（%）	12.06	14.09	16.20	2.25
商誉（亿元）	—	—	—	12.73
商誉减值损失（亿元）	—	—	—	—

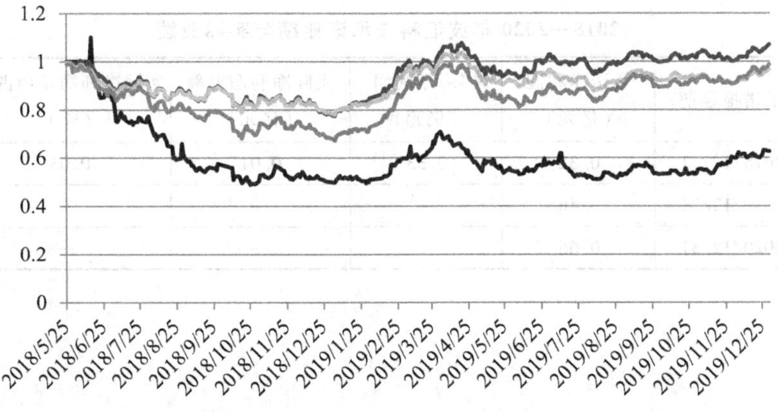

2018—2019 年曲美家居二级市场股价表现

附件 28：至纯科技（603690）收购波汇科技参考数据

2015—2018 年至纯科技各项财务指标

指标	2015 年	2016 年	2017 年	2018 年
营业总收入（亿元）	2.08	2.63	3.69	6.74
净利润（亿元）	0.17	0.45	0.49	0.31
归属母公司股东的净利润（亿元）	0.18	0.45	0.49	0.32
经营现金流净额（亿元）	0.02	-0.18	-0.68	-0.53
投资现金流净额（亿元）	-0.49	0.22	-1.67	-0.94
筹资现金流净额（亿元）	0.47	0.06	2.79	1.34
净资产收益率（%）	7.40	16.75	14.12	7.72
总资产报酬率（%）	6.07	10.95	8.62	4.77
投入资本回报率（%）	7.26	12.99	10.16	5.87
商誉（亿元）	—	—	0.05	0.05
商誉减值损失（亿元）	—	—	—	—

2018—2020 年波汇科技承诺业绩与实际业绩

承诺报告期	承诺净利润（亿元）	实际净利润（亿元）	实际净利润差额（亿元）	实际净利润差额占比（%）
2018/12/31	0.32	0.33	0.01	0.03
2019/12/31	0.46	—	—	—
2020/12/31	0.66	—	—	—

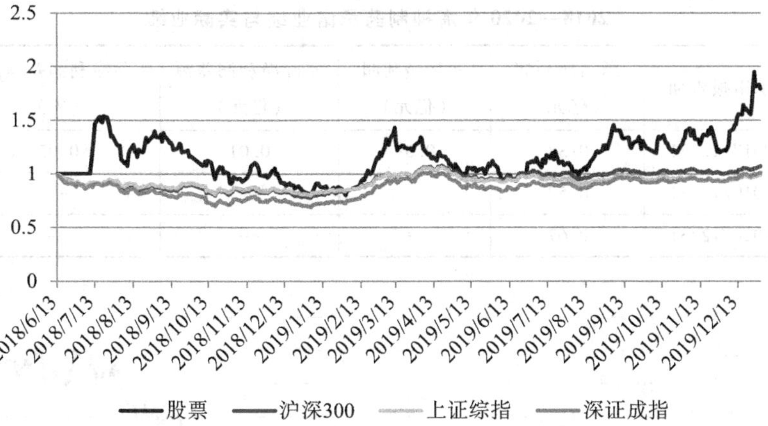

2018—2019 年至纯科技二级市场股价表现

附件 29：司太立（603520）收购海神制药参考数据

2015—2018 年司太立各项财务指标

指标	2015 年	2016 年	2017 年	2018 年
营业总收入（亿元）	6.96	6.73	7.11	8.90
净利润（亿元）	0.73	0.76	0.81	0.96
归属母公司股东的净利润（亿元）	0.69	0.76	0.83	0.94
经营现金流净额（亿元）	0.95	0.08	0.18	1.92
投资现金流净额（亿元）	-2.41	-2.65	0.17	-9.32
筹资现金流净额（亿元）	1.62	2.96	0.11	7.04
净资产收益率（%）	16.00	12.17	9.97	10.72
总资产报酬率（%）	9.88	7.19	7.02	7.11
投入资本回报率（%）	8.76	6.12	5.92	6.23
商誉（亿元）	—	—	—	5.46
商誉减值损失（亿元）	—	—	—	—

2018—2020 年海神制药承诺业绩与实际业绩

承诺报告期	承诺净利润（亿元）	实际净利润（亿元）	实际净利润差额（亿元）	实际净利润差额占比（%）
2018/12/31	0.38	0.39	0.01	0.02
2019/12/31	0.52	—	—	—
2020/12/31	0.67	—	—	—

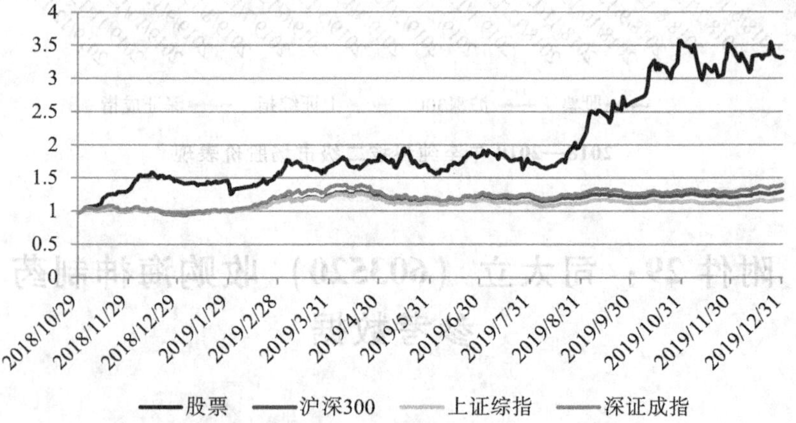

2018—2019 年司太立二级市场股价表现

附件 30：思维列控（603508）收购蓝信科技参考数据

2015—2018 年思维列控各项财务指标

指标	2015 年	2016 年	2017 年	2018 年
营业总收入（亿元）	7.35	6.10	4.60	5.41
净利润（亿元）	2.70	1.95	1.30	1.91
归属母公司股东的净利润（亿元）	2.70	1.87	1.31	1.88

续表

指标	2015 年	2016 年	2017 年	2018 年
经营现金流净额（亿元）	2.13	1.60	1.47	2.28
投资现金流净额（亿元）	-2.51	-14.47	-1.21	-0.51
筹资现金流净额（亿元）	12.56	-0.15	-0.33	-0.42
净资产收益率（%）	17.68	7.89	5.25	7.21
总资产报酬率（%）	17.65	7.86	4.95	7.29
投入资本回报率（%）	17.66	7.80	4.82	7.10
商誉（亿元）	—	—	—	—
商誉减值损失（亿元）	—	—	—	—

2019—2021 年蓝信科技承诺业绩与实际业绩

承诺报告期	承诺净利润（亿元）	实际净利润（亿元）	实际净利润差额（亿元）	实际净利润差额占比（%）
2019/12/31	1.69	—	—	—
2020/12/31	2.11	—	—	—
2021/12/31	2.54	—	—	—

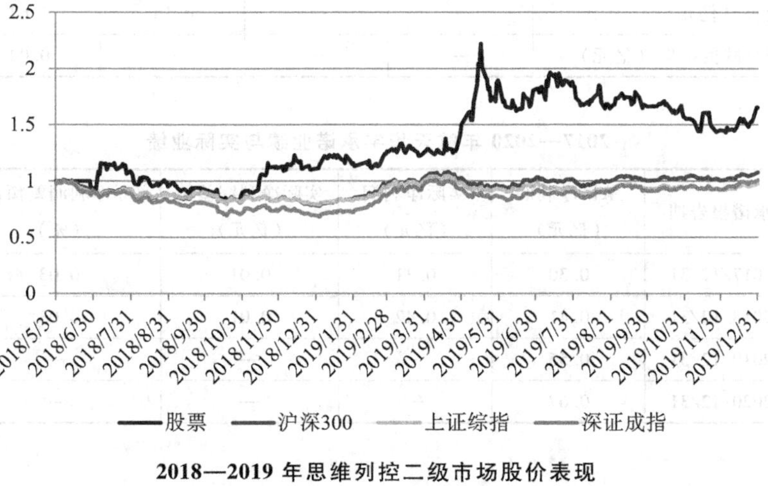

2018—2019 年思维列控二级市场股价表现

附件 31：上海沪工（603131）收购航天华宇参考数据

2015—2018 年上海沪工各项财务指标

指标	2015 年	2016 年	2017 年	2018 年
营业总收入（亿元）	4.60	5.00	7.13	8.64
净利润（亿元）	0.48	0.69	0.73	0.76
归属母公司股东的净利润（亿元）	0.48	0.69	0.68	0.74
经营现金流净额（亿元）	0.67	0.57	1.01	0.60
投资现金流净额（亿元）	-0.05	-0.04	-0.35	-1.95
筹资现金流净额（亿元）	-0.12	2.11	-0.34	-0.42
净资产收益率（%）	15.34	14.47	10.74	8.94
总资产报酬率（%）	12.18	12.72	9.08	7.13
投入资本回报率（%）	14.45	13.98	10.35	8.48
商誉（亿元）	—	—	0.18	2.64
商誉减值损失（亿元）	—	—	—	0.02

2017—2020 年航天华宇承诺业绩与实际业绩

承诺报告期	承诺净利润（亿元）	实际净利润（亿元）	实际净利润差额（亿元）	实际净利润差额占比（%）
2017/12/31	0.30	0.31	0.01	0.03
2018/12/31	0.41	0.42	0.01	0.03
2019/12/31	0.55	—	—	—
2020/12/31	0.67	—	—	—

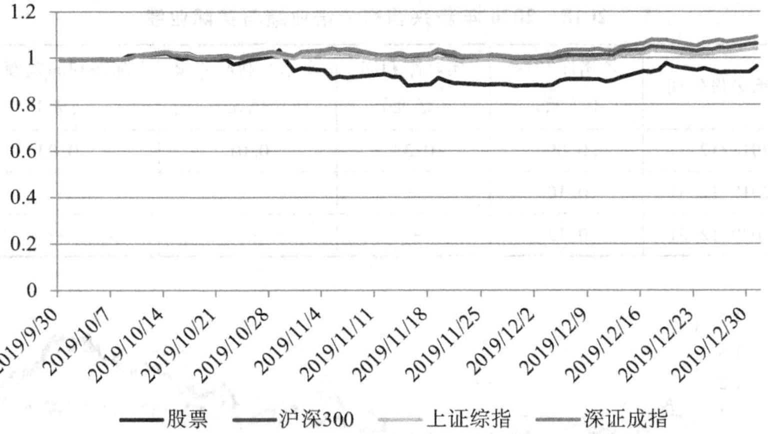

2019 年上海沪工二级市场股价表现

附件 32：益丰药房（603939）定增收购新兴药房 86.31%股权参考数据

2015—2018 年益丰药房各项财务指标

指标	2015 年	2016 年	2017 年	2018 年
营业总收入（亿元）	28.46	37.34	48.07	69.13
净利润（亿元）	1.78	2.28	3.17	4.42
归属母公司股东的净利润（亿元）	1.76	2.24	3.14	4.16
经营现金流净额（亿元）	1.82	1.40	3.17	5.11
投资现金流净额（亿元）	-6.96	-15.41	-1.49	-4.82
筹资现金流净额（亿元）	5.50	13.44	-0.54	5.26
净资产收益率（%）	17.58	10.24	10.23	11.53
总资产报酬率（%）	11.84	8.73	9.08	9.19
投入资本回报率（%）	16.12	9.86	9.84	10.85
商誉（亿元）	2.84	5.29	6.94	27.33
商誉减值损失（亿元）	—	—	0.02	—

2018—2020 年新兴药房承诺业绩与实际业绩

承诺报告期	承诺净利润（亿元）	实际净利润（亿元）	实际净利润差额（亿元）	实际净利润差额占比（%）
2018/12/31	0.09	0.33	0.01	0.03
2019/12/31	0.10	—	—	—
2020/12/31	0.12	—	—	—

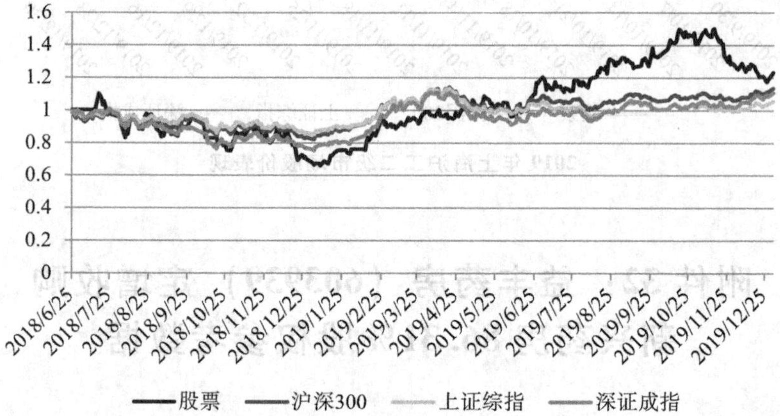

2018—2019 年益丰药房二级市场股价表现

附件 33：金正大（002470）收购农投公司参考数据

2015—2018 年金正大各项财务指标

指标	2015 年	2016 年	2017 年	2018 年
营业总收入（亿元）	177.48	187.36	198.34	154.82
净利润（亿元）	11.12	8.45	7.83	4.83
归属母公司股东的净利润（亿元）	11.12	10.17	7.15	4.21
经营现金流净额（亿元）	22.55	0.09	14.90	-15.38

续表

指标	2015 年	2016 年	2017 年	2018 年
投资现金流净额（亿元）	-9.98	-12.88	-17.08	-2.54
筹资现金流净额（亿元）	-10.96	10.43	14.68	12.82
净资产收益率（%）	14.90	11.97	7.79	4.24
总资产报酬率（%）	11.35	7.74	5.22	2.92
投入资本回报率（%）	12.75	8.32	6.04	3.21
商誉（亿元）	0.12	6.63	6.79	7.08
商誉减值损失（亿元）	—	0.12	—	—

2018—2020 年农投公司承诺业绩与实际业绩

承诺报告期	承诺净利润（亿元）	实际净利润（亿元）	实际净利润差额（亿元）	实际净利润差额占比（%）
2018/12/31	0.75	0.64	-0.11	-0.15
2019/12/31	0.87	—	—	—
2020/12/31	1.19	—	—	—

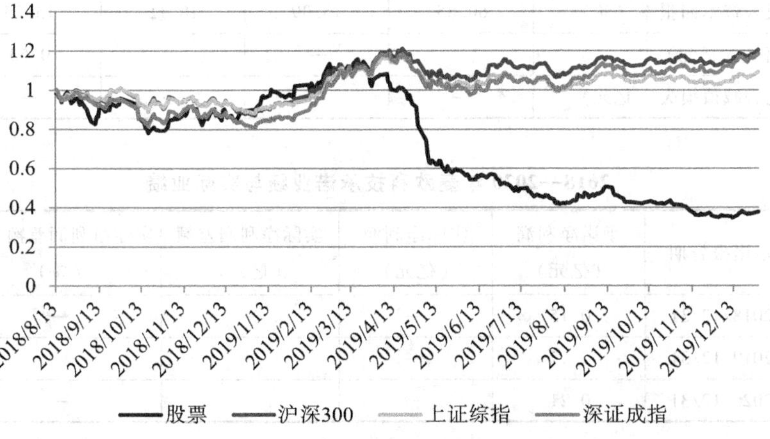

2018—2019 年金正大二级市场股价表现

附件 34：赛腾股份（603283）收购菱欧科技参考数据

2015—2018 年赛腾股份各项财务指标

指标	2015 年	2016 年	2017 年	2018 年
营业总收入（亿元）	4.89	4.03	6.83	9.04
净利润（亿元）	1.27	0.48	0.96	1.21
归属母公司股东的净利润（亿元）	1.27	0.48	0.96	1.21
经营现金流净额（亿元）	0.66	0.31	1.52	-0.70
投资现金流净额（亿元）	0.89	-0.51	-0.43	-3.48
筹资现金流净额（亿元）	-0.66	0.57	2.26	1.40
净资产收益率（%）	62.30	16.75	20.04	17.58
总资产报酬率（%）	43.72	14.60	14.90	11.01
投入资本回报率（%）	60.85	15.39	18.12	15.26
商誉（亿元）	—	—	—	0.53
商誉减值损失（亿元）	—	—	—	—

2018—2020 年菱欧科技承诺业绩与实际业绩

承诺报告期	承诺净利润（亿元）	实际净利润（亿元）	实际净利润差额（亿元）	实际净利润差额占比（%）
2018/12/31	0.15	—	—	—
2019/12/31	0.17	—	—	—
2020/12/31	0.21	—	—	—

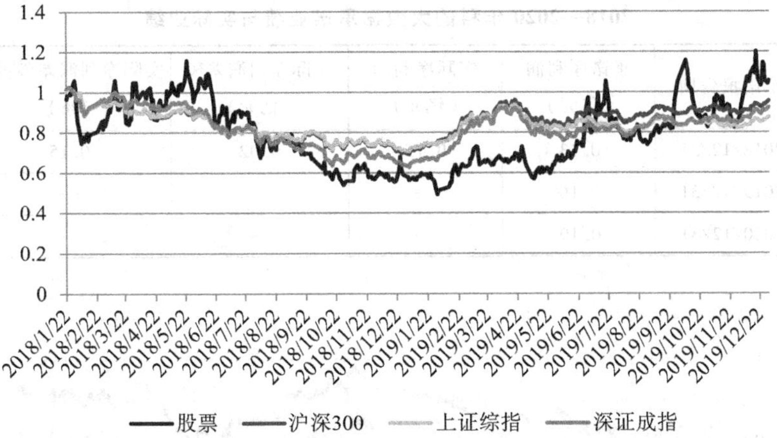

2018—2019 年赛腾股份二级市场股价表现

附件 35：拓尔思（300229）收购科韵大数据参考数据

2015—2018 年拓尔思各项财务指标

指标	2015 年	2016 年	2017 年	2018 年
营业总收入（亿元）	3.88	6.80	8.21	8.45
净利润（亿元）	1.21	1.47	1.75	0.74
归属母公司股东的净利润（亿元）	1.21	1.37	1.58	0.61
经营现金流净额（亿元）	0.95	0.90	1.61	3.06
投资现金流净额（亿元）	-0.80	-3.12	-1.52	-2.91
筹资现金流净额（亿元）	0.75	0.37	-0.88	-0.46
净资产收益率（%）	8.28	8.69	9.18	3.33
总资产报酬率（%）	7.89	8.17	8.88	3.77
投入资本回报率（%）	7.65	8.58	9.48	3.84
商誉（亿元）	5.04	6.44	6.44	6.03
商誉减值损失（亿元）	—	—	—	0.40

2018—2020 年科韵大数据承诺业绩与实际业绩

承诺报告期	承诺净利润（亿元）	实际净利润（亿元）	实际净利润差额（亿元）	实际净利润差额占比（%）
2018/12/31	0.13	0.15	0.02	0.15
2019/12/31	0.16	—	—	—
2020/12/31	0.19	—	—	—

2016—2019 年拓尔思二级市场股价表现

附件 36：哈工智能（000584）收购天津福臻参考数据

2015—2018 年哈工智能各项财务指标

指标	2015 年	2016 年	2017 年	2018 年
营业总收入（亿元）	10.75	7.34	15.72	23.83
净利润（亿元）	0.14	-5.02	1.15	1.19
归属母公司股东的净利润（亿元）	0.26	-4.09	0.90	1.20
经营现金流净额（亿元）	2.01	-0.76	3.98	2.04
投资现金流净额（亿元）	0.60	-0.11	-5.98	-3.16

续表

指标	2015 年	2016 年	2017 年	2018 年
筹资现金流净额（亿元）	-0.93	-0.88	2.08	0.44
净资产收益率（%）	1.37	-23.77	5.80	7.31
总资产报酬率（%）	0.88	-19.22	5.38	5.42
投入资本回报率（%）	0.55	-26.20	6.65	6.35
商誉（亿元）	—	—	5.62	9.47
商誉减值损失（亿元）	—	—	—	—

2017—2019 年天津福臻承诺业绩与实际业绩

承诺报告期	承诺净利润（亿元）	实际净利润（亿元）	实际净利润差额（亿元）	实际净利润差额占比（%）
2017/12/31	0.61	0.62	0.01	0.02
2018/12/31	0.71	0.72	0.01	0.01
2019/12/31	0.82	—	—	—

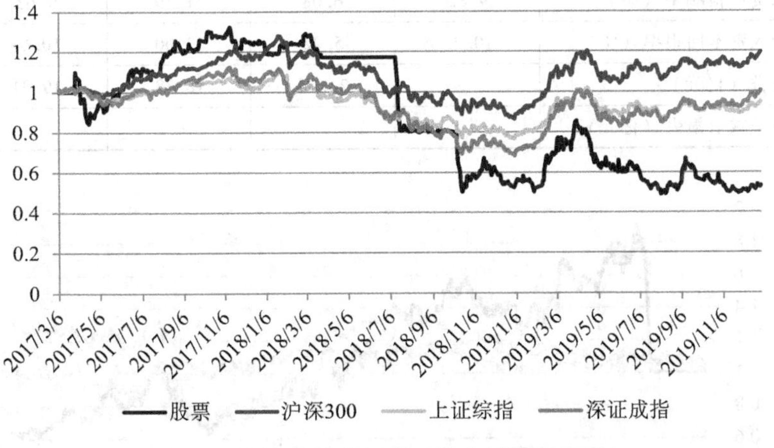

2017—2019 年哈工智能二级市场股价表现

附件 37：西王食品（000639）收购北美食品巨头 Kerr 参考数据

2015—2018 年西王食品各项财务指标

指标	2015 年	2016 年	2017 年	2018 年
营业总收入（亿元）	22.44	33.75	56.18	58.45
净利润（亿元）	1.46	1.60	3.96	5.32
归属母公司股东的净利润（亿元）	1.46	1.35	3.43	4.68
经营现金流净额（亿元）	1.36	-1.48	3.90	11.93
投资现金流净额（亿元）	-1.45	-34.94	-1.48	-18.98
筹资现金流净额（亿元）	-2.30	39.04	-7.18	14.75
净资产收益率（%）	11.34	8.22	16.43	14.12
总资产报酬率（%）	9.82	6.08	11.19	9.63
投入资本回报率（%）	10.27	5.22	12.00	10.68
商誉（亿元）	—	24.34	18.38	19.31
商誉减值损失（亿元）	—	—	—	—

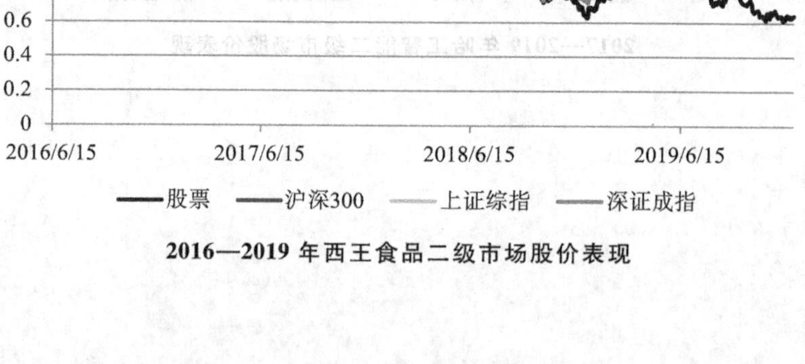

2016—2019 年西王食品二级市场股价表现

附件 38：盈峰环境（000967）收购中联环境参考数据

2015—2018 年盈峰环境各项财务指标

指标	2015 年	2016 年	2017 年	2018 年
营业总收入（亿元）	22.16	18.15	21.07	30.31
净利润（亿元）	1.54	2.20	2.29	2.53
归属母公司股东的净利润（亿元）	1.54	2.20	2.29	2.53
经营现金流净额（亿元）	1.41	1.48	0.43	-0.89
投资现金流净额（亿元）	-8.01	5.78	-0.13	-1.20
筹资现金流净额（亿元）	6.02	-6.13	-0.23	5.43
净资产收益率（%）	7.05	9.35	8.94	8.07
总资产报酬率（%）	9.97	8.03	8.26	7.15
投入资本回报率（%）	6.15	8.18	8.69	7.61
商誉（亿元）	17.39	17.39	17.39	29.72
商誉减值损失（亿元）	—	—	—	—

2018—2021 年中联环境承诺业绩与实际业绩

承诺报告期	承诺净利润（亿元）	实际净利润（亿元）	实际净利润差额（亿元）	实际净利润差额占比（%）
2018/12/31	9.97	11.05	1.08	0.11
2019/12/31	12.30	—	—	—
2020/12/31	14.95	—	—	—
2021/12/31	18.34	—	—	—

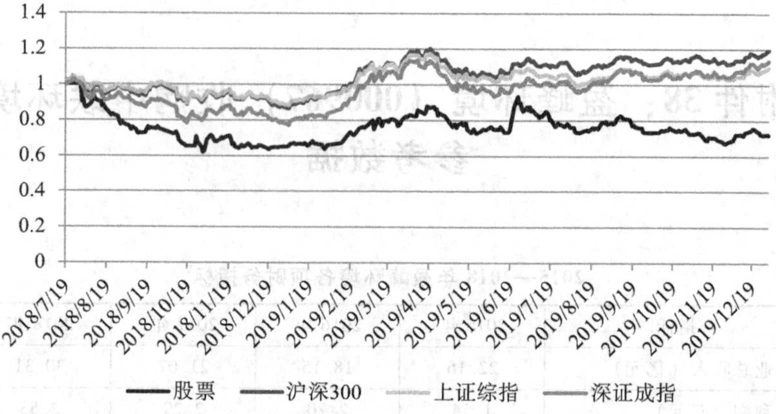

2018—2019 年盈峰环境二级市场股价表现

附件 39：南山控股（002314）换股收购吸收合并深基地参考数据

2015—2018 年南山控股财务方面

指标	2015 年	2016 年	2017 年	2018 年
营业总收入（亿元）	48.83	49.86	66.02	70.52
净利润（亿元）	2.26	6.01	9.52	7.54
归属母公司股东的净利润（亿元）	2.22	5.27	6.42	5.05
经营现金流净额（亿元）	20.62	9.77	-4.92	8.37
投资现金流净额（亿元）	-0.24	-2.38	-6.74	-19.42
筹资现金流净额（亿元）	-6.85	3.03	1.79	26.65
净资产收益率（%）	6.23	9.20	11.14	7.22
总资产报酬率（%）	6.16	6.75	9.13	6.18
投入资本回报率（%）	5.49	7.99	10.49	6.37
商誉（亿元）	—	—	0.00	0.11
商誉减值损失（亿元）	—	—	—	—

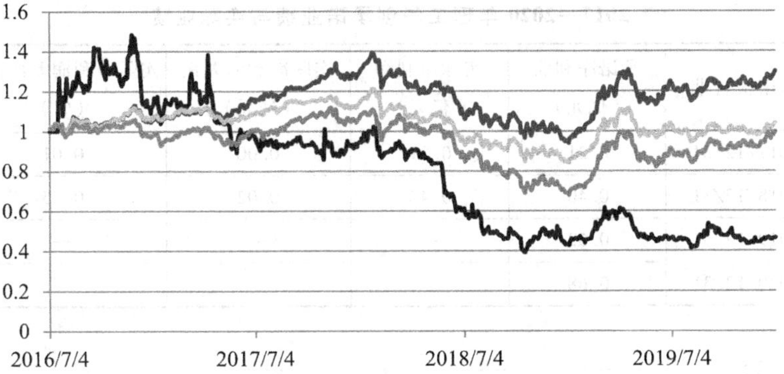

2016—2019 年南山控股二级市场股价表现

附件 40：华锋股份（002806）收购理工华创参考数据

2015—2018 年华锋股份各项财务指标

指标	2015 年	2016 年	2017 年	2018 年
营业总收入（亿元）	3.00	3.72	4.39	6.50
净利润（亿元）	0.26	0.26	0.28	0.79
归属母公司股东的净利润（亿元）	0.26	0.26	0.29	0.78
经营现金流净额（亿元）	0.29	0.23	0.46	0.78
投资现金流净额（亿元）	-0.15	-0.45	-1.09	-0.80
筹资现金流净额（亿元）	-0.12	0.41	0.62	0.61
净资产收益率（%）	12.01	9.08	7.87	9.57
总资产报酬率（%）	8.58	7.03	6.20	8.33
投入资本回报率（%）	10.23	8.68	7.20	8.77
商誉（亿元）	—	—	—	6.85
商誉减值损失（亿元）	—	—	—	—

2017—2020 年理工华创承诺业绩与实际业绩

承诺报告期	承诺净利润（亿元）	实际净利润（亿元）	实际净利润差额（亿元）	实际净利润差额占比（%）
2017/12/31	0.21	0.21	0.00	0.01
2018/12/31	0.40	0.42	0.02	0.05
2019/12/31	0.52	—	—	—
2020/12/31	0.68	—	—	—

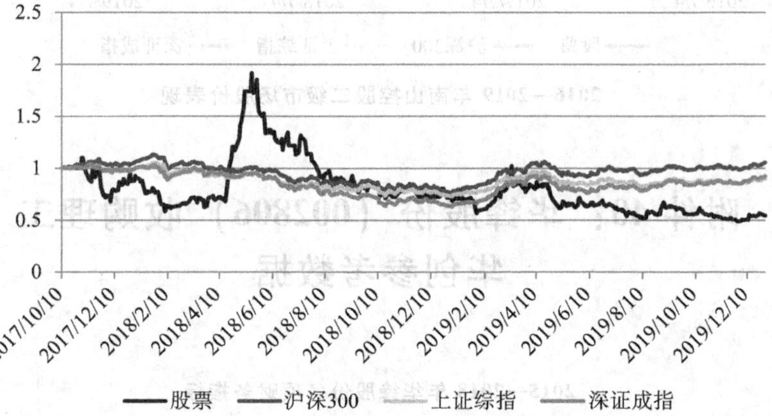

2017—2019 年华锋股份二级市场股价表现

附件 41：量子高科（300149）收购上海睿智化学参考数据

2015—2018 年量子高科各项财务指标

指标	2015 年	2016 年	2017 年	2018 年
营业总收入（亿元）	3.19	2.59	2.75	9.97
净利润（亿元）	0.61	0.65	0.56	1.60
归属母公司股东的净利润（亿元）	0.59	0.65	0.58	1.61

续表

指标	2015 年	2016 年	2017 年	2018 年
经营现金流净额（亿元）	1.01	0.71	0.63	2.43
投资现金流净额（亿元）	-3.07	0.11	-0.69	-9.40
筹资现金流净额（亿元）	-0.11	-0.21	1.85	5.94
净资产收益率（%）	8.50	8.70	7.31	10.73
总资产报酬率（%）	9.11	9.79	7.02	9.51
投入资本回报率（%）	8.28	8.62	6.92	10.07
商誉（亿元）	—	—	—	16.17
商誉减值损失（亿元）	—	—	—	—

2017—2020 年睿智化学承诺业绩与实际业绩

承诺报告期	承诺净利润（亿元）	实际净利润（亿元）	实际净利润差额（亿元）	实际净利润差额占比（%）
2017/12/31	1.35	—	—	—
2018/12/31	1.65	1.78	0.13	0.08
2019/12/31	2.00	—	—	—
2020/12/31	2.39	—	—	—

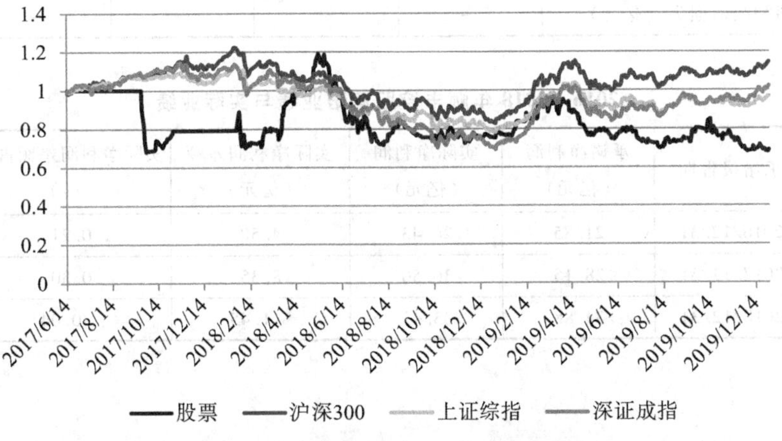

2017—2019 年量子高科二级市场股价表现

附件42：鼎泰新材（002352）收购顺丰控股100%股权参考数据

2015—2018年鼎泰新材各项财务指标

指标	2015年	2016年	2017年	2018年
营业总收入（亿元）	6.68	574.83	710.94	909.43
净利润（亿元）	0.25	41.61	47.52	44.64
归属母公司股东的净利润（亿元）	0.25	41.80	47.71	45.56
经营现金流净额（亿元）	1.06	56.75	61.08	54.25
投资现金流净额（亿元）	0.03	-37.15	-24.25	-93.29
筹资现金流净额（亿元）	-1.23	9.03	60.42	29.73
净资产收益率（%）	3.52	39.40	17.94	13.16
总资产报酬率（%）	3.53	24.47	12.97	9.46
投入资本回报率（%）	3.40	26.86	12.85	9.57
商誉（亿元）	—	0.58	0.63	5.90
商誉减值损失（亿元）	—	—	—	—

2016—2018年顺丰控股承诺业绩与实际业绩

承诺报告期	承诺净利润（亿元）	实际净利润（亿元）	实际净利润差额（亿元）	实际净利润差额占比（%）
2016/12/31	21.85	26.43	4.58	0.21
2017/12/31	28.15	36.50	8.35	0.30
2018/12/31	34.88	33.43	-1.45	-0.04

2016—2019 年鼎泰新材二级市场股价表现

附件 43：双汇发展（000895）吸收合并双汇集团参考数据

2015—2018 年双汇发展各项财务指标

指标	2015 年	2016 年	2017 年	2018 年
营业总收入（亿元）	446.97	518.45	505.78	489.32
净利润（亿元）	44.16	45.62	45.11	50.76
归属母公司股东的净利润（亿元）	42.56	44.05	43.19	49.15
经营现金流净额（亿元）	57.66	55.46	56.50	51.95
投资现金流净额（亿元）	-32.89	17.64	-4.02	-22.51
筹资现金流净额（亿元）	-29.70	-67.41	-24.81	-63.57
净资产收益率（%）	26.35	28.42	29.97	35.62
总资产报酬率（%）	25.23	26.44	26.10	28.10
投入资本回报率（%）	25.20	26.19	25.81	28.23
商誉（亿元）	—	—	—	—
商誉减值损失（亿元）	—	—	—	—

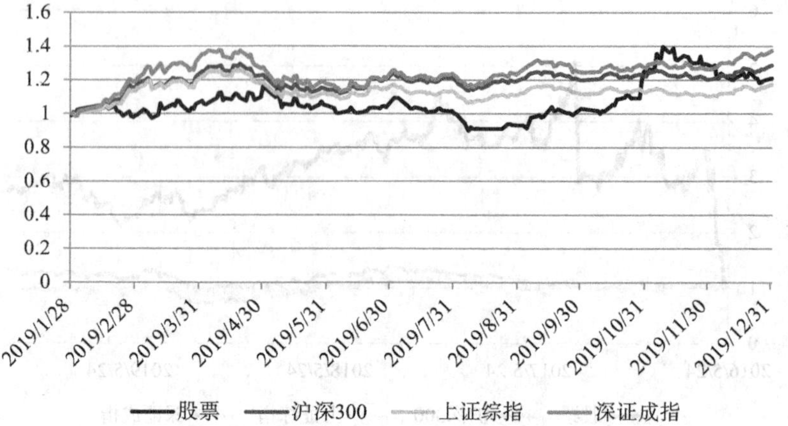

2019 年双汇发展二级市场股价表现

附件 44：维信诺（002387）重大资产购买及重大资产出售参考数据

2015—2018 年维信诺各项财务指标

指标	2015 年	2016 年	2017 年	2018 年
营业总收入（亿元）	4.31	1.59	0.32	17.78
净利润（亿元）	-6.42	0.26	0.15	0.31
归属母公司股东的净利润（亿元）	-6.42	0.26	0.15	0.35
经营现金流净额（亿元）	0.64	-0.48	3.61	8.76
投资现金流净额（亿元）	3.53	-3.43	-39.29	-111.97
筹资现金流净额（亿元）	-2.34	1.73	38.78	172.79
净资产收益率（%）	-61.13	3.54	2.01	0.44
总资产报酬率（%）	-35.84	3.04	5.41	2.56
投入资本回报率（%）	-42.20	4.00	3.69	4.11
商誉（亿元）	—	—	—	7.95
商誉减值损失（亿元）	—	—	—	—

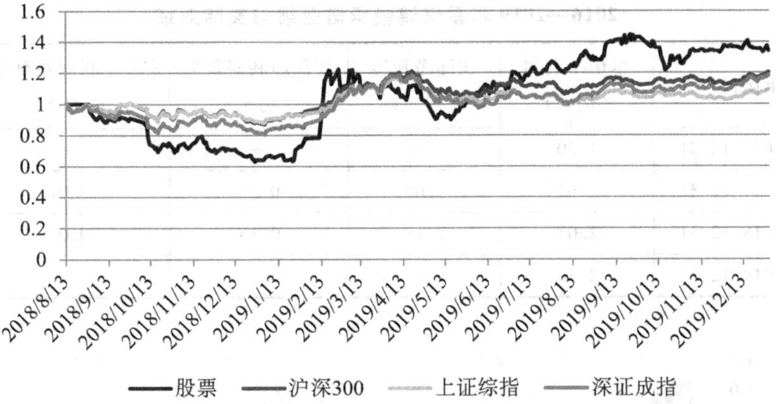

2018—2019 年维信诺二级市场股价表现

附件 45：露天煤业（002128）收购霍煤鸿骏参考数据

2015—2018 年露天煤业各项财务指标

指标	2015 年	2016 年	2017 年	2018 年
营业总收入（亿元）	55.87	55.01	75.89	82.30
净利润（亿元）	5.33	8.27	17.63	20.38
归属母公司股东的净利润（亿元）	5.34	8.24	17.55	20.27
经营现金流净额（亿元）	19.63	10.53	20.68	17.92
投资现金流净额（亿元）	-5.47	-3.49	-3.16	-22.83
筹资现金流净额（亿元）	-10.26	-5.43	-12.73	4.09
净资产收益率（%）	6.20	8.99	17.29	17.56
总资产报酬率（%）	5.95	7.76	15.07	15.17
投入资本回报率（%）	5.62	7.52	14.13	14.39
商誉（亿元）	—	—	—	—
商誉减值损失（亿元）	—	—	—	—

2016—2019 年霍煤鸿骏承诺业绩与实际业绩

承诺报告期	承诺净利润（亿元）	实际净利润（亿元）	实际净利润差额（亿元）	实际净利润差额占比（%）
2016/12/31	1.30	—	—	—
2017/12/31	1.63	1.65	0.02	0.01
2018/12/31	2.03	2.18	0.15	0.07
2019/12/31	2.48	—	—	—

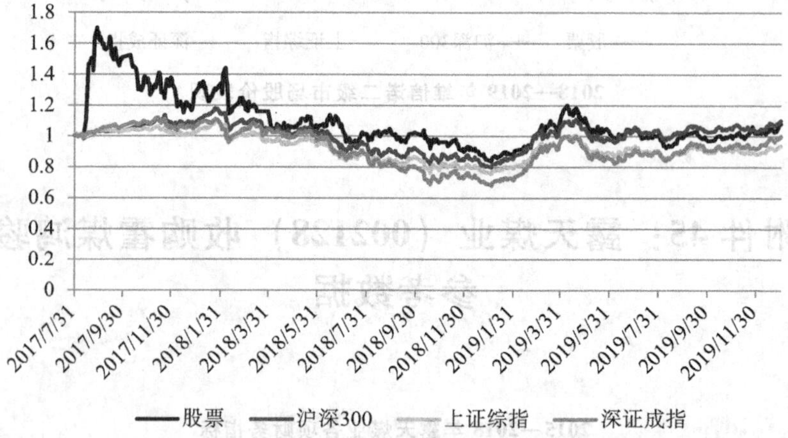

2017—2019 年露天煤业二级市场股价表现

附件 46：隆盛科技（300680）收购微研精密参考数据

2015—2018 年隆盛科技各项财务指标

指标	2015 年	2016 年	2017 年	2018 年
营业总收入（亿元）	1.71	1.96	1.50	2.27
净利润（亿元）	0.28	0.33	0.18	0.06
归属母公司股东的净利润（亿元）	0.28	0.33	0.18	0.04

续表

指标	2015 年	2016 年	2017 年	2018 年
经营现金流净额（亿元）	0.01	0.49	-0.08	0.25
投资现金流净额（亿元）	-0.19	-0.14	-1.06	-0.81
筹资现金流净额（亿元）	-0.11	-0.11	1.19	0.52
净资产收益率（%）	16.30	17.12	6.76	0.89
总资产报酬率（%）	12.31	12.34	5.94	1.74
投入资本回报率（%）	13.93	14.69	6.53	1.88
商誉（亿元）	—	—	—	1.59
商誉减值损失（亿元）	—	—	—	—

2018—2020 年微研精密承诺业绩与实际业绩

承诺报告期	承诺净利润（亿元）	实际净利润（亿元）	实际净利润差额（亿元）	实际净利润差额占比（%）
2018/12/31	0.22	0.23	0.01	0.04
2019/12/31	0.29	—	—	—
2020/12/31	0.39	—	—	—

2018—2019 年隆盛科技二级市场股价表现

后　记

深圳证券交易所创业企业培训中心（以下简称“培训中心”）自2001年成立以来，一直致力于普及资本市场基础知识和基本理念，宣传资本市场政策法规，积极推进中小企业改制上市、规范运作、做大做强，提高上市公司质量，保护投资者合法权益。截至2019年底，培训中心已在全国各地举办了各类培训班、座谈会或研讨会近1 500场，参加培训的学员超过16万人次，受到各地政府、上市公司和拟上市企业的普遍欢迎。为帮助企业满足并购需求、规范并购行为、拓展并购视野，培训中心自2009年以来先后举办了40余期上市公司并购重组专题研讨班，自2013年起又相继推出分行业并购重组系列高端研讨班。

为进一步提升服务中小企业的能力，发挥市场服务基础职能，深圳证券交易所（以下简称“深交所”）于2013年创新性地提出并着手实施打造深交所“中小企业之家”的举措，并全力建设包括深交所所有上市公司、拟上市公司在内的大家庭。培训中心作为深交所服务中小企业之家的主要机构之一，积极搭建服务平台，聚集中小企业高管与来自一线监管部门、中介机构等各方面的专家，就企业改制上市、规范运作、并购重组、股权激励、再融资等问题展开了深入沟通交流，切实提升企业家综合利用资本市场发展产业的能力与经验。为不断提升和扩展沟通交流的传播效果和范围，服务平台还进一步提出构建以出版物、网站、微信公众号等为媒介的全方位公益服务体系。

秉承此理念，2013年培训中心开始编写中小企业之家系列读物，借此扩大受众，延伸深交所的服务。期间，培训中心编写了《中小企业板、创业板股票发行上市问答》《上市公司并购重组问答》《上市公司规范运作指引》《上市公司监管法规选编》《固定收益产品问答》《上市公司规范运作问答》《董事会秘书工作手册》《有效董事会》等培训教材，得到广大学员与读者的好评。

为了进一步扩大受众，服务更多的投资者和读者，2014年培训中心与中国财政经济出版社合作出版“深圳证券交易所中小企业之家系列读物丛书”。作为丛书的第一本，《上市公司并购重组问答》公开出版后受到市场的热烈欢迎。2016年和2019年，我们对该书进行了相应的修订、完善，出版了《上市公司并购重组问答》（第二版）、《上市公司并购重组问答》（第三版），进一步突出实操，注重实效，再次受到市场的广泛欢迎。2019年底出版的《上市公司并购重组问答》（第三版）中不再保留上一版中的并购重组案例章节，相关内容经过修订扩充之后单独成书出版，定名为《上市公司最新并购案例解析》。

在本书的编写过程中，培训中心向众多一线市场中介机构征集了近50个近期有代表性的并购重组案例，并组织相关专家进行评判，最终选取了其中的46个并购重组案例。每个案例均由中介机构的亲身参与者撰写。

《上市公司最新并购案例解析》的编写工作由培训中心研究策划部的李学博士进行统筹，中信证券的洪涛、中信建投证券的王东梅、华泰联合证券的张梅、广发信德的曾建、民生证券的方杰作为联络人参与了大量工作。华泰联合证券的董光启、沈笠撰写了各章导读，并对全书提出了宝贵建议。培训中心并购重组研究小组的张昊、司楠、胡玥、游雯珺、梅超凡、邓洁参与了全书的文字校对工作。

本书内容只代表编著者个人观点和理解，仅供参考，对于法律、法规、政策的解读最终以权威部门的正式解释为准。由于时间和水平所限，本书难免有疏漏之处，为了做好本书下一步的修订工作，欢迎各界人士随时提出宝贵意见和建议（联系人：张昊；联系方式：hzhang03. oth@ szse. cn）。

深圳证券交易所创业企业培训中心

深圳证券交易所中小企业之家

2020年5月